Controlling

SCHÄFFER
POESCHEL

Hans-Ulrich Krause/Ulrich Steins

Controlling

Ein zielorientiertes Steuerungssystem im Managementprozess

2001
Schäffer-Poeschel Verlag Stuttgart

Praxisnahes Wirtschaftsstudium

Herausgeber:
Bernd P. Pietschmann und Dietmar Vahs
Prof. Dr. Bernd P. Pietschmann, Fachhochschule Aachen
Prof. Dr. Dietmar Vahs, Fachhochschule Esslingen – Hochschule für Technik

Autoren:
Prof. Dr. Hans-Ulrich Krause
Prof. Dr. Ulrich Steins

Hilfsmaterial für die Lehre

Dozenten können eine CD-ROM mit allen Abbildungen der Reihe »Praxisnahes Wirtschaftsstudium« beim Verlag bestellen. Von dieser CD-ROM lassen sich Transparentfolien zum Einsatz von Lehrveranstaltungen ziehen. Richten Sie ihre Bestellung an den

Schäffer-Poeschel Verlag
Vertrieb
Werastraße 21–23
D-70182 Stuttgart
Fax 07 11/21 94–119

Bestellnummer: 3-7910-1623-7

Die Deutsche Bibliothek – CIP Einheitsaufnahme

Krause, Hans-Ulrich:
Controlling : ein zielorientiertes Steuerungssystem im Managementprozess / Hans-Ulrich Krause/Ulrich Steins. – Stuttgart : Schäffer-Poeschel, 2001
(Praxisnahes Wirtschaftsstudium)
ISBN 3-7910-1818-3

Gedruckt auf chlorfrei gebleichtem, säurefreiem und alterungsbeständigem Papier

www.schaeffer-poeschel.de
info@schaeffer-poeschel.de

Einbandgestaltung: Willy Löffelhardt
Druck und Bindung: Franz Spiegel Buch GmbH, Ulm
Satz: Lihs GmbH, Medienhaus, Ludwigsburg
Printed in Germany

Dezember 2001

Schäffer-Poeschel Verlag Stuttgart
Ein Tochterunternehmen der Verlagsgruppe Handelsblatt

Vorwort der Herausgeber

Die Reihe *Praxisnahes Wirtschaftsstudium* bietet eine lebendige und praxisorientierte Vermittlung aktuellen betriebswirtschaftlichen Wissens.

Dazu trägt vor allem die langjährige Praxiserfahrung sämtlicher Autoren und Autorinnen dieser Reihe bei. Durch ihre Tätigkeit als Führungskräfte in Unternehmen, als Hochschullehrer und als Wirtschaftsberater verfügen sie sowohl über fundierte Fachkenntnisse als auch über umfassende praktische Erfahrungen.

Die Reihe *Praxisnahes Wirtschaftsstudium* umfasst mehrere Bände, die in Aufbau und Gestaltung derselben Systematik folgen. Dadurch finden sich die Leserinnen und Leser in den einzelnen Wissensgebieten schnell zurecht und können die Themen leichter miteinander »vernetzen«. Der leichteren Orientierung dienen auch die Marginalien am Rande des Textes und die Kennzeichnung von Beispielen mit einem B und von Definitionen mit einem D. Die Bücher bestehen aus jeweils drei Elementen:

B

D

- In einem **Thementeil** werden die Lehrinhalte systematisch und anhand einer Vielzahl von erklärenden Grafiken und Beispie-len aus der Wirtschaft erläutert.
- Durchgängige **Fallbeispiele** führen realitätsnah durch die verschiedenen Problembereiche eines Unternehmens und ermöglichen die unmittelbare Anwendung des erarbeiteten Wissens.
- Das ausführliche **Stichwortverzeichnis** am Ende jeden Buches macht die Reihe zu einem Nachschlagewerk, in dem sich die Leserinnen und Leser schnell zurechtfinden.

Wo immer dies sinnvoll ist, wird jeder Abschnitt des Thementeils durch Kontrollfragen zur Überprüfung des Lernfortschritts ergänzt; am Ende des Buches findet der Leser dann Übungsaufgaben mit Musterlösungen.

Die Bücher der Reihe *Praxisnahes Wirtschaftsstudium* wenden sich insbesondere an zwei Adressatengruppen:

- **Studierende** an Fachhochschulen, Universitäten, Akademien und sonstigen Einrichtungen, denen in dieser Reihe Lehrbücher angeboten werden, die wissenschaftliche Grundlagen mit konkretem Praxisbezug verbinden und die durch ihren Aufbau auch über das Studium hinaus als Nachschlagewerk dienen.

- **Praktiker**, die im Rahmen ihrer Tätigkeit mit betriebswirtschaftlichen Problemen konfrontiert werden und sich schnell und systematisch einen fundierten Einblick in den gegenwärtigen Stand der Betriebswirtschaftslehre und einiger wichtiger Nachbardisziplinen verschaffen wollen.

Für Hinweise, die einer Verbesserung der Reihe *Praxisnahes Wirtschaftsstudium* dienen, sind die Herausgeber jederzeit dankbar.

Aachen und Stuttgart

Bernd P. Pietschmann
Dietmar Vahs

Vorwort

Controlling kann heute als ein etabliertes betriebswirtschaftliches Tätigkeitsfeld bezeichnet werden. Bei aller Unterschiedlichkeit einzelner Lehrmeinungen und Forschungsrichtungen einerseits und extremer Vielgestaltigkeit in der praktischen Anwendung andererseits besteht über die zentralen Zielsetzungen, Inhalte und Instrumente weitreichende Übereinstimmung.

Als Konsequenz der hohen Wettbewerbsintensität erfreut sich das Fachgebiet Controlling von Seiten der Unternehmen verständlicherweise einer beträchtlichen Nachfrage. Aber auch von Seiten der Studierenden besteht ein überaus reges Interesse innerhalb der betriebswirtschaftlichen Lehrangebote.

Die Erstkonzeption eines Controlling-Lehrbuches bietet den Vorteil, bereits »Vorhandenes« in ausgewählter Form »kompakt« aufzugreifen, vor allem aber neuere Entwicklungen systematisch in einen größeren Bezugsrahmen zu integrieren und ihnen den aktuell erforderlichen Platz einzuräumen.

Angesichts des inzwischen allseits akzeptierten Erfordernisses eines »lebenslangen Lernens« bedeutet dies aus Sicht der Autoren, den Leserinnen und Lesern einen zügigen Einstieg in die Materie des Controllings zu ermöglichen, insbesondere

- grundsätzliche und aktuelle Impulsgeber für das Controlling zu identifizieren und zu beschreiben,
- einen konzeptionellen Rahmen für das Controlling darzulegen, der seine praktische Bewährung in den vergangenen Jahren bestanden hat und gleichwohl für neue Aufgabenstellungen offen ist,
- die Vielfalt der Ausprägungen des Controllings in inhaltlicher und methodischer, in aufbau- und ablauforganisatorischer Form in ihren wesentlichen Facetten kompakt aufzubereiten,
- typische operative und strategische Handlungsfelder mit überaus aktuellen und die zukünftige Entwicklung prägenden Herausforderungen unterschiedlicher Quelle zu verknüpfen.

Durch die im Controlling bereits heute erreichte Breite sowie Tiefe der Problemstellungen und methodischen Lösungsansätze stehen die Autoren eines Einführungsbuches vor einer erheblichen Selektionsaufgabe bezüglich der zu behandelnden Inhalte. Sicherlich gibt es keinen »Königsweg«, der allen Ansprüchen und Erwartungen gleichermaßen gerecht werden kann. Wir haben uns bei der Auswahl von folgenden Kriterien leiten lassen:

- größeres Gewicht auf zukünftige Herausforderungen zu legen,
- ein »Mehr« an strategischer und integrativer Ausrichtung zu leisten,
- einen stärkeren Umsystem-Bezug im Sinne von »Außen-Innen-Beziehungen« herzustellen.

Diese Prioritätensetzung besagt nicht, dass die Aspekte, denen vergleichsweise weniger Aufmerksamkeit geschenkt wurde, in allen Unternehmen grundsätzlich von geringerer Relevanz sind. So wenig, wie es »das« Unternehmen gibt, so wenig gibt es auch »das« Controlling. Für jeden Einzelfall muss aus dem generellen Angebot das geeignete Instrumentarium (ggf. mit Modifikationen) zusammengestellt werden. Ausführliche Literaturhinweise ermöglichen deshalb einen schnellen Zugriff auf inhaltlich weiterführende und vertiefende Veröffentlichungen.

Die Verknüpfung neuer (»innovativer«) und alter (»dauerhafter«) Herausforderungen mit der Gedankenwelt der Ergebnistransparenz sowie der zielorientierten Steuerung macht die »Spannung« im betriebswirtschaftlichen Themenfeld des Controllings aus.

Im Zentrum steht die immer wiederkehrende Notwendigkeit zur Beantwortung der Frage: Reichen die bereits bekannten Instrumente zur Problemlösung aus, sollten sie eher modifiziert eingesetzt werden oder versprechen neu entwickelte Konzepte eine effizientere Unterstützung?

Nicht selten entsteht durch eine organisatorische Trennung in der Praxis der Eindruck, die in den so genannten »Bindestrich-Themenfeldern« behandelten Inhalte wiesen unvereinbare Perspektiven auf – z.B. beim Marketing-Controlling: »Führung vom Markt her« (Marketing/absolute Kundenorientierung) versus »Führung vom Ergebnis her« (Controlling/Rendite- oder Wertorientierung).

So besteht aber die erhebliche Gefahr, dass gerade hier beträchtliche Verbesserungspotenziale unentdeckt und ungenutzt bleiben. Dagegen bewirkt die steigende Dynamik und Unübersichtlichkeit interner und externer Zusammenhänge ein wachsendes Erfordernis zur zielgerichteten Informationsversorgung und Koordination, die das Controlling exzellent in Form einer innerbetrieblichen Dienstleistungsfunktion bereitstellen kann. Insofern wird in Forschung und Lehre – vor allem aber auch in der Praxis – die Erkenntnis sichtbar, die besonderen Chancen der gemeinsamen Problemlösung im Team zum Wohle des Gesamtunternehmens zu nutzen.

Das Buch wendet sich an Studierende der Wirtschaftswissenschaften und verwandter Disziplinen oder von Doppelstudiengängen (z.B. Wirtschaftsinformatiker und -ingenieure) sowie Studierende mit dem Nebenfach Betriebswirtschaftslehre. Ebenso richtet es sich an Praktiker, die (z.B. als Ingenieure, Naturwissenschaftler oder Juristen) aufgrund eines Jobwechsels oder erweiterter ökonomischer Verantwortungsübernahme zusätzliche Controlling-Kenntnisse erlangen oder ihr bisheriges Wissen ergänzen wollen.

Berlin und Essen,
im Juni 2001

Professor Dr. Hans-Ulrich Krause
Professor Dr. Ulrich Steins

Inhaltsverzeichnis

Abkürzungsverzeichnis

Abb.	Abbildung
Abs.	Absatz
AktG	Aktiengesetz
Aufl.	Auflage
Bd.	Band
bsplw.	beispielsweise
bzw.	beziehungsweise
ca.	circa
CAPM	Capital Asset Pricing Model
cbm	Kubikmeter
CIM	Computer Integrated Manufacturing
DB	Der Betrieb (Zeitschrift)
d. h.	das heißt
DIN	Deutsche Industrie-Norm(en)
DPR	Direkte Produkt-Rentabilität
DPP	Direkter Produkt-Profit
DV	Datenverarbeitung
et al.	et alii (und andere)
EU	Europäische Union
EURO	Europäische Währungseinheit
e.V.	eingetragener Verein
F u. E	Forschung und Entwicklung
f.	folgende
ff.	fortfolgende
FMEA	Fehler-Möglichkeits- und Einfluss-Analyse
ggf.	gegebenenfalls
GuV	Gewinn- und Verlust-Rechnung
GWA	Gemeinkosten-Wertanalyse
HGB	Handelsgesetzbuch
Hrsg.	Herausgeber
insb.	insbesondere
ISO	International Organization for Standardization
KonTraG	Gesetz zur Kontrolle und Transparenz im Unternehmen
krp	Kostenrechnungspraxis – Zeitschrift für Controlling, Accounting & System-Anwendungen
MPIT	Management Productivity and Information Technology
NPO	Non-Profit-Organisationen
o. J.	ohne Jahrgang
OLAP	On-Line Analytical Processing

PC	Personal Computer
PPS-Controlling	Produktionsplanungs- und -steuerungs-Controlling
Proco-System	Produktionscontrollingsystem
ROI	Return on Investment
S.	Seite(n)
sog.	so genannt(e)
Sp.	Spalte(n)
Stck.	Stück
TQM	Total Quality Management
u. a.	und andere(n)/unter anderem
USA	United States of America
usw.	und so weiter
u. U.	unter Umständen
VDI	Verein Deutscher Ingenieure e.V.
vgl.	vergleiche
wesentl.	wesentlich(es)
WISU	das Wirtschaftsstudium (Zeitschrift)
z. B.	zum Beispiel
ZBB	Zero-Base-Budgeting
ZfB	Zeitschrift für Betriebswirtschaft
zfbf	Schmalenbachs Zeitschrift für betriebswirtschaftliche Forschung
z. T.	zum Teil
ZVEI	Zentralverband der elektrotechnischen Industrie

Abbildungsverzeichnis

1 Herausforderungen an das Management im Wandel des Unternehmensumfelds

Hans-Ulrich Krause/Ulrich Steins

1.1 Lernziele

- Wichtige Determinanten eines Wandels des Umfelds als Einflussgrößen auf Unternehmen erkennen und systematisieren
- Verschiedene begriffliche Managementansätze zur Gestaltung und Steuerung von Unternehmen betrachten
- In einem von Dynamik und Komplexität gekennzeichneten Umfeld das Erfordernis eines Konzepts der informatorischen und koordinierenden Führungsunterstützung erfassen
- Herausforderungen in ihrem Risiko-, aber auch Chancen-Charakter einschätzen lernen.

1.2 Antriebskräfte des Wandels als Ansatzpunkte für die Etablierung eines Controllings

Entwicklungssprünge

In der historischen Betrachtung von Unternehmen lassen sich nicht selten Diskontinuitäten in Form besonderer Entwicklungssprünge (z. B. großer Akquisitionen, maßgeblicher Internationalisierungsschritte) oder deutlicher Turbulenzen in wichtigen Erfolgsgrößen erkennen. Diese Erscheinungen sind vielfach von vorübergehender Natur oder in extrem wandlungsintensiven Märkten von dauerhaftem Charakter. Sie können primär durch ehrgeizige interne Zielsetzungen bedingt oder durch nicht beeinflussbare externe Rahmenbedingungen verursacht sein.

Wandlungsintensive Märkte

Allen Konstellationen ist gemein, dass sie wegen der steigenden Variabilität der denkbaren unternehmerischen Handlungsrahmen und des vermehrten Auftretens überraschender Situationen einen geplanten Wandel des Unternehmens erschweren und neue Möglichkeiten der flexiblen Steuerung aus Sicht des verantwortlichen Managements erfordern.

Damit das Controlling einen spürbaren Beitrag zur **Rationalitätsabsicherung** zu leisten vermag, ist es zunächst sinnvoll, das komplexe Umfeld gedanklich zu strukturieren und anschließend geeignete Instrumente zur erfolgreichen Lenkung des Unternehmens vorzustellen und zu entwickeln.

Unternehmen sind – wie später noch ausführlicher darzulegen sein wird – eine spezielle Organisationsform zur Deckung von Fremdbedarf – im Gegensatz zu privaten Haushalten, deren primäre Zielsetzung in der Deckung des Eigenbedarfs gesehen wird.

In diesem Sinne werden aus volkswirtschaftlicher Sicht in Form eines Kreislaufschemas als Hauptakteure drei Gruppen unterschieden: Unternehmen, private Haushalte und Staat. Alle drei Akteurgruppen stehen in Beziehungen zueinander, sie beeinflussen sich in komplementärer oder konfliktärer Weise.

Umfeldsegmentierung

Darüber hinaus sind sie eingebettet in ein System von explizit bzw. implizit bekannten politisch-rechtlichen Regeln und gesellschaftlich-kulturellen Verhaltensweisen, von naturwissenschaftlich-technischen Erkenntnissen und Anwendungen sowie den natürlichen Ressourcen.

Um eine stärkere Transparenz in die vielfältigen Einflussmöglichkeiten zu bringen, sollen analog zu der in Abbildung 1.1 gezeigten Strukturierung in den nachfolgenden fünf Abschnitten wesentliche Aspekte dieser Antriebskräfte erläutert werden.

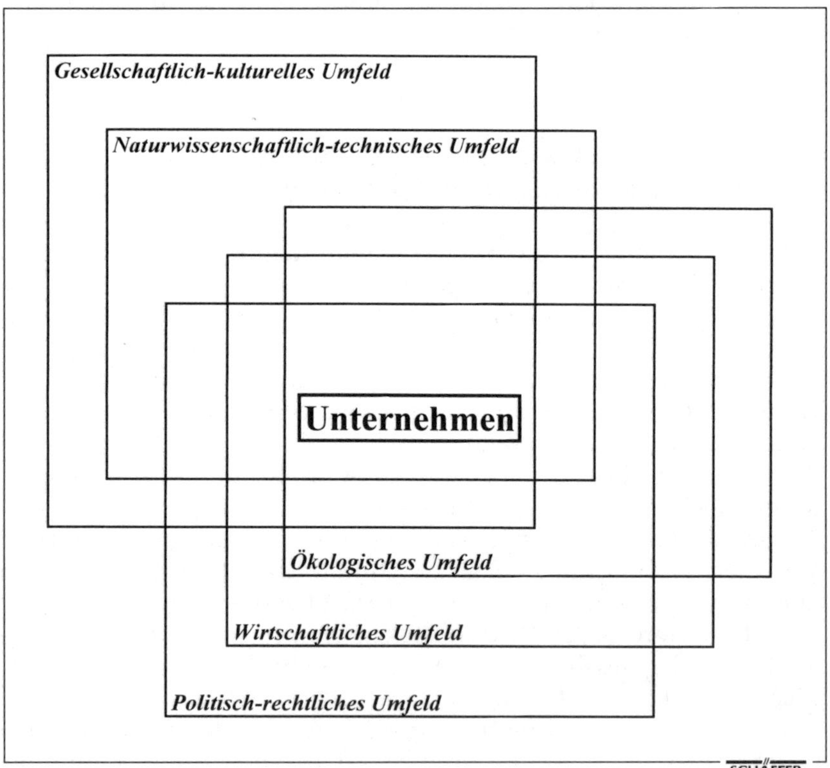

Abb. 1.1: Umfeldsegmentierung von Unternehmen

Nicht immer wird sich eine begriffliche Abgrenzung zweifelsfrei und logisch eindeutig herstellen lassen. Das ist auch nicht der primäre Zweck. Vielmehr soll eine Beschäftigung mit diesen **externen Faktorengruppen** für die Wahrnehmung weiterer, neuer Impulse sensibler machen und die oftmals unterschätzte Bedeutung überwinden helfen.

Hinzu kommt, dass in der Realität die Wirkungen in der Regel nicht einzeln messbar sind, sondern sich gegenseitig beeinflussen, z.T. verstärken oder verringern. Im Zeitablauf entwickeln sie u. U. auch eine neue Eigendynamik, die ursprünglich so nicht beabsichtigt oder vorhersehbar war.

Dieser **Komplexität**, die sich zum einen – wie eben angedeutet – auf das Umfeld der Unternehmen erstreckt, die zum anderen auch für die Unternehmen selbst gilt – man denke nur an global operierende Konzerne mit hohen Milliardenbeträgen an jährlichen Umsätzen – ist mit Abschnitt 1.4.2 bewusst ein eigenständiger Abschnitt vorbehalten.

1.2.1 Politisch-rechtliches Umfeld

Moderne Gesellschaften zeichnen sich durch ein enges Geflecht miteinander verknüpfter Beziehungen aus. Einzelne Personen schließen sich je nach Notwendigkeit und Zweckmäßigkeit in Organisationen zusammen, um ihre gemeinsamen Interessen besser vertreten zu können.

Gesellschaftlich-kulturelle, naturwissenschaftlich-technische, rechtliche, ökologische und gesamtwirtschaftliche Entwicklungstendenzen sowie die Politik auf unterschiedlichen Entscheidungsebenen setzen Rahmenbedingungen, die wie »Spielregeln« wirken, also für die jeweils relevanten Betrachtungszeiträume und -regionen das Wirtschaften der Unternehmen bestimmen.

Gesetzliche Normen

Kontrolle der Einhaltung der Rechtsvorschriften

Gewicht der Rechtsprechung

Flexibilität in der Gestaltung und Anpassung notwendiger genereller gesetzlicher Normen, allgemeiner Verordnungen oder Verwaltungsvorschriften (z. B. Öffnungszeiten), die konsequente Anwendung sowie Kontrolle der Einhaltung der Rechtsvorschriften wie auch das Gewicht der Rechtsprechung bilden wesentliche Determinanten für das Entscheidungs- und Handlungspotenzial von Unternehmen. Die Klagen vieler Unternehmen und ihrer Verbände über eine als übertrieben empfundene **Regulierung der Wirtschaft** sind zwar aktuell, aber seit vielen Jahren Bestandteil der gesellschaftlichen Diskussion.

Politische Rahmenbedingungen

Die jeweils verwirklichte oder geplante Ordnungs- und Geldpolitik, Finanz-, Steuer- und Wirtschaftspolitik, Innen- und Sozialpolitik setzen wesentliche Rahmenbedingungen für das Wirtschaften der Unternehmen. Besondere gesetzliche Vorhaben (exemplarisch nur drei Stichworte: Neudefinition der Sozialversicherungspflicht geringfügig Beschäftigter, Gesetz zur Kontrolle und Transparenz im Unternehmensbereich, Novellierung des Betriebsverfassungsgesetzes) prägen die Handlungsspielräume, die Wettbewerbsfähigkeit wie auch die inneren Strukturen und die durch die externen Anforderungen verursachten Kosten.

B

Ein besonderes Beispiel für die fundamentale Einflussnahme des politisch-rechtlichen Umfelds auf Unternehmen stellt – jenseits der beispielsweise in den vergangenen Jahren stattgefundenen Änderungsprozesse in Mittel- und Osteuropa – die Gründung der Europäischen Wirtschafts- und Währungsunion mit der Einführung einer gemeinsamen Währung, dem EURO, dar. Diesem Gesichtspunkt wird an späterer Stelle (Kapitel 6.4.1) im Zusammenhang mit den spezifischen Konsequenzen für das Controlling noch ein umfangreicherer Abschnitt gewidmet.

Kompetenzverlagerung der Gesetzgebungsverfahren

Unternehmen, deren Geschäftsbeziehungen nationale Grenzen überschreiten, sehen sich in multiplikativem Sinn einem erheblich komplexeren Umfeld gegenüber. Die **Globalisierung** übt einen zunehmenden Einfluss auf die politisch-rechtliche Handlungsautonomie von Nationalstaaten aus. Typische Beispiele gibt es in großer Zahl im Zusammenhang mit der Kompetenzverlagerung der Gesetzgebungsverfahren von einzelnen Staaten auf Institutionen der Europäischen Union oder bei der rechtlichen Absicherung von Geschäften auf der Basis des Internets (Stichwort: Electronic Business).

1.2.2 Wirtschaftliches Umfeld

Das wirtschaftliche Umfeld kann unter mehreren Gesichtspunkten auf seine Relevanz für die Unternehmenstätigkeit analysiert werden.

Volkswirtschaftliche Daten

Dabei sind nicht nur allgemeine volkswirtschaftliche Daten von Bedeutung, die sich an den Zielen der verschiedenen politischen Ebenen (Bund, Länder und Kommunen) orientieren. In klassischer Weise sind stellvertretend zu nennen: Angemessenes Wachstum, ein hoher Beschäftigungsstand, außenwirtschaftliches Gleichgewicht, stabiles Preisniveau, gerechte Einkommens- und Vermögensverteilung, Schonung der natürlichen Umwelt.

Lokale und regionale Besonderheiten

Vielmehr sollten auch die lokalen und regionalen Besonderheiten in ihrer Konsequenz für Unternehmen nicht unterschätzt werden (z. B. Höhe der Gebühren für Wasser, Energie; sonstige lokale administrative Leistungen (Schnelligkeit der Bearbeitung von (Bau-)Anträgen, Leistungsfähigkeit der Arbeitsämter bei der Arbeitskräftevermittlung).

Triple-C-Modell

Das grafisch als »Triple-C-Modell« (Company – Customer – Competitor) darstellbare Verhältnis von Unternehmen, Kunden und Wettbewerber veranschaulicht in prägnanter Form den Kern der Grundstruktur des wirtschaftlichen Umfelds (vgl. Abbildung 1.2).

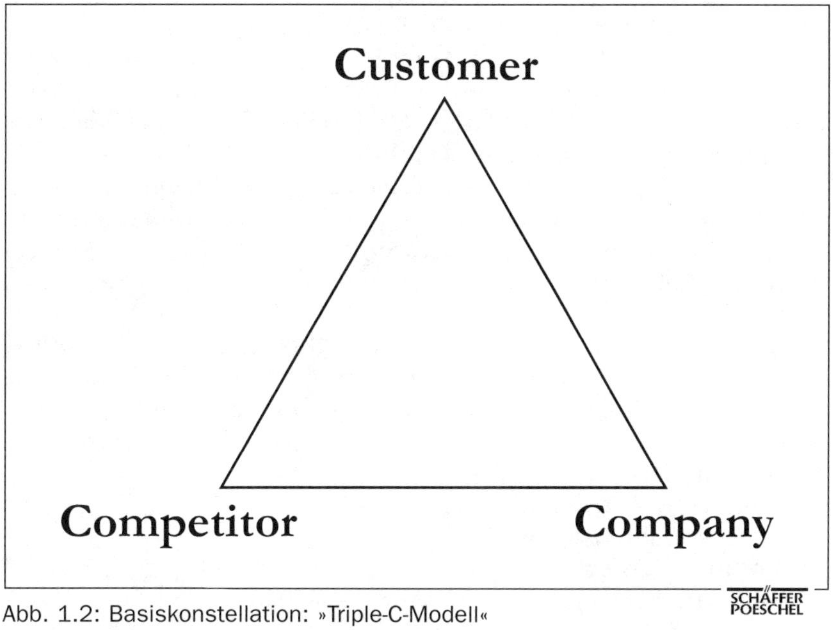

Abb. 1.2: Basiskonstellation: »Triple-C-Modell«

Konjunkturelle Veränderungen, vorübergehende Auf- und Abschwünge in einzelnen Märkten, Branchen oder in gesamtwirtschaftlichem Umfang, aber vor allem **strukturelle Veränderungen** (z. B. Deregulierungen im EU-Binnenmarkt, die EURO-Währungsumstellung, die Liberalisierung bisher abgeschotteter Märkte, Globalisierung) schlagen sich sowohl als Risiken wie auch als Chancen in Planungs-, Steuerungs- und Kontrollaufgaben der Unternehmen nieder.

Unterschiede in der gesamtwirtschaftlichen Lage und Entwicklung innerhalb eines nationalen Territoriums, verstärkt erkennbar bei internationaler Unternehmenstätigkeit, bilden eine weitere zu beachtende Facette. Ebenso sind das Arbeitskrafteangebot, die Funktionsfähigkeit der Finanzmärkte, die informatorische und verkehrslogistische **Infrastruktur** wichtige Komponenten, die das wirtschaftliche Umfeld von Unternehmen prägen.

1.2.3 Naturwissenschaftlich-technisches Umfeld

Informations- und Kommunikationstechnik

Im Allgemeinen wird heute bei Impulsen aus diesem Gebiet in erster Linie an die rasante Entwicklung der Informations- und Kommunikationstechnik gedacht. Zweifellos sind die Steigerungsraten der Computertechnik hinsichtlich Leistungsfähigkeit bei gleichzeitiger Miniaturisierung enorm.

Anwendungen in Unternehmen, die vor wenigen Jahren noch undenkbar oder extrem unwirtschaftlich gewesen wären, gelten heute schon fast als Selbstverständlichkeit. Entsprechend groß sind die Auswirkungen (nicht nur) auf die internen Abläufe der Unternehmen, die Möglichkeiten der **Effizienzsteigerung über Rationalisierung bei simultaner Qualitätserhöhung**.

Das Grundprinzip der **Digitalisierung von Daten** und ihrer Übertragung wird zu einer weiteren Verknüpfung bislang getrennt arbeitender Medien führen – wiederum mit innovativen Anwendungen denkbar und somit mit neuen Wachstumspotenzialen verbunden.

Aber auch weitere naturwissenschaftlich-technische Entwicklungen sollten in ihren Konsequenzen für die unternehmerische Produkt- und Prozessgestaltung beachtet werden (eine Auswahl):

- Technik der Energieerzeugung,
- Neue Werkstoffe/Materialien,
- Neue Verfahrenstechniken,
- Bio- und Gentechnik,
- Neue Antriebstechniken im Automobilbau.

Produktinnovationen

Ihnen allen ist gemein, dass sie einerseits die Gestaltung innovativer Produkte und Dienstleistungen ermöglichen, ihre Wirtschaftlichkeit aber ohne entsprechende Planungs- und Kontroll-Informationen aus dem Controlling nicht hinreichend eingeschätzt werden kann.

Prozessinnovationen

Andererseits bieten die neuen Erkenntnisse zahlreiche Ansatzpunkte, um in prozessorientierter Sichtweise Abläufe

- im güterwirtschaftlichen Bereich zu verbessern,
- im informatorischen Bereich zu harmonisieren und zu beschleunigen,
- im finanzwirtschaftlichen Bereich zu vereinheitlichen.

In vielen Fällen muss das Instrumentarium des Controllings dafür überdacht und modifiziert werden, um den weitergehenden Ansprüchen der Entscheidungs- und Handlungsverantwortlichen zu entsprechen. Auch dieser Aspekt wird im Verlauf des Lehrbuchs mehrfach wieder aufgegriffen.

1.2.4 Gesellschaftlich-kulturelles Umfeld

Unternehmen sind in besonderer Weise auf die Akzeptanz der Gesellschaft angewiesen, in der sie ihre Produkte und Dienstleistungen erstellen und veräußern. Diese **Akzeptanz** erstreckt sich jedoch nicht nur auf die Absatzseite, ebenso gilt sie für die Beschaffungsseite: Werden z. B. Materialien verwandt – selbst wenn sie gesetzlich (noch) erlaubt sind –, die aber in weiten Teilen der Bevölkerung oder von gesellschaftlichen Meinungsführern nicht mehr gutgeheißen werden, so kann das zu erheblichen Problemen für das betroffene Unternehmen führen.

Rolle der Medien

Die Funktion und Rolle der Medien hat sich in den vergangenen Jahren deutlich verändert. Print- und elektronische Medien haben einen erheblichen Bedeutungszuwachs erfahren. Vom »Skandal der Woche« über den »Schadstoff des Monats« werden z.T. Missstände zu Recht aufgedeckt, nach Schuldigen gesucht und Konsequenzen eingefordert. Nicht selten versanden entsprechend angeheizte Diskussionen allerdings nach kurzer Zeit wieder ohne nachhaltige Wirkungen. Diese Entwicklung kann man begrüßen oder auch nicht – für das Management von Unternehmen gilt es, sich dieser Realität bewusst zu sein und das eigene Handeln entsprechend auszurichten.

Bei international tätigen Unternehmen gehört es in der Regel zu den notwendigen Gepflogenheiten, Mitarbeiter nicht nur in ihrem jeweiligen Heimatland einzusetzen, sondern in einem möglichst sinnvollen Job-Rotation-Ansatz in unterschiedlichen Ländern, Kulturkreisen und Kontinenten Erfahrungen sammeln zu lassen, um ein interkulturelles Management zu etablieren.

Für eine einzelwirtschaftlich erfolgreiche Umsetzung muss aber auch die Bereitschaft der jeweils lokalen Bevölkerung vorhanden sein, diese Unternehmensvertreter und ihre Familien im gesellschaftlichen Umfeld zu respektieren.

Religiöse Einflüsse, kulturelle Verhaltensweisen

Unterschiedliche religiöse Einflüsse, aus jahrhundertelanger Tradition abgeleitete Denkhaltungen und kulturelle Verhaltensweisen prägen nicht nur einzelne territorial abgrenzbare Staaten, sondern größere Regionen und Wirtschaftsräume.

Die Prinzipien der Produktivität, Wirtschaftlichkeit und Rentabilität und ihre periodisierte, kurzfristige Messung z. B. in Form von Quartalsergebnissen und Jahresüberschüssen müssen vielfach entsprechend angepasst werden. Die Selbstverständlichkeit des Funktionierens der Steuerungs- und Koordinationsmechanismen des Controllings sind zu überdenken und ggf. zu modifizieren.

1.2.5 Ökologisches Umfeld

Ökologische Belange haben seit einiger Zeit eine gesellschaftliche und wirtschaftliche Dimension erreicht, die von Unternehmen nicht länger als vernachlässigbar angesehen werden kann.

Spektakuläre Einzelereignisse

Ob spektakuläre Einzelereignisse wie in Seveso, Tschernobyl und Bhopal, ob Öltanker- und Ölplattformen-Havarien als Unfälle mit enormen Folgen für die Natur und uns Menschen als Teil der Natur, die Brisanz für Unternehmen ist erheblich.

Schleichende Entwicklungen

Ob eher als schleichend und scheinbar unmerklich empfunden und in ihren Wirkungen bis heute nicht unumstritten – eine sich global verändernde ökologische Umwelt (Stichwort: Weltklimakonferenzen/Treibhauseffekt) – oder lokal wirkende Mittel (z. B. Asbest), es handelt sich um relevante Rahmenbedingungen für operative und strategische Entscheidungen.

Vor diesem Hintergrund – mit nur einigen oben exemplarisch genannten Anlässen – nimmt der **Schutz des natürlichen Umfelds** (Boden, Wasser, Luft und sämtlicher Lebewesen) einen zunehmenden Stellenwert für das Management von Unternehmen ein.

Die Folgen wirtschaftlichen Handelns sind seit längerem keineswegs mehr nur lokal begrenzt und im Zweifelsfall bei Unfällen wieder leicht reparierbar. Entsprechend wird die Verantwortung für

Ökologische Folgen der Ressourcennutzung

negative ökologische Folgen der Ressourcennutzung, der Produktions- und Transportprozesse sowie der Abfallentsorgung den Unternehmen konkret zugewiesen (z. B. in Form der Haftung, der Gefahr einer Stilllegung oder der öffentlichen »Brandmarkung«, Aufrufen zum Kundenboykott).

Die Konsequenzen der Unternehmenstätigkeit auf das ökologische Umfeld – hinsichtlich der eingesetzten Materialien sowie der aus ihnen erzeugten Produkte, aber auch der Herstellungsprozesse selbst – erfordern daher verstärkte Aufmerksamkeit für die Planung, Steuerung und Kontrolle der Unternehmen.

Die benötigte Unterstützung der jeweiligen Management-Ebenen mit relevanten Daten und Instrumenten wird zunehmend vom Controlling erwartet (Stichworte: Ökologisches bzw. **Öko-Controlling**, Umwelt- bzw. Umweltschutz-Controlling).

Hoher Informations- und Koordinationsbedarf

Auch hier – wie bei den vorher behandelten Umfeld-Perspektiven – besteht ein außerordentlich hoher Informations- und Koordinationsbedarf in modernen Unternehmen, dessen Bewältigung im Sinne einer effizienten Arbeitsteilung bestimmten Experten zugeordnet wird – u. a. den Controllern. Sie sollen dazu beitragen, nicht nur aktuelle und künftige Gefahrenpotenziale zu entdecken, Anregungen zur Verringerung oder Vermeidung zu geben, sondern auch zum Aufspüren neuer unternehmerischer Chancen beizutragen – durch Vorschläge zur gezielten Absenkung der Kosten sowie zur Generierung neuer Umsatzträger.

Die **Auswirkungen** dieser verschiedenen Umfeldtrends sind **höchst ambivalent** – sowohl in den einzelnen Segmenten als auch im Verbund. Sie empirisch solide abzuschätzen ist gegenwärtig nicht möglich, es verbleiben nicht unerhebliche Restunsicherheiten.

1.3 Charakteristika unterschiedlicher begrifflicher Management-Ansätze

Im Mittelpunkt des Managements steht die Gestaltung und Steuerung des Gesamtsystems Unternehmen. Entscheidungen der Unternehmensführung (häufig gleichgesetzt mit Management) haben Grundsatzcharakter, d.h., sie engen den Handlungsspielraum von Folgeerscheinungen ein, betreffen in aller Regel immer das gesamte Unternehmen und haben eine hohe Bindungswirkung (vgl. *Vahs, D.* 2001 S. 16).

Nachfolgend sollen Besonderheiten unterschiedlicher Perspektiven ausgewählter Management-Ansätze in Verbindung mit aktuellen Anforderungen an den Aufbau und die Steuerung von Unternehmen aufgezeigt werden.

1.3.1 Institutionelle Sicht

Träger von Führungsaufgaben

Als Institution (im Sinne einer organisatorisch-personell abgrenzbaren Einheit) umfasst die Unternehmensführung alle Träger von Führungsaufgaben, gleichgültig auf welcher hierarchischen Ebene des Unternehmens sie tätig sind.

Es kann beispielsweise unterschieden werden zwischen

- Top Management = Unternehmensleitung: Von ihr sind die Entscheidungen zu treffen, die das ganze Unternehmen betreffen
- Middle Management = Bereichsleitung: Ihre Aufgabe ist, die Entscheidungen des Top Managements umzusetzen und bereichsbezogene Entscheidungen zu treffen

- Lower Management = Gruppenleitung: Zu ihr zählen u. a. Meister; ihre Aufgabe ist primär die Umsetzung der Entscheidungen der ihnen übergeordneten Führungsebenen bei entsprechend eingegrenztem eigenen Enscheidungsspielraum.

Nach institutioneller Sicht tragen alle Führungskräfte in einem System dazu bei, dass das Unternehmen seine geschäftspolitischen Ziele erreicht. Dies wird dann gelingen, wenn auf allen Ebenen fachliche, soziale und persönliche Kompetenz vorhanden ist.

Entsprechend der hierarchischen Gliederung obliegt der Unternehmensleitung primär die Entwicklung der Strategie und die Formulierung der unternehmenspolitischen Ziele (Leitbild des Unternehmens). Sie trifft Grundsatz- und Führungsentscheidungen.

Die Aufgaben der Bereichsleitung beziehen sich in der Regel auf bestimmte abgegrenzte Funktionen, wie Beschaffung, Produktion, Marketing, Personal, Finanzierung usw. Trotz dieser funktionalen Konzentration sollten die Bereichsleiter aber auch über bereichsübergreifende Kenntnisse verfügen.

Die Gruppenleitung ist mit Planungs-, Organisations- und Steuerungsaufgaben innerhalb ihres Verantwortungsgebietes betraut. Fachautorität sollte für diese Funktionen mit Führungsautorität verbunden sein.

Vahs bezeichnet das Lower Management auch als »Operatives Management«, das lediglich gegenüber den ihm unterstellten Ausführungsstellen Weisungen erteilen kann. Er weist diesen unteren Instanzen damit weitgehend ausführende Tätigkeiten zu (vgl. *Vahs, D.* 2001 S. 71 f.).

1.3.2 Systemorientierte Sicht

Den Systemansatz – Unternehmen »als produktive soziale Systeme«, »als von Menschen geschaffene reale Gebilde, welche u. a. aus Menschen bestehen und den Zweck verfolgen, irgendwelche Leistungen für die menschliche Gesellschaft bereitzustellen« – machte *Ulrich* erstmals 1970 für die Betriebswirtschaftslehre im deutschsprachigen Raum nutzbar (vgl. *Ulrich, H.* 1970 S. 134). Dieser Ansatz eignet sich in besonderer Weise, den komplexen Gegenstand Unternehmen in seine Einzelbestandteile (Subsysteme) zu gliedern und die Beziehungen zwischen diesen Elementen aufzuzeigen.

Bei den Subsystemen wird zwischen marktleistungs-, betriebsmittel- und gesamtunternehmensbezogenen Funktionsbereichen des Unternehmens unterschieden. Als Teilsysteme werden die Betrachtungsebenen der materiellen, sozialen, kommunikativen und wertmäßigen Dimension angesehen.

Die drei Untersuchungskriterien Zielbestimmung, Systemgestaltung und Prozessabwicklung bringt *Ulrich* in eine hierarchische Ordnung (Übersichtlichkeit). Das System Unternehmen ist dadurch gekennzeichnet, dass es mit vielen anderen Systemen verbunden ist (Wettbewerbern, Kunden, Lieferanten, Staat, Medien, usw.). Die das Unternehmen umgebenden Systeme stellen das Unternehmensumfeld dar (vgl. auch *Hoffmann, W./ Niedermayr, R./ Risak, J.* 1996 S. 3).

Die von den Autoren vertretene Auffassung, im **Controlling** ein **zielorientiertes Steuerungssystem im Managementprozess** zu sehen, das der **Verbesserung der Unternehmensführung in einem komplexen und dynamischen Umfeld** dient, setzt voraus, dass eine klare Vorstellung über das System Unternehmen und seine Ziele existiert, weil sich aus den Systemeigenschaften die Notwendigkeit von und die Anforderungen an ein Controlling ableiten.

D

Das System Unternehmen ist durch folgende Eigenschaften charakterisiert:

- Unternehmen als sozio-technisches System mit den Elementen Menschen und Sachmittel, deren Zusammenwirken zweckorientiert ist (betriebliche Leistungserstellung),
- Zwischen den Elementen bestehen Beziehungen: Kommunikations- und Leistungsstrukturen,
- Unternehmen als offenes und komplexes System, das durch Transaktionen ständig in Beziehung mit dem Umfeld steht und durch Kontextfaktoren beeinflusst wird (Abhängigkeit vom Umfeld),
- Unternehmen als dynamisches und an Wahrscheinlichkeiten ausgerichtetes System, das aufgrund unternehmensexterner und -interner Zustandsänderungen flexibel sein muss,
- Unternehmen als zielgerichtetes und zielsuchendes System, das in einem sich ändernden Umfeld situationsgerecht angepasste und neu definierte Ziele verfolgt,
- Unternehmen als wirtschaftlich selbsttragendes System, das zur Erhaltung der Existenz und Erfüllung seiner Funktion ertragbringend oder zumindest kostendeckend wirtschaften muss,

- Unternehmen als multifunktionales System, das als pluralistische Wertschöpfungseinheit Funktionen für verschiedene Anspruchsgruppen (Stakeholder) erfüllt: Kapitalgeber, Mitarbeiter, Umfeld,
- Veränderungsprozesse als Reaktion auf ex- und interne Einflüsse sind für das lebendige soziale System gleichzeitig Lernprozesse

(vgl. *Hoffmann, W./ Niedermayr, R./ Risak, J.* 1996 S. 4 f.).

Notwendigkeit eines Controllings zur Führungsunterstützung

Aus dieser Vielzahl von Systemeigenschaften leiten sich die zentralen Herausforderungen an das Management und die Notwendigkeit eines Controllings zur Führungsunterstützung ab.

Nach systemorientierter Sicht wird die Unternehmensführung somit als Gestaltung und Lenkung des sozio-technischen Systems Unternehmen verstanden. Die Führungsinstanzen (Träger der Managementtätigkeit) zählen zur Unternehmensführung im institutionellen Sinn, während der zeitliche Ablauf der Gestaltung und Lenkung (Managementtätigkeit) als prozessualer Aspekt der Unternehmensführung betrachtet wird.

Konzeptionelle Unterstützung zur Erfüllung von Führungsaufgaben können institutionalisierte Funktionen erbringen, die durch Entscheidungsvorbereitung **(Willensbildung)** oder -umsetzung **(Willensdurchsetzung)** eigenständige Beiträge leisten. Als Institutionen sind Stäbe zur Entscheidungsvorbereitung sowie in- und externe Berater zu nennen. Führungsunterstützende Funktionen haben insbesondere Information, Entscheidungsaufbereitung, Analyse- und Problemlösungsprozesse sowie Moderationstechniken.

Ganzheitliches Konzept

All diesen Institutionen und Funktionen fehlt aber mitunter eine umfassende Konzeption, die die führungsunterstützenden Aufgaben integriert und institutionalisiert. Ein ganzheitliches Konzept zur Ergänzung der Führungsaufgaben kann das Controlling darstellen, wenn es durch umfassende integrierte Führungsunterstützung den geschilderten umfangreichen Managementanforderungen gerecht wird.

Komplexität

Der Bedarf nach Führungsergänzung hängt einmal vom Grad der internen Komplexität ab (z. B. Unternehmensgröße, Sortimentsbreite, Diversifikationsgrad, Kundenstruktur, Internationalität). Zum anderen wird er bestimmt von der externen Komplexität (Umfeldveränderungen in den Bereichen Gesellschaft, Politik, Recht, Konjunktur, Technologie, Branchenwettbewerb, Erwartungswandel der Stakeholder).

Niedermayr unterscheidet zwischen umfeld- und unternehmensinduziertem Controllingbedarf:

»Der umfeldinduzierte Controllingbedarf resultiert aus der Offenheit des Systems Unternehmen gegenüber einem dynamischen und komplexen Umfeld und aus der Notwendigkeit zur externen Harmonisation ... Der unternehmensinduzierte Controllingbedarf ist einerseits eine Folge der Umfeldkomplexität und Umfelddynamik, andererseits verlangen die Systemeigenschaften Multifunktionalität, Ertragsorientierung (Notwendigkeit der Kostendeckung) sowie Zielsuche (Selbstreferenzierung) nach entsprechender Controllingunterstützung zur internen Harmonisation« (*Niedermayr, R.* 1993 S. 43 ff.).

Umfeldinduzierter Controllingbedarf

Unternehmens-induzierter Controllingbedarf

An die (system)interne und -externe Integrationsfähigkeit der Unternehmen werden hohe Anforderungen gestellt, die vom Management nur zu erfüllen sind durch Planung, Steuerung und Kontrolle einerseits sowie Information und Koordination andererseits.

1.3.3 Prozessuale Sicht

Wird der zeitliche Ablauf der Managementtätigkeit in den Vordergrund gestellt, so kann die Unternehmensführung anhand der einzelnen Phasen des Führungsprozesses der Willensbildung und -durchsetzung charakterisiert werden (vgl. auch Abbildung 1.3).

Phasen des Führungsprozesses

- Zielbildung (Leitbild des Unternehmens als Grundlage für den Führungsprozess)
- Planung (Gedankliche Vorwegnahme zukünftiger wirtschaftlicher Aktivitäten)
- Entscheidung (Kernfunktion des Führungsprozesses)
- Realisation (Entscheidungen und Maßnahmen zur Durchsetzung)
- Kontrolle (Vergleich der Ist-Daten mit den Plan-Werten und Abweichungsanalyse zur Gegensteuerung)

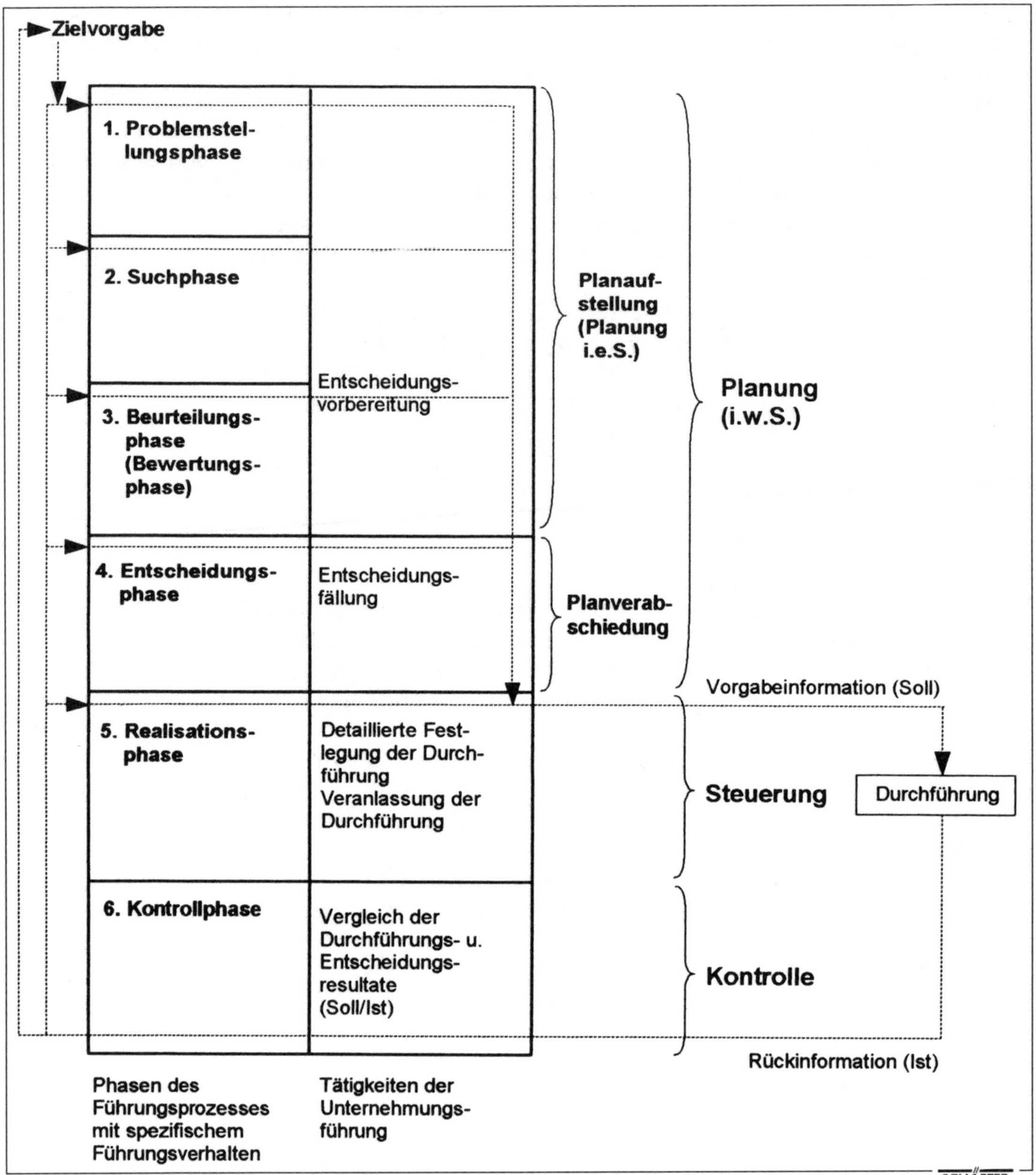

Abb. 1.3: Führungstätigkeiten im Unternehmen
(Quelle: *Hahn, D.* 1996 S. 46)

Nach der Art der Tätigkeit kann beispielsweise zwischen operativen und Managementprozessen unterschieden werden (vgl. *Hill, W./ Fehlbaum, R./ Ulrich, P.* 1994 S. 26). Operative Prozesse sind differenzierbar in direkte, auf den externen Kunden gerichtete (z. B. Produktentwicklung, Produktion, Marketing) und indirekte Leistungsprozesse, die zur Unterstützung der direkten Leistungserbringung dienen (z. B. Personalwesen, Finanz- und Rechnungswesen, Logistik).

Leitungs- oder Managementprozesse haben eine andere umfassendere Zielsetzung: Planung, Steuerung und Kontrolle der Unternehmensaktivitäten. Strategische Planung und strategisches Controlling dienen der Unternehmensentwicklung, kurzfristige Planung und operatives Controlling der Steuerung der Leistungsprozesse (vgl. *Vahs, D.* 2001 S. 200).

Voraussetzung für eine funktionsfähige Wahrnehmung der Führungsfunktionen aus prozessualer Sicht ist, dass eine vorgesetzte Instanz über operationale Ziele, Kontrollmöglichkeiten zur Ermittlung des Zielerreichungsgrads, geeignete Steuerungsinformationen und rasche Kontroll- und Abweichungsinformationen verfügt.

Verknüpfte Regelkreise

Die einzelnen Prozesse wiederholen sich ständig im Sinne eines Lernprozesses. Dieser **Managementzyklus** tritt zudem auf allen Organisationsebenen auf, so dass ein Unternehmen **als mehrstufiges Netz verknüpfter Regelkreise** betrachtet werden kann (vgl. Abbildung 1.3).

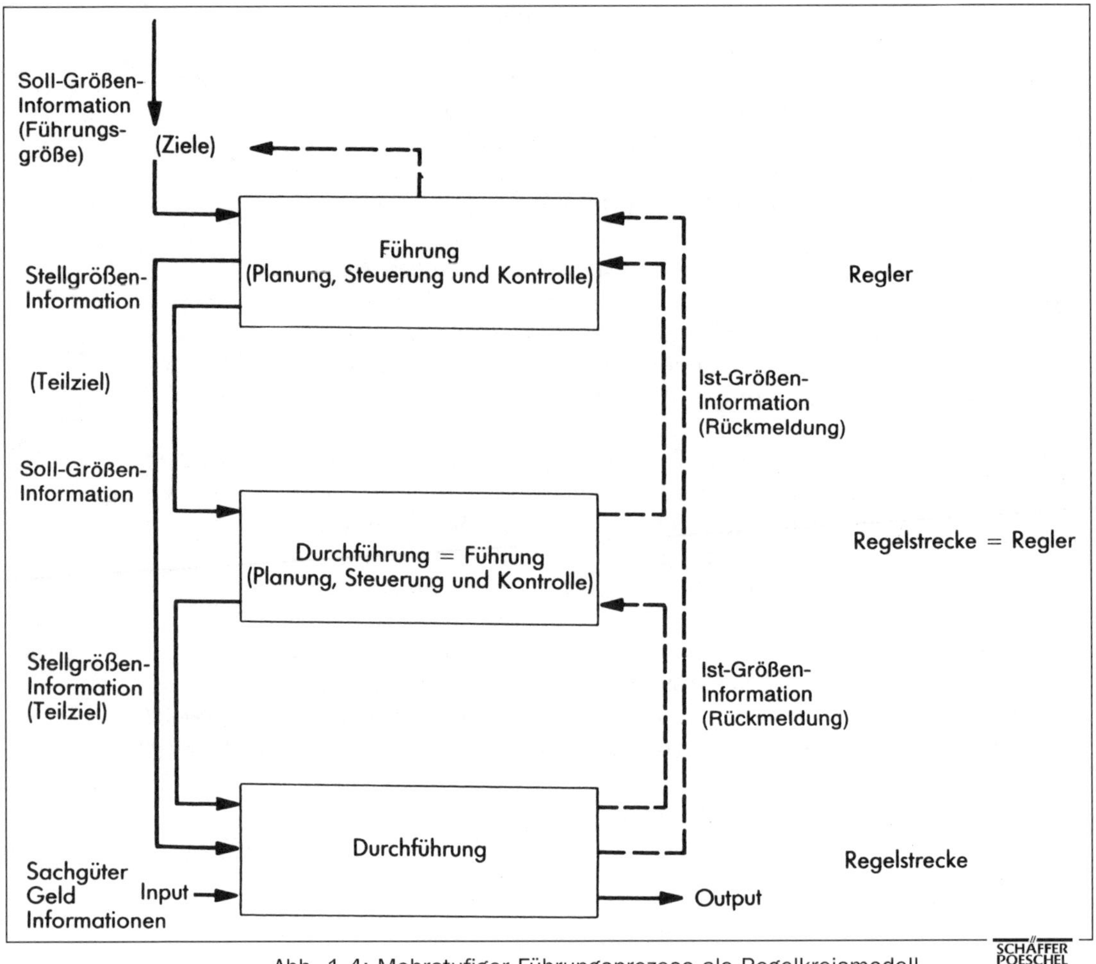

Abb. 1.4: Mehrstufiger Führungsprozess als Regelkreismodell
(Quelle: *Hahn, D.* 1996 S. 51)

Mittelpunkt dieser prozessorientierten Unternehmensführung ist die Planung, ggf. differenziert in Grundsatz-, strategische, taktische und operative Planung. Sie ist umso wichtiger, je erforderlicher eine Abstimmung innerhalb der einzelnen Funktionsbereiche des Unternehmens ist und je komplexer sich das Unternehmensumfeld darstellt.

Für diesen Führungsprozess stehen eine Vielzahl von Instrumenten zur Verfügung: Von allgemeinen Problemlösungsmethoden für die Unternehmenspolitik über strategische und operative Planungs- und Kontrolltechniken bis hin zu Management-by-Systemen zur Umsetzung der Mitarbeiterführung. Soweit sie besondere Controlling-Relevanz besitzen, wird auf sie im weiteren Verlauf noch näher eingegangen.

1.4 Notwendigkeit der Entwicklung eines Konzepts mit der Aufgabe des Controllings

Das Controlling ist keine im »Elfenbeinturm der Wissenschaft« entstandene Kunstlehre, sondern eine maßgeblich aus der unternehmerischen Praxis (Notwendigkeit) entstandene und inzwischen fest etablierte Teildisziplin der Betriebswirtschaftslehre. Diese **Anwendungsnähe** führt dazu, dass es nicht »das einzig wahre« Controlling gibt, gleichwohl hat sich mittlerweile eine Übereinstimmung in den Kernfunktionen herauskristallisiert.

Das zentrale Anliegen des Controllings, die Frage nach den Bestimmungsfaktoren des unternehmerischen Erfolges und den Möglichkeiten der Steuerung beantworten zu helfen, veränderte in den letzten Jahren seine Richtung im Hinblick auf die Betrachtung weiterer Ebenen.

Neben den klassischen Orientierungswerten wie »Umsatz«, »Kosten« und »Gewinn« wurde verstärkt versucht, die eigentlichen »Treiber« dieser Kenngrößen zu identifizieren und zu beeinflussen.

Zwei Phänomene determinieren in diesem Zusammenhang in besonderer Weise die Steuerbarkeit von Unternehmen, begrenzen oder erweitern das Entscheidungsfeld der verantwortlichen Manager in strategischer und operativer Hinsicht: die »Zeit« und die »Komplexität«.

1.4.1 Beherrschung der Größe »Zeit« als Wettbewerbsfaktor

Erhöhung der Dynamik

Unter der viel zitierten Erhöhung der Dynamik wird meist ganz allgemein die Zunahme der Häufigkeit und Intensität von Änderungen – insbesondere von **Diskontinuitäten** – verstanden. Bei besonders ausgeprägten Erscheinungsformen wird oftmals die speziellere Bezeichnung »Turbulenz« verwendet.

Den Hintergrund bilden in den letzten Jahren gemachte vielfältige Erfahrungen beispielsweise auf

- der Absatzmarktseite
  (verkürzte Produktlebenszyklen, Individualisierung der Nachfrage),
- der Forschungs- und Entwicklungsseite
  (längere Produktentwicklungszeiten und steigende Produktentwicklungskosten durch markante Technologiewechsel).

Zeitwettbewerb

Die vor allem unter dem Oberbegriff des »Strategischen Zeitwettbewerbs« geführte Diskussion (vgl. stellvertretend *Bitzer, M. R.* 1992; *Baum, H.-G./Coenenberg, A.G./Günther, T.* 1999 insbesondere S. 133 ff.; *Stalk, G. jr.* 1989) hat letztlich auch auf das Controlling deutliche Auswirkungen. Aus den gestiegenen Anforderungen an die informatorische Fitness des Managements ergeben sich für das Controlling eine Reihe von qualitativen und quantitativen Konsequenzen:

Da viele Informationen, die vom Controlling erwartet werden, auf Daten des Rechnungswesens basieren, war in der Vergangenheit eines relativ stabilen Umfelds der Rückgriff auf entsprechend vergangenheitsorienticrte Informationen für zahlreiche Anwendungsfälle und deren einfache Fortschreibung für zukünftige Perioden ausreichend.

Die lediglich an einigen exemplarisch ausgewählten Umfeldveränderungen festgemachte Bedeutung eines rapiden Wandels in vielen Teilbereichen der Unternehmen verdeutlicht die **Notwendigkeit, stärker zukunftsorientierte Informationen bereitzustellen**. Damit vollzieht sich eine Verschiebung in der Relevanz des Betrachtungszeitraums (von der Vergangenheit zur Zukunft), verbunden mit einer nicht minder relevanten Veränderung bei den sinnvoll einsetzbaren Instrumenten.

In vielen Fällen kann durch die **Unsicherheit** über zukünftig erwartete Ereignisse und Entwicklungen nicht die Exaktheit in den gelieferten Daten enthalten sein, die man bisher vom internen und externen Rechnungswesen gewohnt war.

Ein weiterer Trend bezieht sich auf folgende Unterscheidung:

Zeitpunkt-Orientierung

- Zeitpunkt-Orientierung:
  Die gesteigerte Wettbewerbsintensität führt in vielen Märkten zu einer erhöhten Bedeutung für den richtig gewählten Zeitpunkt z. B. des Markteintritts oder -austritts, der wirtschaftlich sinnvollen Entscheidung über Eigenerstellung oder Fremdbezug.

Zeitraum-Orientierung

- Zeitraum-Orientierung:
  In gleicher Weise werden auch an die Reaktionszeiten (Stichwort: Verkürzung der so genannten Response-Zeiten) wachsende Anforderungen gestellt. Objekt der Veränderung bilden dabei keineswegs nur von Kunden oder Lieferanten direkt wahrnehmbare Leistungen, sondern in erheblichem Umfang interne Leistungen, deren Erbringung schneller erwartet wird.

Die Zahl der Berichterstattungstermine wird erhöht – die Abfolge somit immer dichter (von jährlich ... zu halbjährlich ... zu vierteljährlich ... zu monatlich), um schneller über mögliche negative und positive Abweichungen informiert zu sein und entsprechend frühzeitig reagieren zu können.

Die Erwartung an verkürzte Zeitspannen zwischen Datenanfall und -erhebung sowie Bereitstellung für die Entscheider ist gestiegen.

Die eingangs dieses Kapitels beschriebene Umfeldabhängigkeit unternehmerischen Handelns, die sich aus der Bedürfnisbefriedigung einer Vielzahl von Interessengruppen ableitete, impliziert die Fähigkeit der Unternehmen, eine Synchronisation mit diesen starken Wandlungsprozessen zu erreichen. Die Flexibilität muss geschaffen und kontinuierlich gewährleistet werden.

Flexibilität

1.4.2 Reduzierung der Komplexität durch Koordination

D

Mit der Steigerung der Komplexität wird die Beschreibung einer Zunahme von Einflüssen bezeichnet, deren Richtung, Stärke und Dauer sowie gegenseitige Beeinflussung nicht oder nur sehr schwer vorhersehbar sind.

Im Prinzip handelt es sich bei der Komplexität um ein allgegenwärtiges Phänomen ökonomischen Handelns. Es gibt vielfältige Beispiele für betriebswirtschaftliche Grundbegriffe, die in ihren jeweiligen Ausprägungsformen ein komplexes Gebilde ergeben: Erzeugnisaufbau, Sortimentsbreite, Standorte, Fertigungstiefe, Organisationsstruktur, Vergütungssysteme.

Sie stellen selbstverständliche Elemente der täglichen Managementarbeit dar, werden zunehmend aber zugleich als ein schwer zu beherrschendes und damit auch nicht leicht zu managendes Phänomen betrachtet.

Im (nur mit einiger Mühe zu durchschauenden) Gemeinkostenbereich werden daher beispielsweise Kostentreiber der Komplexität gesucht, ein »Lean Management« wird propagiert, zahlreiche moderne Management-Konzepte widmen sich implizit oder explizit der besseren Komplexitätshandhabung (vgl. u.a. *Schulz, S.* 1994 S. 130 ff.; *Reiß, M.* 1993 S. 54 ff.).

Grundlegende Komplexitätsfaktoren

Die nachfolgende Abbildung 1.5 zu den grundlegenden Komplexitätsfaktoren, die auf *Reiß* zurückgeht, mag auf den ersten Blick durch die begriffliche Wortwahl abstrakt klingen, bei näherer Betrachtung überzeugt sie allerdings durch ihren besonderen systematisierenden Charakter.

Dimensionen / Komplexitäts-Sektoren	Vielzahl	Vielfalt	Vieldeutigkeit	Veränderlichkeit
Elementen-Komplexität	Größe	Diversität	Freiheitsgrade	Dynamik
Relationen-Komplexität	Kopplungsgrad	Divergenz	Unschärfe	Chaos

Abb. 1.5: Komplexitätsfaktoren
(Quelle: *Reiß, M.* 1993 S. 58)

Unter Bezugnahme auf die systemtheoretische Sichtweise erfolgt die Trennung von »Elementen« und »Relationen« als so genannte Komplexitäts-Sektoren.

Vielzahl

Die Dimension »Vielzahl« steht für eine hohe bzw. schwer zu übersehende Menge von Elementen und deren Beziehungen zueinander. Die »Größe« erfasst z. B. Volumina oder Häufigkeit, der »Kopplungsgrad« beschreibt die Dichte des materiellen und/oder informatorischen Beziehungsgefüges zwischen den Elementen (z. B. Anbieter-Abnehmer-Beziehungen).

Vielfalt

Bei der »Vielfalt« steht die Verschiedenartigkeit im Mittelpunkt der Betrachtung – als »Diversität« bei den Elementen (z. B. Heterogenität der Kunden) und als »Divergenz« für die analoge Ausprägung von Relationen (z. B. inner- und überbetriebliche wechselseitige Abhängigkeiten bei Lieferbeziehungen oder der Planung nach dem Gegenstromverfahren).

Vieldeutigkeit

»Vieldeutigkeit« bringt die informatorische Mangelsituation zum Ausdruck, einerseits über die Elemente (»Freiheitsgrade«) im Sinne einer Unbestimmtheit oder Unsicherheit über ihre Beschaffenheit und ihre Verhaltensmuster (z. B. Kunden verschiedener Stufen in einer vertikalen Vertriebsstruktur), zum anderen über die vorhandenen Relationen (»Unschärfe«) im Sinne unklarer Wirkungsmechanismen (z. B. Überlagerung mehrerer Einflüsse oder Zufälligkeiten in der Entwicklung des Auftragseingangs).

Veränderlichkeit

Mit der »Veränderlichkeit« als 4. Dimension wird dem komplexen Zeitverhalten Rechnung getragen. Während sich »Dynamik« mit kontinuierlichen oder sprunghaften Zunahme- und Abnahmemustern auf der Elementenebene (z. B. die Nachfrage nach bestimmten Materialien) beschäftigt, steht »Chaos« für die zumindest in kurzen Zeiträumen als unberechenbar oder labil empfundenen (weil nicht eindeutig erklär- oder berechenbaren) Systembeziehungen (z. B. bei der selbstorganisatorischen Zusammenarbeit in teilautonomen Gruppen).

Die **Beschreibung und Messung der Komplexität** und damit die Wiedergabe in Form von Kennzahlen wird durch diese Systematisierung nicht ihrer Problematik vollständig enthoben. Es lassen sich jedoch gezieltere und damit bessere Mechanismen für die Steuerung komplexer Systeme durch das Controlling entwickeln.

Steuerung komplexer Systeme

Ansatzpunkte für die Bereitstellung geeigneter informatorischer Grundlagen und Instrumente für die jeweiligen Management-Ebenen stellen die anzustrebenden Zielsetzungen dar.

Zur Veranschaulichung der prinzipiell denkbaren Ausrichtung der **Instrumente eines Komplexitätsmanagements** soll auf die Abbildung 1.6 Bezug genommen werden.

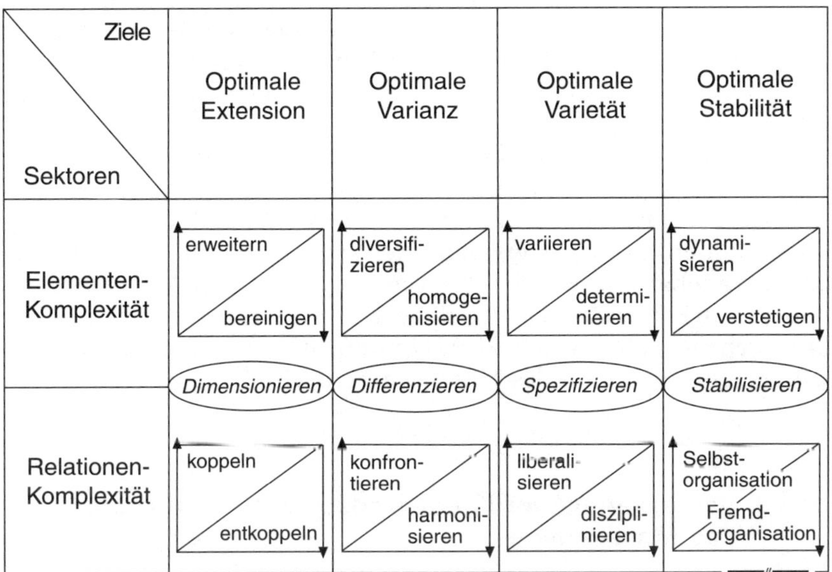

Abb. 1.6: Instrumente des Komplexitätsmanagements
(Quelle: *Reiß, M.* 1993 S. 134)

Der gewählte Aufbau knüpft an die vorhergehende Darstellung an. Für das Controlling soll abgeleitet werden, welche Handlungsfelder es durch geeignete Informationsversorgung und Koordination zu unterstützen gilt.

Hier besteht bereits eine enge Verbindung zu strategischen Entscheidungsfeldern:

Dimensionieren

Das »Dimensionieren« stellt u.a. auf die Erweiterung oder Bereinigung der Produkt-Markt-Kombinationen ab sowie auch auf die Gestaltung von Beziehungsgefügen innerhalb des Unternehmens, z. B. im Sinne einer Vereinheitlichung des bislang getrennt geführten internen und externen Rechnungswesens.

Differenzieren

Im Rahmen des »Differenzierens« geht es um die betriebswirtschaftlich gewünschte optimale Auslegung der Verschiedenartigkeit – z. B. Konzentration in regionaler Hinsicht oder nicht – auf Elementen- oder Relationen-Ebene – z. B. bewusste Herbeiführung von internen Wettbewerbsstrukturen (konkurrierende Profit Center).

Spezifizieren

Mit dem »Spezifizieren« wird in besonderem Maße die Kompetenz des Controllings für den Aufbau und die Weiterentwicklung des betrieblichen Planungs- und Berichtssystems angesprochen. Einerseits ist mit einer komplexitätsreduzierenden Determinierung ein Verzicht auf bisherige Freiheitsgrade verbunden im Sinne der Verringerung von Ermessens- und Handlungsspielräumen. Andererseits werden gleichzeitig Intransparenzen abgebaut, z. B. im Sinne notwendigerweise einheitlicher Begriffsdefinitionen. Die Problematik der Liberalisierung versus Disziplinierung auf der Beziehungsebene ergibt sich aus der Schnittstellenkomplexität und ihrer optimalen Gestaltung auch für unternehmensübergreifende Prozesse.

Stabilisieren

In den Mittelpunkt des »Stabilisierens« rückt die Frage der Gestaltung des Systems Unternehmen. Sollen oder müssen Aktionen zur Dynamisierung (z. B. zur Beschleunigung von Prozessabläufen) ergriffen werden oder trägt eher eine Verstetigung (z. B. Beibehaltung eines Preissystems über einen längeren Zeitraum) zur Förderung der Wettbewerbsposition bei. Auf der Beziehungsebene geht es um den Umfang der Autonomie, die den einzelnen Elementen des Unternehmens eingeräumt wird.

1.4.3 Verbesserung der informatorischen Unterstützung des Managements

Angesichts der Vielzahl miteinander verzahnter Umfeldeinflüsse und der für Unternehmen selbst geltenden erheblichen internen Komplexität ist es erforderlich, konzeptionell und inhaltlich für eine **qualitativ** und **quantitativ** angemessene informatorische Unterstützung der einzelnen Management-Ebenen zu sorgen.

Die bereits erwähnten starken Wurzeln des Controllings in der Praxis erleichtern zwar die Anwendungsnähe und Praktikabilität vieler diskutierter Instrumente, eine inhaltliche Definition wird dagegen eher erschwert.

In Anlehnung an die im vorangegangenen Abschnitt 1.3 erläuterten Management-Ansätze soll das Controlling präzisiert werden.

Aus der nahezu unüberschaubar gewordenen Fülle von begrifflichen Ansätzen sollen nur wenige, aber für das Gebiet des Controllings besonders prägende Ansätze herausgegriffen werden – bewusst mit dem Hinweis verknüpft, keinen Anspruch auf Vollständigkeit anzustreben. Für ausführlichere Abhandlungen zum Begriffsverständnis des Controllings, zur Entwicklung in Wissenschaft und Praxis sowie zu unterschiedlichen Lehrmeinungen sei stellvertretend auf folgende Literatur (in alphabetischer Reihenfolge) verwiesen: *Horváth, P.* 1998, insbesondere S. 25–86; *Küpper H.-U.* 1997, insbesondere S. 1–57; *Reichmann, T.* 1997, insbesondere S. 1–18; *Weber, J.* 1999, insbesondere S. 1–44.

Die vielen theoretischen, teilweise aber auch unmethodologischen Auseinandersetzungen mit dem Controllingbegriff haben nicht gerade zu einer klaren Controllingdefinition beigetragen.

Koordination

Als gesicherte herrschende Auffassung kann die Koordination als zentrale Controllingaufgabe betrachtet werden. Unterschiedliche Meinungen gibt es aber darüber, »ob die Koordinationsfunktion durch das Controlling als generelle Aufgabe innerhalb der Führung zu sehen ist, oder ob sie sich auf die Ergebnisorientierung fokussiert« (*Horváth, P.* 1998 S. 70).

Nach *Deyhle* besteht das Controlling »im Vergleich zwischen Ist und Soll und im gezielten Reagieren als Folge von Abweichungen. Controlling ist insgesamt der Prozess von Zielsetzung, Planung und Steuerung« (*Deyhle, A.* 1996 S. 157 ff., Bd. 1). *Deyhle* verschmilzt das System der Unternehmensplanung zu einem System der Führung durch Ziele.

Informationsversorgung

Hahn betont die ergebnisorientierte Informations- und Koordinationsfunktion (vgl. *Hahn, D.* 1996 S. 174). Auch für *Reichmann* und *Weber* sind Koordination und Information wesentliche Controllingelemente (vgl. *Reichmann, Th.* 1997 S. 12ff.; *Weber, J.* 1995 S. 50). *Weber* weist ergänzend darauf hin, dass das Controlling zur Lösung der Koordinationsaufgabe über dieselben Instrumente verfügt, die auch für die Primärkoordination des Ausführungsdurch das Führungssystem anwendbar sind. Er sieht als Controllingziel, »Effizienz und Effektivität der Führung zu erhöhen und die Anpassungsfähigkeit an Veränderungen in der Um- und Innenwelt des Unternehmens zu steigern« (*Weber, J.* 1995 S. 50).

Die nachfolgende **Arbeitsdefinition** der Autoren soll dementsprechend keine (vermeintlich) neue Begriffsfassung darstellen, sondern vielmehr den Kern des in der Praxis bewährten Controllings herausstellen und für einen Einstieg in die Materie kompakt aufbereiten:

D

Controlling-Ziele:

- Förderung der informatorischen Fitness des Managements auf allen Unternehmensebenen und in allen Funktionsbereichen,
- Schaffung von betriebswirtschaftlicher Transparenz zur Sicherung einer optimalen Ergebniserzielung.

Controlling-Aufgaben:

- Koordinierende Unterstützung des Managements bei Planungs-, Steuerungs- und Kontrollaufgaben,
- Aufbau eines leistungsfähigen Berichtssystems und Weiterentwicklung zu einem integrierten Führungsinformationssystem,
- Übernahme von betriebswirtschaftlichen Sonderaufgaben mit operativem und strategischem Charakter.

Controlling-Instrumente:

- Vergangenheitsbezogene (Teil-)Analysen des Unternehmens und seines Umfelds zur intern oder extern orientierten Rechenschaftslegung (u.a. in Form von Plan-/Ist-, Ist-/Ist- sowie zwischenbetrieblichen Vergleichen)
- Zukunftsbezogene (Teil-)Analysen des Unternehmens und seines Umfelds mit denkbaren Alternativszenarien und deren (prognostizierbaren) einzelwirtschaftlichen Wirkungen.

Die Antriebskräfte des Wandels in ihrer Gesamtheit, in ihren Einzel- und Verbundwirkungen, verdeutlichen die enormen Anforderungen an das Management heutiger Unternehmen. Wie können die Entscheidungs- und Handlungsträger in hinreichender Weise in die Lage versetzt werden, die erforderlichen Informationen zu erhalten und verarbeiten zu können, die richtigen Schlüsse zu ziehen sowie eine erfolgreiche Umsetzung in den vielgliedrigen Unternehmensgebilden zu gewährleisten?

Dem Beitrag, den das Controlling leisten kann, soll im weiteren Verlauf dieses Buches aus unterschiedlichen Blickrichtungen nachgegangen werden,

- mit eigenständigen oder modifizierten Versionen bereits im Kern bekannter Konzepte,
- mit weiterentwickelten Koordinations- und Steuerungsmechanismen,

- mit neuen methodischen Ansätzen (ggf. unterstützt durch innovative Formen der technikgestützten Informationsgewinnung, -verarbeitung und -aufbereitung).

1.5 Fragen und Aufgaben

1. Benennen Sie Unterschiede im Umfeld von international tätigen Konzernen, indem Sie exemplarisch die Rahmenbedingungen eines (so genannten entwickelten) Industriestaates mit einem (so genannten sich entwickelnden) Land vergleichen.
   Systematisieren Sie Ihre Argumente und verwenden Sie möglichst konkrete Beispiele aus dem aktuellen Weltgeschehen.
2. Worin besteht der Vorteil der systemorientierten Sichtweise für Unternehmen und der in ihnen ablaufenden Gestaltungs- und Durchführungsaufgaben?
3. Der Faktor »Zeit« wird vielfach als eine besondere Antriebskraft für modernes Management bezeichnet. Begründen Sie diese Auffassung und belegen Sie sie mit anschaulichen Beispielen.
4. Erklären Sie die vier Dimensionen der Komplexität und bilden Sie jeweils typische Anwendungsbeispiele. Wie kann das Controlling zur Handhabung der Komplexität beitragen?

2 Grundlagen und Entwicklungslinien des Controllings

Ulrich Steins

2.1 Lernziele

- Entwicklung des Begriffs Controlling kennen lernen
- Einblick in die Entstehungsgeschichte des Controllings erhalten
- Unterschiedliche Entwicklungslinien der Controllingfunktionen erfassen
- Organisatorische Einordnungsmöglichkeiten des Controllings beurteilen
- Controlling als ständigen Lernprozess begreifen

2.2 Entstehung des Controllings

Ein Einblick in die historische Entwicklung des Controllings ist nur dann sinnvoll, wenn sich daraus Erkenntnisse für den heutigen Controllingbegriff und die kontinuierlichen Veränderungen der Controllingfunktionen ableiten lassen.

Ursprünge des Controllings

Die Ursprünge des Controllings gehen bis ins 15. Jahrhundert zurück (vgl. *Peemöller, V.H.* 1997 S. 23 ff.). Erste Controllingaufgaben findet man in Großbetrieben der staatlichen Verwaltung; am Königshof war der »Countrollour« mit dem Überprüfen von Aufzeichnungen über den Geld- und Güterverkehr beauftragt.

Ähnliche Spuren findet man in Frankreich, wo das Führen der »contre-rôle«, einer »Gegenrolle«, als offizielles Hofamt galt. Die damaligen Funktionen waren also eindeutig kontrollorientiert und somit vergangenheitsbezogen.

Diese Betrachtungsweise setzte sich auch fort, als 1778 der amerikanische Kongress die gesetzliche Grundlage für den Einsatz eines Controllers im Staatsdienst schuf, der als historisches Vorbild des heutigen Controlling gilt (vgl. *Preißler, P.R./Ebert, G./Koinecke, J./Peemöller, V.* 1996 S. 15 ff.).

Auch seine Aufgabe bestand in der Verwaltung des Budgets des Staatshaushalts und der Kontrolle der Mittelverwendung. Die Bezeichnungen dieses Controllers als »Chief Accountant«, »Chief

Auditor« bzw. »Treasurer« lässt eindeutig auf die Überwachungsfunktion schließen; der Leistungsprozess sollte kontrolliert werden.

Überwachungsfunktion

Eine Übernahme des Controllinggedankens vom Staat auf die Wirtschaft kann erst 1880 in den USA im »Atchison, Topeka Railway System« festgestellt werden.

Hierbei wird der Kontrollgedanke des Controllings von einem vorwiegend finanzwirtschaftlichen Denken – Verwaltung der Finanzanlagen, des Grundkapitals und der Sicherheiten – abgelöst (vgl. *Jackson, J.H.* 1948 S. 8). In den nächsten 10 Jahren folgten 4 weitere Eisenbahngesellschaften mit vergleichbaren Aufgabenstellungen.

Als erstes Industrieunternehmen führte in USA 1892 die »General Electric Company« das Controlling ein. Auch hier dominierte bei der Aufgabenstellung die Finanzwirtschaft; hinzu kamen Revisionstätigkeiten.

Grund dafür war das Fehlen eines spezifischen Überwachungsorgans bei den vorhandenen Einrichtungen »Hauptversammlung« und »Board of Director«.

Die bisherigen Inhalte des Controllings – Kontrolle, Revision, Budgetverwaltung, Finanzen – erforderten keine neuen Controllerstellen, weil sie durch vorhandene Ämter wie »Auditor«, »Treasurer« oder »Chief Accountant« hinreichend abgedeckt waren. Nur so ist zu erklären, dass die Verbreitung des Controllingbegriffs zunächst sehr schleppend verlief und erst eine Neuausrichtung der Funktion zu einer größeren Eigenständigkeit des Controllings führte.

Neuausrichtung der Funktion

Die Weltwirtschaftskrise in den 20er- und 30er-Jahren des 20. Jahrhunderts mit ihren Unternehmenszusammenbrüchen trug maßgeblich zu dieser Neuorientierung des Controllings durch das Erkennen der Mängel eines rein vergangenheitsorientierten Rechnungswesens bei.

Dieses benötigte dringend auch zukunftsorientierte Elemente wie die Planung.

Dem Controller als Leiter des Rechnungswesens wurden die bisherigen Positionen »Chief Accountant« bzw. »Chief Auditor« untergeordnet; er selbst wurde in die Unternehmensführung eingebunden.

Kommunikations- und Koordinierungsprobleme mussten gelöst werden; volkswirtschaftliche Einflüsse auf die Unternehmen erforderten Planungs- und Steuerungsinstrumente.

So trug letztlich die Weltwirtschaftskrise wesentlich dazu bei, dass der kontinuierliche Veränderungsprozess der Controllingfunktionen schneller vorangekommen ist.

Entwicklung in USA

Zunächst geschah dies in USA:
1931 erfolgte die Gründung des »Controller's Institute of America«
1934 erschien erstmalig die Zeitschrift »The Controller«.

1944 wurde das Forschungsinstitut »Controllership Foundation« gegründet, heute »Financial Executives Research Foundation« (vgl. *Peemöller, V.H.* 1997 S. 25).

1949 gab das »Controller's Institute of America« einen »modernen Katalog der Funktionen des Controllings« heraus:

- Aufstellung der Gesamtplanung,
- Plankontrolle,
- unternehmensinterne Berichterstattung über die Zielerreichung,
- Berichterstattung nach außen und Überwachung der Steuerangelegenheiten,
- Beobachtung außerbetrieblicher Einflüsse,
- Überwachung des Unternehmensvermögens (Vgl. *Haase, K.* 1996 S. 294).

Entwicklung im deutschsprachigen Raum

Erst Mitte der 50er-Jahre erschienen im deutschsprachigen Raum (vorwiegend von Praktikern verfasst) die ersten Veröffentlichungen zum Controlling, die zu Beginn der 60er-Jahre Eingang in deutsche Unternehmen fanden.

Diese waren jedoch zunächst Töchter amerikanischer Unternehmen, denen später zögernd deutsche Unternehmen folgten.

Ursachen für diese Zurückhaltung in Deutschland waren

- die hier laufende Weiterentwicklung der Voll- und Teilkostenrechnung,
- eine Dominanz der Linienstruktur in den Unternehmen, die einem zentralen Controllingsystem widersprach,
- das Wirtschaftswachstum nach dem zweiten Weltkrieg,
- eine Gewinnsituation, die keine Veranlassung zu Strukturveränderungen gab (Vgl. *Peemöller, V.H.* 1997 S. 26).

Umfeldeinflüsse

Wiederum waren es Umfeldeinflüsse, durch die die Entwicklung des Controllings voran gebracht wurde:

Mitte der 60er-Jahre bestimmte – ausgehend von Tochtergesellschaften amerikanischer Großunternehmen – eine Vielzahl von Divisionalisierungen die deutsche Industrielandschaft. In den 80er-Jahren kam bei mittelständischen Unternehmen eine Welle von Insolvenzen hinzu, die den Einsatz von Planungs- und Steuerungsinstrumenten erforderten.

Im Zuge dieser Entwicklung entstanden in Deutschland eine Reihe von Organisationen, die eine Weiterentwicklung des Controllings zum Ziel hatten.

Beispielhaft seien hier genannt:

1969: Gesellschaft für Finanzwirtschaft in der Unternehmensführung e. V. Frankfurt mit Arbeitskreis Controlling,
1971: Controller-Akademie in Gauting bei München,
1971: Arbeitsgemeinschaft Wirtschaftswissenschaft und Wirtschaftspraxis im Controlling und Rechnungswesen der Fachhochschule Köln im Arbeitskreis Wirtschaft,
1975: Controller-Verein e. V. München, (vgl. *Peemöller, V.H.* 1997 S. 26 f.).

Obwohl der Controllingbegriff schrittweise erweitert wurde, fehlte sehr lange der Entscheidungs- und Informationsbezug des heutigen Controllingverständnisses.

Aufgabenbereiche des Controllings

Hauschildt nennt als Aufgabenbereiche des Controllings:

Planungsrechnung – Finanzbuchhaltung – Kontrollrechnungen – Vorstandsberatung im Rahmen des Aufbaus und der Verbesserung des Informationssystems – Anregung von Revision der tolerierbaren und nicht tolerierbaren Planabweichungen (vgl. *Hauschildt, J.* 1972 S. 6). Die Notwendigkeit einer Integration des Entscheidungs- und Informationsbezugs in das Controlling finden wir erst später (vgl. *Chmielewicz, K.* 1974–76 Sp. 3360; *Reichmann, T.* 1985 S. 888 ff.; *Heigl, A.* 1989 S. 3).

Fazit dieses **historischen Rückblicks** in die Entwicklung des Controllings:

Der Controllingbegriff hat sich kontinuierlich verändert und wird sich wohl auch weiterhin verändern.

Die größten Entwicklungsschritte in der Vergangenheit erfolgten im Zusammenhang mit außenwirtschaftlichen Krisen und innerbetrieblichen Unzulänglichkeiten, die ihre Ursache aber meist in Außeneinflüssen hatten.

Dabei sind eine Abkehr vom traditionellen Rechnungswesen zu einem zukunftsorientierten ganzheitlichen System sowie Hinwendung zu einem entscheidungsorientierten Ansatz die Hauptmerkmale:

D

Controlling versteht sich als Koordinationsfunktion zur Unterstützung der Unternehmensführung, die Zielsetzung, Planung, Steuerung, Kontrolle und Informationsversorgung umfasst.

2.3 Controlling-Begriff

2.3.1 Meinungsvielfalt zum Controlling

Controlling ist stark von der Praxis geprägt.

Die Variationsbreite an Definitionsvorschlägen in der Controllingliteratur trägt nicht gerade zu einem einheitlichen Ansatz bei.

Controlling wird mitunter immer noch mit Kontrolle gleichgesetzt; der Controller wird dann mit einem Kontrolleur verglichen – eine Meinung, die deshalb falsch ist, weil die Kontrolltätigkeit nur eine der Controllingfunktionen ist.

Die Ableitung vom englischen »control« beinhaltet vielmehr »regeln«, »lenken«, »steuern«, »beherrschen« und nicht kontrollieren.

Controlling – Kontrolle

Schon diese Übersetzung macht deutlich, dass Controlling mehr ist als Kontrolle, dass es vielmehr einen Steuerungsprozess beinhaltet und somit eine Managementfunktion.

D

Wir verstehen **Controlling als ein zielorientiertes Steuerungssystem im Managementprozess**, das funktionsübergreifend unternehmerische Entscheidungen durch Informationser- und -verarbeitung unterstützt.

Kriterien des Controllings

Es ist durch nachfolgende Kriterien charakterisiert:

- Service-/Dienstleistungsfunktion im Managementprozess,
- Funktionsübergreifende Koordinationsfunktion innerhalb des Unternehmens,
- Informationsfunktion im Entscheidungsprozess Zielsetzung – Planung – Steuerung – Kontrolle.

Diese Auffassung zum Controllingbegriff wird auch in der Literatur mehrheitlich vertreten.

D

So sieht z. B. *Hahn* im Controlling eine Führungs- und Führungsunterstützungsfunktion, die die informationelle Sicherung und Sicherstellung ergebnisorientierter Planung, Steuerung und Überwachung des Unternehmensgeschehens – verbunden mit einer Koordinationsfunktion – umfasst (vgl. *Hahn, D.* 1991 S. 129).

Andere Autoren sehen im Controlling »ein funktionsübergreifendes Steuerungsinstrument, das den unternehmerischen Entscheidungs- und Steuerungsprozess durch zielgerichtete Informationser- und verarbeitung unterstützt« (*Preißler, P.R./ Ebert, G./ Koinecke, J./ Peemöller, V.* 1996 S. 16).

Serfling sieht im Controlling ein informationsversorgendes System zur Unterstützung der Unternehmensführung durch Planung, Kontrolle, Analyse und Entwicklung von Handlungsalternativen zur Steuerung des Betriebsgeschehens (vgl. *Serfling, K.* 1983 S. 17).

Auch *Horváth* spricht sich gegen eine Gleichsetzung von Kontrolle und Controlling aus und betrachtet Controlling als ein funktionsübergreifendes Steuerungskonzept mit der Aufgabe einer ergebnisorientierten Koordination von Planung, Kontrolle und Informationsversorgung. Für ihn ist der Controller das »wirtschaftliche Gewissen« des Unternehmens (vgl. *Horváth & Partner* 2000 a S. 5).

Ziele des Controllings

Die wesentlichen Ziele des Controllings nach *Reichmann* sind die Unterstützung der Planung, die Koordination einzelner Teilbereiche sowie die Kontrolle der wirtschaftlichen Ergebnisse (vgl. *Reichmann, T.* 1995 S. 3).

Sein Verdienst ist (wie bei *Chmielewicz* und *Heigl*), dem Controlling die Aufgabe zuzuweisen, den Informationsbedarf des Managements zu decken:

D

Controlling als Beschaffung, Aufbereitung und Koordination von Informationen für die Entscheidungsträger im Unternehmen (vgl. *Reichmann,Th.* 1997 S. 2).

Der Informationsbedarf des Managements erfordert – wie nachfolgende Abbildung 2.1 zeigt – ein ganzheitliches Informationsmanagement mit quantitativen und qualitativen Aspekten: Planung, Gestaltung, Koordination und Kontrolle aller Informationsaktivitäten eines Unternehmens zur Steigerung des Unternehmenserfolgs.

Dazu bedarf es nicht der Einrichtung einer neuen Instanz; vielmehr können Zentralabteilungen (wie das Controlling) diese unterstützende und beratende Funktion wahrnehmen.

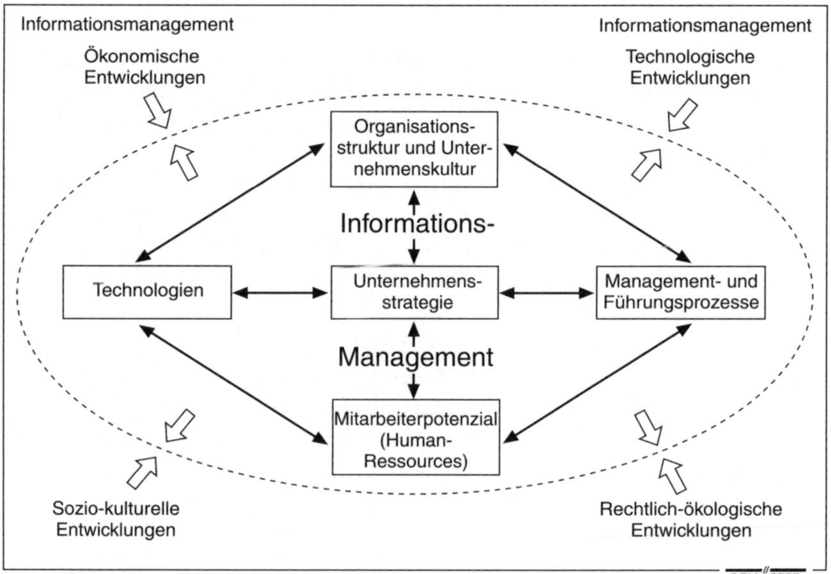

Abb. 2.1: Gestaltungsrahmen eines ganzheitlichen Informationsmanagements
(Quelle: *Zahn, E./Greschner, J.* 1996 S. 356).

D

Küpper betrachtet Controlling als Erfolgsorientierung und Koordination der Unternehmensführung.

Seine Auffassung, dass sich die Führungssysteme im Unternehmen verselbständigen (häufig bei der Planung zu beobachten) entspricht der Praxisbeobachtung.

Er vertritt die Ansicht, dass die eigenständige Aufgabe des Controllings in einer Koordination des Führungsgesamtsystems liegt und dass das Controlling neben Planung und Kontrolle sowie Organisation und Personalführung ein Instrument des Managements mit zentraler Zwecksetzung darstellt (vgl. *Küpper, H.-U.* 1992 S. 46 ff.).

D

Controller sind also wirtschaftliche Zielfindungs- und Zielerreichungsbegleiter; sie werden häufig mit den Navigationsoffizieren an Bord verglichen, die kompetent Beratungs- und Begleitdienst für das Management leisten.

Fragen nach dem richtigen Weg, der ökonomischen Machbarkeit dieses Weges, der finanziellen Realisierbarkeit von Vorhaben sowie

der Erreichbarkeit der angestrebten Ziele sind typische Controllerfragen. Ein wichtiger Controllinggrundsatz lautet:
»Vorher überlegen macht nachher überlegen!«

2.3.2 Wesentliche Kriterien im Managementprozess

Aus den meisten Definitionen des Controllings ist abzuleiten, dass es sich in starkem Maße um eine managementsystemorientierte Funktion handelt.

Der Controller soll für Ergebnistransparenz im Unternehmen sorgen; er soll mit Hilfe eines Planungssystems schnell bei Planabweichungen reagieren und gegensteuern können.

Willensbildung und Willensdurchsetzung

Voraussetzung für die Wahrnehmung dieser Aufgaben ist jedoch, dass das Management für Willensbildung und Willensdurchsetzung im Unternehmen sorgt.

Die Willensbildung sollte sich nicht nur auf die Planung der Ziele des Unternehmens beziehen, sondern auch die Maßnahmen einschließen, die zu den anvisierten Zielen führen (Mittel und Wege zu den Zielen).

Willensdurchsetzung lässt sich am besten durch Zielvereinbarungen verwirklichen, die auf allen Ebenen mit der jeweiligen Unterinstanz getroffen werden. Motivation der Mitarbeiter – z. B. durch entsprechende Anreizsysteme – trägt zur Erreichung der Ziele bei.

Plan-Ist-Vergleiche und Abweichungsanalysen

Das Controlling ist u. a. für die Erstellung von Plan-Ist-Vergleichen und Abweichungsanalysen verantwortlich.

Bei negativen Abweichungen muss sofort gegengesteuert werden, um das Ziel möglichst doch noch zu erreichen. Das wird in der Praxis meist verstanden und akzeptiert. Weniger einsichtig ist, dass auch bei positiven Abweichungen Kommunikationsbedarf besteht. Hier wird Lob erwartet und nicht eine Nachfrage nach den Gründen für die Übererfüllung des Plans. Gründe für die positiven Abweichungen können aber sehr wohl in einem zu niedrigen Planansatz liegen, der dann zukünftig zu korrigieren ist.

Managementprozess

Der Managementprozess der Unternehmung umfasst also Zielbildung – Planung – Entscheidung – Organisation – Durchsetzung – Kontrolle sowie etwaige Plan- und Systemanpassungen.

Wichtig in diesem Prozess ist das Rollenverständnis zwischen Manager und Controller.

Der Manager trifft die Entscheidungen, der Controller unterstützt ihn bei der Umsetzung und informiert ihn über den jeweiligen Stand des Erreichten.

D

Controlling ist immer als **führungsergänzendes** und **führungsunterstützendes System** zu betrachten.

Hoffmann, Niedermayr, Risak sehen im Controlling die einzige Konzeption, die eine umfassende Führungshilfe anbietet, weil es das Management in konzeptionellem, funktionalem, institutionellem und personellem Sinn ergänzt und integriert.

Dabei stellen sie als Säulen der Führungsergänzung Controllingdenkhaltung (Software) und Controllinginfrastruktur (Hardware) besonders heraus, weil es mit ihrer Hilfe möglich wird, die Komplexität der Unternehmensführung in den Griff zu bekommen (vgl. *Hoffmann, W./ Niedermayr, R./ Risak, J.* 1996 S. 48).

2.4 Entwicklungslinien des Controllings

Entwicklungslinien

Nach den unmittelbaren Controllingzielen ergeben sich folgende Entwicklungslinien des Controllings:

- Buchhaltungsorientierung,
- Aktionsorientierung,
- Führungsorientierung.

Diese drei Entwicklungslinien dürfen auf keinen Fall als sich ausschließende Tätigkeiten betrachtet werden; sie müssen nur (in Abhängigkeit von Umfeldeinflüssen) vom jeweiligen Unternehmen und seiner Organisation mit unterschiedlichen Schwerpunkten erfüllt werden.

2.4.1 Buchhaltungsorientierung

Buchhaltungs- oder auch rechnungswesenorientierte Ansätze besitzen primär das Informationsziel, das mit Hilfe des Rechnungswesens erfüllt werden kann. Ziel dieser Ansätze ist eine zukunftsorientierte Ausweitung des Rechnungswesens.

Vergangenheitsorientierte Kostenstellen- und Kostenträgerrechnungen werden durch neue Jahrespläne fortgeschrieben; Planungs- und Kontrollrechnungen für eine quantitative Planung, Steuerung und Kontrolle von Liquiditäts- und Gewinnzielen werden aus Vergangenheitswerten erstellt.

Für Unternehmen mit relativ geringen Veränderungen und statischem Umfeld kann eine solche Fortschreibung des Jahresplanes aus den Vorjahreswerten ausreichen, zukunftsorientierten Anforderungen wird sie jedoch nicht gerecht.

Das Controllingpotenzial wird hierbei nur teilweise genutzt.

Es ist jedoch insbesondere für klein- und mittelständische Unternehmen eine Möglichkeit des Einstiegs.

2.4.2 Aktionsorientierung

Bei sich häufenden diskontinuierlichen Umfeldeinflüssen reicht der buchhaltungsorientierte Ansatz nicht aus. Kostenabweichungen müssen erfasst werden, um daraus Korrekturmaßnahmen abzuleiten. Für derartige Reaktionen sind Planwerte erforderlich.

Der Controller greift aktiv in das Betriebsgeschehen ein, macht Vorschläge für Korrekturen, um die gesetzten Ziele zu erreichen. Sein Verhalten ist aktions- und zukunftsorientiert; die Zusammenarbeit mit den Funktionsverantwortlichen tritt in den Vordergrund, um Hinweise für zukünftiges Planen und Handeln zu forcieren (vgl. *Preißler, P.R./ Ebert, G./ Koinecke, J./ Peemöller, V.* 1996 S. 17 f.).

2.4.3 Führungsorientierung

Im Gegensatz zu den bisher dargestellten Entwicklungslinien leitet die führungsbezogene Konzeption Controllingaspekte aus dem Gesamtspektrum der Unternehmensführung ab.

Controlling wird als Teilsystem des Managements betrachtet. Bei starken Umfeldveränderungen ist das Unternehmen auf ein möglichst frühzeitiges Erkennen von Abweichungen angewiesen.

Innovative Anpassungen sind notwendig, um auf derartige Änderungen rechtzeitig reagieren zu können.

Beim führungsorientierten Controlling wird unterschieden zwischen

- planungs- und kontrollorientierten sowie
- koordinationsorientierten Ansätzen.

Planungs- und Kontrollorientierung

Planungs- und kontrollorientierte Ansätze sehen die Controllingfunktion in der Koordination von Planung und Kontrolle sowie in der Informationsversorgung; sie beinhalten auch das gewinnziel- und informationsorientierte Controlling.

Koordinationsorientierung

Der koordinationsorientierte Ansatz bezieht sich auf das gesamte Führungssystem und umfasst das Werte-, Planungs- und

Kontroll-, Informations-, aber auch das Personalführungs-, Motivations- und Anreiz- sowie das Organisationssystem.

Ziel dieser Führungsorientierung ist eine Verbesserung der Führungsarbeit.

Die Planungstätigkeit soll durch Kostensenkungsverfahren und Entwicklung von Kontrollstrategien unterstützt werden; die Zusammenarbeit zwischen den Fachabteilungen im Unternehmen soll gefördert werden, um Effizienz und Effektivität der Führung zu erhöhen und die Anpassungsfähigkeit an Veränderungen zu steigern.

2.5 Abhängigkeit der Entwicklungslinien von Umfeldeinflüssen sowie Unternehmensorganisation und -größe

Die dargestellten Entwicklungslinien – das sei noch einmal betont – sind nicht als sich ausschließende Erscheinungsformen zu verstehen.

In Abhängigkeit von Umfeldeinflüssen, von der Organisation des Unternehmens sowie seiner Größe hat der Controller alle genannten Funktionen zu erfüllen.

Es ist nur zu fragen, welche der Aufgaben im jeweiligen Unternehmen Vorrang vor den anderen hat.

Führungsergänzung

Der Bedarf nach Führungsergänzung durch Controlling ergibt sich einmal aus den Eigenschaften des »Systems Unternehmen«, aus seiner Organisation, Größe und Rechtsform, zum anderen aber auch aus den Anforderungen an die Unternehmensführung durch Umfeldeinflüsse.

Niedermayr unterscheidet zwischen einem **umfeld-** und **unternehmensinduzierten Controllingbedarf**.

Der umfeldinduzierte Bedarf ergibt sich aus der Offenheit des »Systems Unternehmen« gegenüber einem dynamischen und komplexen Umfeld und der Notwendigkeit zur externen Harmonisation.

Der unternehmensinduzierte Bedarf ist dagegen eine Folge der Umfeldkomplexität und -dynamik.

Interne Komplexität ergibt sich z. B. durch Größe und Internationalität des Unternehmens sowie durch die Vielschichtigkeit seiner Leistungserstellung und -verwertung (Diversifikationsgrad, Sortimentsbreite, Kundenstruktur).

Externe Komplexität erwächst aus Dynamik, Internationalität, Branchenwettbewerb und Erwartungen der Stakeholder. (vgl. *Niedermayr, R.* 1993 S. 43 ff.).

Die Umwelt als maßgebende Bestimmungsgröße für das Controlling stellt *Zünd* in den Vordergrund seiner Betrachtungen; er vertritt die Ansicht, dass Umfeldbedingungen die Unternehmensstrategie prägen, die Unternehmensstrategie wiederum die Organisationsstruktur und das Controllingkonzept.

Er unterscheidet zwischen drei unterschiedlichen Controllertypen:

Controllertypen

- Controller als Registrator bei relativ statischer Umwelt,
- Controller als Navigator bei begrenzt dynamischer Umwelt,
- Controller als Innovator bei extrem dynamischer Umwelt.

Bei **relativ statischem Umfeld** sind Informationen verhältnismäßig gesichert. Dadurch kann man präzise prognostizieren und planen. Die Unternehmensstrategie ist auf ein relativ passives Verhalten gerichtet. Es besteht kein Bedarf nach Steuerung. Folglich hat der Controller die Rolle eines Registrators und erfüllt vordergründig Dokumentationsfunktion.

Bei einem **begrenzt dynamischen** Umfeld ändern sich häufig die Bedingungen; von der Planung wird größere Flexibilität verlangt. Die Unternehmensstrategie ist durch aktives Verhalten geprägt. Dynamik und Komplexität des Umfelds machen Entscheidungen unsicher und fordern Steuerung und Integration von Planung und Kontrolle.

Dem Controller fällt die »Rolle eines Navigators« zu.

Bei einem **extrem dynamischen** Umfeld wird der Controller zum »Innovator«; er agiert nicht nur innerhalb des eigenen Unternehmens, sondern stellt das bestehende System immer wieder in Frage, indem er nach innovativen Lösungen sucht. Ihm fällt eine Frühwarnaufgabe zu; von ihm wird situatives Handeln verlangt, nicht mehr nur Planen wie beim Controller als Navigator. Bei kurzen Produktlebenszyklen muss der Controller für hohe Flexibilität sorgen, z. B., indem er beim Einsatz der Mitarbeiter auf eine gute Qualifikation achtet, um sie universell einsetzen zu können.

Auch *Zünd* betont, dass die Abhängigkeit der Entwicklungslinien des Controllings von Umfeld, Unternehmensorganisation und -größe nicht dazu führen kann, sich einseitig für ein registrations-, navigations- oder innovationsorientiertes Konzept zu entscheiden, sondern alle Funktionen inhaltlich abzudecken (vgl. *Zünd, A.* 1996 S. 1 ff.).

2.6 Einordnung des Controllings in die Unternehmensorganisation

Von der Einordnung des Controllings in die Unternehmensstruktur wird weitgehend die Effizienz der Umsetzung des Gedankengutes

Controlling abhängen. (Eine umfassende Darstellung der Vorschläge zur Einordnung des Controllings in die Gesamtorganisation des Unternehmens würde den Rahmen dieser Ausführungen sprengen).

Organisatorische Einordnung

Dennoch ist darauf hinzuweisen, dass die organisatorische Einordnung zu den bedeutendsten Fragen der Unternehmensorganisation gehört, weil es sich um eine typische Querschnittsfunktion handelt.

Nach grundsätzlichen Ausführungen über die Schnittstellen der Aufgaben von Manager und Controller sowie der Wahrnehmung der Controllingfunktionen durch eigene Controllingstellen oder nebenamtliche Tätigkeiten werden die Determinanten der Controllingorganisation behandelt.

Bei Neueinführung wird das Controlling vielfach im Rechnungswesen angesiedelt, bevor es verselbständigt wird; deshalb ist eine Gegenüberstellung der unterschiedlichen Funktionen von Controlling, Rechnungswesen und Revision zweckmäßig, weil nur so zu erkennen ist, dass sich die Aufgaben des Controllings von denen der anderen Funktionen deutlich unterscheiden. Ein eigenständiges Controlling zu realisieren, sollte folglich Ziel der Unternehmen sein.

Auffassungsunterschiede in Theorie und Praxis gibt es darüber, ob Controlling als Linienstelle mit Anordnungsbefugnis oder als Stabsstelle mit Beratungsfunktion eingerichtet werden soll.

Bei einer dezentralen Gliederung der Controllingorganisation (häufig in Konzernen anzutreffen), muss außerdem noch das Zuordnungsverhältnis der Sub-Controller zu den Zentral-Controllern angesprochen werden, weil es großen Einfluss auf die Umsetzung des Controllinggedankengutes hat.

2.6.1 Arbeitsteilung und Zusammenarbeit zwischen Manager und Controller

Die Erfüllung der Controllingfunktionen setzt eine hinreichende Autorisierung des Controllers voraus. Dazu braucht er die Kompetenz vom Manager, Planung und Kontrolle im Unternehmen veranlassen und durchführen zu können. Eine weitreichende und qualifizierte Ergänzungsfunktion des Controllers erfordert selbständiges Handeln als gleichberechtigter Partner.

Arbeitsteilung und Zusammenarbeit organisatorisch formalisieren

Ein besonderes Vertrauensverhältnis zwischen Manager und Controller ist die beste Voraussetzung für eine erfolgreiche Zusammenarbeit. Trotzdem ist es sinnvoll, Arbeitsteilung und Zusammenarbeit organisatorisch zu formalisieren (Funktionsdiagramme, Arbeitsablaufdarstellungen, Stellenbeschreibungen).

Eine institutionale Frage zur Organisation des Controllings ist, ob die Aufgaben des Controllings konzentriert von eigenen Stellen oder nebenamtlichen anderen Stellen durchgeführt werden sollen; hierfür bieten sich Rechnungswesen, Planungsabteilung oder die Abteilung Betriebswirtschaft an.

Vahs führt hierzu aus:

»Während in kleinen und mittleren Unternehmen häufig das Rechnungswesen die Funktion des Controlling übernimmt, wird es in großen Unternehmen in der Regel von einer eigenständigen Organisationseinheit wahrgenommen« (*Vahs, D.* 2001 S. 172).

In kleineren und mittelständischen Unternehmen ist der Informations- und Koordinierungsbedarf verhältnismäßig gering.

Wenn der Geschäftsleitung ein Assistent zur Seite steht, wird dieser oft neben seinen anderen Aufgaben mit der Controllerfunktion beauftragt.

Wie schon im Abschnitt 2.4 über die Entwicklungslinien des Controllings angedeutet, sind Unternehmensgröße und -organisation sowie Umfeldeinflüsse für die Entscheidung von wesentlicher Bedeutung.

Der Trend geht auch in mittelständischen Unternehmen zu eigenen Controllingstellen.

2.6.2 In- und externe Determinanten für eine Controllingorganisation

Allgemein gültige Determinanten für eine Controllingorganisation sind bei den vielen inner- und außerbetrieblichen Einflussfaktoren, die auf die Organisation des Unternehmens einwirken, nur schwer ableitbar.

Unternehmensbezogene und umweltbezogene Faktoren

Bleicher unterscheidet zwischen **unternehmensbezogenen internen**, **umweltbezogenen externen** und **personalen** Einflussfaktoren.

Als Beispiele unternehmensbezogener Faktoren nennt er neben der Unternehmensgröße Leistungsprogramm, Technologie sowie Rechtsform und Eigentumsverhältnisse.

Umweltbezogene Faktoren sind der Arbeits- und Kapitalmarkt, der Beschaffungs- und Absatzmarkt sowie die Konkurrenzverhältnisse. Personale Einflussfaktoren sind Ausbildungsstand, Bereitschaft zur Übernahme von Verantwortung sowie Bindung an das Unternehmen (vgl. *Bleicher, K.* 1991 S. 44).

Typisch für das Controlling ist seine Querschnittsfunktion, deren Ziel die Sicherstellung der bereichsübergreifenden Koordination von Teilfunktionen im Unternehmen ist.

Vahs verdeutlicht das am Beispiel des Controllings, nachdem er das Konzept des Funktionsmanagements wie folgt erläutert:

D

»Das Funktionsmanagement ergänzt die Primärorganisation um handlungsorientierte Querschnittsfunktionen, die bereichsübergreifende Planungs-, Realisations- und Kontrollaufgaben wahrnehmen und so zur Harmonisierung der zum Teil divergierenden Zielsetzungen der Funktionsbereiche beitragen. Häufig anzutreffende Querschnittsfunktionen sind die Logistik, die Qualitätssicherung, der Umweltschutz und das Controlling« (*Vahs, D.* 2001 S. 171 f.).

2.6.3 Funktionsabgrenzung Rechnungswesen – Controlling – Revision als Voraussetzung für eine Verselbständigung des Controllings

Unterstellt man eine Neueinrichtung des Controllings in einem Unternehmen, so erfolgt diese meist im Rechnungswesen.

Je eher die Erkenntnis reift, dass sich die Aufgaben des Rechnungswesens von denen des Controllings und der Revision unterscheiden, desto schneller wird es zu einer Verselbständigung des Controllings kommen.

Deshalb sollen in der nachfolgenden Übersicht die unterschiedlichen Aufgaben von Rechnungswesen, Controlling und Revision gegenübergestellt werden:

Rechnungswesen	**Controlling**	**Revision**
Buchführung dominiert	Ziele, Planung und Kontrolle dominieren	Prüfung durch prozessunabhängige Personen
Geheime Arbeit	Kommunikation zur Erfolgsteuerung	Gegenwarts- und Vergangenheitsorientierung
Starre Regeln	Stetes Anpassen an Ziele der Manager	Prüfung der Ordnungsmäßigkeit
Rechenschaftslegung	Informationser- und verarbeitung	Veranlassung von Verbesserungen
Arbeit ist vergangenheitsorientiert	Arbeit ist zukunftsorientiert	Einhaltung von Vorschriften

Zahlenbezogenes Arbeiten	Empfängerorientiertes Arbeiten	Dokumentation der Ergebnisse
Fachspezifische Sprache	Empfängerverständliche Sprache	Feststellen der Datenrichtigkeit
Ablieferung der Zahlen	Zusammenfassungen, Vorschläge	Berichtskritik

(Übersicht in Anlehnung an *Ziegenbein, K.* 1992 S. 51 f.).

Aus dieser Gegenüberstellung der Funktionen wird deutlich, dass nicht nur die Aufgabenstellungen verschiedenartig sind, sondern dass es auch schwierig sein kann, Mitarbeiter in eine andere Funktion umzusetzen, weil der Charakter der Arbeitsweisen, die erforderlichen Fähigkeitsprofile und Mentalitäten sehr voneinander abweichen.

2.6.4 Controlling als Linien- oder Stabsstelle

Controlling als Linienstelle

Beim Controlling als **Linienstelle** mit Anordnungsbefugnis ist zu entscheiden, ob es in der ersten oder zweiten Führungsebene angesiedelt werden soll.

Unternehmensleitung (nach Funktionen)
Beschaffung Produktion Marketing ... **Controlling** Treasuring

Diese Organisationsvariante ist häufig in dezentralisierten Unternehmen anzutreffen. Sie ist problematisch, weil das Controlling vom Grundsatz her allen Mitgliedern der Unternehmensleitung zur Verfügung stehen sollte (Servicefunktion für das Management).

Bei dieser Variante hat der Controller aber nicht nur Serviceleistungen für das Management zu erbringen, sondern er ist selbst als Mitglied der Unternehmensleitung Entscheidungsträger. Das führt häufig zu Konflikten wegen der wahrzunehmenden Doppelfunktion.

Eine Variante ist, Controlling organisatorisch in der zweiten Leitungsebene zu etablieren:

Unternehmensleitung (nach Funktionen)
Beschaffung Produktion Marketing ... Finanzen **Controlling** Treasuring

Hier unterstehen Controlling und Treasuring dem Leiter des Finanzressorts. Dadurch wird seine Position gegenüber den anderen Unternehmensleitungsmitgliedern deutlich gestärkt, und er hat zusätzlich einen Informationsvorsprung.

Controlling als Stabsstelle

Wenn Controlling als Stabsstelle im Ressort des Vorstandssprechers eingerichtet wird, hat der Controller keine Weisungsbefugnis. Er kann nur Empfehlungen geben und die Unternehmensleitung beraten.

Sprecher des Vorstands/ der Geschäftsleitung/ Vorstandsvorsitzender	**Controlling**
Unternehmensleitung (nach Funktionen) Beschaffung Produktion Marketing ... Treasuring ...	

Diese Einordnung des Controllings in die Unternehmensorganisation entspricht der von den Autoren vertretenen Servicefunktion des Controllings.

Voraussetzung hierfür ist jedoch, dass der Vorstandssprecher kein eigenes Ressort zu betreuen hat, damit die Forderung nach Neutralität und Unabhängigkeit gewahrt bleibt.

Der Controller ist frei von Linienfunktionen und kann die Servicefunktion des Controllings für alle Bereiche durchführen.

Promotoren-Modell

Noch wirkungsvoller wird diese Organisationskonstellation bei Anwendung des **Promotoren-Modells**.

Danach bilden Vorsitzender/Sprecher des Vorstands und Controller ein Promotorengespann, bei dem der Vorsitzende/Sprecher die Rolle eines **Machtpromotors** und der Controller die eines **Fachpromotors** einnehmen.

Der Vorsitzende trifft die Entscheidungen, ist zuständig für die Ingangsetzung der Willensbildung und -durchsetzung, regt Planungsprozesse an und beseitigt notfalls Willensbarrieren.

Der Controller fördert die Planungsprozesse, betreut und kontrolliert sie und setzt sein Fachwissen argumentativ gegenüber dem Vorstand ein. Er ist vordergründig für die aus der Willensbildung sich ergebende Detailarbeit verantwortlich.

Möglichkeiten beim Promotoren-Modell, die Rolle des Controllers zu stärken, sind:

Rolle des Controllers

- Einräumung eines **Vetorechts** in bestimmten Sachfragen und
- Einräumung einer **Weisungsbefugnis** für System- und Verfahrensfragen der Planung und Kontrolle.

Auch *Horváth* spricht sich für die Schaffung einer Controlling-Stabsstelle aus, die der obersten Führungsebene zugeordnet ist. Er begründet dies damit, dass man »unter Controlling eine spezielle Art der Führungsunterstützung versteht« (vgl. *Horváth & Partner* 2000 a S. 278).

2.6.5 Varianten der Controllingorganisation in Konzernen

Eine Einordnung des Controllings in die Unternehmensorganisation ist auch nicht minder problematisch, wenn das Controlling nicht mehr von einer zentralen Abteilung wahrgenommen werden kann (Matrix- oder divisionale Struktur).

Zentrales und dezentrales Controlling

Es müssen zur Ergänzung des zentralen Unternehmenscontrollings dezentrale Controllingabteilungen in den einzelnen Unternehmensbereichen geschaffen werden; außerdem ist das Verhältnis von Zentral- und Subcontrollern zu regeln, und zwar sowohl fachlich als auch disziplinarisch.

Eine solche Controllinginstitution besteht meist aus mehreren Controllingstellen, die werks-, abteilungs- und/oder funktionsbezogen aufgebaut sind.

Für die organisatorische Zuordnung sowie fachliche und disziplinarische Unterstellung gibt es verschiedene Möglichkeiten:

Werden die **Stellen als Stäbe** organisiert (das soll angenommen werden, weil wir dieser Organisationsform Vorrang eingeräumt haben), sind die folgenden Varianten fachlicher und disziplinarischer Unterstellung der Subcontroller unter die Zentralcontroller möglich:

Variante 1:

Unterstellungsverhältnis	Vorgesetzter: Zentral-Controller	Bereichs Controller
fachlich	★	
disziplinarisch	★	

Die Subcontroller sind dem Zentralcontroller sowohl fachlich als auch disziplinarisch unterstellt.

Diese Variante führt zu einer starken Stellung des Zentralcontrolling; die Subcontroller werden in ihren Divisionen wegen ihrer unabhängigen Position leicht zu »Fremdkörpern«.

Variante 2:

Unterstellungsverhältnis	Vorgesetzter: Zentral-Controller	Bereichs-Controller
fachlich	★	
disziplinarisch		★

Die Subcontroller sind dem Zentralcontroller fachlich, dem Bereichsleiter disziplinarisch unterstellt.

Dieses Unterstellungsverhältnis führt nicht selten zu Spannungen gegenüber einem oder gar beiden Vorgesetzten, insbesondere dann, wenn der Zentralcontroller bezüglich disziplinarischer Vorgänge (Leistungsbeurteilung, Gehaltsfestsetzung) ein Mitspracherecht hat.

Variante 3:

Unterstellungsverhältnis	Vorgesetzter: Zentral-Controller	Bereichs-Controller
fachlich		★
disziplinarisch	★	

Die Subcontroller sind dem Divisionsleiter fachlich, dem Zentralcontroller disziplinarisch unterstellt.

Diese Zuordnung vermindert den Einfluss des Zentralcontrollings, weil die Subcontroller stärker in die Lösung von Sachaufgaben einbezogen werden.

Variante 4:

Unterstellungsverhältnis	Vorgesetzter: Zentral-Controller	Bereichs-Controller
fachlich		★
disziplinarisch		★

Die Subcontroller sind dem Bereichsleiter sowohl fachlich als auch disziplinarisch unterstellt.

Diese Variante führt zu stark reduziertem Einfluss des Zentralcontrollings wegen fehlender Kommunikation.

(Vgl. auch *Ziegenbein, K.* 1992 S. 57 f.).

Alle vier Varianten haben Vor- und Nachteile.

In der Praxis ist trotz der aufgezeigten Spannungen die Variante 2 am häufigsten anzutreffen.

2.7 Controlling als ständiger Lernprozess

Aus den unterschiedlichen Entwicklungslinien der Controllingfunktionen ist abzuleiten, dass ein Controllingsystem nicht allein durch systeminterne Merkmale (Funktionsfähigkeit der vorhandenen Kosten- und Leistungsrechnung oder innerbetriebliches Berichtswesen) geprägt wird, sondern ganz wesentlich von Umfeldeinflüssen abhängig ist.

Sind diese bei Unternehmen extrem, so nehmen automatisch die Anforderungen an ein komplexes Controllingsystem zu.

Es muss fortlaufend (nicht nachträglich) kontrolliert, analysiert und gegengesteuert werden.

Regelkreis Controlling

Dadurch wird Controlling zu einem ständigen Lernprozess für alle Unternehmensbereiche, zu einem **Regelkreis**, der geprägt ist durch Zielsetzung – Strategie – Planung – Plan-Ist-Vergleich und sich daraus ergebenden Abweichungsanalysen und Gegensteuerungen zur Zielerreichung.

Hierbei dürfen sich zwangsläufig ergebende Abweichungen nie als Schuldbeweise für Versäumnisse betrachtet werden. Sie sind vielmehr Grundlage für zu treffende Maßnahmen zur Erreichung der geplanten Zielwerte, wie die folgende Abbildung 2.2 zeigt:

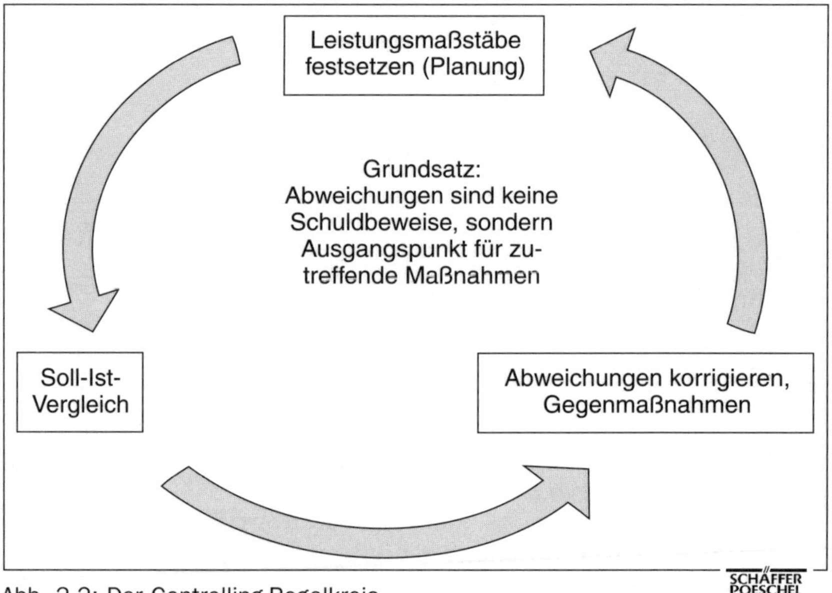

Abb. 2.2: Der Controlling-Regelkreis
(Quelle: *Horváth & Partner* 2000 S. 12).

Zielvorgaben

Ein nach Controllinggrundsätzen arbeitendes Management kann nur nach Zielvorgaben führen, nach den Grundideen des **Management by Objectives**, bei dem die Ziele im Vordergrund stehen, die zusammen mit den Mitarbeitern vereinbart werden.

Das Führungsprinzip bezieht die Aspekte der Führung – Prozess, Funktion und Struktur – mit ein und fordert eine Ausrichtung auf die Erfüllung der Unternehmensziele (Einzelheiten zu diesem Führungsprinzip siehe Kapitel 5 Abschnitt 5.33).

Diese Zielvorgaben sind zu verbinden mit der Idee einer ergebnisorientierten Führung, bei der den Mitarbeitern konkrete Ziele vorgegeben werden und bei der sie an der Erreichung dieser Ziele gemessen werden (Grundidee des **Management by Results**).

2.8 Fragen und Aufgaben

1. Welche Erkenntnisse sind aus der Entstehungsgeschichte des Controllings für den heutigen Controllingbegriff und die Controllingfunktionen abzuleiten?
2. Beschreiben Sie die Inhalte des Begriffs Controlling, und grenzen Sie diese gegenüber den Aufgaben des Rechnungswesens und der internen Revision ab.
3. Warum wird das Controlling organisatorisch sehr oft bei seiner Einführung zunächst im Rechnungswesen verankert, und unter welchen Bedingungen wird es sich relativ schnell verselbständigen?
4. Welche Veränderungen lassen sich bei den buchhaltungs-, aktions- und führungsorientierten Entwicklungslinien des Controllings erkennen, und warum müssen alle drei Funktionen im Unternehmen wahrgenommen werden?
5. Welche Eingliederungsmöglichkeit des Controllings in die Unternehmensorganisation bevorzugen Sie für mittelständische Unternehmen? Begründen Sie Ihre Entscheidung.
6. Welche Gründe sprechen gegen eine fachliche und disziplinarische Unterstellung des Sub-Controllers unter den Zentral-Controller?
7. Begründen Sie, warum Controlling als ständiger Lernprozess zu begreifen ist.

3 Ausgewählte Betrachtungsebenen des Phänomens Controlling

Ulrich Steins

3.1 Lernziele

- Einblick in ausgewählte Betrachtungsebenen des Controllings erhalten
- Controlling in verschiedenen Verrichtungsfunktionen kennen lernen
- Entwicklung vom operativen zum strategischen Controlling bei bereichsübergreifenden Funktionen verstehen
- Tendenz zur Anwendung eines engen Controllingbegriffs beim Personal-Controlling erklären können
- Notwendigkeit einer Controllingeinführung in Branchen außerhalb der Industrie einsehen
- Besondere rechtlich-relevante Aspekte beim Controlling in Kreditinstituten erkennen
- Widerstände bei Non-Profit-Organisationen (NPO) gegen Einführung des Controllings bewerten und Möglichkeiten ihrer Überwindung beurteilen

3.2 Klassische Verrichtungsfunktionen

Stetig wachsende Herausforderungen an das Management im Wandel des Unternehmensumfelds und die Entwicklung des Controllings wurden in den beiden vorherigen Kapiteln behandelt.

Dabei wurde deutlich, dass Information und Koordination des unternehmerischen Führungssystems zentrale Funktionen des Controllings sind.

Der Controller hat diese Aufgaben auf allen Hierarchieebenen wahrzunehmen.

Das hierzu notwendige **Planungs- und Kontrollsystem** selbst muss den betriebsindividuellen Strukturen gerecht werden (Sortimentsbreite, Produktionsverfahren, Standortvielfalt und Organisationsformen).

Aus den Zielen und Strategien des Unternehmens leiten sich die Teilziele für die einzelnen Bereiche ab, die wiederum durch Funktions- und Maßnahmenpläne verknüpft sind.

In diesem Kapitel soll Controlling anhand ausgewählter Betrachtungsebenen dargestellt werden.

Begonnen wird mit beispielhaften klassischen **Verrichtungsfunktionen** (Forschung und Entwicklung, Beschaffung, Produktion, Marketing) und **Querschnittsfunktionen** (Logistik, Qualität, Projekt).

Danach werden **Ressourcen-** und **Branchen-Controlling** in exemplarischer Form behandelt.

Die Auswahl der Verrichtungsfunktionen folgt dem Wertefluss im Unternehmen, um die Beziehungsintensität zwischen den einzelnen Funktionen zu betonen, ohne die das Gesamtziel des Unternehmens gefährdet ist.

Die Querschnittsfunktionen wurden unter dem Aspekt eines besonders intensiven Wandels des Unternehmensumfelds selektiert.

Beim Ressourcen-Controlling sollen Personal und Finanzierung im Mittelpunkt stehen, weil diese Funktionen in vielen Unternehmen an Bedeutung gewonnen haben.

Maßgeblich für die Branchenauswahl (Kreditinstitute, Handelsunternehmen und **Non-Profit-Organisationen**) waren strukturelle Veränderungen vor allem politisch-rechtlicher, wirtschaftlicher und gesellschaftlicher Art.

Wertefluss im Unternehmen

Vor Darstellung des Controllings im Zusammenhang mit den einzelnen Verrichtungsfunktionen soll der **Wertefluss** im Unternehmen anhand eines Systems integrierter Funktionspläne grafisch aufbereitet werden.

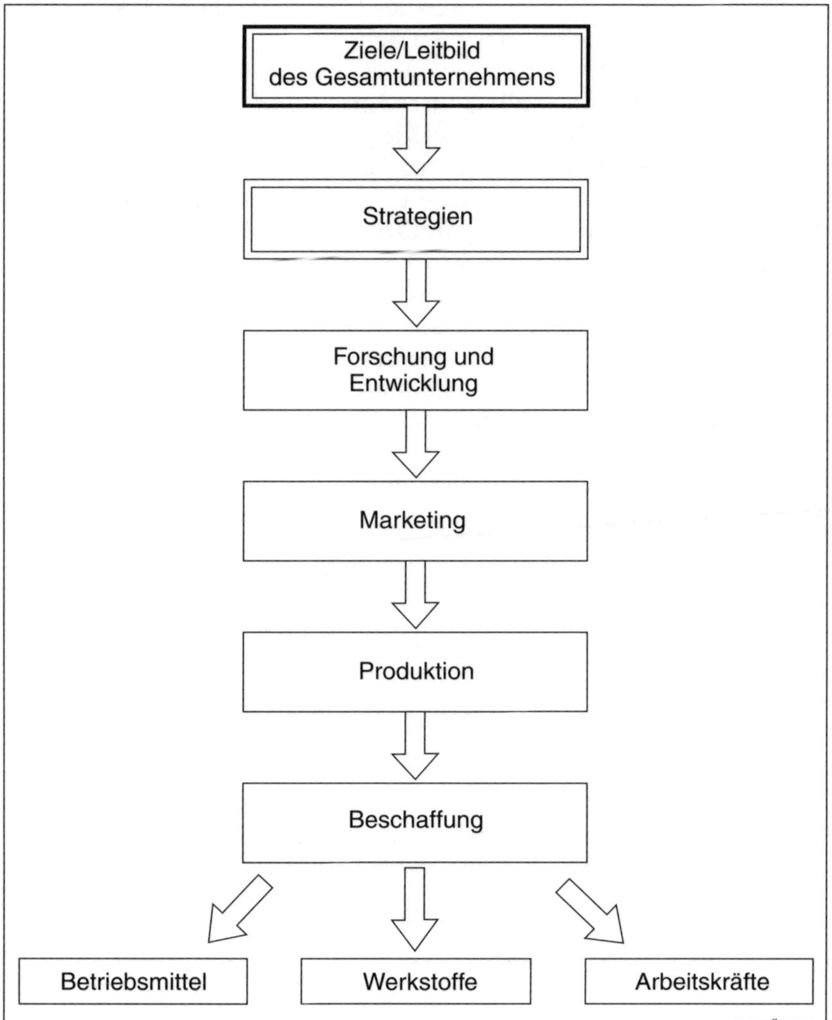

Abb. 3.1: System integrierter Funktionspläne

3.2.1 Forschung und Entwicklung

Bei der Verrichtungsfunktion Forschung und Entwicklung (FuE), zeigt das System integrierter Funktionspläne markante Probleme.

Eine Verknüpfung mit anderen Teilbereichen besteht nur mittelbar.

Auch die Verbindung zwischen Forschung und Entwicklung und den aktuellen Sachzielen des Unternehmens kann nur indirekter

Art sein, weil Forschungsaktivitäten in der Regel vornehmlich zukunftsorientiert sind.

Somit verbleibt als Verbindung die Ableitung der Ziele von Forschung und Entwicklung aus den Zielen des Gesamtunternehmens und seinen Strategien.

FuE-Kosten

FuE-Kosten sind folglich abhängig vom Leitbild des Unternehmens, seinen Produkt- und Umsatzzielen und den Management-Strategien.

Gerade FuE-Aktivitäten sind aber äußerst risikobehaftet; ihre Kosten können oft keinem Kostenträger direkt zugerechnet werden, da Unternehmen häufig eine zentrale oder anwendungsbezogene Forschung vornehmen.

Besonders deutlich wird die Notwendigkeit einer Führungsunterstützung durch ein **FuE-Controlling** dadurch, dass (wie im ersten Kapitel dargestellt) die Problemkomplexität stark zugenommen hat, dass Forschung und Entwicklung Wachstum und Wettbewerb stärker denn je bestimmen und auch die Produktionsprozesse immer komplexer werden. Hinzu kommt noch das sich aus der oft sehr langen Zeitspanne zwischen Entwicklungsbeginn und Markteinführung eines Produkts zwangsläufig ergebende Risiko.

Schmelzer nennt folgende Sachverhalte für die Notwendigkeit eines FuE-Controllings:

- Forschung und Entwicklung gewinnt als Erfolgsfaktor an Bedeutung,
- Finanzielle Aufwendungen dafür steigen,
- Fertigungskosten sind bereits zu 70 % durch vorgelagerte Tätigkeiten, wozu auch Forschung und Entwicklung gehört, festgelegt,
- Instrumente zur Sicherung der Effizienz von Forschung und Entwicklung fehlen immer noch,
- Effektivität der Produktentwicklungen muss erhöht werden.

(Vgl. *Schmelzer, H. J.* 1993 S. 181).

FuE-Controlling

Ergebnis eines FuE-Controllings kann nur die größtmögliche Transparenz der Forschungsaktivitäten bezüglich Zielerreichung, Kosten und Abweichungen sein, um rechtzeitig geeignete Maßnahmen zur Planung und Steuerung der Vorhaben treffen zu können (vgl. *Brockhoff, K.* 1984 S. 613).

Bei der Zielsetzung ist zwischen strategischen und operativen Zielen zu unterscheiden:

Strategische Ziele sind z. B.:
- Konzentration auf die Kernkompetenzen des Unternehmens,
- Vermeidung von Verzettelung der Ressourcen,

- Verminderung von Umweltrisiken,
- Festlegen einer Rangfolge für Qualitätsmerkmale.

Operative Ziele sind z. B.:
- Bewertung von Forschungsprojekten,
- Projektbeschleunigung,
- Kontrolle der Forschungsprojekte.

Eine Übertragung der strategischen Ziele und Pläne in die operativen Ziele und Maßnahmenplanungen ist im Bereich Forschung und Entwicklung besonders problematisch.

Dies resultiert daraus, dass der Controller – verantwortlich für Planung, Koordinierung und Kontrolle – neben seiner funktionsübergreifenden Tätigkeit in hohem Maß Beratungsfunktion übernehmen muss, ohne Entscheidungsbefugnis zu besitzen. Er sollte dabei möglichst nicht in die Sachkompetenz der für die Forschung zuständigen Gremien eingreifen.

Ein Schwerpunkt des FuE-Controllings liegt in der anwendungsnahen Forschung, und hier besonders in der Produktentwicklung.

Neben den Kosten beeinflussen zunehmend Qualität und Markteintrittszeitpunkt von Produkten den Unternehmenserfolg.

Vor allem liegt der Schwerpunkt des FuE-Controllings in der Praxis noch zu sehr auf der operativen Ebene und auf einer zu einseitigen Kostenausrichtung.

Schmelzer fordert, dass in Zukunft dem strategischen FuE-Controlling mehr Gewicht beigemessen wird, weil der Wettbewerbserfolg immer stärker von der Schaffung und Erhaltung von Leistungspotenzialen bestimmt wird.

Er wendet sich auch gegen die zu starke Ausrichtung auf FuE-Kosten; diese sollte einer integrierten Betrachtung von FuE-Kosten, -Zeiten, -Leistung und -Qualität weichen (vgl. *Schmelzer, H.J.* 1996 S. 264).

Instrumente des FuE-Controllings

Zur Unterstützung von Planung, Kontrolle, Koordination und Informationsversorgung benötigt das FuE-Controlling entsprechende Instrumente.

Die folgende Abbildung 3.2 gibt einen Überblick über Instrumente des strategischen und operativen FuE-Controllings.

Strategisches FuE-Controlling	Operatives FuE-Controlling	
	FuE-Bereichs-controlling	FuE-Projekt-controlling
Stärken-/Schwächen-Analyse Gap-Analyse Technologie-Frühaufklärung, Technologie-Assessments, Technologie-S-Kurven-Modell, Technologiekalender, Technologie-Portfolios Innovationskarten Szenario-Technik Suchfeldanalyse Erfahrungskurven	Entwicklungsprogramm-planung, Projektauswahlverfahren, Partialanalyse, Projekt-Portofolios Budgetierungsverfahren Investitionsrechnung Kostenrechnungsverfahren, Prozesskostenrechnung Standard-Prozessplan, Prozessaudits Multiprojektplanung und -steuerung Berichtswesen, Kennzahlen, Erfahrungsdatenbank	Integrierte Produktplanung, Quality Function Deployment, Target Costing, Design to Cost, Wertanalyse. Reverse Engineering Projektdeckungsrechnung Projektstruktur-, Arbeitspaket-, Meilensteinplanung, Netzplantechnik Kosten-, Terminschätzverfahren, Kosten-, Termintrendanalysen Konfigurationsmanagement, Reviewtechnik, Projekt-, Produktaudits Projektberichtswesen, Projektkennzahlen

SCHÄFFER POESCHEL

Abb. 3.2: Instrumente des Entwicklungscontrolling
(Quelle: *Schmelzer, H.J.* 1996 S. 264).

Danach eignen sich für das strategische FuE-Controlling vor allem **Stärken/Schwächen-** und **Gap-Analyse** sowie **Technologie-Portfolios**.

Für das operative FuE-Bereichs- und Projekt-Controlling steht eine Vielzahl von Verfahren, Techniken und Modellen zur Verfügung.

Aufgabe des Controllings ist die Beratung des FuE-Managements bei der Auswahl der verschiedenen Instrumente.

Neue Technologien gefährden die unternehmerische Wettbewerbsposition durch einen andauernden Veralterungsprozess.

Zu den Aufgaben eines strategischen Controllings gehört daher die Erschließung von Zukunftsgeschäftsfeldern zur Unterstützung der Managemententscheidungen.

Weiß fordert hierfür explizit technik- und zeitorientierte Controllinginstrumente wie das in nachstehender Abbildung 3.3 dargestellte Technologie-Portfolio.

Technologie Portfolio

Dieses basiert auf den Prinzipien einer zeitorientierten Technikstrategie und dehnt den Planungshorizont über den Marktzyklus hinaus auf den Beobachtungs-, Entstehungs- und Entsorgungszyklus aus.

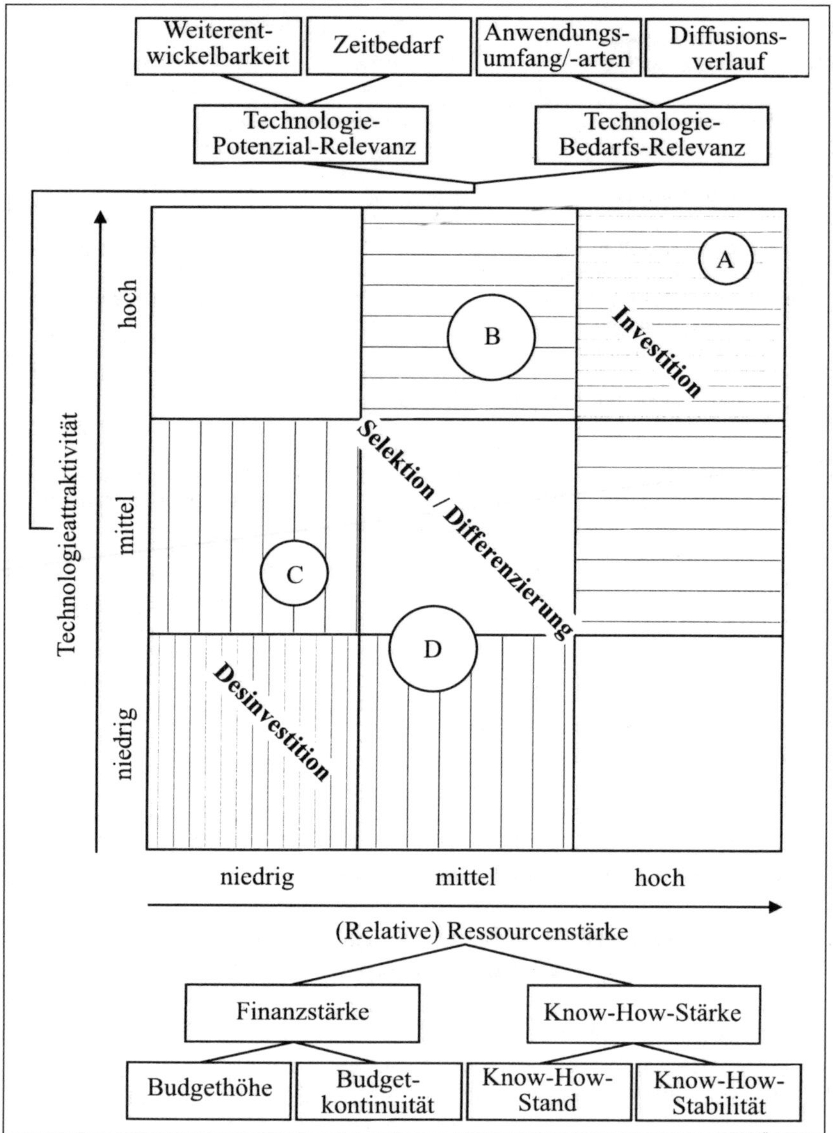

Abb. 3.3: Technologie-Portfolio von *Pfeiffer* u.a.
(Quelle: *Pfeiffer/Metze/Schneider/Amler* 1991 S. 88 ff.).

Bürgel stellt als anderen Ansatz vor, bei international gestreuten FuE-Aktivitäten eine Strategie der internationalen Arbeitsteilung zu entwickeln, bei der Stärken und Schwächen der einzelnen Standorte für eine Gesamtkonzeption genutzt werden (vgl. *Bürgel, H.D.* 1991 S. 131).

Aber auch dieser Ansatz stellt nur auf ein Kriterium ab, den Standort; außerdem ist er nur bei internationalen Unternehmen anzuwenden.

Instrumente für das operative FuE-Controlling sind:

- Entwicklungsprogrammplanung,
- Investitionsrechnung,
- Kostenrechnungsverfahren,
- Budgetierungsverfahren,
- Kennzahlen.

Bewertung von Produktideen

Nicht unerwähnt bleiben soll ein im RKW-Handbuch »Forschung, Entwicklung, Konstruktion« vorgestellter Ansatz zur Bewertung von Produktideen, der nach in- und externen Kriterien für die Bewertung gegliedert ist:

Interne Bewertungskriterien	
Entwicklungseignung	**Produkteignung**
Entwicklungserfahrung Entwicklungskapazität Verträglichkeit mit anderen Vorhaben Patentsituation Entwicklungskosten Entwicklungszeit	Produktionserfahrung – Werkstoffe – Genauigkeit (Qualität) Produktkapazität Umweltbelastung
Beschaffungseignung	**Vertriebseignung**
Beschaffungsmöglichkeiten – Rohmaterial und Teile – Betriebsmittel – Personal – Dienstleistungen Preissituation	Vertriebserfahrung Vertriebs- und Kundendienstorganisation Abnehmerbeziehungen (Akzeptanz) Vertriebskapazität

Externe Bewertungskriterien	
Markteignung	**Wirtschaftliche Eignung**
Marktvolumen und -wachstum Preisgestaltung Marktform und Struktur Exportmöglichkeiten Konjunkturanfälligkeit Neuheitsgrad auf dem Markt Substitutionskonkurrenz Gesetze Marktdauer (Produktlebenszyklus)	Kapitalbedarf Umsatzanteil Sortimentseinfluss Deckungsbeiträge Amortisationszeit

Anhand dieser Kriterien kann man die »Produktkandidaten« mit einem Selektionsprozess – getrennt nach in- und externen Bewertungskriterien auswählen; danach erfolgt eine Gesamtbewertung.

(Ausführliche Erläuterung hierzu im Kapitel 6 Abschnitt 6.3.5 über Scoring-Modelle).

Für die Produktideen mit den besten Bewertungen sollte vor ihrer Realisierung geprüft werden, ob nicht bereits andere Unternehmen dabei sind, gleiche oder ähnliche Vorhaben zu verwirklichen. Dies ist durch externe Datenbankrecherchen (z. B. bei Patentämtern) eventuell möglich.

Allein die Vielfalt der ex- und internen Bewertungskriterien zeigt, wie schwierig es ist, geeignete Controllinginstrumente für Forschungsprojekte zu finden. Deshalb aber auf Controlling bei Forschung und Entwicklung zu verzichten, wäre verhängnisvoll.

Früherkennungssysteme

Früherkennungssysteme für das Wahrnehmen FuE-relevanter Veränderungen in Bezug auf Chancen und Risiken sind eine Möglichkeit zur Risikominimierung, die **Qualitätskontrolle** von Forschungsprojekten ist eine andere.

Trotz des Mangels an überzeugenden Controllinginstrumenten für Forschung und Entwicklung darf Controlling gerade auf diesem Sektor nicht vernachlässigt werden, weil die Dynamik der Wirtschaft sich in immer kürzeren Produkt-Lebenszyklen wiederspiegelt und die Unternehmen zu grundlagen- und anwendungsorientierter Forschung zwingt.

Produkt- und Marktlebenszyklus

Der Aussagewert mikrotheoretischer Produktlebenszyklen hat gegenüber Marktlebenszyklen makrotheoretischer Art (Gesamtsicht der Märkte und Branchen) deutlich abgenommen, weil zunehmend strategische Grundsatzentscheidungen erforderlich werden.

(U.a. grundlegend: *Ehrlenspiel, K./ Kiewert, A./ Lindemann, U.* 2000).

3.2.2 Beschaffung

D

Aufgabe der Beschaffungsfunktion ist die kostenbewusste Bereitstellung personeller und sachlicher Mittel für die betriebliche Leistungserstellung, also die Beschaffung der drei Produktionsfaktoren Arbeitskräfte, Betriebsmittel und Werkstoffe.

Beschaffungs-Controlling

Das Beschaffungs-Controlling hat durch die im ersten Kapitel aufgezeigten Herausforderungen an das Management zunehmende Bedeutung erlangt.

Die Gründe hierfür sollen in Anlehnung an *Reinschmidt* zusammengefasst genannt werden:

- Komplexere Märkte führen zu Verflechtungen, zu einer Internationalisierung, zu Preisveränderungen.
- Der EU-Binnenmarkt verändert die Beschaffungsmärkte und führt zu einer optimalen Marktnutzung.
- Veränderte Kostenstrukturen zwingen zur Fertigungs-Automatisierung und zu Verlagerungen lohnintensiver Fertigungen in Niedriglohnländer.
- Kostensteigerungen können nicht über den Preis an die Verbraucher weitergegeben werden.
- Qualitätsanforderungen der Abnehmer nehmen zu und bestimmen die Leistungsfähigkeit eines Unternehmens.
- Langfristige Sicherung der Versorgung mit Produktionsfaktoren wird zum Postulat für die Unternehmen.

(Vgl. *Reinschmidt, J.* 1989 S. 55 ff.).

Beschaffungskonzepte

Auch neue Beschaffungskonzepte wie Global-, Single- und Multiple- Sourcing führen zu einer erhöhten Bedeutung des Beschaffungs-Controllings.

»**Global Sourcing** wird als international und strategisch ausgerichtete Beschaffungsaktivität zur Schaffung von Wettbewerbsvorteilen definiert« (vgl. *Weihermann, A.* 1995 S. 418 f.).

Dagegen wird unter »**Single Sourcing** die Beschaffung gleichartiger Materialien in einem fixierten Zeitraum im Sinne einer Kooperation auf einen Lieferanten konzentriert« verstanden, wogegen »**Multiple Sourcing** sich auf mehrere Lieferanten mit unterschiedlichen Mengenanteilen bezieht« (vgl. *Weihermann, A.* 1995 S. 420).

Target Costing

Auch die zunehmende Umsetzung neuer Kosten-Controlling-Systeme wie Zielkostenrechnung = Target Costing (Darstellung im Kapitel 4 Abschnitt 4.2.3.2) hat die Bedeutung des Beschaffungs-Controllings gestärkt.

Bei diesem Konzept ist es aufgrund seiner Marktorientierung erforderlich, über den gesamten Produktlebenszyklus Kostenplanung durchzuführen, weil eine Umsetzung der Zielkosten nur durch intensive Kostenaufteilung nach Komponenten, Teilen und Prozessen machbar ist. Daraus erwachsen für die Beschaffung effektive Kostenvorgaben und für das Beschaffungs-Controlling permanente Kostenreduzierungsziele. Kosten können nur dann gesenkt werden, wenn sie transparent gemacht werden.

Eigenherstellung oder Fremdbezug

Aufgabe des Beschaffungs-Controllings ist es, Entscheidungen bezüglich Eigenherstellung oder Fremdbezug herbeizuführen und ggf. durch Einbeziehen der Lieferanten die entsprechenden Kostenvorgaben aus der Zielkostenrechnung zu realisieren.

Es wäre jedoch zu einseitig, die Zielsetzung des Beschaffungs-Controllings nur in **Kostentransparenz** und **Kostenreduzierung** zu sehen. Zu seinen Aufgaben gehört ebenso, für eine reibungslose Materialbeschaffung, Versorgungs- und vor allem auch Qualitätssicherung zu sorgen. Hinzu kommen noch Umweltverträglichkeit des Einsatzmaterials sowie Sicherung der Beschaffungsmarktpositionen. Auch hier sind die Anforderungen an das Controlling gewachsen, vor allem bei Qualität und Umwelt.

Beschaffungsstrategien

Aus dem Funktionsziel des strategischen Controllings – beschaffungswirtschaftliches Optimum – leiten sich als Beschaffungsstrategien ab:

- Erfolgspotenzialsicherung und
- Schaffung von Wettbewerbsvorteilen.

Im **operativen Controllingbereich** des Beschaffungswesens sind Zielsetzungen:

- Erstellung eines Beschaffungs-Informationsprogramms,
- Beschaffungsplanung und -kontrolle,
- Beschaffungsmarktforschung,
- Beschaffungs-Kosten- und Leistungsrechnungssystem.

(Vgl. *Reinschmidt, J.* 1989 S. 135 ff; *Arnold, U.* 1993 Sp. 334 ff.).

Einzelfunktionen der Beschaffungsplanung und -kontrolle, für die der Controller Strukturierungen vorzugeben hat, um sie später überwachen zu können, werden nachfolgend dargestellt.

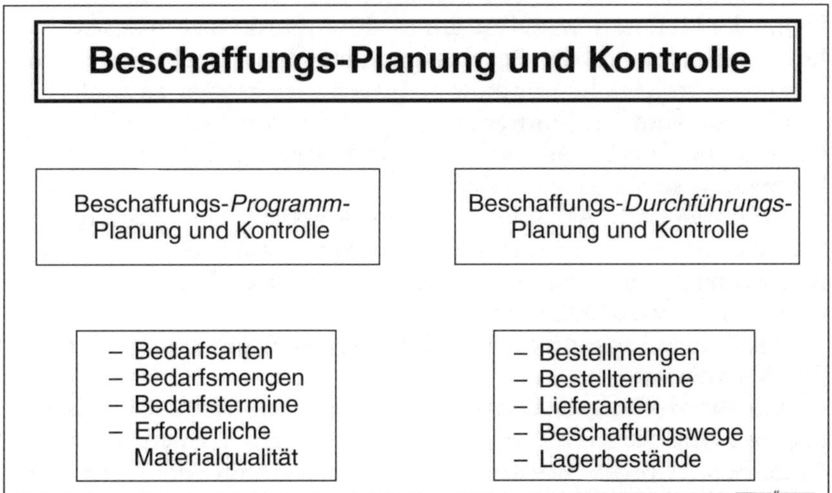

Abb. 3.4: Objekte des Beschaffungs-Planungs- und Kontrollsystems (Quelle: *Reinschmidt, J.* 1989 S. 100).

Kostenbudgetierung

Zu den Aufgaben gehört ebenso, auf Kostenrechnungsbasis eine Kostenbudgetierung vorzunehmen. Ein derartiges Budget sollte sich sowohl auf das Beschaffungsprogramm als auch auf die Abteilung selbst beziehen.

Budgets für das Beschaffungsprogramm können erweitert werden für Kostensenkungsmaßnahmen, die sich auf Lieferanten, Preise, Lagerorganisation oder Materialdisposition beziehen.

Instrumente für ein Beschaffungs-Controlling sind:

- Beschaffungsmarktforschung und Lieferantenanalyse,
- ABC-Analyse,
- Betriebsunterbrechungsanalyse,
- Preisobergrenzenbestimmung,
- Kennziffernsystem für die Beschaffung.

(Vgl. *Reichmann, T.* 1997 S. 262–276).

Beschaffungsmarktforschung

Stufen der Beschaffungsmarktforschung sind Beschaffungsmarktanalyse und -beobachtung. Die Analyse des Beschaffungsmarktes ist die Marktaufnahme zu einem bestimmten Zeitpunkt; die Beobachtung des Marktes ist die laufende systematische Ergänzung der Bestandsaufnahme.

Zu den Aufgaben eines operativen Beschaffungs-Controllings gehört insbesondere die Beobachtung der ständigen Marktveränderungen, wie Marktposition der Anbieter, neue technische Verfahren, Auswirkung solcher Verfahren auf Preis und Qualität, usw.

Lieferantenanalyse

Bei der Lieferantenanalyse gilt es, die Anforderungen des eigenen Unternehmens an die Beschaffung mit den Gegebenheiten des Marktes abzugleichen und die richtigen Lieferanten zu finden.

Hierbei sind die Anforderungen nicht nur auf dcn Preis zu richten, sondern ebenso auf Beschaffungsmenge, Qualität, Ort des Verbrauchs und Bedarfszeitpunkt.

Nachstehende Abbildung 3.5 verdeutlicht den Katalog von Anforderungen an Lieferanten (Wert-, Sach- und Sozialziele), die in Anforderungskriterien zur operationalen Beurteilung der einzelnen Lieferanten aufzuteilen sind.

Der Beurteilungsprozess wird durch das Beschaffungs-Controlling koordiniert.

Alle Beurteilungsergebnisse werden für eine Vergleichbarkeit in eine ordinale Skala mit mehreren Abstufungen transformiert; den Einzelbewertungen werden dann korrespondierende Punktwerte zugeordnet.

Die Multiplikation der Punktwerte mit der Gewichtung des entsprechenden Kriteriums führt zu einer gewichteten Bewertungsgröße je Kriterium.

Endziel dieses Vorgehens ist, den Nutzwert für jeden potenziellen Lieferanten zu ermitteln, um den relativ besten Anbieter zu finden.

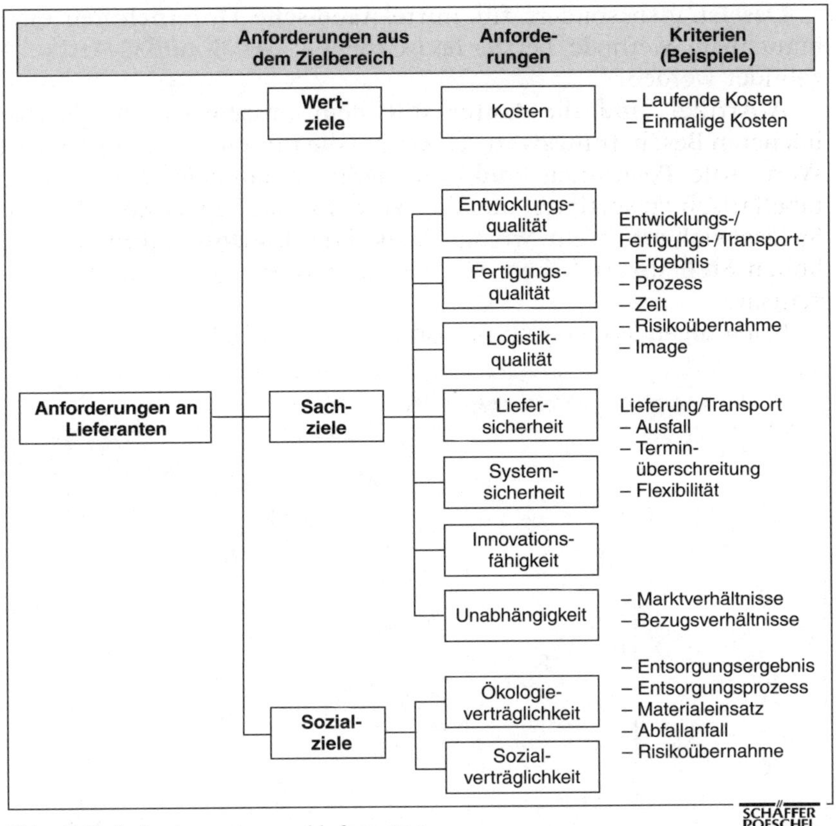

Abb. 3.5: Anforderungen an Lieferanten
(Quelle: *Hungenberg, H.* 1996 S. 499).

Eine Lieferantenanalyse sollte immer ein möglichst vollständiges Bild des Gesamtangebots in quantitativer und qualitativer sowie zeitlicher Hinsicht geben, um die optimale Auswahl der Lieferanten zu ermitteln, die dann in die Bezugsquellenkartei aufgenommen werden.

Bezugsquellenkartei

Die Aktualisierung einer derartigen Kartei zählt zu den Aufgaben des Einkaufs. Der Controller aber ist aufgerufen, im Hinblick auf die **Lieferantenbeurteilung** Hilfe zu leisten bei der Beschaffung von Informationen. Hierfür eignet sich eine Profilanalyse, die eine Auflistung aller für eine Entscheidung wesentlichen Merkmale enthält, unabhängig davon, ob sie quantifizierbar sind oder nicht (vgl. *Reichmann, T.* 1997 S. 264 f.).

Ein weiteres Instrument des Beschaffungs-Controllings ist die ABC-Analyse, in der eine Rangordnung der Artikel nach ihren Beschaffungswertanteilen erfolgt.

ABC-Analyse

Der Einkäufer soll sich auf die wesentlichen Beschaffungsvorgänge konzentrieren, um so seine Effizienz zu steigern.

Das ist insbesondere für mittelständische Unternehmen eine brauchbare Methode, bei der drei Gruppen – A-, B- und C-Artikel – gebildet werden.

A-Artikel sind die Güter mit dem prozentual zur Menge höchsten Beschaffungswert, C-Artikel die mit einem sehr geringen Wert. Alle Positionen sind wertmäßig in fallender Reihenfolge tabellarisch zu sortieren und die Werte fortlaufend zu kumulieren. So lässt sich ermitteln, welche Artikel für das Unternehmen einen hohen Stellenwert haben. Oft ist das nur ein ganz geringer Prozentsatz.

Nachfolgende Darstellung soll dies verdeutlichen:

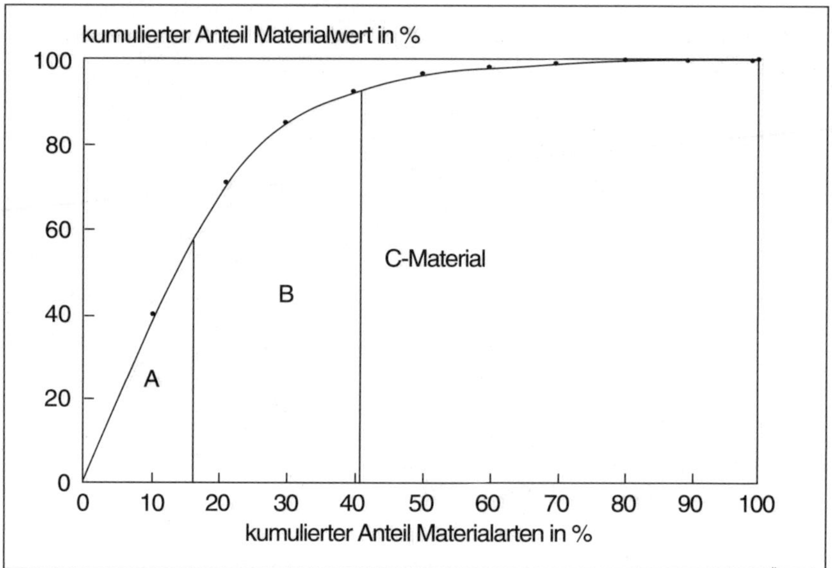

Abb. 3.6: ABC-Analyse

Eine nicht rechtzeitige Warenlieferung führt schnell zur Unterbrechung des Materialflusses, wenn sie nicht durch Lagerhaltung aufgefangen werden kann. Beim Trend zu Just-in-time-Lieferungen ist die Gefahr einer totalen oder partiellen Unterbrechung des Leistungs- und eventuell auch des Absatzprozesses besonders groß. Da eine derartige Betriebsunterbrechung in aller Regel mit erheblichen Kosten verbunden ist, sollte eine Betriebsunterbrechungsanalyse zu den vorrangigen Aufgaben des Controllings gehören; sie kann entweder vom Beschaffungs- oder vom **Logistik-Controlling** durchgeführt werden.

Betriebsunterbrechungsanalyse

Das **Beschaffungs-Controlling** wird sich auch mit der Frage auseinandersetzen müssen, ob benötigte Güter selbst erstellt oder eingekauft werden sollen. Dies ist zum einen eine Kostenfrage, zum anderen aber oft auch eine Frage der Betriebsauslastung.

Die Preisobergrenze (der Preis, den eine Unternehmung für ein Wirtschaftsgut maximal zu zahlen bereit ist) richtet sich vordergründig nach der Dringlichkeit des benötigten Gutes und nach den Möglichkeiten, das Gut durch Substitutionsgüter ersetzen zu können.

Eigenfertigung oder Verfahrensänderung sind weitere Alternativen.

Aufgabe des Controllers ist in diesem Zusammenhang die Prüfung der gegebenen Möglichkeiten; ist keine der Alternativen machbar, muss eine Entscheidung herbeigeführt werden, ob das Fabrikat (der Artikel) – bei Überschreiten der Preisobergrenze – vorübergehend oder ganz aus dem Sortiment genommen werden muss oder ob die Kosten durch Preiserhöhung aufgefangen werden können. Diese Entscheidung ist jedoch nicht vom Controller, sondern von der Unternehmensführung zu treffen.

Die Instrumente für das Beschaffungs-Controlling sind durch ein Kennziffernsystem zur Wirtschaftlichkeitskontrolle und Absicherung der betrieblichen Materialversorgung zu ergänzen.

Kennziffernsystem

Hierfür sollen aus einer Vielzahl möglicher Kennziffern drei nachfolgend genannt werden:

$$\frac{\text{Zahl der Fehllieferungen}}{\text{Gesamtzahl der Lieferungen}} \times 100$$

$$\frac{\text{Zahl der termingerecht angelieferten Ware}}{\text{Gesamtzahl der Lieferungen}} \times 100$$

$$\frac{\text{Lieferant(en) einer Artikelgruppe}}{\text{Gesamtzahl der möglichen Lieferanten einer Artikelgruppe}} \times 100$$

(vgl. *Reichmann, T.* 1997 S. 275).

Beschaffungsorganisation

Zur Unterstützung der Beschaffungsorganisation unterscheidet *Arnold* zwischen **systembildenden** und **systemkoppelnden Aufgaben**.

»Systembildende Maßnahmen zur Unterstützung der Beschaffungsorganisation sind für das Beschaffungsmanagement deshalb von großer Bedeutung, weil dieses als Grenzsystem – als Scharnier zur Umwelt – wirkt und deshalb hohe Flexibilität benötigt, andererseits aber in die Struktur des Unternehmens eingebunden sein muss…

Systemkoppelnde Aufgaben beziehen sich vorwiegend auf die Unterstützung der Ablauforganisation.«

Beispiele hierfür sind:

Lieferantensuche:	Unterstützung durch ein Lieferantenbewertungssystem
Verhandlungsführung:	Unterstützung durch gezielte Informationsversorgung
Pflege des Lieferantenstamms:	Aufbereitung aller relevanten Daten über einen Lieferanten

(vgl. *Arnold, U.* 1996 S. 71 f.).

3.2.3 Produktion

D

Produktion umfasst alle Arten der betrieblichen Leistungserstellung: Sowohl Sach- als auch Dienstleistungen.

Fertigung bezieht sich nach üblicher Definition dagegen nur auf die industrielle Leistungserstellung, also auf Sachgüter und Energie. Nachfolgend steht die Leistungserstellung im Mittelpunkt der Betrachtung.

Fertigungsplanung und -steuerung beinhaltet die mengen- und terminmäßige Planung, Veranlassung und Überwachung der Durchführung der Fertigung.

Ziele der Fertigungsplanung und -steuerung

Ihre Ziele leiten sich aus den Unternehmenszielen ab. Angestrebt werden hierbei folgende Detailziele:

Kurze Fertigungs-Durchlaufzeiten für Aufträge mit den Zielen:
- Kurze Lieferzeiten,
- Schneller Kapitalumschlag,
- Fertigungstransparenz.

Unbedingte Termineinhaltung gegenüber den Kunden:
- Kunden-Zufriedenheit,
- Vermeidung von Konventionalstrafen,
- Pünktliche Bezahlung zur Erhaltung der Liquidität.

Wirtschaftliche Nutzung der Betriebsmittel:
- Gleichmäßige Kapazitätsauslastung,
- Kostenminimale Fertigung,
- Hohe Ausnutzung der vorhandenen Kapazitäten.

Optimale Lager- und Werkstattbestände:
- Keine Fertigungsstörungen wegen fehlender Bestände,
- Niedrige Kosten für die Lagerhaltung
  (vgl. *Steinbuch, P./ Olfert,K.* 1995 S. 293 ff.).

Dieses Zielbündel enthält auch teilweise kontroverse Ziele, aus denen **Zielkonflikte** entstehen können, z. B. kurze Durchlaufzeiten und gleichmäßige Kapazitätsauslastung oder optimale Losgrößen und kurze Durchlaufzeiten. Aufgabe des Fertigungs-Controllings ist u. a., Prioritäten zu empfehlen, um derartige Zielkonflikte möglichst zu vermeiden.

Fertigungsprozessplanung

In der Fertigungsprozessplanung obliegt dem Leiter der Produktionswirtschaft die Aufgabe, Prozesstypen und Ausgangsinformationen für die Prozessplanung anhand von Stücklisten und Arbeitsplänen zu bestimmen sowie den Einsatz der Produktionsfaktoren und die Fertigungsdurchführung zu planen. Der Fertigungs-Controller hat die Auswirkungen dieser Entscheidungen zu überwachen und bei Abweichungen Gegensteuerungen zu veranlassen.

Ziel des Produktions-Controllings

Ziel des Produktions-Controlling ist, im Rahmen des Planungsprozesses bei der Abstimmung der Fertigungskapazitäten mit den erwarteten Absatz- und Produktionsmengen auf die möglichen zeitlichen und intensitätsmäßigen Anpassungsprozesse mit der Lagerbestandsbildung als zeitlich-zyklischem Anpassungsinstrument bei saisonalen Absatzveränderungen zu achten. Dies soll in enger Abstimmung mit dem Kosten- und Erfolgs-Controlling geschehen (vgl. *Reichmann, T.* 1997 S. 278).

Weitere Ziele des Fertigungs-Controllings sind:

- eine möglichst hohe Kapazitätsauslastung,
- eine Produktivitätssteigerung durch Rationalisierung und Automatisierung,
- eine Ausschussminimierung bei den Halb- und Fertigerzeugnissen,
- eine Verbesserung der Qualität der Produkte,
- die Reduzierung der Durchlaufzeiten,
- die Verminderung von Betriebsunterbrechungskosten durch vorbeugende Instandhaltung.

Instrumente im Fertigungsbereich

Diese Ziele sind nur zu erreichen, wenn dem Controller im Fertigungsbereich entsprechende Instrumente zur Verfügung stehen.

Die kostenstellenbezogene **Soll-Ist-Abweichungsanalyse** ist ein derartiges in der Praxis bevorzugtes Instrument. Sie dient der Beurteilung der Wirtschaftlichkeit von Kostenstellen. Bei Plan-Ist-Abweichungen muss der Controller eine Ursachenanalyse vornehmen, um Ansatzpunkte für Gegensteuerungsmaßnahmen zu finden.

Voraussetzung für diese Analyse ist eine differenzierte Ist-Kosten-Erfassung, wie sie beispielsweise die flexible Plankostenrechnung ermöglicht (Darstellung Kapitel 4 Abschnitt 4.2.1).

Bestimmende Kosteneinflussgrößen der Fertigung wie Fertigungszeiten, Beschäftigung, Prozessbedingungen, Losgröße usw. müssen erkennbar sein, um einen Plan-Ist-Vergleich wirkungsvoll durchzuführen.

Neben der Gesamtabweichung sind Mengen- und Preisabweichungen sowie Beschäftigungs- und Verbrauchsabweichungen zur Ermittlung von Unwirtschaftlichkeiten im Fertigungsbereich aufzudecken.

Kilger empfiehlt, aus der Verbrauchsabweichung für die bedeutenden Kostenfaktoren in gesonderten Nebenrechnungen Spezialabweichungen zu ermitteln. Hierfür kommen (in Abhängigkeit von Fertigungsverfahren und -organisation) Verfahrens-, Seriengrößen-, Intensitätsabweichungen (aus der Differenz zwischen Kostenstellen- und Kostenträgerzeitrechnung) sowie Fertigungszeit- oder Leistungsabweichungen in Frage (vgl. *Kilger, W.* 1988 S. 579).

Nutz- und Leerkostenanalyse

Neben der kostenstellenbezogenen Soll-Ist-Abweichungsanalyse ist als weiteres Instrument des Fertigungs-Controllings die Nutz- und Leerkostenanalyse zu nennen. Mit ihr werden die beschäftigungsfixen Kosten analysiert; die fixen Kosten werden dazu in Nutz- und Leerkosten aufgespalten. Bei einem Beschäftigungsgrad von 100 % entsprechen die Nutzkosten voll den fixen Kosten (es gibt keine Leerkosten). Im anderen Extremfall (Null-Beschäftigung) gibt es keine Nutzkosten, und die fixen Kosten stellen in vollem Umfang Leerkosten dar.

Werden die geplanten fixen Kosten einer Kostenstelle mit dem Ist-Beschäftigungsgrad multipliziert, so erhält man einen Betrag, der als »gedeckte fixe Kosten« bezeichnet wird.

Eine Soll-Ist-Abweichungsanalyse kann anhand folgender Kennzahlen veranschaulicht werden:

B

Geplante Betriebsbereitschaft = 6.000 Std./Jahr

Ist-Beschäftigung = 4.800 Std./Jahr

$$\text{Beschäftigungsgrad} = \frac{4.800}{6.000} \times 100 = 80\ \%$$

Arbeitsrechtlich maximal mögliche Kapazität = 9.600 Std. bei betriebsbedingt möglichem Zweischichtbetrieb und reparaturbedingten Stillstandszeiten in der dritten Schicht

Effektive Produktionsstunden = 4.800 Std.
Maximal arbeitsrechtlich mögliche Kapazitätsstunden = 9.600 Std.

$$\text{Kapazitätsauslastungsgrad} = \frac{4.800}{9.600} \times 100 = 50\ \%$$

Technisch maximal mögliche Kapazität = 365 x 72 = 26.280 Std. abzüglich reparaturbedingter durchschnittlicher Stillstandszeit von z. B. 864 Std.

$$\text{Kapazitätsauslastungsgrad} = \frac{4.800}{26.280 - 864} = 18{,}88\ \%$$

(Vgl. *Reichmann, T.* 1997 S. 290 f.).

Die negativen Auswirkungen einer Betriebsunterbrechung wurden schon im Abschnitt 3.2.2 Beschaffung angesprochen. Während sie dort durch Lieferschwierigkeiten verursacht wurden, müssen sie hier unter technischem Aspekt betrachtet werden.

Produktionsunterbrechungskosten

Zusätzlich zu den Kosten einer Betriebsunterbrechung sind die Produktionsunterbrechungskosten (siehe nachfolgende Abbildung 3.7) zu erwähnen, deren Schwerpunkt auf dem Produktionsfaktor Betriebsmittel liegt. Sie sind direkt der Betriebsunterbrechung zuzurechnen, weil sie bei störungsfreiem Produktionsablauf nicht anfallen, und setzen sich aus Stillstands- und Übergangskosten zusammen.

Stillstandskosten stellen zusätzliche Kosten dar (abhängig von der Dauer der Betriebsunterbrechung); Übergangskosten fallen unabhängig von der Dauer der Stillstandszeit an und sind nur von der Art der im Betrieb eingesetzten Produktionsfaktoren abhängig.

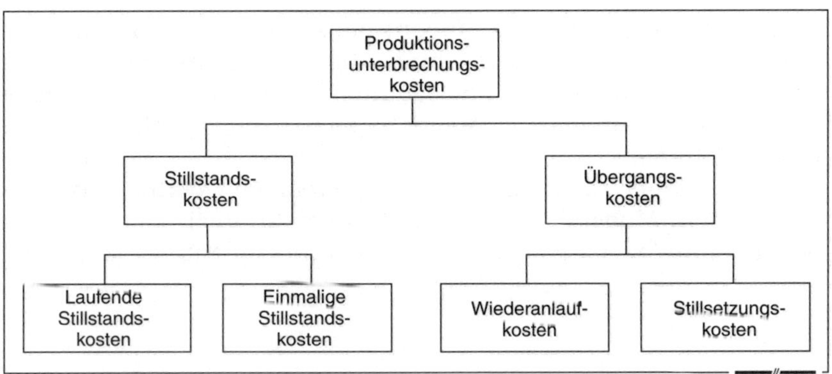

Abb. 3.7: Allgemeine Struktur der Produktionsunterbrechungskosten (Quelle: *Reichmann, T.* 1997 S. 312)

Betriebs-unterbrechungs-Risikoanalyse

Aufgabe des Fertigungs-Controllings ist, in den Planungsprozess Risiken und Maßnahmen zur Schadensminderung und -verhütung zu integrieren, um Engpässe zu vermeiden.

Funktionen einer Betriebsunterbrechungs-Risikoanalyse sind:

- Analyse potenzieller Betriebsunterbrechungsrisiken einschl. der Ermittlung damit verbundener Fehlmengenkosten,
- Ausloten von Möglichkeiten zur Schadenverringerung bzw. -verhinderung einschl. korrespondierender Sicherungskosten,
- Gegenüberstellung von Fehlmengen- und Sicherungskosten zur Entscheidung, welche Risiken abgebaut, selbst getragen oder versichert werden sollen.

Ausgangspunkt für eine modelltheoretische Berücksichtigung von Betriebsunterbrechungsrisiken ist die Frage, wie ein Planungsmodell aussehen müsste, wenn derartige Risiken in den Planungsprozess einbezogen würden. Es wird dabei zwischen Teil- und Totalunterbrechungen unterschieden (vgl. *Reichmann, T.* 1997 S. 300–318).

Eine Vielzahl von Techniken steht dem Fertigungs-Controller für die Terminierung des Fertigungsdurchlaufs zur Verfügung. Hierzu zählen **Listungs- und Balkendiagrammtechniken** ebenso wie **Netzplantechniken**, die für Vorwärts- und Rückwärts- oder auch kombinierte Terminierung benutzt werden. Die Durchlaufzeitverkürzung ist in der Fertigungswirtschaft ein wichtiger Baustein neben Kapazitätsauslastung und Werkstattsteuerung.

Proco-System

Für Unternehmen mit turbulenter Umfeldentwicklung eignet sich die Einführung des »Proco-Systems« (Produktionscontrolling-System) als Koordinationssystem der Produktion zur Führungsunterstützung.

Ziel dieses Systems ist, Produktionsplanung, -steuerung und -kontrolle sowie die dazu notwendige Informationsversorgung aufeinander abzustimmen und dadurch die Koordination innerhalb des Produktionsmanagements sicherzustellen (vgl. *Hoitsch, H-J.* 1996 S. 601–606).

Nachfolgende Abbildung 3.8 vermittelt einen Überblick über die wichtigsten Modelle und Methoden der strategischen Produktionsplanung bzw. der operativen Produktionsplanung, -steuerung und -kontrolle.

	PROCO-Instrumente
Strategische Produktionsplanung	
– Programmplanung	– Portfolioanalyse – Lineare Programmierung
– Faktorplanung	– Netzplantechnik (Projektplanung) – Simulationsmodelle – Layoutplanungsmodelle – Instandhaltungsmodelle
– Prozessplanung	– Simulationsmodelle
Operative Produktionsplanung, -steuerung und -kontrolle	
– Programmplanung	Lineare Programmierung – Betriebsmodelle
– Faktorplanung	– Lagerhaltungsmodelle (Optimierung) – Lagerhaltungsheuristiken (in PPS-Systemen)
– Prozessplanung, Produktionssteuerung und -kontrolle	– Netzplantechnik – Simulationsmodelle – Ablaufplanungsheuristiken (in PPS-Systemen) – Prioritätsregelheuristiken (in PPS-Systemen) – Branch and Bound-Modelle

Abb. 3.8: Modelle und Methoden der Produktionsplanung, -steuerung und -kontrolle
(Quelle: *Hoitsch, H.-J.* 1996 S. 605).

PPS-Controlling

Zielgrößen des »PPS-Controlling« (Produktionsplanung und -steuerung) sind:

- Lieferservice (Lieferzeit, -zuverlässigkeit, -beschaffenheit, -flexibilität),
- Durchlaufzeiten (auftragsbezogen),
- Kapazität (Auslastungsgrad),
- Bestand (Bestandscontrolling).

Die PPS-Controllingsysteme können als Kennzahlensysteme (Betriebskennlinien) sowie als Monitor- und Diagnosesysteme ausgeführt werden (vgl. *Zäpfel, G.* 1996 S. 585 ff.).

CIM-Controlling

Die Forderung nach einer computerintegrierten Fertigung zur ganzheitlichen Unterstützung von Fertigungsaufträgen wird weitgehend durch das CIM- (Computer Integrated Manufacturing) Controlling erfüllt, das durch Bearbeitungszusammenhänge begründet ist.

CIM integriert die Produktionsplanung und -steuerung (Auftragsabwicklung, Bedarfsplanung, Zeitwirtschaft, Fertigungssteuerung) mit technisch orientierten Funktionen wie Produktentwicklung, computergestützte Ressourcen usw.

Informations- und Koordinationssysteme verbinden die betriebswirtschaftlichen und technischen Richtungen und liefern die für Buchführung und Kosten- und Leistungsrechnung erforderlichen Daten.

Aufgabe des Controllings ist in diesem Zusammenhang, die Führungsfähigkeit durch eine Koordination von Planung, Kontrolle und Informationsversorgung sicherzustellen (Unterstützungsfunktion für das Management).

Innerbetriebliches Transportwesen

Die Instrumente für einen reibungslosen Fertigungsablauf sind zu ergänzen um Verfahren für eine optimale Gestaltung des innerbetrieblichen Transportwesens. Noch immer wird in Unternehmen viel Zeit und Geld in die Optimierung des Fertigungsflusses investiert, gleichzeitig aber die Optimierung des Innentransportes sträflich vernachlässigt. Dabei wird oft der hohe Anteil der Transportkosten an den Herstellkosten unterschätzt.

Abschließend soll noch eine Lösung für das Fertigungs-Controlling angesprochen werden, die versucht, das Problem der Komplexität durch Zusammenfassung getrennter Funktionen zu lösen: das Fertigungsinselkonzept.

Fertigungsinselkonzept

Ziele dieser Neustrukturierung der Fertigung sind:

- Komplette Planung und Fertigung der Einzelteile in einem Verantwortungsbereich,
- Senkung der Durchlaufzeiten durch Schnittstellenreduzierung,
- Intensivierung der Kontakte zwischen Fertigung und Konstruktion,
- Teilebezogene Gesamtterminverantwortung,
- Effektivere Rückkoppelung bzw. schnellere Reaktionsfähigkeit bei Störungen,
- Erhöhung der Qualität,
- Identifikation der Mitarbeiter mit dem Produkt,
- Schnellere Anpassung der Fertigung an die technologische und organisatorische Entwicklung.

Der Fertigungsinsel wird also Verantwortung übertragen für Kosten, Termine und Qualität. Hierdurch wird dem Zielsystem der Produktion – Wirtschaftlichkeitsmaximierung durch Minimierung der Durchlaufzeiten, Terminabweichungen und Bestände einerseits und der Auslastungsmaximierung andererseits – weitestgehend entsprochen.

Die Realisierung einer derartigen Inselorganisation erfordert aber die volle Unterstützung des Managements.

In einer bestehenden Werkstattfertigung das Inselkonzept einzuführen, wird einige Jahre dauern; der Weg dorthin lohnt sich aber gerade aus Sicht des für eine optimale Fertigungsorganisation zuständigen Controllers, weil viele an ihn gestellte Anforderungen in der Insellösung ganzheitlich verwirklicht werden können.

Ohne Überzeugung des Managements, dass sich dieser Weg für eine Maximierung der Wirtschaftlichkeit im Fertigungsbereich lohnt, wird der Controller bei seinen Realisierungsbemühungen scheitern.

Zusammenfassend kann für das Fertigungs-Controlling festgestellt werden, dass die bisherige Dominanz kurzfristig-operativer Fertigungssplanung und -steuerung unter dem Einfluss der turbulenten Entwicklung neuer Technologien so schnell wie möglich einer langfristig-strategischen innovativen Rahmenplanung mit den Schwerpunkten Wettbewerb, Qualität, Flexibilität und Service weichen muss, wenn die Existenz des Unternehmens auf Dauer gesichert werden soll.

3.2.4 Marketing

Bei Verkauf und Marketing überwiegt oft noch ein reines Umsatzdenken. In diesen Fällen fehlen aussagefähige Erfassungs- und Auswertungsrechnungen.

Marketing-Controlling

Auf dieser Grundlage ist ein Marketing-Controlling kaum möglich.

Dieses ist aber mehr denn je notwendig, weil sich das Wettbewerbsumfeld der Unternehmen in rasantem Tempo ändert:

Branchen-Newcomer dringen in angestammte Markt- und Kundensegmente; ein kürzerer Produktlebenszyklus in Verbindung mit oftmals komplexer werdender Nutzung von Informationstechnologien und sich rasch wandelnde Märkte zwingen die Unternehmen zu häufigeren Anpassungsmaßnahmen.

Die Unternehmen brauchen Warnsysteme, um die Signale des Marktes so früh wie möglich auffangen und auswerten zu können.

Information wird somit zu einem strategischen Erfolgsfaktor.

Marketing umfasst (im weitesten Sinn) alle Teilfunktionen einer marktorientierten Unternehmenssteuerung.

Trotzdem erfolgt oft eine Trennung zwischen Marketing und Vertrieb, bei der dem Vertrieb vordergründig die aquisitorischen und logistischen Tätigkeiten im Kundenkontakt zugeordnet werden.

Diese Trennung führt in größeren Unternehmen zur Einrichtung eines speziellen Vertriebs-Controllings, das nachfolgend exemplarisch behandelt werden soll.

Vertriebs-Controlling

Ziel eines Vertriebs-Controllings ist die Unterstützung des Managements bei allen Entscheidungen, die eine optimale Kundenbetreuung und -pflege betreffen, durch Bereitstellung relevanter

Informationen. Voraussetzung dafür sind Erfassung, Aufbereitung und Präsentation entscheidungsbezogener Informationen, die entweder aus betrieblichen Vorsystemen abgeleitet werden können oder aus zusätzlichen Quellen aufzubauen sind (Vgl. *Reichmann, T.* 1997 S. 384).

Nachfolgende Abbildung 3.9 zeigt eine Spezifizierung der Funktionen des Vertriebs-Controllings, bevor seine operativen Aufgaben näher betrachtet werden:

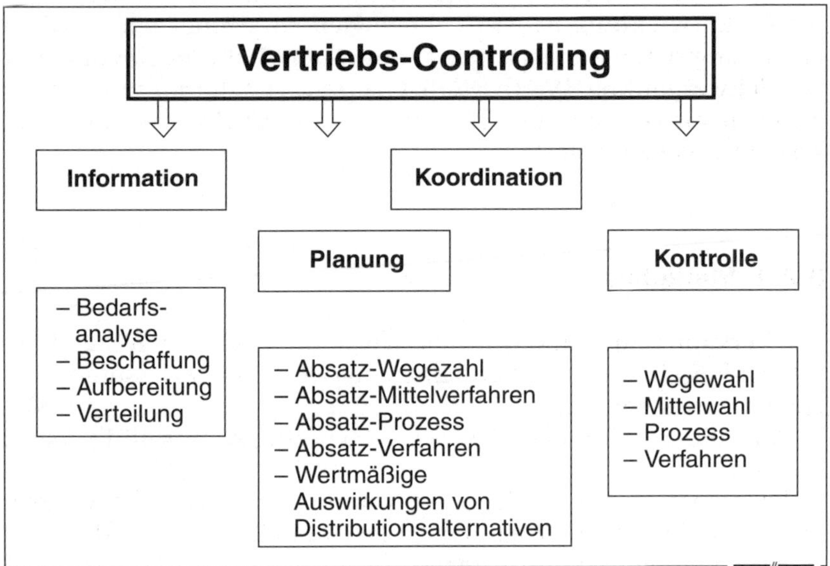

Abb. 3.9: Funktionen des Vertriebscontrollings

Die vorstehende Spezifizierung der Funktionen verdeutlicht die Koordinationsfunktion des Vertriebs-Controllings.

Der **operative Teil** dieses Controllings verwendet als Steuerungsgrößen neben Ist-Daten Umsätze, Marktanteile, Kosten, Deckungsbeiträge, Renditen, usw.

Informationssysteme

Zu seiner Unterstützung werden vor allem Informationssysteme eingesetzt mit folgenden Inhalten:

- Überwachung von Vertriebsbudgets,
- Ermittlung von Vertriebserfolgsrechnungen,
- Erfassung und Auswertung von Außendienstberichten,
- Errechnung von Absatzplanungen.

Auch Strukturkomponenten finden hier Anwendung; mögliche Vorgaben sind für:

Vertriebsziele:	– Umsatzmenge
	– Leistungen
	– Bestände
Vertriebsinstrumente:	– Konditionen
	– Handelswerbung
Vertriebskennzahlen:	– Anzahl Kundenbesuche/Tag
	– Anzahl Aufträge/Tag
	– Kosten je Kundenbesuch
	– Kosten/Außendienstmitarbeiter

Kennzahlensysteme

In der Praxis bewährt haben sich vor allem Informations- und Kommunikations- sowie Kennzahlensysteme. Die Konzentration auf wenige, aussagefähige Kennzahlen hat den Vorteil der Schaffung einer konzentrierten Erfassung von Sachverhalten. Ein Kennzahlensystem, das der Unternehmensführung schnell und umfassend Überblick gibt über die Absatz-, Kunden- und Wettbewerbssituation sowie die jeweilige Marktsituation ist vor allem für mittelständische Unternehmen wertvoll.

Für einen Vertriebsleiter, der seine Außendienstmitarbeiter auf ihre Effizienz prüfen möchte, bietet sich ein solches Kennzahlensystem an. Den Mitarbeitern werden in der Regel Umsatzziele und Deckungsbeitragsziele vorgegeben. Zielkennzahlen zur Messung der Qualität der Mitarbeiter betreffen:

- Umsatz,
- Deckungsbeitrag,
- Aufträge/Tag,
- Anteil der Neukunden/Monat,
- Anzahl der Reklamationen.

Außendienstberichte

Aus Außendienstberichten lassen sich folgende Kennzahlen ableiten:

$$\text{Angebotserfolge} = \frac{\text{Erteilte Aufträge}}{\text{Gemachte Angebote}} \text{ x } 100$$

$$\text{Durchschnittlicher Auftragswert} = \frac{\text{Auftragswert}}{\text{Anzahl der Aufträge}} \text{ x } 100$$

$$\text{Umsatzanteil Produkt X} = \frac{\text{Umsätze Produkt X}}{\text{Umsätze aller Produkte}} \text{ x } 100$$

$$\text{Mahnquote} = \frac{\text{Anzahl gemahnter Kunden}}{\text{Gesamtkunden}} \text{ x } 100$$

$$\text{Kleinaufträgeanteil} = \frac{\text{Anzahl der Aufträge} < 100 \text{ Euro}}{\text{Gesamtaufträge}}$$

Derartige Kennzahlen dienen den Außendienstmitarbeitern als Orientierungsgrößen und sind gleichzeitig für das Vertriebsmanagement wichtige Controllinginstrumente.

Eine Wirtschaftlichkeitsanalyse des Vertriebsbereichs sollte sich an verschiedenen Dimensionen des Vertriebserfolgs orientieren. Empfohlen wird deshalb eine differenzierte Analyse, welche die Erfolgswirkungen der Vertriebsaktivitäten, die Effizienz der Vertriebsorganisation und den Betrag der Erfolgsträger (Produkte, Kunden, Verkaufsgebiete) zum Gesamterfolg in den Mittelpunkt rückt (vgl. *Reichmann, T.* 1997 S. 398 ff.). Hierzu ist eine Vielzahl von Einzelkennziffern notwendig.

Eine Zusammenfassung dieser Kennzahlen der Struktur-, Wirtschaftlichkeits- und Lageanalyse zu einem **Vertriebs-Controlling-Kennzahlensystem** lässt je nach Bedarf Erweiterungen und Kürzungen zu und verdeutlicht die vielfachen Abhängigkeiten der Vertriebsfunktion.

Ein empfohlenes Kennzahlensystem für ein Vertriebs-Controlling basiert auf drei Analysen:

- Strukturanalyse für Vertriebs- und Marktstruktur,
- Wirtschaftlichkeitsanalyse zur Erfolgsmessung der Vertriebsaktivitäten, Effizienz der Vertriebsorganisation und Erfolgsträger,
- Lageanalyse.

(Vgl. *Reichmann, T.* 1997 S. 401 ff.).

Charakteristisch für das Vertriebs-Controlling ist, dass es sich stets auf mehrere Betrachtungsebenen bezieht; hierzu gehören:

- Leistungen (Einzelprodukte und Produktgruppen)
- Leistungsempfänger (Einzelkunden und Kundengruppen)
- Leistungsregionen (Gebiete und Bezirke, Länder).

Wie bei der Produktion gilt auch beim Vertrieb:

Notwendig ist eine stärkere Hinwendung zum strategischen Controlling (Kooperations- und Logistik-Controlling; Kunden-Deckungsbeitragsrechnung; Effizienzkontrolle für den Außendienst).

3.3 Querschnittsfunktionen

Nicht nur auf einen, sondern immer auf mehrere Bereiche bezogene Aufgaben werden als Querschnittsfunktionen bezeichnet.

Logistik, Steuerung von Qualität und Projekten sind Beispiele für derartige Funktionen.

Durch die Veränderung vielfältiger Umfeldfaktoren, wie fortschreitender internationaler Konkurrenzdruck, gewachsenes Umwelt-, aber gleichzeitig auch Preis-Leistungsbewusstsein, immer kürzere Produktlebenszyklen sowie umwälzende Erneuerung der Kommunikationswelt sind die Anforderungen an das Controlling bei diesen funktionsübergreifenden Tätigkeiten gewachsen.

3.3.1 Logistik

Logistik betrifft Leistungen, die lange Zeit für die Wertschöpfung als wenig bedeutsam erachtet und daher auch vernachlässigt wurden.

D

Die enger gefasste Definition der betrieblichen Logistik umfasst alle Aktivitäten zur Planung, Steuerung und Kontrolle

- der Lagerhaltung,
- des innerbetrieblichen Transports,
- des gesamten Materialflusses sowie
- der Beziehungen zwischen Unternehmen und Umwelt.

(Vgl. *Reichmann, T.* 1997 S. 331).

Eine typische Definition von Logistik lautet:

D

»Logistik ist die Summe der Tätigkeiten, die sich auf Transport-, Lagerungs-, Verkehrs- und Umschlagvorgänge im Realgüterbereich in und zwischen den Betrieben beziehen. Sie soll die ›vier r‹ sicherstellen, wonach die benötigten Güter zur **r**ichtigen Zeit, am **r**ichtigen Ort, in **r**ichtiger Menge und **r**ichtiger Qualität zur Verfügung stehen müssen. Zur Logistik eines Betriebs gehören unter anderem: Lagerbestandsmanagement, Management des Material- und Produktumschlags, Transportmanagement« (*Däumler, K.-D./ Grabe, J.* 1997 S. 217).

Heute wird Logistik zunehmend im Management des güterwirtschaftlichen Prozesses von den Lieferanten über die Leistungserstellung bis hin zu den Kunden betrachtet und dem Logistik-

Supply-Chain-Management

Controlling die planerische und informatorische Unterstützung dieses Leistungsflusses zugeschrieben (so genannten Supply-Chain-Management).

Einzelaufgaben des **Logistik-Controllings** sind:

- Sicherstellung der Wirtschaftlichkeitskontrolle,
- Prüfung der Logistikleistungen bezüglich ihrer Erbringung zu minimalen Kosten,
- Informationsbeschaffung für das Management bzw. die von ihm beauftragte Logistikleitung für zu treffende Entscheidungen in Bezug auf Anpassungsmöglichkeiten, Neuinvestitionen, usw.

Reichmann fordert für diese Aufgaben ein systemtheoretisches Gesamtkostenkonzept. Die optimalen Transport- und Lagerprozesse sollten unter Berücksichtigung der Abhängigkeiten von anderen Bereichen gefunden werden.

Wird gegen diese ganzheitliche Betrachtung verstoßen, führt das sehr schnell dazu, dass eine Kostensenkung in einem Bereich eine Kostensteigerung in einem anderen Bereich (z. B. Einkauf, Produktion, Absatz, Finanzierung) zur Folge hat (eventuell kann das insgesamt zu einer Kostenerhöhung im Gesamtunternehmen führen).

Voraussetzung für die Durchführung eines solchen Logistik-Controllings ist eine systematische Erfassung von Kosten und Leistungen, die im Kostenrechnungssystem integriert werden muss (vgl. *Reichmann, T.* 1997 S. 332).

Auf die Darstellung einzelner Instrumente für ein Logistik-Controlling soll hier verzichtet werden, zumal sie teilweise bei den Verrichtungsfunktionen Beschaffung, Produktion und Marketing schon behandelt wurden.

Möglichkeiten für die praktische Durchführung sind:

- Materialbedarfsplanung,
- Logistikkosten- und -leistungsrechnung,
- Einzelkennzahlen zu
  - Gesamtumschlagshäufigkeit
  - Gesamtlogistikkosten
  - Lieferbereitschaftsgrad
- Kapitalbindungen, usw.

Einzelkennzahlen bleiben in ihren Aussagen immer begrenzt; vorteilhafter ist ein aus Kennziffern aus den Logistikbereichen Material, Fertigung und Absatz entwickeltes **Logistik-Controlling-Kennzahlensystem**.

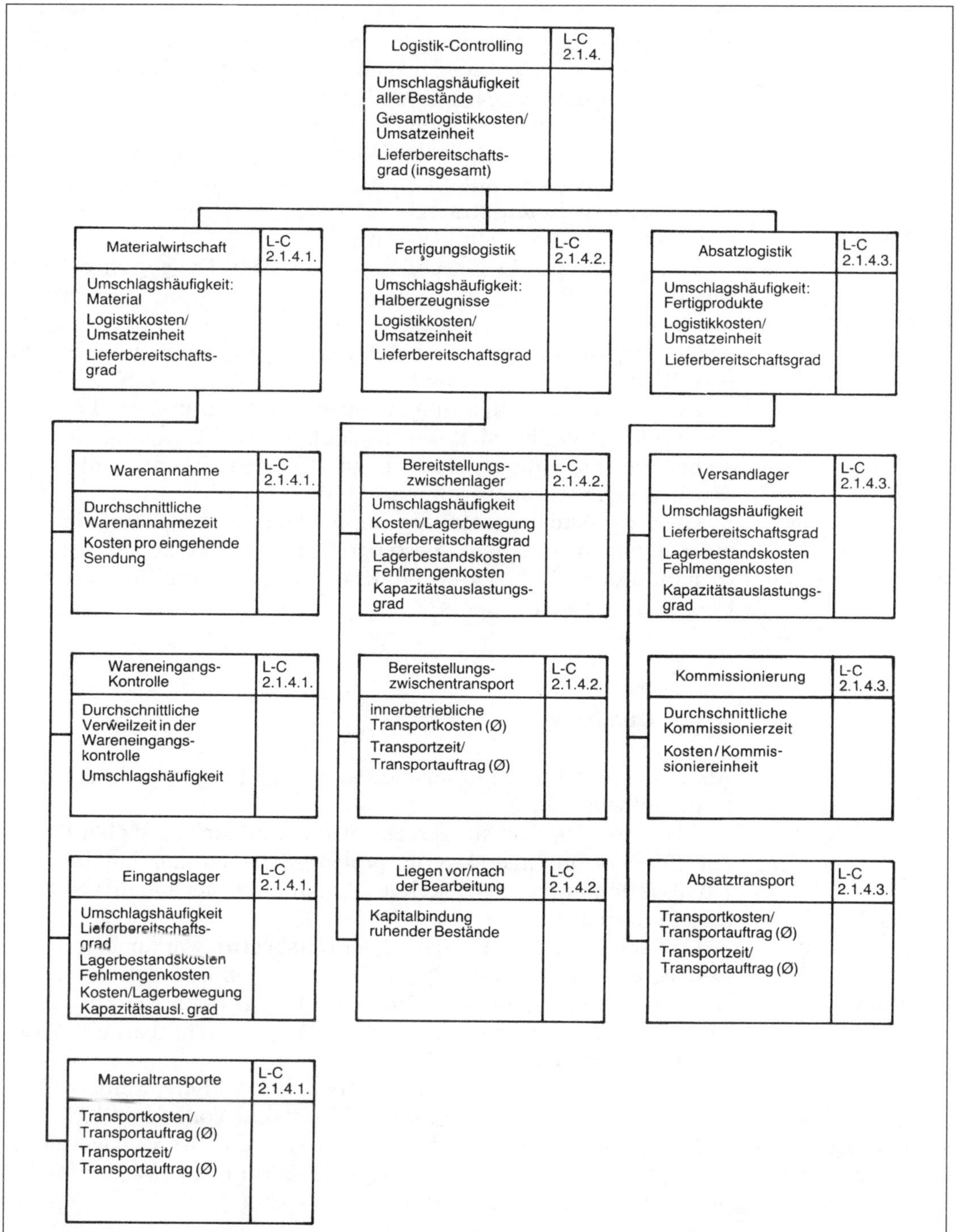

Abb. 3.10: Logistik-Controlling-Kennzahlensystem
(Quelle: *Reichmann, T.* 1997 S. 354)

Dem Logistik-Controlling können im Unternehmen ganz verschiedene Aufgaben zugeschrieben werden.

Dies ist davon abhängig, inwieweit logistische Vorgänge bereits im Unternehmen Eingang gefunden haben, und ob Logistik bereits strategische Bedeutung erlangt hat.

Ist Letzteres der Fall, wird Logistik-Controlling in der Unternehmensstrategie verankert werden.

Die **Unternehmensstrategie** setzt sich meist aus Geschäftsfeld- und Funktionsstrategien zusammen.

Erstere sind auf Erfolgspotenziale auf Märkten gerichtet, während Letztere die einzelnen Funktionsbereiche des Unternehmens abdecken.

Die **Logistikstrategie** ist den Funktionalstrategien zuzurechnen (vgl. *Weber, J.* 1996 S. 503 ff.).

Aus der strategischen und operativen Betrachtung des Logistik-Controllings ergibt sich zwangsläufig eine Änderung des bestehenden Rechnungswesens: Logistikkosten sind zu planen und den Erzeugnissen zuzurechnen.

Die **Prozesskostenrechnung**, die das Ziel verfolgt, Gemeinkosten zu reduzieren und den Kostentreibern »zu Leibe zu rücken« (Behandlung in Kapitel 4 Abschnitt 4.2.3.1), kann hierfür vorteilhaft eingesetzt werden.

3.3.2 Qualität

Als nächste Betrachtungsebene des Controllings wurde die Qualitätsfunktion gewählt.

Dies erschien deshalb gerechtfertigt, weil sich in vielen Unternehmungen Qualität als eine probate Strategie zur langfristigen Existenzsicherung entwickelt und sich auch der Qualitätsbegriff kontinuierlich erweitert hat.

Der traditionell-klassische **Qualitätsbegriff** war in den Funktionsbereichen Beschaffung und Produktion angesiedelt und bezog sich vordergründig auf die »Produktgüte«, also auf Merkmale wie Materialbeschaffenheit, Verarbeitungssorgfalt, Haltbarkeit, Wertbeständigkeit, usw.

Produktgüte

Diese »Produktgüte« konnte noch kontrolliert werden (Zwischen- und Endkontrollen; Stichproben- und Vollkontrollen).

Qualitätsbegriff

Der modern-fortschrittliche Qualitätsbegriff ist viel weiter gefasst und bedarf des Controllings. Er beruht auf drei sozio-ökonomischen Entwicklungslinien:

- Fortschreitender Übergang vom sekundären Sektor Produktion zum tertiären Sektor Dienstleistung:

Qualität bezieht sich nicht mehr nur auf Produktgüte, sondern auch auf die Sorgfalt der Leistungserstellung.

- Wechsel vom Verkäufer- zum Käufermarkt:
  In allen Branchen und Bereichen ist eine absolute Kundenorientierung Pflicht.
- Bedeutungswachstum des Marketings:
  Marketing ist nicht mehr vordergründig Warendistribution, sondern beinhaltet eine »umfassende Philosophie der Unternehmensführung vom Markt her«.

Dieser moderne, durch sozio-ökonomische Entwicklungslinien geprägte Qualitätsbegriff erfordert eine zielgruppen- und kundenorientierte Positionierung am Markt, wenn die Existenz des Unternehmens auf lange Sicht erhalten werden soll.

Qualität muss als Leistungs- und Leitungskategorie verstanden werden, als »Unternehmensphilosophie«, die das Erscheinungsbild der Unternehmung prägt.

Qualitätsmanagement – Total Quality Management (TQM) – setzt diesen Leitbildgedanken durch folgende strategische Vorgaben um:

- Delegation der Qualität in die Mitarbeiter-Verantwortung:
  Jeder Mitarbeiter trägt Verantwortung für den Gesamtprozess (Qualitätszirkel in der Produktion; Inselproduktion; Qualität als persönliches Identifikationsmoment).
- Qualität als allumfassende Zielkategorie der Corporate Identity:
  Definition von Qualitätsstandards und -zielen für die Leistungserstellung und auch für alle Neben-, Service- und Darstellungsleistungen (besondere Sozialleistungen, optimale Arbeitsbedingungen, verbesserte Infrastruktur, kulturelles, soziales und Umweltengagement, Public Relations, usw.).
- Bestimmung der Qualität/Produktpolitik im direkten Kundendialog:
  Markt- und kundenorientierte Entwicklungsaufgaben (neue Produkte, Design, Vertriebsformen, Service erst nach Recherchen der Kundenwünsche).

Ein integrierter **Qualitätsausweis** – Zertifizierung/Auditierung – ist nicht nur Entschädigung für den beschriebenen Aufwand des betreffenden Unternehmens, sondern zugleich Zeugnis für die potenziellen Kunden über das erworbene Gütesiegel.

Auf Einzelheiten der Zertifizierung/Auditierung nach ISO 9000 ff. soll hier verzichtet werden.

Leitbild »Qualität«

Es soll vielmehr die Umsetzung des strategischen Leitbilds »Qualität« zur operativen Steuerungsgröße betrachtet werden, also der prozesshafte Vollzug, wie ihn die **Phasen-Matrix** für Controllingprozesse vorgibt:

Analysephase:	Aufnahme qualitätsrelevanter Umfeldbedingungen: Informationsbeschaffung (Stellenwert am Markt, Strategien der Mitbewerber).
Zielbildungsphase:	Festlegung des besonderen Qualitätsprofils und seiner Vorgabestandards (Zielposition am Markt, Image).
Strategiephase:	Bestimmung der einzelnen Voraussetzungen und Maßnahmen zur Erreichung der vorgegebenen Qualitätsziele: Qualitätssicherungssysteme, Qualitätsausweis am Markt.
Budgetphase:	Bestimmung der Qualitäts-Kosten-/nutzen-Relation (Erfolgschancenberechnung, Qualitäts-Kosten- und Leistungsrechnung).
Korrekturphase:	Abweichungsanalyse in qualitätsbezogenen Plan-Ist-Vergleichen; Fehlerprävention; Gegensteuerung.

Strategiephase

Kernbereich des Qualitätscontrollings ist die Strategiephase. Da alle Maßnahmen eine nicht unbeachtliche Kostenkomponente aufweisen, ist der Controller in gleichem Maße verantwortlich für die Budgeteinhaltung. Qualitätskosten beinhalten Fehlerverhütungs-, Prüf- und Fehlerkosten. Vor der Kostenverrechnung sollte jedoch deren Vermeidung oder zumindest Reduzierung stehen.

Hierzu bedarf es eines operativen **Qualitätskosten-Controllings**.

FMEA-Analyse

Horváth/Urban stellen mit der Fehler-Möglichkeits- und Einfluss-Analyse (FMEA) ein Verfahren zur präventiven Qualitätssicherung vor, bei dem bereits in der Planungs- und Konstruktionsphase potenzielle Fehler lokalisiert werden sollen. Das Verfahren besteht aus drei Bausteinen:

- Risikoanalyse: Spezifikation potenzieller Fehler, Fehlerursachen und -folgen für jede denkbare Fehlerquelle.
- Risikobewertung: In Art einer ABC-Analyse werden schwerwiegende Fehler mit gleichzeitig hoher Auftrittswahrscheinlichkeit identifiziert.
- Optimierung: Nach der gebildeten »Risikoprioritätskennzahl« wird bestimmt, wo gezielte Maßnahmen zur Qualitätsverbesserung ansetzen sollen.

(Vgl. *Horváth, P./ Urban, G.* 1990 S. 65 ff.).

Das Verfahren knüpft weitgehend an den industriellen Produktionsprozess an und sieht die Qualitätskosten als potenzielle Zuschlaggröße der Herstellkosten, was nach dem neuen Qualitätsbegriff nur eine Teillösung darstellt.

Wird Qualität im weiteren Sinne als Leitbild eines Unternehmens betrachtet, so stellt sich die Frage, wo und wie der hohe Aufwand für das Qualitätsimage des Gesamtunternehmens verrechnet wird.

Qualitätskosten- und Leistungsrechnung

Ein Instrument zur Lösung dieses Problems ist die systematische Erfassung und Verrechnung aller im Zusammenhang des Qualitätsausweises stehenden Kosten und Leistungen in einer Qualitätskosten- und Leistungsrechnung.

Reichmann weist darauf hin, dass es richtiger wäre, von »qualitätsbezogenen« Kosten zu sprechen. Er begründet dies damit, dass neben sämtlichen wertschöpfenden Investitionen in Qualität (= Kosten) gegenüber den hieraus erwachsenden Umsatzzuwächsen, Deckungsbeiträgen, Gewinnen (= Leistungen) auch die wertabschöpfenden Fehlleistungen (= Fehlerkosten, Minusleistungen, Fehlerfolgekosten) erfasst und spezifiziert werden (vgl. *Reichmann, T.* 1997 S. 323 ff.).

Diese Qualitätskosten- und Leistungsrechnung versucht, auch Fehlleistungen und ihre Fehlerfolgekosten (entgehende Umsätze und Deckungsbeiträge) zu erfassen, wenngleich dies problematisch ist.

Differenzumsatz- und Lebensdauer-Ansatz

Doch auch hierfür gibt es verschiedene Ansätze, durch die sich brauchbare Näherungswerte bestimmen lassen. Zu erwähnen sind in diesem Zusammenhang der Differenzumsatz-Ansatz und der Lebensdauer-Ansatz.

Beim Differenzumsatz-Ansatz wird der entgehende Umsatz als Differenz zwischen dem Soll-Umsatz aus der Kundengruppenanalyse und dem kumulierten Ist-Umsatz des Kunden gemessen; beim Lebensdauer-Ansatz wird zuerst ein zeitbezogener Gewichtungsfaktor ermittelt (Rest-Lebensdauer – Soll-Jahre der Geschäftsbeziehung abzüglich Ist-Jahre – zur Soll-Lebensdauer). Anschließend wird der Gewichtungsfaktor mit dem Soll-Umsatz multipliziert (vgl. *Reichmann, T.* 1997 S. 325 ff.; *Fröhling, O.* 1994 S. 990 ff.).

Es sei noch einmal hervorgehoben, dass es sich bei vorgenannten Verfahren um Näherungsmethoden handelt (entsprechend der bekannten Verfahren zur Bestimmung der optimalen Losgröße in der Produktion bzw. der optimalen Lagermenge in der Beschaffung)

Die Anwendung solcher Verfahren muss unter dem Aspekt der Wirtschaftlichkeit gesehen werden; für mittelständische Unternehmen ist ihr Aufwand häufig zu hoch.

Oft genügt es, die kostenminimale Prüfintensität zu ermitteln. In aller Regel müssen zur Vermeidung von Fehlerkosten die Prüfkosten erhöht werden. Es kann durchaus sinnvoll sein, die kostenminimale Prüfintensität festzustellen, bei der eine sich ergebende Rest-Fehlerquote tolerierbar ist.

Wenn es allerdings um »Qualität in strategischer Leitbild-Dimension« geht, helfen die vereinfachten Verfahren nicht weiter.

Das Leitbild TQM bestimmt folglich das zu wählende Verfahren des Qualitätscontrollings; durch den selbst gewählten Qualitätsanspruch werden Maßstäbe gesetzt sowohl für ein kritisches Kundenbewusstsein als auch für eventuell zu erwartende »Störfeuer« der Mitbewerber am Markt.

Benchmarking

Ein Vergleich mit diesen Wettbewerbern oder mit den Branchenführern bzw. (noch besser) mit den »Spitzenunternehmen«, wie ihn das Benchmarking (Behandlung Kapitel 6 Abschnitt 6.3.4) empfiehlt, ist Maßstab für eine realistische Selbstbeurteilung der eigenen Qualität und verhindert zugleich eine zu starke Innenorientierung.

Zusammenfassend ist festzuhalten, dass der Qualitätsbegriff eine völlig neue Dimension erhalten hat. Er umfasst auch die zukünftige Wettbewerbsfähigkeit von Organisationen.

Qualität impliziert nicht nur die Produktqualität, sondern muss als Organisationsqualität verstanden werden (im Sinne von Business Excellence).

Beispiele solcher organisationsübergreifenden Problembereiche sind Qualität von Prozessen und Arbeitsbedingungen, aber auch Qualität der Führung oder der Beziehungen einer Organisation zu ihrem gesellschaftlichen Umfeld (vgl. *Zink, K.J./ Schmidt, A.* 1996 S. 640).

3.3.3 Projekt

Beispiel für eine typische Querschnittsfunktion ist auch die Planung und Steuerung von Projekten.

D

Unter Projektcontrolling ist die Planung, Steuerung und Kontrolle einmaliger Vorhaben zur Führungsunterstützung und -ergänzung für den Projektmanager zu verstehen.

Ziele und Wege zur Zielerreichung von in Projekten ablaufenden Managementprozessen sollen optimiert werden. Hierbei sind eine zweckmäßige organisatorische Eingliederung des Projektcontrollers und eine Aufgabenabgrenzung zwischen Projektmanager und -controller zu beachten.

Projektcontrolling

Das Projektcontrolling umfasst nach *Rattay* folgende Aufgaben:

- Unterstützung des Projektmanagers bei der Formulierung von Projektzielen und Erfolgskriterien,
- Entwicklung von Kennzahlen und Messsystemen zur Erkennung von Abweichungen beim Projekterfolg,
- Entwicklung von Controllingstandards und -zyklen,
- Plan-Ist-Vergleich von Projektplänen in Bezug auf Leistung, Termine und Kosten,
- Interpretation der Ergebnisse und Entwicklung von Steuerungsmaßnahmen,
- Erstellung von Projektberichten und Sicherstellung einer adäquaten Projektdokumentation,
- Optimale Nutzung der bei einem Projekt gemachten Erfahrungen und Synergien.

(Vgl. *Rattay, G.* 1996 S. 371 ff.).

Dieser Aufgabenkatalog stellt umfangreiche Anforderungen an das Projektcontrolling.

Projekte beinhalten die Gefahr des Scheiterns (total oder partiell).

Deshalb ist bereits in der Vorphase eines Projekts die Durchführung einer Risikoanalyse zwingend für die Grundentscheidung über Verfolgung oder Ablehnung des Projekts.

Nach *Diethelm* sind praktikable Methoden zur Analyse und Behandlung projektspezifischer Unwägbarkeiten zur bestmöglichen Risikobewältigung notwendig.

Risikomanagement

Risikomanagement wird durch Projekt- und Risikocontrolling koordiniert mit folgenden Funktionen:

- Risikoanalyse: Risikoidentifikation und -dokumentation,
- Risikobewertung: Quantifizierung durch Simulationsmethoden,
- Risikoselektion,
- Einleitung von Maßnahmen zur Risikominderung,
- Maßnahmenkontrolle und Fortschreibung der Risikosituation durch regelmäßige Wiederholung der vorgenannten Funktionen.

(Vgl. *Diethelm, G.* 2000 S. 80 f.).

Risiken können naturwissenschaftlich-technischer, wirtschaftlicher, politisch-rechtlicher und gesellschaftlich-kultureller Art sein (Ausführliche Behandlung im Kapitel 6 Abschnitt 6.4.4).

Bei Entwicklungsprojekten beziehen sich Risiken vornehmlich auf Technik, Kosten, Termineinhaltung und Vermarktung.

Risikoanalyse

Dem Projektcontroller stehen zur Risikoanalyse folgende Techniken zur Verfügung:

- Risikocheckliste als Instrument für eine Suche nach projektspezifischen Unwägbarkeiten,
- Stakeholder-Analyse als Projektrisikoanalyse, die nicht bei den Risiken des Projekts selbst ansetzt, sondern bei Institutionen, von denen Risiken ausgehen können,
- Annahmeanalyse als Analyse der dem Planungsprozess zugrunde liegenden Maßnahmen (Kosten, Termine, usw.), die wenig wahrscheinlich bzw. realitätsfremd waren,
- Abhängigkeitsanalyse als Analyse vielfältiger komplexer Abhängigkeitsbeziehungen von Unsicherheiten und der daraus erwachsenden Konsequenzen.

(Vgl. *Franke, A./ Fürnrohr, M.* 1994 S. 19-26).

Risikobewertung

Auch für die Bewertung von Risiken (Quantifizierung projektspezifischer Risiken durch kostenmäßige Bewertung) stehen dem Projektcontroller mehrere Möglichkeiten zur Verfügung: Einschätzung durch Befragung oder Punktschätzung, Entwicklung eines Risikoprofils, ABC-Analyse und Portfoliodarstellungen von Risiken seien hier beispielhaft genannt.

Bei der Finanzierung von Projekten ist besonders darauf zu achten, dass nicht auf die Bonität des Schuldners, sondern auf die des Projekts selbst abgestellt werden muss, und dass auch als Sicherheiten neben dem Cash-Flow die Aktiva des Projekts dienen.

Projektcontrolling: Instrumente

Nützliche Instrumente für ein Projektcontrolling (vor allem im Vorfeld der endgültigen Projektentscheidung) sind **Machbarkeitsstudien** (Feasibility-Studien) und **Kosten-Nutzen-Analysen**. (Einzelheiten hierzu im Kapitel 6 Abschnitt 6.3.5). In diese Studien fließen auch Analysen über Finanzierbarkeit und Kapitalquellen eines Projekts ein neben Daten über das Unternehmenskonzept der Trägergesellschaft, seiner Marktverhältnisse, Betriebs- und Standortbedingungen, usw. (vgl. *Schröder, R.* 1989 S. 166).

Claim Management

Als Besonderheit des Projekt-Vertragsmanagements ist (vor allem in großen Unternehmen und Konzernen) das Claim Management zur Abwehr von Nachforderungen seitens Dritter als Instrument des Projektcontrollings erwähnenswert. Es umfasst sowohl die qualitative Begründung von Ansprüchen als auch die quantitative Fundierung von Nachforderungen und kann zu außerordentlichen Ergebnisverbesserungen beitragen bzw. drohende Ergebnisverschlechterungen vermeiden (vgl. *Diethelm, G.* 2000 S. 139 f.).

Projektplanung: Instrumente

Instrumente des Controllers für eine Projektplanung sind:

- Projektstrukturplan,
- Qualitätsplan (Festlegung der Qualitätsanforderungen),
- Ablauf-, Zeit- und Terminplan,
- Kapazitätsplan (Berücksichtigung eventueller Engpässe),

- Kosten- und Erlösplan (gegenwarts-, zukunfts- und vergangenheitsorientierte Rechnung),
- Finanzierungsplan.

Projektsteuerung und -kontrolle: Instrumente

Instrumente für eine Projektsteuerung und -kontrolle, die sich stets auf Leistung, Qualität, Termine und Kosten sowie auch auf deren Wirkungszusammenhänge beziehen, sind:

- Frühwarnsysteme,
- Korrektive Steuerungsmaßnahmen,
- Konsequenzenanalysen,
- Ursachenanalysen,
- Meilenstein-Trendanalysen zur Terminverfolgung.

Integriertes Projektcontrolling

Grundlage ganzheitlicher Entscheidungen im Projektmanagement und damit wichtiges Controllinginstrument ist ein integriertes Projektcontrolling, das sich auf die Zielgrößen Leistung, Termine und Ressourcen/Kosten bezieht. Erfassung von Leistung in der Zeit zu angefallenen Kosten liefert die Basis für Entscheidungen.

Übersteigen Abweichungen dieser drei Größen die Toleranzbreite, müssen umgehend Steuerungsmaßnahmen getroffen werden.

Zusammenfassend ist festzuhalten:

Aufgaben und Verantwortlichkeiten des Controllers betreffen ein Projekt von der Start- über die Durchführungs- bis zur Abschlussphase und noch darüber hinaus (bis zum Ende der Gewährleistung).

Rattay fasst die Aufgaben eines Projektcontrollers so zusammen:

»Modernes Projektcontrolling verlangt, dass der Projektcontroller dem Projektleiter und dem Projektteam beratend und unterstützend zur Verfügung steht, indem er als Teammitglied regelmäßig an der Teamarbeit teilnimmt. Wird seine Arbeit als Hilfe anerkannt, um abweichende Tendenzen frühzeitig erkennen und geeignete Steuerungsmaßnahmen entwickeln zu können, ist es nicht nötig, Daten zu filtern oder zu positivieren. Der Erfolgsmaßstab ist in diesem Fall die zielkonforme Projektdurchführung.« (*Rattay, G.* 1996 S. 408).

3.4 Ressourcen-Controlling

Das Ressourcen-Controlling stellt jeweils einen Potenzialfaktor in den Mittelpunkt der Betrachtung.

Beispielhaft werden nachfolgend Personal und Finanzierung gewählt, weil sie für viele Unternehmen besonders wichtig sind und in jüngerer Zeit deutliche Veränderungen erfahren haben.

3.4.1 Personal

Instrumente der Personalpolitik im Unternehmen sind:

- Personalbedarfsplanung,
- Personalbeschaffungsplanung,
- Personaleinsatzplanung,
- Entgeltpolitik,
- Personalentwicklung.

Unternehmens- und Umfeldanalysen

Ausgangspunkt für ein **Personal-Controlling** bilden Unternehmens- und Umfeldanalysen.

Bei den Unternehmensanalysen stehen die drei Instrumente der Personalpolitik (Bedarfs-, Beschaffungs- und Einsatzplanung) im Vordergrund, während Umfeldanalysen sich mit Einflussgrößen am Arbeitsmarkt und Verhaltensänderungen der Mitarbeiter (Motivation und soziale Interaktionen) befassen.

Leistungs- und Humanziele

Einflussgrößen auf der Arbeitsplatzseite stehen grundsätzlich Einflussgrößen auf der Personalseite gegenüber, Leistungszielen des Unternehmens stehen Humanziele der Mitarbeiter gegenüber.

Das Personal-Controlling hat die Aufgabe, die scheinbar gegensätzlichen Ziele zu einer Einheit zu führen.

Das setzt die Kenntnis der Einflussgrößen voraus.

Auf der **Arbeitsplatzseite** sind das z. B. Produktionsveränderungen, Arbeitszeitverkürzung und -flexibilisierung sowie Investitionen in arbeitssparende Technologien.

Auf der **Personalseite** sind Veränderungen bei der Mitarbeiterqualifikation, den Entlohnungssystemen (Anreizsysteme) und Fluktuation zu nennen (vgl. *Ziegenbein, K.* 1992 S. 188).

Arbeitszeitflexibilisierung

Von besonderer Bedeutung sind die Möglichkeiten der Arbeitszeitflexibilisierung (Jahres- oder Lebensarbeitszeit) und die Zunahme der Informations- und Kommunikationstechnologien (MPIT = Management Productivity and Information Technology).

Erhöhte Anforderungen an die Mitarbeiterqualifikation aufgrund zunehmender Änderungen des technischen Umfelds sowie bei den Lohnsystemen durch Zunahme der Anreizsysteme sind weitere Einflussfaktoren.

Koordination und Abstimmung der Planungs- und Kontrolltätigkeiten für die Bereiche Personalbeschaffung, -einsatz, -erhaltung, -entwicklung und -freisetzung gehören zu den wesentlichen Aufgaben eines Personal-Controlling (vgl. *Küpper, H.-U.* 1995 S. 403).

D

Kontroll- und Steuerungsinstrumente

Den Gesamtzusammenhang personalwirtschaftlicher Kontroll- und Steuerungsinstrumente vermittelt unter Bezug auf *Wunderer/Sailer* die folgende Abbildung 3.11.

Peemöller weist darauf besonders hin, dass auch im Personalbereich eine Beurteilung der Aktivitäten unter Kosten-, Wirtschaftlichkeits- und Erfolgsaspekten erfolgen muss, und unterscheidet folglich zwischen monetärem/kalkulatorischem, ökonomischem und heuristischem Erfolgsmaßstab.

Als Bezugsrahmen wird der operative, taktische und strategische Planungshorizont gewählt.

Erfolgsmaßstab / Planungshorizont Bezugsrahmen	Monetär Kalkulatorisch	Ökonomische Kennzahlen und Indikatoren	Qualitativ Subjektive Beurteilung Heuristisch
Operativ Kurzfristig	z. B. Personalkostenbudget Budget der Personalabteilung	z. B. Leistungsstunden Absenzzeiten	z. B. Tätigkeitskontrolle mittels „Multi-Moment-Verfahren“
Taktisch Mittelfristig	z. B. Budget eines Ausbildungsplans	z. B. Fluktuationsraten	z. B. Mitarbeiterbeurteilung Assessmentverfahren
Strategisch Langfristig	z. B. Betriebliche Pensionspolitik aus finanzmathematischer Sicht ROI von Ausbildungsmaßnahmen bzw. PE-Maßnahmen allgemein	z. B. Personalstruktur – Ausbildungsstand – Betriebszugehörigkeit Leistungspotenzial – Quantitative Assessmentverfahren	z. B. Personal-Portfolio Potenzialanalysen

Abb. 3.11: Bezugsrahmen für personalwirtschaftliche Kontroll- und Steuerungsinstrumente
(Quelle: *Peemöller, V.H.* 1997 S. 355).

Instrumente für die Personalbeschaffung sind Stellenplananalysen, Nachwuchskräftedateien und Arbeitsmarktanalysen, für den Personaleinsatz Stellenbeschreibungen, Arbeitsplatzbewertungen und Personalbeurteilungen.

Die Vorstellungen zum Personal-Controlling sind in der Literatur keineswegs einheitlich.

Sie reichen von der Planung, Kontrolle und Abweichungsanalyse quantifizierbarer Sachverhalte bis zu nicht mengenmäßig erfassbaren Zielvorstellungen.

Entgegen der Tendenz, den Controllingbegriff weit zu fassen, ist für das Personal-Controlling eher ein enger Begriff sinnvoll, der vorrangig der Unterstützung personalwirtschaftlicher Entscheidungen dient, einer zielorientierten Bewertung, Steuerung und Kontrolle personalwirtschaftlicher Maßnahmen.

Diese Betrachtungsweise des Personal-Controllings als Personalmanagementfunktion dient zudem der klaren Abgrenzung zur Personalplanung.

Sie stellt sicher, dass personalwirtschaftliche Entscheidungen nach den Unternehmenszielen und den daraus abgeleiteten personalwirtschaftlichen Zielen getroffen werden (vgl. *Scherm, E.* 1996 S. 564 f.).

Die Erhaltung eines Mitarbeiterstamms sollte im Interesse eines jeden Unternehmens liegen. Sie kann vom Personal-Controlling begleitet werden durch Einflussnahmen auf Entlohnung, Erfolgsbeteiligung, Altersversorgung und Sozialleistungen.

Fluktuationsrate, Krankheits- und Unfallhäufigkeitsquoten sind Messgrößen einer erfolgreichen Personalpolitik.

Personalentwicklung

Bei der Personalentwicklung ist die individuelle berufliche Entwicklung der Mitarbeiter an den zukünftigen Aufgabenstellungen des Unternehmens durch zielgerichtete Bildungsarbeit auszurichten. Kontrollkriterien für Aus- und Weiterbildung bzw. Personalentwicklung sind Ausbildungsquote, Ergebnisse der Ausbildungsabschlussprüfung, Übernahmequote, Weiterbildungszeit pro Mitarbeiter sowie Anteil der Personalentwicklungskosten an den Gesamtpersonalkosten (vgl. *Peemöller, V.H* 1974 S. 167).

Personalfreisetzungen sind vordergründig an den Aufwendungen für Abfindungen zu kontrollieren.

Effektiver und effizienter **Personaleinsatz** sowie erfolgsorientierte Personalarbeit sind Ziele des Personal-Controllings.

Eine Prüfung des Erfolgs ist nur möglich, wenn den einzelnen Aktivitäten die verursachten Kosten zugerechnet werden können (Gemeinkostenverrechnung), was im Personalbereich oft schwierig ist.

Hinzu kommt in diesem sensiblen Bereich das Problem der organisatorischen Zuständigkeit für das Personal-Controlling (Einordnung in den Personal- oder Controllingbereich).

Eine generelle Lösung ist schwierig; deshalb sollte sie betriebsindividuell, aber mit klaren Zielvorgaben, getroffen werden.

3.4.2 Finanzierung

Die Finanzierungslehre hat sich vom traditionellen Ansatz zu einem kapitalmarkttheoretisch begründeten Finanzmanagement entwickelt. Der traditionelle Ansatz war durch eine deskriptive Methode (Finanzierungsformen und -anlässe; Finanzierungsregeln) bestimmt.

Der management- und entscheidungsorientierte Ansatz stellt sich (vor allem in Großunternehmen) als eine Kernfunktion des Controllers dar (Planungschef) mit Verantwortung für Planung, Steuerung und Kontrolle der Kommunikation und des Planungsprozesses selbst.

Investitionen und Finanzierungsquellen werden nicht mehr isoliert betrachtet, sondern gemeinsam in einem Kapitalbudget geplant.

Ergänzt wird dieser Ansatz durch eine kapitalmarktorientierte (externe) Betrachtungsweise: Renditeforderungen der Kapitalgeber als Kapitalkosten der Unternehmung; Effizienzkriterium: Kurswertmaximierung (vgl. *Süchting, J.* 1995 S. 1–7).

Die Aufgabenstellung des Finanzleiters hat sich (insbesondere in dezentralen Unternehmen) vom Kapitalbeschaffer zum Planungsverantwortlichen für Mittelherkunft und -verwendung gewandelt.

Finanzpolitisches Leitbild

In vielen mittleren und großen Unternehmen hat sich ein »finanzpolitisches Leitbild« mit folgenden Zielen gebildet, aus denen die Finanzpartner der Unternehmen (Aktionäre, Banken, Darlehensgeber, Analysten) klare Aussagen ableiten können:

- Gewinnziel,
- Kapitalstrukturziele,
- Zahlungsbereitschaftsziele,
- Cash-Flow-Ziele,
- Eigenkapital-Rentabilität,
- Gesamtkapital-Rentabilität/Return on Investment (ROI).

Dieses Zielpaket lässt sich in der Praxis am besten verwirklichen, wenn das finanzwirtschaftliche Controlling organisatorisch in der obersten Führungsebene angesiedelt ist.

Wird es in die zweiten Ebene verbannt, ist eine klare Trennung von Treasurer und Controller notwendig.

Ein vorrangiges Ziel aus finanzwirtschaftlicher Sicht ist das Erreichen eines geldwertmäßigen Erfolgs.

Cash-Flow

Als Messgröße hierfür eignet sich der Cash-Flow als Nettozufluss von liquiden Mitteln aus dem Umsatzprozess.

Dieser kann nicht nur zur Sicherung der Zahlungsbereitschaft verwendet werden, sondern auch zur Darstellung der Ertrags- und Selbstfinanzierungskraft des Unternehmens sowie zur möglichen Wachstumskraft aus finanzwirtschaftlicher Sicht.

Die Gesamtkapital-Rentabilität/ROI wird nach der Formel berechnet:

$$\frac{\text{Gewinn x 100}}{\text{Durchschnittlich investiertes Kapital}} = \text{Gesamtkapital-Rentabilität/ROI}$$

Hierbei wird der Gewinn vor Abzug von Fremdkapitalzinsen und Steuern ermittelt.

ROI

Der ROI berücksichtigt alle Faktoren, die den Ertrag aus investiertem Kapital bewirken. Dazu wird die vorherige Formel in folgende Elemente zerlegt, bei der die linke Komponente die Umsatzrentabilität und die rechte den Kapitalumschlag ausdrückt:

$$\frac{\text{Gewinn x 100}}{\text{Umsatz}} \text{ x } \frac{\text{Umsatz}}{\text{Investiertes Kapital}} = \text{Gesamtkapital-Rentabilität/ROI}$$

Finanzcontrolling: Aufgaben

Zu den Aufgaben eines Finanzcontrollings gehören Finanzplanung, Finanzkontrolle und Finanzberichtswesen. Dabei hat die Liquiditätssicherstellung Priorität vor Rentabilität und Stabilität.

Aufgaben der **Finanzplanung** sind die:
- Ermittlung des mittel- und langfristigen Kapitalbedarfs,
- Festlegung eines Kreditrahmens,
- Koordination von kurz- und längerfristigen Finanzplänen.

An Instrumenten stehen dem Controller dafür zur Verfügung:
- Plan-Bilanz und Plan-Gewinn- und Verlustrechnung,
- Investitions- und Kapitalbindungspläne,
- Integrierte Unternehmensplanung mit Einbeziehung der kurz- und langfristigen Finanzplanung.

Schließlich hat das Finanzcontrolling nicht nur die laufende, sondern auch die strukturelle Liquiditätssicherung und Haltung von Liquiditätsreserven zu beobachten. Eine ständige Überprüfung der Fristenkongruenz ist Anliegen des Finanzcontrollings.

Finanzkontrolle: Aufgaben

Aufgaben der **Finanzkontrolle** sind:
- Überprüfung der Planansätze,
- Steuerung und Kontrolle der Verschuldung,
- Kontrolle der Sicherheitenstellung,
- Überwachung der Leasingaktivitäten.

Instrumente hierfür sind:
- Bilanz- und Kennzahlenanalysen,
- Kapitalflussrechnungen,
- Finanzberichte.

Bei der Überprüfung der **Planansätze** steht die Beurteilung von Planrealismus und Planqualität im Vordergrund. Das Controlling sollte für eine ständige methodische Verbesserung der Planqualität sorgen.

Eine Beobachtung der Leasingaktivitäten ist deshalb erforderlich, weil auch diese bank-engagementmäßige Belastungen darstellen.

Finanzberichtswesen: Aufgaben

Aufgaben des **Finanzberichtswesens** sind:
- Aufbau einer einheitlichen Berichterstattung (besonders wichtig in Konzernen),
- Einrichtung eines PC-Datenbank-Systems für die Standardberichterstattung.

Instrumente des Finanzberichtswesens sind:
- Kennziffern für Liquidität, Rentabilität, Stabilität,
- Banken-Engagement zur Erhaltung der Unabhängigkeit gegenüber einzelnen Instituten (sofern diese Unabhängigkeit ein Postulat des betreffenden Unternehmens ist),
- Erfassung des Finanzobligos (Kredite und Avale),
- Leasingfinanzierungen.

Letztlich aber wird ein finanzwirtschaftliches Controlling trotz aller zur Verfügung stehenden Instrumente nur erfolgreich sein, wenn es gelingt, die »liquiditätsmäßige Unbekümmertheit« in den einzelnen Unternehmensbereichen abzubauen und nicht nur in Umsatz, Leistung, Kosten und Gewinn, sondern auch in Liquidität zu denken.

3.5 Branchen-Controlling

Die bisherigen Betrachtungsebenen des Controllings betrafen schwerpunktmäßig Unternehmen der Industrie. Hier hat sich das Controlling in den letzten Jahrzehnten etabliert und weiterentwickelt.

Daraus aber zu folgern, Controlling sei nur ein Steuerungssystem für Industrieunternehmen wäre falsch. Controlling ist inzwischen in vielen Branchen auf dem Vormarsch, in einigen sogar mit rasantem Tempo.

Deshalb werden nachfolgend die Entwicklungen bei Kreditinstituten, Handelsunternehmen und Non-Profit-Organisationen beispielhaft mit ihren besonderen Schwerpunkten dargestellt.

3.5.1 Kreditinstitute

D

»Im Rahmen der volkswirtschaftlichen Arbeitsteilung können Banken als Distributionsunternehmen gesehen werden, die sich in der Öffentlichkeit anbieten, Geld sicher zu deponieren (im Einlagen- und Anlagengeschäft), Geld zur Verfügung zu stellen (im Kredit- und Finanzierungsgeschäft), Geld unterschiedlicher Qualität und Form zu tauschen (im Devisen-, Wechselgeschäft) sowie Geld zu transportieren (im Zahlungsverkehr).« (*Süchting, J./ Krumnow, J.* 1989, S. 220).

Alle diese Geldströme erfordern ein Controlling, bei dem die Sonderstellung der Banken in den Volkswirtschaften (Einlegerschutzbestimmungen, Vorgabe von Rahmendaten im Gesetz über das Kreditwesen), also das staatliche Interesse an der Funktionsfähigkeit der Kreditwirtschaft, zu berücksichtigen ist. Neben dem bankinternen Controlling erfordert diese volkswirtschaftliche Sonderstellung vor allem Informationen an externe Bankaufsichtsgremien.

Controlling in Kreditinstituten und Industrieunternehmen

Eine Gegenüberstellung der Unterschiede und Gemeinsamkeiten des Controllings in Kreditinstituten und Industrieunternehmen zeigt die folgende Abbildung 3.12:

Kriterien	Banken	Industrie
Orientierung	volumenorientiert (noch)	erfolgs-/rentabilitäts-orientiert
Controlling-Erfahrung	gering wachsend	eher groß
Systeme/Verfahren	heterogen/komplex (noch unexakt und im Aufbau)	transparent/geübt (begreifbar)
Controlling-Ziele	deckungsgleich	deckungsgleich
Controlling-Philosophie	deckungsgleich	deckungsgleich
Regulierungsdichte	hoch	gering
Kosten- und Margendruck	zunehmend	(meist) hoch
Controlling-Verständnis und Akzeptanz	zunehmend	hoch
Grundhaltung	eher (noch) traditionell	eher flexibel
Kalkulierbarkeit der Produkte	schwierig	in der Regel gut (Hardware)
Lagerhaltung (Abfangen von Absatz-schwankungen)	nicht möglich (make or buy)	möglich
Budgetorientierung (Management by objektives)	(noch) eher schwach ausgeprägt	die Regel

SCHÄFFER POESCHEL

Abb. 3.12: Unterschiede und Gemeinsamkeiten des Controlling in Kreditinstituten und Industrieunternehmen (Quelle: *Melliger, R.H.* 1992 S. 285).

Aus der Übersicht (aber auch aus der Entwicklung in den letzten Jahren) wird deutlich, dass eine Angleichung beim Controlling zwischen Kreditinstituten und Industrieunternehmen erfolgt.

Das Umfeld der Kreditinstitute ist zudem durch starken Wettbewerb und strukturelle Veränderungen (als Folge von Deregulierung und Internationalisierung) geprägt.

Banken-Controlling

Hierdurch sind die Anforderungen an ein Banken-Controlling gewachsen, hat der Kostendruck bei den Kreditinstituten stark zugenommen.

Der Strukturwandel und die damit verbundenen veränderten Rahmenbedingungen haben die lange Zeit geschützten und regulierten Finanzmärkte zu Wettbewerbsmärkten gemacht. Diese Entwicklung stellt (unter besonderer Beachtung der Risiken) einen höheren Anspruch an das Kostenmanagement.

Die Aufgabe des Controllers in Banken besteht darin, den Informationsbedarf der Planungs- und Entscheidungsträger mit Fakten der Informationserfassung und -verarbeitung zu decken. Dazu gehört auch ein integriertes Marketing-Controlling (Marktforschung und Marktpotenzialanalysen) sowie ein effizientes Ressourcen-Controlling.

Auch bei den Aufgaben im Bankbereich ist zwischen strategischem und operativem Controlling zu unterscheiden.

Strategieplanungsprozess

Beim Strategieplanungsprozess hat die Frage der Bildung strategischer Geschäftsfelder zentrale Bedeutung.

Im Rahmen der Programmplanung werden die für eine optimale Zielerreichung geeigneten aktuellen Strategien ausgewählt (Kooperationen im Ausland, Produktsortimenterweiterungen, Öffnung/Schließung von Zweigstellen, usw.).

Marktattraktivitäts-Portfolio

Als brauchbares Instrument für eine strategische Bewertung hat sich das Marktattraktivitäts-Portfolio in der Praxis bewährt, weil es durch einfachen Modellaufbau (Multifaktorenkonzept) eine Einbindung von Experten aus den Unternehmensbereichen Marktforschung, Verkauf, Produktbreite, Organisation und Controlling ermöglicht und gleichzeitig Grundlagen für eine systematische Erarbeitung von Ressourcenplänen liefert (vgl. *Kolarik, F.-G.* 1996 S. 678).

Operatives Controlling

Das operative Controlling, das sich in der Regel auf eine Geschäftsperiode erstreckt, hat im Gegensatz zum strategischen Controlling die Aufgabe für die Umsetzung der strategischen Ziele und Strategien in operative Maßnahmen zu sorgen.

Jahresplanungen mit quarteilsweiser Unterteilung zur Durchführung von Plan-Ist-Abweichungen und Abweichungsanalysen, Kostenrechnungssysteme mit eingeschlossenen Budgetsystemen sowie Deckungsbeitragsrechnungen nach Kunden und Kundengruppen oder Leistungsarten sind brauchbare Instrumente hierfür.

Branchenspezifische Besonderheit weist die Kosten- und Leistungsrechnung von Banken aus. Hierzu wurden bewährte Konzepte der Industrie auf die Banken übertragen.

Mit dieser Thematik hat sich besonders *Schüller* befasst, der das Betriebsergebnis der Bank in fünf Steuerungsbereiche aufteilt:

1. Bereich **Marktergebnis**
   Das Kundengeschäft wird mit Standardkosten gemessen und bewertet.
2. Bereich **Produktivitätsergebnis**
   Differenz der im Markt- und Handelsergebnis kalkulierten Standard-Stückkosten und den in den Produktions- und Vertriebsstellen angefallenen Ist-Kosten.
   (Controllinginstrumente dafür: Kapazitätssteuerungssystem, Anforderungs- und Genehmigungsverfahren und Projektcontrolling)
3. Bereich **Risikoergebnis**
   Vergleich der kalkulierten Standard-Risikokosten mit den tatsächlich angefallenen Kredit- oder Ausfallrisiken.
4. Bereich **Transformationsergebnis**
   Ergebnis der Zinsunterschiede verschiedener Fristigkeiten in

den Währungen (Zinsbindungen) und der Geschäftsstruktur der Gesamtbank (Zinsänderungsrisiko).
5. Bereich **Handelsergebnis**
Erzielung von Handelsgewinnen im Rahmen vorgegebener Limits für Währungs- und sonstige Preisrisiken.

(Vgl. *Schüller, S.* 1990 S. 264).

Ein Schwerpunkt der Controllingaufgaben bei Kreditinstituten liegt in der Quantifizierung diverser Risiken.

Risikofaktoren müssen lokalisiert und ggf. im Rahmen der Risikosteuerung begrenzt werden.

Das Controlling bei Kreditinstituten wird also durch zwei Besonderheiten charakterisiert:

Zentrale und dezentrale Struktursteuerung

1. Zum einen durch eine zentrale Struktursteuerung, die neben der Geschäftsfeldsteuerung die Lenkung der Kredit- und Marktrisiken für die Gesamtbank bzw. die Bankengruppe beinhaltet (zentrales Risikomanagement),
2. zum anderen durch eine dezentrale Steuerung im Kundenbereich (erforderliche Marktnähe, kurze Reaktionszeiten gegenüber Kunden).

Der erforderliche hohe Dezentralisierungsgrad im operativen Controlling der Banken ist aus der Vielzahl von Controllingstellen (Sparten- und Filialcontroller) sowie Einrichtungen (Cost- oder Profitcenter) abzuleiten.

Trotz der aus notwendiger Kunden- bzw. Marktnähe entstandenen Controllingeinrichtungen besteht bei vielen Kreditinstituten noch ein erhebliches Verbesserungspotenzial in Bezug auf das Controlling (vor allem bei Kostenmanagementsystemen).

3.5.2 Handelsunternehmen

Eine ähnliche Situation eines bislang eher durchschnittlich entwickelten Controllings liegt derzeit auch noch bei Handelsunternehmen vor.

Grundfunktionen des Handels

Die Grundfunktionen des Handels – Ausgleich von Zeit-, Raum- und Mengendivergenzen zwischen Produzenten und Konsumenten – haben sich deutlich gewandelt.

Produzenten betreiben Direktvermarktung, errichten eigene Vertriebsnetze, sorgen im Marketing selbst für »Erlebnisorientierung«.

Wenn überhaupt steht diesen radikalen Veränderungen im Handel ein nur operativ ausgerichtetes Controlling gegenüber.

Handelsspanne und Direkte Produkt-Rentabilität

Die Entwicklungstendenzen im Handel sind auch durch intensiveren Kostendruck unter den Handelsunternehmen gekennzeichnet. Das gewachsene Kostenbewusstsein führte dazu, dass als Steuerungsgröße neben der Handelsspanne die Einbeziehung der Handlungskosten der Ware durch Ansatz der »Direkten Produkt-Rentabilität« (DPR) notwendig erschien (Optimierung des Distributionssystems Industrie – Handel – Verbraucher).

Dem DPR-Konzept liegt folgende in der nachstehenden Abbildung 3.13 dargestellte artikelbezogene Ergebnisrechnung zugrunde:

		Strukturbeispiel für Lebensmitteleinzelhandel
Netto-Verkaufspreis	um MwSt sowie um alle Nachlässe und Erlösschmälerungen reduzierter Endverbraucher-Abgabepreis	100 %
– Netto-Netto-Einkaufspreis	um VSt. alle Rabatte, Werbekostenzuschüsse und sonstige Vergünstigungen bereinigter Einkaufspreis	83 %
= Handelsspanne in DM		17 %
– Direkte Produktkosten (DPK)	direkt dem einzelnen Artikel zurechenbare Handlungskosten	9 %
= Direkter Produktprofit (DPP)	verbleibender Betrag zur Abdeckung der nicht direkt zurechenbaren Kosten (Restkosten) und zur Erzielung des Gewinns	8 % 7 % Restkosten 1 % Gewinn

Abb. 3.13: Ermittlung des »Direkten Produkt-Profits« (Quelle: *Günther, T.* 1996 S. 168).

Der ermittelte »Direkte Produkt-Profit« (DPP) deckt einmal die nicht direkt zugeordneten »Restkosten« (= artikelübergreifend zusammengefassten Handlungskosten) ab und enthält nach deren Abzug den verbleibenden Gewinn.

Die Vorgehensweise zur Ermittlung der »Direkten Produkt-Kosten« entspricht weitgehend der einer Prozesskostenrechnung in der Industrie (siehe hierzu Kapitel 4 Abschnitt 4.2.3.1).

(U.a. grundlegend: *Günther, T.* 1996 S. 167–171).

Handelscontrolling: Anforderungen

Möhlenbruch/Meier haben eine empirische Erhebung vorgenommen und sowohl Defizite als auch Anforderungen an ein Konzept für Handelscontrolling erarbeitet.

Als wesentliche Defizite haben sie festgestellt:

- Mangelnder Einsatz von Informations- und Kommunikationstechnologien,
- Dominanz monetärer Kennzahlen,
- Mangelnde Kostentransparenz, Kostenrechnung und Kalkulation,
- Fehlendes strategisches Handelscontrolling,
- Unterrepräsentiertes Filialcontrolling.

(Vgl. *Möhlenbruch, D./ Meier, C.* 1997 S. 318 ff.)

Aus diesen Defiziten leiten sie Anforderungen an ein ganzheitliches und konsistentes Konzept ab und fordern neben einem allgemeinen Unternehmens- und Personal-Controlling ein Controlling für Sortimentsplanung, -steuerung und -kontrolle sowie ein Flächen- und Warenwirtschaftscontrolling (Bestellsystem, in- und externes Logistiksystem, Warenein- und -ausgangs- sowie Lagerkoordination) (Vgl. *Möhlenbruch, D./ Meier, C.* 1998 S. 64–70).

Voraussetzung für diese umfassende konzeptionelle Forderung ist ein zentraler Datenpool für Information, Kommunikation und Koordination. Außerdem muss (in Abhängigkeit von der Unternehmensgröße) das Kosten-Nutzen-Verhältnis vor Einführung eines solchen Systems geprüft werden.

Zieldreieck

Biel entwickelte für das operative Controlling im Handel das in nachstehender Abbildung 3.14 dargestellte Zieldreieck mit den Zielgrößen Umsatz/Absatz – Handelsspanne und Kosten, nach denen die Handlungen auszurichten sind:

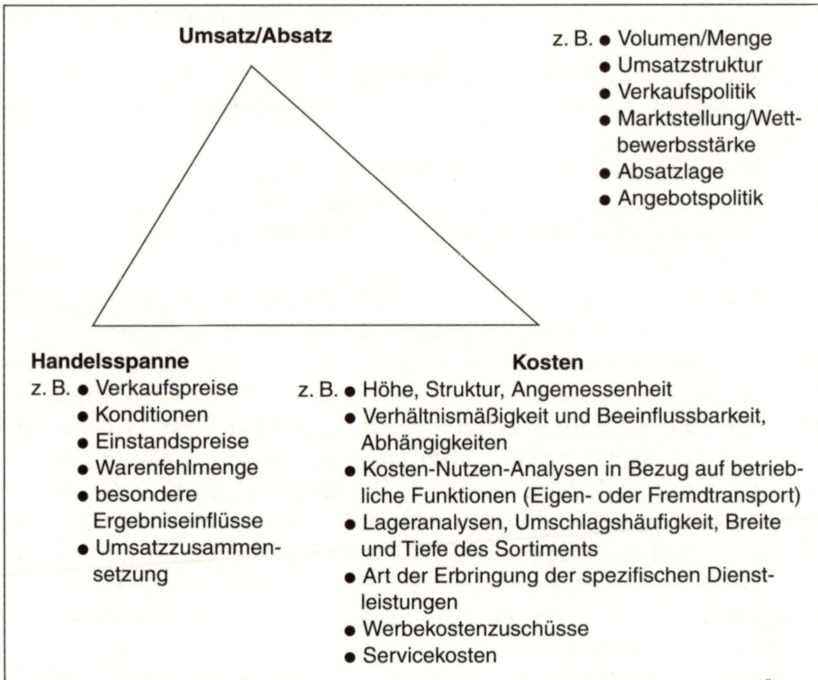

Abb. 3.14: Zieldreieck für das operative Controlling im Handel (Quelle: *Biel, A.* 1984 S. 71).

Groß- und Außenhandel

Für den Einzelhandel ist dieses Controllingsystem gewiss nützlich; bei Groß- und Außenhandelsunternehmen liegen die Probleme eher im Lagerwesen und der damit verbundenen Kapitalbindung.

Lagerdauer, Umschlagshäufigkeit, Sortimentsbreite, hohe Lieferbereitschaft und leistungsfähiger Kundenservice auf der einen, niedriger Kapitalbedarf, geringe Kapitalbindung und Kosten auf der anderen Seite sind die Themen für ein operatives Controlling bei solchen Unternehmen. Aber auch dafür wird ein Datenbanksystem für eine zeitnahe Erfassung, Übertragung und Disposition benötigt. Problematisch sind hierbei oft nicht die Anschaffungsausgaben für ein solches System, sondern die Zeit bis zur optimalen Systemnutzung.

Das Handelscontrolling muss sich in zwei Richtungen bewegen:

1. Zum einen ist eine stärkere Marketingorientierung vorzunehmen (Kundenzufriedenheit, -wanderung, usw.),
2. zum anderen eine mehr strategisch ausgerichtete Veränderung des Rechnungswesens (Kostenmanagement: Erlös-/Prozess-Controlling; Filialcontrolling, usw.).

Hierfür müssen verschiedene Portfoliotypen eingesetzt werden (Sortiments-, Wettbewerbsvorteil-, Strategie- und/oder Konzernportfolios).

(Vgl. hierzu auch *Witt, F.-J.* 1996 S. 308–313).

3.5.3 Non-Profit-Organisationen

Controlling hat sich in erwerbswirtschaftlichen Unternehmen längst zu einer festen Größe entwickelt, nicht jedoch bei Non-Profit-Organisationen (NPO). Hier hat man sehr lange von der Einführung betriebswirtschaftlicher Steuerungsinstrumente abgesehen.

Erst als diese Einrichtungen immer weniger finanzielle Zuwendungen erhielten (z. B. seit der Abkehr vom Selbstkostendeckungsprinzip 1993 bei Krankenhäusern) und teilweise in ihrer Existenz bedroht waren, ist das Bewusstsein für Kosten und Controlling gewachsen.

D

Non-Profit-Organisationen sind genau wie andere Unternehmen als zielgerichtete, produktive, soziale, dynamische, komplexe Systeme zu betrachten, deren Ziel die Befriedigung verschiedener Stakeholder-Interessen durch Erbringung von Sach- und Dienstleistungen ist.

Der einzige Unterschied zu privatwirtschaftlichen Unternehmen besteht darin, dass erzielte Überschüsse nicht ausgeschüttet werden dürfen, sondern zur Reinvestition in die NPO verwendet werden müssen (Überschussverwendungsbeschränkung).

(Vgl. *Horak, C.* 1995 S. 18).

Im Gegensatz zu privatrechtlichen Unternehmen, die meist monetär und gewinnorientiert ausgerichtet sind, haben NPO ein anders gewichtetes Zielsystem. Im Vordergrund aller Ziele steht der Zweck, den eine NPO zu erfüllen hat. **Leistungswirkungs- und -erbringungsziele** legen fest, welche Wirkungen bzw. welche Leistungseinheiten bei den Anspruchsgruppen erzielt bzw. erbracht werden sollen.

Zielsystem

In **Potenzialzielen** werden die Ressourcen zur Leistungserbringung erfasst; **Verfahrensziele** legen den Prozess ihrer Erstellung fest; **Formalziele** geben Rahmenbedingungen vor (z. B. effiziente Leistungserbringung).

Dieses komplexe Zielsystem hat Auswirkungen auf das Controllingsystem und die Aufgaben der Controller.

NPO-Controlling-system

Zunächst haben sich alle Überlegungen am Zweck der jeweiligen NPO zu orientieren (Stakeholderinteressen).

Diese Orientierung hat in der Regel eine stark qualitative Ausrichtung, was zwangsläufig Auswirkungen auf ein kosten- und leistungsorientiertes Controlling haben muss.

Hinzu kommt, dass in vielen NPOs haupt- und ehrenamtliche Leistungsträger und Mitarbeiter tätig sind, sodass schon von den unterschiedlichen Interessenlagen Spannungsfelder vorprogrammiert sind.

Innovationsfeindliche Organisationsstrukturen (Bürokratismus) behindern Änderungen und Entwicklungen, wie z. B. Einführung eines dringend erforderlichen Kostenmanagements oder Controllings.

Es wird (auch an Hochschulen ist das mitunter der Fall) ein konkurrenzfreies Umfeld unterstellt, was nicht existent ist.

Aus diesem komplexen Zielsystem kann abgeleitet werden, dass an Management und Controlling in NPO zum Teil höhere Anforderungen gestellt werden als in der Privatwirtschaft.

Zumindest wird durch dieses Phänomen die Auffassung der Autoren gestützt, dass Controlling ein zielorientiertes führungsergänzendes System für das Management ist.

Controlling muss die komplexen Probleme bewältigen, muss um Ausgleich unter den verschiedenen Interessenlagen bemüht sein und dafür sorgen, dass durch Erhöhung der Kostentransparenz in- und externen Interessenten eine Effizienzsteigerung verdeutlicht wird, die diese mit zu tragen bereit sind.

Derartige Erwartungen überfordern oft den Controller in NPO; sie bedingen hohe Koordinations-, Überzeugungs-, Durchsetzungs- und Innovationsfähigkeiten und vor allem die Begabung, auf Mitarbeiter zu- und einzugehen, die keine vergleichbare betriebswirtschaftliche Vorbildung haben.

Einfache verständliche Lösungen sind deshalb beim Aufbau des Controllings in NPO aufwendigeren vorzuziehen, weil sonst Akzeptanz und Motivation der Mitarbeiter gefährdet werden.

Es gilt, zunächst ein Problembewusstsein durch Stärken-Schwächen-Analysen zu erzeugen.

Mitarbeiter sollten durch Workshops und Controllingseminare für die Controllingaufgaben sensibilisiert werden.

Erst wenn diese Motivation zum Problembewusstsein geführt hat, kann mit der Entwicklung von Standard-Instrumenten (Umfeld-, Portfolio-und Stakeholder-Analysen) begonnen werden.

Stakeholder-Analyse

Von besonderer Bedeutung ist hierbei die Stakeholder-Analyse, mit der die unterschiedlichen Anspruchsgruppen einer NPO erfasst und nach Prioritäten gereiht werden, bevor Strategien erarbeitet werden können.

Strategisches Controlling

Aufgabe des strategischen Controllings ist die Informationsgewinnung und -aufbereitung relevanter Daten aus dem NPO-Umfeld (Altersstruktur, regionales Wachstum der Bevölkerung, Leistungsangebot der Mitbewerber, usw.). Hierfür eignen sich Stärken-/Schwächen-Analysen.

Operatives Controlling

Bei den operativen Controllinginstrumenten steht die Kostenrechnung im Vordergrund. Diese Ansicht wird durch eine Studie von *Weber/Hamprecht* gestützt, nach der in NPO ein Kenntnisgleichstand über Controllingaufgaben und -möglichkeiten mit der Industrie erreicht ist (vgl. *Weber, J./ Hamprecht, M.* 1995 S. 124–131).

In dieser Studie wurde auch die Erwartungshaltung an die Einführung des Controllings in NPO ermittelt. Steigerung der Transparenz nach innen, Schaffung einer professionelleren ökonomischen Führung, Kostensenkung und Sicherstellung einer effektiven Kontrolle wurden neben der Überlebenssicherung trotz sinkender Zuschüsse am meisten genannt.

Auch für NPO gilt (wie beim Qualitätscontrolling) die Verbesserung der Kundenorientierung als wesentlicher Ansatzpunkt des Controllings neben der Analyse der internen Leistungsprozesse.

Die Controllingeinführung in NPO wird durch teilweise starre Machtverhältnisse, mangelnde Flexibilität und die Vielzahl von unterschiedlichen Interessengruppen behindert. Deshalb muss sie behutsam und schrittweise erfolgen. Dass sic aber gerade in solchen Organisationen notwendig ist zur Unterstützung der Führungsinstanzen, sollte allen in NPO tätigen Gremien und Mitarbeitern bewusst sein; schließlich gilt es in vielen Fällen um die Sicherung der Existenz.

3.6 Fragen und Aufgaben

1. Warum sind die Teilziele der einzelnen Funktionsbereiche aus den Zielen und Strategien des Unternehmens abzuleiten?
2. Versuchen Sie, die Entwicklung des Forschungs- und Entwicklungs-Controllings (FuE-Controlling) vom operativen, auf Kosten ausgerichteten, zum strategischen, auf Erhaltung der Leistungspotenziale orientierten, Controllings zu beschreiben.
3. Erklären Sie das Fertigungsinselkonzept, und erläutern Sie, welche Vorteile es für ein Fertigungs-Controlling bringen kann.
4. Unter dem Einfluss turbulenter Umfeldveränderungen ergibt sich die Notwendigkeit einer Ablösung der kurzfristigen operativen Fertigungsplanung und -steuerung durch eine strategisch-innovative Rahmenplanung.
   Erläutern Sie, wodurch diese Veränderung erforderlich wird?
5. Erläutern Sie die Notwendigkeit der Erweiterung des Marketing-Controllings auf mehrere Betrachtungsebenen (Leistungen, Leistungsempfänger und -regionen).
6. Erklären Sie, warum Logistik zunehmend als prozessualer Begleiter des Leistungsflusses betrachtet wird.
7. Der Qualitätsbegriff moderner Prägung hat fast keine Ähnlichkeit mehr mit dem früheren Begriff.
   Qualitätsmanagement wird als notwendige Strategie der Existenzsicherung verstanden.
   Worauf ist diese Entwicklung zurückzuführen?
8. Halten Sie eine kontinuierliche Projektbegleitung durch Controlling für erforderlich?
   Wenn ja, warum?
9. »Liquiditätsmäßige Unbekümmertheit« in vielen Funktionsbereichen ist der natürliche »Feind« eines Finanz-Controllings.
   Erklären Sie die Ursachen für diese Haltung.
10. Warum nehmen Kreditinstitute eine volkswirtschaftlich begründete Sonderstellung ein und sind besonderen Risiken ausgesetzt, die durch ein Risikocontrolling zu beobachten sind?
11. Begründen Sie, warum im Handel eine stärkere Marketing- und Kostenmanagementorientierung dringend notwendig ist.
12. In vielen Non-Profit-Organisationen (NPO) scheitert eine Einführung des Controllings an Widerständen unterschiedlicher Stakeholder.
    Erklären Sie, warum das so ist, und erarbeiten Sie Lösungsansätze für eine schnelle Systemeinführung.

4 Aufbau- und ablauforganisatorische Perspektiven des Controllings

Ulrich Steins

4.1 Lernziele

- Weiterentwicklung des internen Rechnungswesens zu einem führungsorientierten System für erforderlich halten
- Unterschiedliche Eignung der Kostenrechnungssysteme für das Controlling verstehen
- Vorteile von Kosten-Controlling-Systemen für entscheidungsrelevante Informationen kennenlernen
- Stufenweise Einführung eines Controllingsystems als prozessualen Vorgang betrachten
- Phasen des Controllingsystems für ein zukunftorientiertes Führungskonzept nachvollziehen können

4.2 Notwendigkeit der Weiterentwicklung des internen Rechnungswesens zu einem führungsorientierten System

In diesem Kapitel wird zunächst die unterschiedliche Eignung der verschiedenen **Kostenrechnungssysteme** für das Controlling erörtert.

D

Die Kosten- und Leistungsrechnung ist als Informationssystem mengen- und wertmäßiger Daten für das Management zu betrachten. Sie bezieht sich auf vergangene, gegenwärtige und zukünftige Vorgänge im Unternehmen und in den Beziehungen zwischen dem Unternehmen und seiner Umwelt.

Coenenberg/Fischer messen der Kostenrechnung nicht nur Bedeutung bei für die Erfassung und Bewertung des Ressourcenverzehrs zur Erstellung betrieblicher Leistungen, sondern auch für die Strategieformulierung bei der Ermittlung von Auswertungen strategischer Entscheidungen auf den Unternehmenserfolg und

Schnittstellenfunktion

schreiben ihr eine wesentliche Schnittstellenfunktion zwischen dem strategischen und operativen Controlling zu (vgl. *Coenenberg, A.G./ Fischer, T.M.* 1996 S. 456 f.).

Dies verdeutlicht nachstehende Abbildung 4.1:

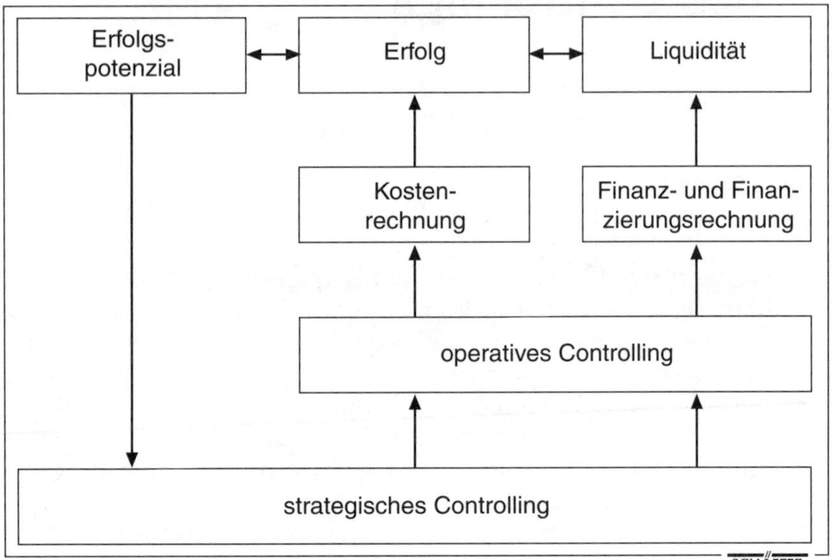

Abb. 4.1: Schnittstellen zwischen Kostenrechnung und Controlling (Quelle: *Coenenberg, A.G./ Fischer, T.M.* 1996 S. 457).

Sie betonen insbesondere als eigenständige Aufgabe des Controllings den Aufbau und die Gestaltung der Kostenrechnung (Kostenrechnung als Objekt des Controllings).

In- und externe **Einflussfaktoren**, wie Leistungsprogramm, angewandte Technologie, Unternehmensgröße und -organisation, Führungsstil sowie Umfeldveränderungen sind maßgebend für das **Anforderungsprofil** eines Controllingsystems.

Neben dieser für jedes Unternehmen vorzunehmenden Profilentwicklung ist eine Bewertung des jeweiligen Rechnungswesens und der Unternehmensplanung erforderlich, weil internes Rechnungswesen und Planung wichtige Informationsquellen für das Controlling sind.

Mit anderen Worten: Kostenrechnung und Planung müssen sich an Veränderungen der Unternehmensstruktur anpassen, an gestiegene Informationsbedürfnisse von Berichtsempfängern, an eine fortgeschrittene und weiter fortschreitende Prozessorientierung, Erfassung nicht monetärer Messgrößen in diesen Prozessen und auch an Veränderungen des Berichtswesens (vgl. *Coenenberg, A.G./ Fischer, T.M.* 1996 S. 460).

Bei einer Bewertung des Rechnungswesens wird häufig festgestellt, dass dieses in hohem Maße buchhaltungs- und damit vergangenheitsorientiert ist, keine Informationen für ein zukunftsorientiertes Kostenmanagement liefert und somit für die Einrichtung eines Controllingkonzepts weitgehend ungeeignet ist.

Internes Rechnungswesen: Eignungsprüfung

Für eine Eignungsprüfung des internen Rechnungswesens ist eine Checkliste zu empfehlen:

- Werden fixe und variable Kosten unterschieden?
- Sind Kostenstellen klar nach Verantwortung abgegrenzt?
- Werden zweckmäßige Kalkulationsverfahren eingesetzt?
- Werden regelmäßige Nachkalkulationen durchgeführt?
- Gibt es eine Kostenplanung?
- Können Deckungsbeiträge ermittelt werden?
- Besteht eine Verknüpfung von Kosten- und Erlösrechnung sowie Planung?
- Sind Entscheidungen in komplexen Prozessen möglich?

(Vgl. ähnlich: *Horváth & Partner* 2000a S. 39 f.).

Wenn die Fragen dieser Checkliste überwiegend negativ beantwortet werden, hat das interne Rechnungswesen noch nicht den Stand eines Führungsinstruments erreicht.

Die folgende Abbildung 4.2 zeigt die Vorgehensschritte von der notwendigen Festlegung der Entscheidungsunterstützungsziele für das Rechnungswesen bis zur Schulung der Mitarbeiter.

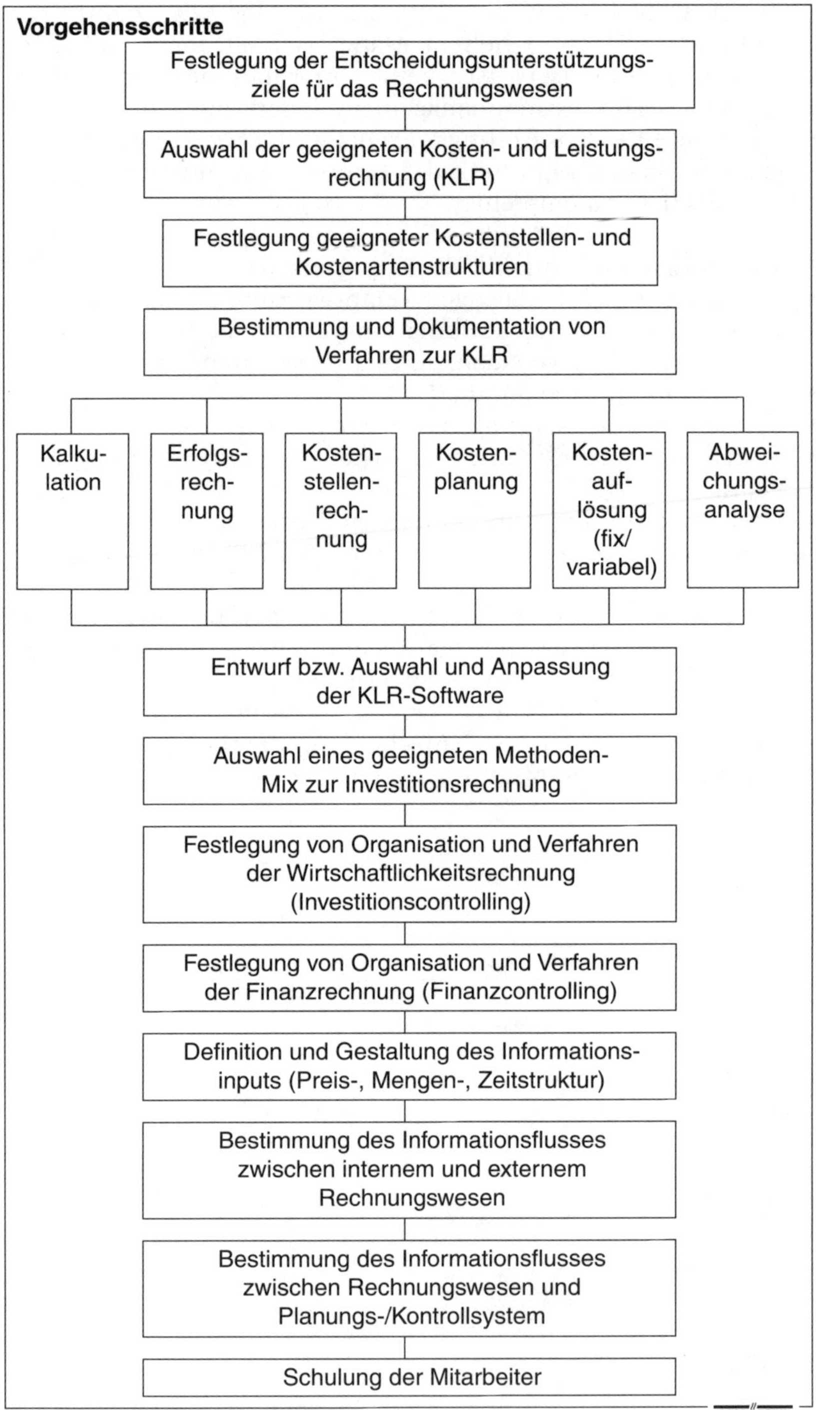

Abb. 4.2: Vorgehensschritte
(Quelle: *Horváth & Partner* 2000 S. 84/85).

4.2.1 Eignung der klassischen Vollkostenrechnung

Eine Kostenrechnung auf Vollkostenbasis bezieht alle Kostenbestandteile ohne Trennung in fixe und variable Kosten in die Rechnung ein; sie ist schon deshalb für das Controlling nur bedingt geeignet.

In Form einer Rechnung mit Ist-Daten erfasst sie die Kosten vergangener Perioden und verteilt sie auf Kostenstellen und -träger. Mit ihr ist nur ein Reagieren, nicht ein Agieren möglich, was den Controllinganforderungen widerspricht. Ohne Vorgabewerte kann keine Unternehmenssteuerung erfolgen, weil der Maßstab zur Beurteilung der Ist-Entwicklung fehlt. Ein führungsorientiertes System der Kosten- und Leistungsrechnung verlangt zusätzlich eine Aufteilung der Kosten nach fixen und variablen Bestandteilen.

Vollkostenrechnung: Grenzen

Kernproblem jeder Kostenrechnung ist die Zurechnung der Gemeinkosten. Auch hier stößt die Vollkostenrechnung an Grenzen wegen ihrer Verteilungsungenauigkeit (durch Verteilungsschlüssel). Außerdem lassen sich Leistungen nicht vorkalkulieren, weil durch Preissteigerungen und Rationalisierungen die Daten der Vergangenheit nur begrenzte Aussagekraft für die Zukunft haben.

Aus den Ist-Kosten vergangener Perioden lassen sich zwar durchschnittliche Kosten ableiten (**Normalkosten).** Für Vor- und Nachkalkulation stellen sie durchaus brauchbare Werte dar; auch für die innerbetriebliche Leistungs- und kurzfristige Erfolgsrechnung sind sie praktikabel.

Normalkosten

Derartige Normalkosten sind aber keine Plankosten mit Vorgabecharakter, sondern aus statistischen Mittelwerten der Ist-Kosten vergangener Perioden abgeleitete Kosten (durchschnittliche Kosten, die um gegenwärtige und zukünftig zu erwartende Kosteneinflüsse bereinigt sind).

Normal- und Istkosten weichen meist voneinander ab.

Bei einer Kostenüberdeckung sind die Ist-Gemeinkosten kleiner, bei einer -unterdeckung größer als die Normalgemeinkosten. Zur Ermittlung der Gründe dieser Kostenabweichungen sind die Verfahren der **starren** und **flexiblen Normalkostenrechnung** entwickelt worden. Aber auch bei der starren Normalkostenrechnung wird keine Unterscheidung nach fixen und variablen Kosten vorgenommen. Dennoch lassen sich mit ihr zumindest Preis- und Mengenabweichungen feststellen (Ermittlung der Differenz aus den normalisierten Verrechnungspreisen und am Markt bezahlten Ist-Preisen sowie zwischen der bewerteten Ist-Menge und der bewerteten Norm-Menge).

Für viele klein- und mittelständische Unternehmen ist ein Wechsel von der Ist- zur Normalkostenrechnung durchaus ein erster Schritt in Richtung eines Controlling-Anforderungsprofils.

Ein weiterer Schritt kann die **flexible Normalkostenrechnung** sein. Sie versucht den Mangel der starren Rechnung zu beseitigen, indem sie für alle in Frage kommenden Beschäftigungsgrade die entsprechenden Kosten ermittelt.

Dies setzt jedoch eine Aufteilung in fixe und variable Kosten voraus. Der unterschiedliche Einfluss der Fixkosten auf die Stückkosten bei Änderung des Beschäftigungsgrades ist erkennbar, wenn die Mengenabweichung in eine Verbrauchs- und Beschäftigungsabweichung aufgeteilt wird.

Vergangenheitsdaten haben immer nur begrenzte Aussagekraft für die Zukunft, weil sie z. B. keine Preisveränderungen berücksichtigen.

Plankosten

Deshalb ist es erforderlich, für zukünftige Perioden (auf Basis der Kosten der Vergangenheit) **Plankosten** zu ermitteln (Preise der Produktionsfaktoren und der verbrauchten Mengen bei einer Plankapazität).

Nur durch Vorgabe derartiger Plankosten ist es möglich, für jede Kostenstelle nach Ablauf einer Rechnungsperiode die Abweichungen zwischen Plan- und Ist-Kosten zu ermitteln und eine Kostenkontrolle durchzuführen.

Abweichungen sind danach einer Abweichungsanalyse zu unterziehen.

Hierdurch wird auch die Auftragskalkulation erleichtert.

Die folgende Abbildung 4.3 zeigt die Grundstruktur einer Plankostenrechnung.

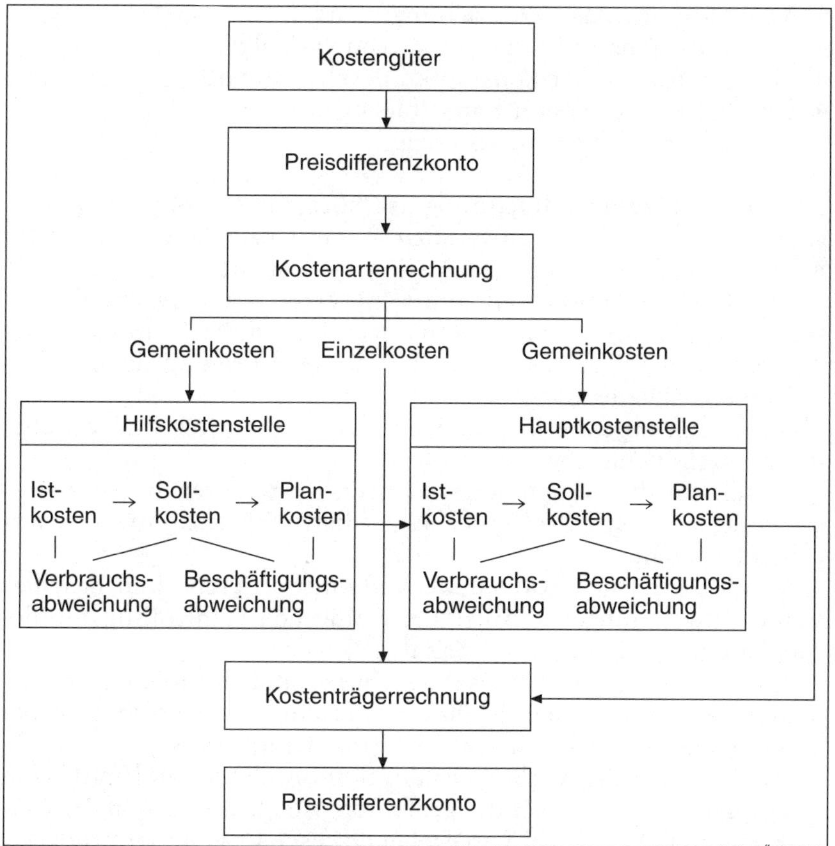

Abb. 4.3: Grundstruktur der Plankostenrechnung
(Quelle: *Peemöller, V.H.* 1997 S. 215).

Eine **Plankostenrechnung** kann in starrer und flexibler Form durchgeführt werden.

Bei der **starren Plankostenrechnung** wird nur der geplante Beschäftigungsgrad zugrunde gelegt, es erfolgt auch keine Anpassung an Beschäftigungsschwankungen. Für ein Kostencontrolling ist jedoch eine Umrechnung der Plankosten auf die Ist-Beschäftigung notwendig.

Zur Durchführung einer Plankalkulation müssen die gesamten Plankosten je Kostenstelle durch die insgesamt zu produzierende Menge dividiert werden.

Der **Plankostenverrechnungssatz** soll ermöglichen, dass alle in der folgenden Periode anfallenden Kosten auch verrechnet werden, und anschließend eine Gegenüberstellung der tatsächlich entstandenen Kosten mit den Plankosten erfolgen kann.

Starre Planungskostenrechnung: Nachteile

Nachteile der starren Plankostenrechnung sind:

- Verstoß gegen das Verursachungsprinzip (Keine Kostenaufteilung in fixe und variable Teile),
- Unterstellung einer konstanten Beschäftigung,
- Annahme einer vollen Kapazitätsauslastung,
- Kostenkontrolle ist nicht möglich.

Die starre Plankostenrechnung ist aber im Rahmen von Budgetierungen durchaus anwendbar; eine Ursachenforschung bei Kostenüberschreitungen erlaubt sie jedoch nicht.

Flexible Plankostenrechnung

Die **flexible Plankostenrechnung** versucht die Nachteile der starren Rechnung durch regelmäßige zeitliche (z. B. monatliche) Anpassung der Plankosten an die Ist-Beschäftigung der Kostenstellen auszugleichen.

Dies setzt eine Auflösung der Plankosten in fixe und variable Bestandteile voraus.

Geschieht diese auch getrennt nach Kostenarten in jeder Kostenstelle, wird das Ziel einer Wirtschaftlichkeitskontrolle weitgehend erreicht.

Werden für jede Kostenstelle Verbrauchs-, Preis- und Beschäftigungsabweichungen ermittelt, ist eine den Controllinganforderungen entsprechende Kostenanalyse gegeben.

Preisabweichung

Zur Ermittlung der **Preisabweichung** sind die Kosten der geplanten Menge mit den geplanten und eingetretenen Preisen bei vorgegebener Beschäftigung zu multiplizieren.

Verbrauchsabweichung

Analog wird die **Verbrauchsabweichung** durch Multiplikation des geplanten Preises mit der geplanten Menge und der tatsächlich verbrauchten Menge bei vorgegebener Beschäftigung ermittelt.

Beschäftigungsabweichung

Die **Beschäftigungsabweichung** ergibt sich aus der Differenz der Plankosten bei tatsächlicher Beschäftigung abzüglich der verrechneten Plankosten.

Zusammenfassend ist festzuhalten, dass nur die Form der flexiblen Plankostenrechnung der klassischen Systeme auf Vollkostenbasis für Kostentransparenz sorgt und eine Wirtschaftlichkeitsanalyse für jede einzelne Kostenstelle erlaubt.

(U.a. grundlegend: *Jórasz, W.* 2000 S. 235–271).

4.2.2 Eignung der klassischen Teilkostenrechnung

Im Gegensatz zu den Systemen auf Vollkostenbasis, bei denen alle in den vergangenen Perioden angefallenen Kosten auf die jeweiligen Kostenträger verteilt werden, erfolgt eine Zurechnung bei den Formen der Teilkostenrechnung in der Weise, dass nur die unmittelbaren, eindeutig und konkret feststellbaren Kosten den Kostenträgern zugerechnet werden. Alle übrigen Kosten müssen durch den Beitrag, um den die Erlöse die direkt zurechenbaren Kosten übersteigen, gedeckt werden.

Die Grundformel für die Systeme der Teilkostenrechnung lautet:

Grundformel

Erlöse
– Teilkosten
= Deckungsbeitrag
– Restkosten
= **Gewinn**

Das Rechnen mit Teilkosten leistet für viele Anforderungen an das Controlling wertvolle Entscheidungshilfen und Informationen. Es überwindet die Mängel der Vollkostenrechnung, bei der die Gemeinkosten durch Schlüsselungen auf die Kostenträger verteilt und die Fixkosten proportionalisiert auf einzelne Leistungseinheiten verrechnet werden (Durchschnittsprinzip).

Voraussetzung für die Durchführung der Teilkostenrechnung ist eine Kostenauflösung, die entweder bereits in der Kostenarten- oder in der Kostenstellenrechnung erfolgen kann. Für die Auflösung der Kosten gibt es verschiedene Verfahren:

Kostenauflösungsverfahren

- Buchtechnisch-statistische Methode,
- Mathematische Methode,
- Grafische Methode,
- Methode der kleinsten Quadrate.

Diese Verfahren sollen hier nicht einzeln behandelt werden.

Das gilt auch für die inhaltliche Ausgestaltung der verschiedenen Systeme der Teilkostenrechnung

- Direct Costing,
- Fixkostendeckungsrechnung,
- Deckungsbeitragsrechnung mit relativen Einzelkosten,
- Grenzplankostenrechnung.

(In zahlreichen Lehrbüchern zur Kosten- und Leistungsrechnung – z. B. bei *Jórasz, W.* 2000 S. 271–298 – werden diese Verfahren ausführlich dargestellt).

Wir wollen hier nur die unterschiedliche Definition der Teil- und Restkosten ansprechen, durch die sich die einzelnen Systeme unterscheiden:

Teil- und Restkosten: Definition

In der **Grenzplankostenrechnung** erfolgt eine Trennung nach
variablen = beschäftigungsabhängigen und
fixen = beschäftigungsunabhängigen Kosten.

In der **Deckungsbeitragsrechnung** mit relativen Einzelkosten werden die Teilkosten als relative Einzel- und die Restkosten als Gemeinkosten bezeichnet.

Bei der **Fixkostendeckungsrechnung** wird der Fixkostenblock in produkt-, gruppen-, bereichs- und unternehmensfixe Kosten aufgelöst (Verursachungsprinzip: Für jede Stufe des Unternehmens soll ein eigener Deckungsbeitrag ermittelt werden, mit dem diese Stufe zur Deckung der restlichen Fixkosten beiträgt).

Am Beispiel der Fixkostendeckungsrechnung lässt sich besonders gut darstellen, welche Informationen das Management aus dieser Rechnung gewinnen kann:

- Langfristige Preisentscheidungen,
- Programmfestlegungen,
- Wirtschaftlichkeitskontrolle,
- Entstehung des Betriebserfolgs,
- Beitrag der jeweiligen Organisationseinheiten zur Deckung der Fixkosten.

Kostenverursachungsprinzip

Auf solche Entscheidungshilfen ist ein kostenbewusstes Management angewiesen; sie sind Voraussetzung für ein funktionsfähiges Controlling. Grundlage für die Teilkostenrechnung ist eine Trennung der Kosten in fixe und variable Bestandteile, in Einzel- und Gemeinkosten. Einem Kostenträger soll nur der Kostenteil zugerechnet werden, der tatsächlich durch seine Erstellung entsteht (Kostenverursachungsprinzip). Der verbleibende Kostenteil wird nicht durch bestimmte Kostenträger verursacht; er resultiert aus der Aufrechterhaltung der Betriebsbereitschaft und wird als Periodenkostenblock behandelt.

Die unterschiedlichen Ansätze von Voll- und Teilkostenrechnung hat *Birker* an einem Beispiel verdeutlicht.

Das Ergebnis besagt, dass in dem Maße, wie die Erlöse die variablen Kosten übersteigen, sie einen Beitrag zur Deckung der fixen Kosten leisten und damit das Ergebnis verbessern (vgl. *Birker, K.* 1996 S. 137).

Das Beispiel (im Ausgangsbeispiel in DM) wird hier verkürzt wiedergegeben.

B

Ein Schreibwarengeschäft bietet zusätzlich einen Kopierservice an und mietet dazu ein Gerät zu monatlichen fixen Kosten von EURO 75.

Bei einem erwarteten Monatsumsatz von 3.000 Kopien werden die variablen Kosten mit EURO 0,015 pro Kopie ermittelt; es ergeben sich fixe Kosten auf Basis des Planumsatzes von EURO 0,025 pro Kopie und Selbstkosten von EURO 0,04.

Der Verkaufspreis wird mit EURO 0,05 pro Kopie festgesetzt.

Am Monatsende sind entgegen den Erwartungen nur 900 Kopien abgenommen worden; der Erlös beträgt nur EURO 45.

Ein Kunde ist bereit, 2000 Kopien in Auftrag zu geben, will aber statt der geforderten 0,05 nur EURO 0,02 zahlen.

Nach der Vollkostenrechnung wäre diese Offerte abzulehnen, weil der Preis nur die halben Selbstkosten deckt; es würde sich ein Fehlbetrag von EURO 43,50 ergeben.

Nach der Teilkostenrechnung müsste dieser Auftrag angenommen werden, weil Erlöse von EURO 40 erzielt werden und nur variable Kosten von EURO 30 anfallen.

Der Fehlbetrag von EURO 43,50 würde sich um EURO 10 auf EURO 33,50 verbessern.

Eine Orientierung der Selbstkosten auf Vollkostenbasis führt also zu einem falschen Ergebnis.

Das Beispiel zeigt, wie ungeeignet die Vollkostenrechnung für kurzfristige preispolitische Entscheidungen ist, und dass mit der Teilkostenrechnung ein anderes Verhalten erreicht und ein besseres Ergebnis erzielt wird, weil die Erlöse die variablen Kosten geringfügig übersteigen und damit einen Beitrag zur Fixkostendeckung leisten.

Entscheidungsorientierte Teilkostenrechnung

Mit einer Kostenrechnung auf Teilkostenbasis können viele Entscheidungen besser getroffen werden; einige werden beispielhaft nachfolgend genannt.

Ermittlung der **kurz- und langfristigen Preisuntergrenze** zur Gestaltung des Sortiments.

Die Preisuntergrenzen geben den Angebotspreis an, den ein Produkt mindestens erzielen muss, um kurz- bzw. langfristig seine Kosten zu decken.

Die operative Entscheidung für eine Auftragsannahme führt immer dann zur Ergebnisverbesserung, wenn ein positiver Deckungsbeitrag erzielt wird:

Stückerlös
./. variable Stückkosten
= Deckungsbeitrag

In wirtschaftlich schwierigen Zeiten lässt sich aber eine volle Kostenerstattung nicht immer durchsetzen. Auf Dauer ist natürlich eine langfristige Preisuntergrenze anzustreben, die zu kostendeckenden Erlösen führt.

Grundregel für Entscheidungen bei der Sortimentsgestaltung ist, die Möglichkeit zu wählen, die den höchsten Deckungsbeitrag bringt.

Wenn sich die Absatzmöglichkeiten bei einem Produkt verschlechtern, muss geprüft werden, ob eine neue Sortimentsentscheidung und/oder eine Preisänderung zu besseren Ergebnissen führen.

Ein anderes Beispiel sind die Entscheidungen über **Eigenfertigung oder Fremdbezug** (make or buy).

Sie gewinnen vor allem bei abnehmender Fertigungstiefe an Bedeutung. Oft geht die Entscheidung über die reinen Kostengesichtspunkte hinaus, z. B. bei der Qualitätssicherung.

Unabhängig von der eigenen Anlagenauslastung ist ein Fremdbezug zu bevorzugen, wenn die Kosten hierfür unter den eigenen variablen Kosten liegen, weil dadurch das Betriebsergebnis selbst bei eigener Unterbeschäftigung verbessert wird.

Auch hier sind die Berechnungen auf Teilkostenbasis denen auf Vollkostenbasis überlegen (vgl. *Birker, K.* 1996 S. 153).

Weitere Komplexe, für die eine Teilkostenrechnung Entscheidungshilfe bietet, sind:

- Gewinnschwellenanalyse,
- Auswirkungen von Erweiterungsinvestitionen,
- Auswirkung von Kosten- und Preisänderungen,
- Optimierung des Leistungsprogramms.

Das Anforderungsprofil des Controllings an eine führungsorientierte Kostenrechnung hat bei den Systemen der Kosten- und Leistungsrechnung zu einer Entwicklung in zwei Richtungen geführt:

- Für geeignete Informationen zur besseren Versorgung des Managements werden zunehmend Teilkostensysteme eingesetzt.
- Der Zukunftsbezug der Kostenrechnung für Managemententscheidungen wird durch einen Übergang von Ist- auf Plankostensysteme erreicht.

4.2.3 Ausgewählte funktionsbereichsübergreifende Kosten-Controlling-Systeme

Die Qualität eines Kostenrechnungsverfahrens ist ausschließlich danach zu beurteilen, ob es entscheidungsrelevante Informationen liefern kann.

Die Kostenrechnung ist Basis für Kostenplanung, -steuerung und -überwachung; die Kontrollfunktion sollte neben einem Plan-Ist-Vergleich auch eine Plan-Optimierung zum Ziel haben.

Die vergangenheitsorientierte Kosten- und Leistungsrechnung muss sich zu einem zukunftsbezogenen **Kosten-Controlling** wandeln. Voraussetzung dafür ist eine systematische Kostentransparenz.

Kosten- und Betriebsstruktur

Die Kostenstruktur eines Unternehmens folgt weitgehend der Betriebsstruktur:

- Produkt-und Sortimentsgestaltung,
- Maschinenausstattung,
- Investitionspolitik,
- Qualität des vorhandenen Personals,
- Verfahrenstechnik,
- Ablaufprozesse.

Gemeinkostenproblematik

Problematisch für eine kostenoptimale Planung aller Unternehmensbereiche ist die ursachengerechte Zuordnung der Gemeinkosten.

Die Gemeinkostenexplosion in Industrieunternehmen hat viele Ursachen:

- Einsatz moderner Produktionstechnologien,
- Kapitalintensive automatisierte Fertigung,
- Wachsen der indirekten Leistungsbereiche wie Entwicklung, Beschaffung, Produktionsplanung und -steuerung,
- Qualitätssicherung,
- After-Sales-Service-Anforderungen.

(Vgl. *Schmidt, A.* 1996 S. 192 f.).

Als Lösungsansatz zur Erkennung der Kostentreiber und Reduzierung der Gemeinkosten findet die Prozesskostenrechnung zunehmende Beachtung.

4.2.3.1 Prozesskostenrechnung

Ihr Ziel ist, Planung, Steuerung, Kontrolle und Verrechnung der Gemeinkosten zu verbessern und Kostentransparenz in den indirekten Leistungsbereichen zu schaffen.

Das soll durch eine differenzierte Analyse aller Tätigkeiten geschehen. Es soll konkret aufgezeigt werden, welche Kosten für welche Aktivitäten (= Prozesse) anfallen.

Prozessanalyse

Im Mittelpunkt stehen nicht mehr die einzelnen Kostenstellen, sondern der Prozess, für dessen Erbringung Ressourcen verbraucht werden. Eine Prozessanalyse trägt dazu bei, unnötige oder auch im Vergleich zu fremdbezogenen Leistungen zu teure interne Leistungen zu identifizieren.

Ineffizienzen werden dadurch aufgedeckt, Einsparmöglichkeiten aufgezeigt.

Die Prozesskostenrechnung will Einfluss nehmen auf die Kostentreiber (cost driver).

Hierzu zählen typischerweise:

- Anzahl der Produktvarianten und -änderungen,
- Anzahl der Fertigungs-, Versand- und Kundenaufträge,
- Anzahl der Stücklisten und Arbeitsplanpositionen,
- Anzahl der Materialdispositionen, Bestellvorgänge, Wareneingänge,
- Anzahl der Kunden, Lieferanten.

(Vgl. *Schmidt, A.* 1996 S. 192 f.)

Verursachungsgerechte Gemeinkostenverrechnung

In der Praxis ist es gerade eine hohe Zahl von Produktvarianten, die zu konstruktions- oder fertigungsbedingten Fehlern führen und erhöhte Ausschuss- und Nacharbeitskosten nach sich ziehen. Deshalb ist eine verursachungsgerechte Verrechnung der Gemeinkosten der indirekten Leistungsbereiche auf die Kostenträger erforderlich (und nicht wie bei den traditionellen Systemen der Kostenrechnung auf der Grundlage von Fertigungsmaterial, Fertigungslohn bzw. Herstellkosten mit prozentualen Zuschlagssätzen).

Eine Verteilung nach der Zuschlagskalkulation führt dazu, dass z. B. höhere Materialeinzelkosten automatisch mit höheren Materialgemeinkosten belastet werden (Proportionalisierung der Gemeinkosten).

Nach der Prozesskostenrechnung werden dagegen die einzelnen Leistungsprozesse der Materialbeschaffung ermittelt und mit den hierfür anfallenden Kosten belastet.

Merkmale der prozessbezogenen Kostenrechnung

Eine **prozessbezogene Kostenrechnung** weist folgende Merkmale auf:

- Ermittelbarkeit der Kosten administrativer Leistungen,
- Gemeinkosten-Verrechenbarkeit auf Leistungsbasis,
- Verursachungsgemäße Zurechenbarkeit der Kosten,
- Orientierung an marktbezogenen Kostenzielen,
- Nutzbarkeit als Frühwarnsystem zur Kostensteuerung.

(Vgl. *Olfert, K.* 1999 S. 363).

Zur Ermittlung von Prozessen und Prozesskosten hat sich folgendes Vorgehen bewährt:

- Tätigkeitsanalyse und Bestimmung von Prozessen,
- Wahl geeigneter Bezugsgrößen,
- Kapazitäts- und Kostenzuordnung,
- Verdichtung zu Hauptprozessen,
- Ermittlung der Prozesskostensätze.

Zuerst werden alle Tätigkeiten und Vorgänge der verschiedenen Abteilungen in Haupt- und/oder Teilprozesse zerlegt.

Im zweiten Schritt erfolgt die Bestimmung der Bezugsgröße; hierbei ist für jeden mengenabhängigen Vorgang eine Bezugsgröße festzulegen.

Danach werden die Vorgangskosten ermittelt; allen Vorgängen sind primäre Kosten verursachungsgerecht zuzuordnen. Die Kosten der mengenneutralen Vorgänge sind danach sekundär auf die mengenvariablen Vorgänge zu verteilen.

Zum Schluss wird eine Prozesskostenkalkulation vorgenommen (vgl. *Mayer, E.* 1991 S. 85 ff.).

Zuschlags- und Prozesskosten-kalkulation

Zur Veranschaulichung soll einer Zuschlags- eine Prozesskosten-Kalkulation gegenübergestellt werden, um die Chancen der Prozesskostenrechnung aufzuzeigen, die durch die einzelnen Tätigkeiten verursachten Kosten überschaubarer zu machen und dadurch gezielt auf eine bessere Kostenverteilung einzuwirken.

Hierzu wird ein Fallbeispiel (vgl. *Coenenberg, A. G.* 1997 S. 65 f.) verkürzt wiedergegeben (im Ausgangsbeispiel in DM):

B

Ein Textilhersteller vertreibt zwei unterschiedliche Krawattentypen:

Typ A ist eine normale, Typ B eine exklusive Version.

Aus der Kostenrechnung sind folgende Einzel- und Gemeinkosten (in EURO) sowie folgendes Mengengerüst gegeben:

	Typ A		Typ B
Materialpreis	5		50
Lohnkosten	15		25
Gemeinkosten für Bestellen, Einlagern, Rechnung stellen Auslagern		11.500	
Menge	150		100

Gefragt ist, zu welchen Gesamtkosten pro Stück der Hersteller kommt:

- nach der einfachen **Zuschlagskalkulation** (Zuschlagsbasis Materialkosten)
- nach der **Prozesskostenkalkulation** (unter der Annahme, dass durch jede Krawatte gleich hohe Prozessgemeinkosten entstehen).

Nach der Zuschlagskalkulation errechnen sich Materialeinzelkosten von 150 x 5 + 100 x 50 = 5.750.

Es errechnet sich ein Zuschlagssatz von 200 % (11.500 : 5.750).

Der Kalkulationspreis pro Stück beträgt für:

Typ A: 30 (5 + 15 + 10 (= 200 % x 5))

Typ B: 175 (50 + 25 + 100(= 200 % x 50))

Nach der Prozesskostenkalkulation errechnet sich ein Prozesskostensatz von 46/ Stck. (11.500: 250 Stck.).

Der Kalkulationspreis pro Stück beträgt für:

Typ A: 66 (5 + 15 + 46)

Typ B: 121 (50 + 25 + 46)

Der Preis des Typs A erweist sich nach der Zuschlagskalkulation als besonders günstig, der des Typs B als sehr hoch.

Hierbei besteht die Gefahr, dass die potenziellen Käufer Typ A nicht erwerben, weil er ihnen als zu preiswert erscheint, aber auch Typ B nicht wollen, weil sie ihn für überhöht erachten.

Nach der Prozesskostenkalkulation ist die Differenz zwischen A und B wesentlich geringer (= Allokationseffekt).

Letztlich bestimmt der Markt den Preis; die modifizierte Preisstellung könnte dazu führen, dass beide Typen besser verkauft werden. Zumindest aber zeigt die Prozesskostenrechnung Ansatzpunkte für Rationalisierungsmaßnahmen zur Senkung der Gemeinkosten.

Zusammenfassend kann festgestellt werden, dass sich die Prozesskostenrechnung besonders bei einem hohen Anteil an wiederkehrenden Tätigkeiten eignet.

Sie ist ihrem Charakter nach eine Rechnung mit Vollkosten.

Nicht verkannt werden darf, dass ihre sorgfältige Durchführung erheblichen Arbeitsaufwand erfordert. Deshalb sollte mit ihr in den betrieblichen Funktionen begonnen werden, die besonders kostenintensiv sind.

(U. a. grundlegend: *Fischer, T.M.* 2000; *Franz, K.-P./ Kajüter, P.* 1997; *Freidank, C.-C./Götze, U./Huch, B./Weber, J.* 1997).

4.2.3.2 Zielkostenrechnung

Target Costing

Einen ganz anderen Ansatz des Kosten-Controllings stellt die Zielkostenrechnung (Target Costing) dar, die ebenfalls zunehmend Beachtung gewinnt. Ausgangspunkt der Überlegungen dieser Rechnung ist, dass letztlich der Markt über den Erfolg eines Produkts entscheidet.

Die Folge kann nur sein, das Unternehmen für diesen Wettbewerb fit zu machen, es an den Marktanforderungen auszurichten.

Reaktives Verhalten und kurzfristige Maßnahmen genügen nicht, weil ein großer Teil der Kosten durch frühere Entscheidungen zu fixen Größen geworden sind.

Es ist zu fragen, warum Kosten-Controlling-Systeme wie das Target Costing zunehmend an Bedeutung gewinnen.

Hierfür sind die Veränderungen auf dem Absatzmarkt richtungsweisend: Bereits im Verlauf der 60er-Jahre wandelte sich in vielen Branchen der Verkäufer- zu einem Käufermarkt. Es trat Umsatz-Marktsättigung ein, weil die Unternehmen große Produktionskapazitäten aufgebaut hatten.

Die Absatzpreise wurden nicht mehr von den Unternehmen bestimmt, sondern in starkem Maße von den Absatzmöglichkeiten.

Die Frage war, wie viel die Kunden zu zahlen bereit sind.

Diese neue Situation führte von einer bisher kostenorientierten zu einer jetzt **kunden- und nutzenorientierten Kalkulation**.

Preisermittlung

Eine Preisermittlung konnte sich nicht mehr an Fragen orientieren wie:

- Wie hoch sind die Selbstkosten?
- Mit welchem Gewinnaufschlag kann kalkuliert werden?
- Was wird ein Produkt kosten?

sondern musste Fragen stellen wie:

- Was darf ein Produkt kosten?
- Welche qualitativen Ansprüche hat der Kunde an ein Produkt?
- Wie hoch dürfen die Selbstkosten sein?

Allowable Costs

Neue Kostenbegriffe wie **Allowable Costs (zulässige oder erlaubte Kosten)** bestimmen das Marktgeschehen.

Es ist zu ermitteln, welche Preise vom Markt akzeptiert werden, um danach die Kostenplanung auszurichten.

Nach Abzug einer festzusetzenden Gewinnmarge ist die Höhe der Selbstkosten zu errechnen, die nicht überschritten werden darf, wenn man am Markt erfolgreich sein will:

Verkaufspreis abzüglich Zielgewinn = **vom Markt erlaubte Kosten**

Standardkosten

Festlegung unter Abwägung der Standard- und vom Markt erlaubten Kosten

Zielkosten

Weitere Orientierungspunkte für eine solche Kalkulation sind:

- Produktlebenszeit, nicht Abrechnungsperiode, beeinflusst die Verteilung der Kosten,
- Frühzeitige Prüfungen in kurzen Zeitspannen bestimmen die Erfolgswahrscheinlichkeit,
- Fortlaufendes Bemühen zur Verbesserung der erreichten Kostenstandards,
- Motivation der Mitarbeiter zur Unterstützung dieser Prozesse.

(Vgl. auch *Birker, K.* 1996 S. 166 f.).

Zusammenarbeit Marketing Kostenrechnung

Target Costing erfordert eine enge Zusammenarbeit von Marketing und Kostenrechnung:

Das Marketing ist verantwortlich für:

- Erfragen der vom Kunden geforderten Produktfunktionen,
- Ermittlung des Nutzens eines Produkts aus Kundensicht,
- Maximale Preiserzielung bei den geforderten Funktionen des Produkts.

Die Kostenrechnung ist zuständig für:

- Informationen zu den Kosten der Produktfunktionen,
- Aufzeigen der Produktkosten aus Herstellersicht.

Verfahren Target Costing

Nachstehende Abbildung 4.4 zeigt das heutige Verfahren des Target Costing, das *Kajita* erstmals im September 1992 vorgestellt hat:

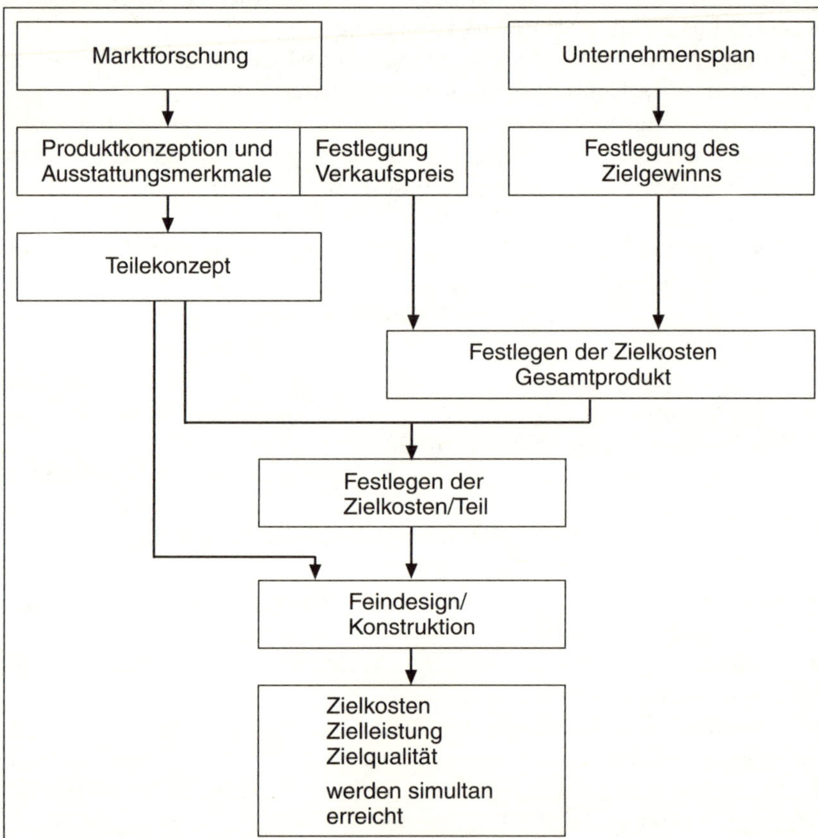

Abb. 4.4: Heutiges Verfahren des Target Costing (*Kajita* 1992)
(Quelle: *Ebert, G./ Koinecke, J./ Peemöller, V./Preißler, P. R.* 1996 S. 157).

Zielkostenrechnung: Phasen

Bei der Zielkostenrechnung wird unterschieden zwischen den Phasen:

1. Zielkostenfindungsphase:
- Ermittlung der Kundenwünsche
- Verkaufspreis-, Zielgewinn- und Zielkostenermittlung
- Kostenspaltung

2. Zielkostenerreichungsphase:
- Ermittlung der Kostensenkungsquellen
- Einsatz der kostensenkenden Methoden und Instrumente
- Überprüfung der Rationalisierungsmaßnahmen
- Endgültige Kostenprognose und Projektterminierung

Prozessschritte

Es ist erforderlich, die einzelnen Schritte dieses Prozesses und das Zusammenwirken von Unternehmensleitung – Controlling – Marketing – Entwicklung und Konstruktion – Marketing – Finanzierung und Kostenrechnug aufzuzeigen, um die ganzheitliche Betrachtungsweise des Controllingsystems zu verdeutlichen:

1. Schritt: Beschreibung des Produkts, der Zielgruppe für das Produkt sowie der Vorteile für den Kunden.
2. Schritt: Marktanalyse: Kundenwünsche, Einsatzmöglichkeiten, Konkurrenzprodukte, Zielpreisfestlegung
3. Schritt: Umsatz-Zielrendite: Festlegung, Ableitung aus mittelfristigen Unternehmenszielen
4. Schritt: Zielkosten: Vom Markt erlaubte Kosten; Differenz Ziel- und Standardkosten ist zu schließen
5. Schritt: Planungsprozess: Rationalisierungen, Entwicklungsalternativen, Überprüfung der Einzelkomponenten auf Notwendigkeit
6. Schritt: Produktzerlegung in Teilfunktionen: Kosten und Nutzen der Teilfunktionen, Festlegung der Rangfolge der Produktmerkmale und Produktvarianten
7. Schritt: Budgetvorgabe: Budgetierung der Zielkosten nach Produktkomponenten
8. Schritt: Kontinuierliche Kostensenkung: Kontrolle des Kostenbudgets, Anstreben weiterer Kostensenkungen

(in Anlehnung an: *Olfert, K.* 1999 S. 401 f.).

Zur Veranschaulichung der Zielkostenrechnung und Bestimmung der zulässigen bzw. erlaubten Kosten soll ein Fallbeispiel in verkürzter Form wiedergegeben werden (im Ausgangsbeispiel in DM) (vgl. *Coenenberg, A.G.* 1997 S. 192 f.):

Für die Entwicklung eines neuen Schuhmodells hat eine Firma eine Kundenbefragung zur Ausgestaltung des Modells durchgeführt. Ergebnis dieser Befragung ist folgende Gewichtung der Produktfunktionen:

	in %
Farbe	25
Gewicht	10
Haltbarkeit	10
Form	35
Verschlusstechnik	20
	100

Eine gleichzeitige Preisbefragung ergab als idealen Einführungspreis EURO 125 pro Paar.

Die Umsatz-Zielrendite wurde von der Unternehmensleitung mit 20 % festgelegt.

Der Beitrag der einzelnen Produktkomponenten zur Erfüllung der gewünschten Kundenfunktionen ergibt sich aus folgender Übersicht:

	Funktionen (in %)				
Komponenten	Farbe	Gewicht	Haltbarkeit	Form	Verschlusstechnik
Obermaterial	80	30	30	10	30
Innenmaterial	20	20	10	–	–
Sohle	–	35	30	40	–
Schnürung	–	10	–	40	70
Verbindung Sohle-Obermaterial	–	5	30	10	–
Summe	**100**	**100**	**100**	**100**	**100**

Gefragt ist nach der:

- Höhe der Zielkosten pro Paar,
- Höhe der Zielkosten je Funktion und Komponente des Modells.

Die Antwort zur ersten Frage ergibt sich aus der Differenz von Einführungspreis = EURO 125 und angestrebter Umsatzrendite von 20 % = EURO 25; die Zielkosten pro Paar betragen also EURO 100.

Bei der Beantwortung der zweiten Frage ist zunächst auf die Zielkosten je Funktion, danach auf die Zielkosten der Komponenten abzustellen.

Die Zielkosten je Funktion errechnen sich aus der Funktionsgewichtung multipliziert mit den erlaubten Kosten je Paar = EURO 100; das ergibt für Farbe 0,25 – Gewicht 0,1 – Haltbarkeit 0,1 – Form 0,35 – Verschlusstechnik 0,2 – jeweils x 100, also für Farbe 25 – Gewicht 10 – Haltbarkeit 10 – Form 35 – Verschlusstechnik 20 = zusammen EURO 100.

Für die Antwort nach den Zielkosten der einzelnen Komponenten ist eine Kombination der Funktionsgewichtungen mit dem Anteil der Komponenten an der Funktionserfüllung vorzunehmen:

	Funktionen (in %)					
Komponenten	Farbe	Gewicht	Haltbarkeit	Form	Verschlusstechnik	Nutzenanteil der Komponente
Obermaterial	20	3	3	3,5	6	35,5
Innenmaterial	5	2	1			8,0
Sohle		3,5	3	14		20,5
Schnürung		1		14	14	29
Verbindung Sohle-Obermaterial		0,5	3	3,5		7
Nutzenanteil Funktion	**25**	**10**	**10**	**35**	**20**	**100**

Die Zielkosten für die einzelnen Komponenten ergeben sich nun aus der Multiplikation des Nutzenanteils je Komponente mit den erlaubten Kosten je Paar = EURO 100; das ergibt für Obermaterial 0,355 – Innenmaterial 0,08 – Sohle 0,205 – Schnürung 0,29 – Verbindung Sohle-Obermaterial 0,07, jeweils x 100 = für Obermaterial 35,5 – Innenmaterial 8 – Sohle 20,5 – Schnürung 29 – Verbindung Sohle-Obermaterial 7 = zusammen EURO 100.

Die Zielkostenrechnung bietet die Möglichkeit, Kostenstrukturen strategisch sinnvoll zu beeinflussen und sie den Markterfordernissen anzupassen.

Für das Management ist das eine echte Herausforderung; sie liefert ihm entscheidungsrelevante Informationen.

Hier wird das interne Rechnungswesen zu einem führungsorientierten System ausgebaut.

Nutzung der Zielkostenrechnung

Eingang gefunden hat Target Costing vor allem in der Automobilindustrie sowie in der Elektrobranche, im Maschinenbau und in der Feinmechanik.

(U.a. grundlegend: *Fischer, T.M.* 2000; *Franz, K.-P./ Kajüter, P.* 1997; *Freidank, C.-C./Götze, U./Huch, B./Weber, J.* 1997).

4.3 Stufen der Einführung eines Controllingsystems als prozessualer Vorgang

Die notwendige Veränderung des internen Rechnungswesens zu einem führungsorientierten System muss als ein prozessualer Vorgang verstanden werden.

Der Aufbau eines solchen Systems kann in der Praxis nur in einzelnen Stufen erfolgen. Diese sollen (in Anlehnung an *Horváth & Partner* 2000a S. 39–65) nachfolgend erläutert werden:

4.3.1 Bewertung des internen Rechnungswesens und der Unternehmensplanung

Bei Einführung eines Controllingsystems muss zuerst eine Bewertung des internen Rechnungswesens und der Unternehmensplanung vorgenommen werden.

Es ist zu prüfen, ob bereits Controllingansätze bestehen, ob das Unternehmen bereits Informationen aus dem vorhandenen Rechnungswesen für Planung und Kontrolle verwendet.

Kompatibilität als Voraussetzung

Eine Kompatibilität der nach in- und externen Vorschriften erstellten Informationen ist Voraussetzung jeder systematischen Analyse von Plan-Ist-Abweichungen sowie zur Überwachung der Effektivität von Steuerungsmaßnahmen.

Trotz unterschiedlicher Anforderungen ist es von großem Vorteil, wenn in- und externe Rechnungslegung in Bezug auf Soll- und Istwertstruktur inhaltsgleich sind, weil sich die interne Planung von Kosten, Erlösen, Vermögen und Kapital dann besser mit den externen bilanzpolitischen Zielen koordinieren lässt.

Zwischen internem Rechnungswesen und Controlling besteht ein enger Koordinationsbedarf. Das Controlling sollte richtungsweisend die Anforderungen an das Rechnungswesen und die Weiterentwicklung seiner Systeme bestimmen. Das ist bereits aus dem vorigen Abschnitt und der Forderung nach einem führungsorientierten Rechnungswesensystem abzuleiten (vgl. auch *Botta, V.* 1998 S. 355–359).

Wenn zwischen in- und externen Rechnungen eine unproblematische Überleitung möglich ist, kann das Controlling relativ einfach und zuverlässig prüfen, wie operative Maßnahmen den externen Ausweis von Vermögens-, Finanz- und Ertragslage beeinflussen.

Servicefunktion des Rechnungswesens für das Controlling

Zu fordern ist also eine **Servicefunktion des Rechnungswesens** für das Controlling.

Bewertung des Rechnungswesens und Definition des Anforderungsprofils an ein Controllingsystem wurden im letzten Abschnitt angesprochen.

Anforderungen an die Unternehmensplanung

Zu klären ist noch, welche Anforderungen an die vorhandene oder noch nicht vorhandene Planung im Unternehmen gestellt werden, denn der Controller ist auch für Gestaltung und Koordination der Planung verantwortlich.

Fragen nach:
- einem geschlossenen Planungssystem,
- rollierender Planung,
- strategischer Unternehmensplanung,
- einem System der Ergebnisplanung,
- speziellen Methoden der Projektplanung und
- Teilplanungen für einzelne Funktionen

müssen gestellt und beantwortet werden.

4.3.2 Ausbau des Rechnungswesens und der Planung

Ohne Schaffung der Voraussetzungen im internen Rechnungswesen und in der Planung ist die Einführung eines Controllingsystems nicht möglich.

Aus einem vergangenheitsorientierten muss ein entscheidungs- und führungsorientiertes Rechnungswesen, aus Einzelplanungen ein geschlossenes integriertes Planungssystem werden.

Controller als »Planungsmanager«

Horváth bezeichnet den Controller als »Planungsmanager«, als »Produktmanager der Planung« und begründet dies damit, dass Planung und Kontrolle als Einheit zu verstehen sind, weil nur durch einen Vergleich der Plan- mit den realisierten Ist-Größen das Management in die Lage versetzt wird, im Sinne von Controlling in das Geschehen eingreifen zu können (vgl. *Horváth & Partner* 2000a S. 57).

D

Unter Planung ist die systematisch vorbereitete, zukunftsbezogene Festlegung von Zielen sowie der zu ihrer Erreichung notwendigen Maßnahmen, Mittel und Wege zu verstehen (vgl. *Hahn, D.* 1996 S. 45).

Dazu gehören die Phasen:
- Zielbildung,
- Problemstellung,
- Suche nach Handlungsalternativen,
- Beurteilung der Handlungsalternativen und
- Entscheidung.

(Vgl. *Horváth & Partner* 2000a S. 58 f.).

Zweck der Unternehmensplanung ist **Zielvorgabe** und **Festlegung der Verantwortlichkeit** für die Planerfüllung.

Planungsschritte

Planung ist eine Funktion im Managementprozess der Unternehmen, die folgende Schritte beinhaltet:

- Festlegung der Unternehmensziele,
- Unternehmensanalyse,
- Umfeldprognose,
- Unternehmensstrategie – abgeleitet aus Unternehmensanalyse und Umfeldprognose,
- Operative Strategieumsetzung in den einzelnen Funktionsbereichen,
- Controlling zur Steuerung der Planziele und der Erfolgskontrolle.

Planungsfristigkeiten

Aus diesen Schritten ergeben sich unterschiedliche Plangrößen und zeitliche Fristigkeiten:

Während Unternehmensstrategie und Unternehmenserfolg mittel- bis langfristige Steuerungsgrößen darstellen, sind Umsatz oder Liquidität eher kurzfristige Führungsgrößen.

Ein Planungssystem kann unterscheiden zwischen:

- langfristig strategischer Planung: länger als 5 Jahre – abhängig von der jeweiligen Branche,
- mittelfristig taktischer Planung: 2 bis 5 Jahre,
- operativer Planung: bis zu 1 Jahr.

Ein denkbares flexibles Planungssystem zeigt die folgende Abbildung 4.5, bei der nach Managementebenen und Hauptproblemen unterschieden wird unter Hinweis darauf, dass die Ziele des Gesamtunternehmens für die nachfolgenden Hierarchieebenen Vorgabecharakter haben:

Management-Ebene	Hauptproblem und Abgrenzung	Stufen der Planung
Top-Management (Strategische Planung bis 10 Jahre)	Festlegung neuer Generationen von Systemleistungen. Sie umfasst den Zeitraum, innerhalb dessen die neu aufgebauten Leistungspotenziale für die neue Produktgeneration wirksam sein werden.	
Middle-Management (Taktische Planung bis 4 Jahre)	Entwicklung von Leistungspotenzialen. Sie umfasst den Zeitraum, innerhalb dessen grundlegende Veränderungen des Leistungspotenzials zur Erbringung neuer Leistungen möglich sind.	
Lower-Management (Operative Planung bis 1 Jahr)	Ausnutzung von Leistungspotenzialen. Sie umfasst den Zeitraum, innerhalb dessen mit dem gegebenen Leistungspotenzial gearbeitet werden muss.	

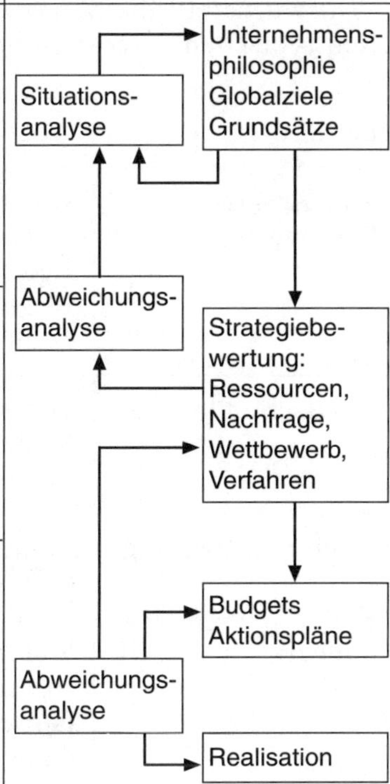

Abb. 4.5: Flexibles Planungssystem
(Quelle: *Peemöller, V.H.* 1997 S. 158).

Langfristige Planungen betreffen den Anlagehaushalt, kurzfristige dienen der Steuerung des Umlaufhaushalts.

Je längerfristig eine Planung angelegt ist, desto weniger detailliert kann sie sein; der Zeithorizont von kurz-, mittel- und langfristigen Plänen wird stark von der Branchenzugehörigkeit beeinflusst.

Strategische, taktische, operative Planung

Die vorgenannte Dreiteilung des Planungssystems (strategisch – taktisch – operativ) ist als hierarchischer Aufbau zu verstehen, bei dem die Strategie der Unternehmensführung zukommt, die den nachrangigen Ebenen die Vorgaben für das taktische und operative Handeln gibt.

Zu den Aufgaben der strategischen Planung gehört das frühzeitige Erkennen von Chancen und Risiken am Markt sowie ggf. von Strategien zur Risikominderung.

Die Umsetzung der Strategien geschieht auf der taktischen Ebene; Erarbeitung von Teilbereichszielen sowie von Mitteln und Wegen zur Zielerreichung sind ihre Aufgaben.

Eine optimale Faktorkombination mit den gegebenen Ressourcen zu erreichen ist die Zielsetzung der operativen Planungsebene.
Horváth stellt die Merkmale der einzelnen Planungsstufen mit ihren typischen Fragestellungen und Fristigkeiten wie folgt dar:

Leitbild	Wozu sind wir da?	10–20 Jahre
Strategische Planung	Was tun wir? Unternchmens-ziele Wege zur Ziel-erreichung?	5–15 Jahre
Taktische Planung	Wie realisieren? Maßnahmen Mitteleinsatz?	2–5 Jahre
Operative Planung	Konkretisierung im kommenden Jahr	1 Jahr
Budgets	Welches Ergebnis soll im nächsten Jahr erreicht werden?	1 Jahr

(Vgl. *Horváth & Partner* 2000a S. 61–65).

Für die Festlegung des Ablaufs der Jahresplanung (operative Planung) empfehlen *Horváth & Partner* die in der folgenden Abbildung 4.6 aufgeführten Vorgehensschritte.

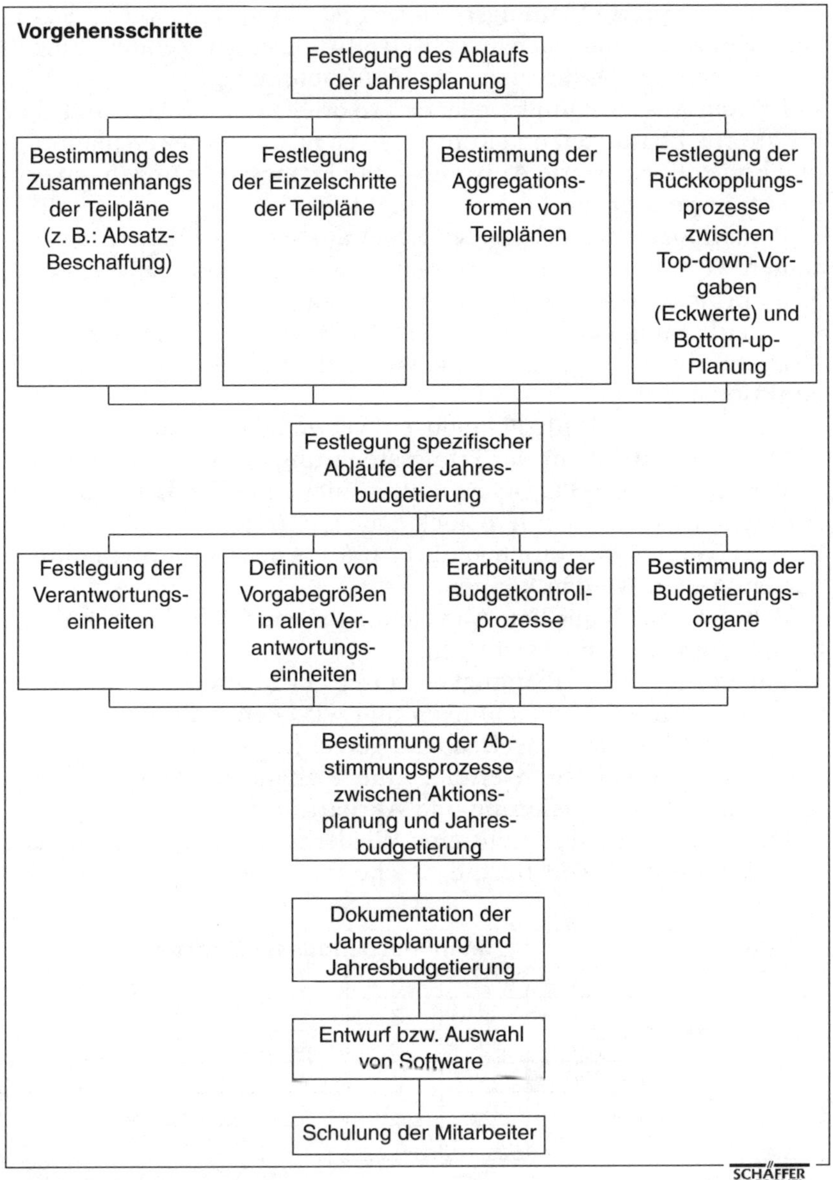

Abb. 4.6: Vorgehensschritte
(Quelle: *Horváth & Partner* 2000 S. 150).

Für die Umsetzung solcher komplexen Planungssysteme im Unternehmen eignet sich u. a. auch eine **Planbilanz und Plan-GuV** für einen Planungszeitraum von 3 bis 5 Jahren (in Abhängigkeit von der jeweiligen Branche).

Integrierte Planungsrechnung

Eine **integrierte Planungsrechnung** ist ein System wechselseitig abgestimmter und sich wechselseitig beeinflussender Einzelplanungen aller Teilbereiche der Unternehmung.

Um die Aussagefähigkeit der extern orientierten Bilanz und GuV für interne Planungen und Kontrollen zu nutzen, müssen planungs- und kontrollorientierte Aufwands- und Ertragsrechnungen in Form intern ausgerichteter Bilanzen erstellt werden.

Planbilanzen werden in der Regel aus den Teilplänen der einzelnen Funktionen des Unternehmens entwickelt (aus Absatz-, Produktions-, Beschaffungs-, Finanzplan) und stellen eine Zusammenfassung der interdependenten Teilplanergebnisse dar.

Die Teilpläne sind damit Planvorgaben für die entsprechenden Funktionsbereiche.

Sie können auch für Planbudgets verwendet werden.

Die Plan-GuV dient der Erfolgssteuerung des Unternehmens.

Plan-Bilanz und Plan-GuV sollten nicht nur als Jahresplanung entwickelt werden, sondern auch nach Quartalen unterteilt, damit Plan-Ist-Vergleiche durchgeführt und Anpassungsmaßnahmen vorgenommen werden können.

Plan-Ist und Plan-Plan-Abweichungen sind bei der jeweiligen Neuplanung zu berücksichtigen.

Rollierende Planung

Ein rollierendes Planungsverfahren ermöglicht kurzfristiges Gegensteuern bei Abweichungen und wird den Anforderungen an ein Controllingsystem weitgehend gerecht.

Bei diesem Verfahren erfolgt eine Plananpassung durch Fortschreibung, Konkretisierung und Aktualisierung.

Der Planungszyklus sieht eine Wiederholung der Planung nach einer bestimmten Zeit für die gleiche Frist vor.

B

Planungszyklus	Planungsperiode (in Monaten)						
	1	2	3	4	5	6	7
1	1	2	3				
2		2	3	4			
3			3	4	5		
4				4	5	6	
5					5	6	7

Abb. 4.7: Rollierende Planung

SCHÄFFER POESCHEL

Vorteil dieses Verfahrens ist, dass jeder Zeitraum mehrfach geplant wird und Plan-Ist sowie Plan-Plan-Abweichungen bei den jeweiligen Neuplanungen sofort berücksichtigt werden können.

Eine Plan-GuV eignet sich besonders gut für Führungsinformationen auf Basis von Kennzahlen.

4.3.3 Aufbau eines Informationssystems

Instrumente der Planung dienen der Informationser- und -verarbeitung in den verschiedenen Phasen.

Einerseits lösen Planung und Kontrolle einen Informationsbedarf aus, andererseits sollen Informationen rechtzeitig auf Chancen und Risiken hinweisen.

Hieraus erwachsen Anforderungen an eine Informationsversorgung des Managements.

Häufige Kritikpunkte bezüglich der Informationspolitik in der betrieblichen Praxis sind:

- Informationen kommen zu spät.
- Sie sind zu detailliert.
- Es fehlt die Zukunftsorientierung.
- Führungsbereiche erhalten zum Teil sich widersprechende Informationen.

Aufbau eines Informationsversorgungssystems

Der Aufbau eines Informationsversorgungssystems für die Unternehmensführung (Kernfunktion des Controllings) sollte in folgenden Schritten erfolgen:

Informationsbedarfsanalyse:
- Welche Informationen?
- Wie detailliert?
- Wie aktuell?
- In welchen Zeitabständen?

Informationsbeschaffung:
- Interne oder/und externe Quellen?
- Für strategische oder operative Maßnahmen?
- Wer beschafft die Informationen?

Informationsaufbereitung:
- Wer bereitet die Informationen auf?
- Informationsverdichtung, -verknüpfung und -spezifizierung?

Informationsübermittlung/Berichtswesen:
- Darstellungsformen für Informationen?
- Aufzeigen von Ursachen bei Abweichungen.
- Verdeutlichung von Gegensteuerungsmaßnahmen.

Eine Computerunterstützung ist für eine wirtschaftliche Informationsversorgung wichtige Voraussetzung (vgl. hierzu auch *Horváth & Partner* 2000a S. 219–223).

Ein in vielen Unternehmen vorhandener Mangel im Zusammenhang mit der Informationsversorgung ist, dass nur die oberste Führungsebene und das Controlling Berichte erhalten. Es ist dringend erforderlich, dass auch der mittleren und unteren Führungsebene Informationen zugeleitet werden, die für sie im prozessualen Betriebsablauf wesentlich sind. Eine Auswahl für die Weiterleitung solcher Informationen an die operativen Ebenen ist Aufgabe des Managements in Verbindung mit dem Controlling.

4.4 Stufen der Durchführung eines Controllingsystems

Die ablauforganisatorischen Perspektiven des Controllings können in sechs Phasen zusammengefasst werden, um den prozessualen Ablauf des Controllings zur Management-Unterstützung zu verdeutlichen (vgl. *Ebert, G./Koinecke, J./Peemöller, V./Preißler, P.R.* 1996 S. 37–70).

4.4.1 Analysephase

In der ersten Phase des Controllingprozesses erfolgt eine Untersuchung aller Gegebenheiten, die den zukünftigen Sachverhalt bestimmen. Dabei sollte mit der Umfeldanalyse begonnen werden, bevor eine »Durchleuchtung« des eigenen Unternehmens zur Feststellung des Ist-Zustands durchgeführt wird.

Externe Analysefelder sind soziales und politisches Umfeld, Branche, Verhalten der Mitbewerber, Marktveränderungen auf dem Absatz-, Arbeits- und Kapitalmarkt, usw.; zu den internen Analysefeldern gehören alle im Unternehmen wahrzunehmenden Funktionen, Großprojekte, Forschung und Entwicklung, usw.

Frühwarnsysteme eignen sich zur praktischen Durchführung derartiger Analysen (siehe auch Kapitel 6 Abschnitt 6.3.1).

4.4.2 Zielbildungsphase

Die Planung ist Kernstück eines jeden Führungssystems.

In dieser Phase geht es um ein Budgetsystem, das sowohl auf Kosten als auch auf Geld- und Mengengrößen ausgerichtet ist.

Dieses System sollte Kosten- und Leistungsvorgaben enthalten, die aus den Unternehmensplänen entwickelt werden.

In der Zielbildungsphase werden die Gesamtziele des Unternehmens mit den sich ergebenden Strategien, Planungen und Kostenvorgaben verbunden.

Beim Zielbildungsprozess werden zwei Ansätze unterschieden:

Inkrementaler Ansatz

1. Ansatz kleiner Schritte **ohne** Zielvorgabe (inkrementaler Ansatz), ohne großen Aufwand (daher vorwiegend angewandt in mittelständischen Unternehmen): Nach Analyse der bisherigen Strategien auf Mängel und Fehler erfolgt eine Stärken-/Schwächen- und Umfeld-Analyse; aus diesen wird die zukünftige Strategie abgeleitet, jedoch ohne Zielformulierung.

Synoptischer Ansatz

2. Ansatz einer umfassenden Planung **mit** Zielvorgabe (synoptischer Ansatz) (mit dem vorwiegend in Großunternehmen und Konzernen gearbeitet wird): Nach einer Planzielfestsetzung werden Strategien bewertet und zum Schluss wird eine Entscheidung für **eine** Alternative getroffen.

4.4.3 Strategiephase

Strategien und Phasen zur Zielerreichung

In dieser Phase müssen Strategien und Wege zur Zielerreichung festgelegt werden.

Hierzu wird folgendes Vorgehen empfohlen:

- Erarbeitung der einzelnen Strategiebestandteile,
- Treffen von Annahmen für die Einzelbestandteile über ihre Entwicklungschancen,
- Erarbeitung von möglichen Handlungen/Maßnahmen zur Zielerreichung,
- Auswahl des Maßnahmenbündels zur Erfolgsrealisation aus den Handlungsalternativen,
- Vorgabe des Maßnahmenbündels in seinen Einzelheiten für die betroffenen Mitarbeiter.

Bei dieser Strategieentwicklung ist eine umfassende Informationsbeschaffung notwendig.

Teilziele werden durch Teilstrategien angestrebt; diese sind zu einer Gesamtstrategie zusammenzufassen.

4.4.4 Maßnahmenplan

Teilziele für Funktionsbereiche

Aus Zielen und Strategien werden Teilziele für die einzelnen Funktionsbereiche abgeleitet; diese Teilziele enthalten neben den

Zielen auch Mittel und Wege, die zur Zielerreichung notwendig sind (Maßnahmenplan).

Von großer Bedeutung ist bei dieser Phase der Faktor Zeit.

Mit stärkerer Detaillierung werden nun auch die einzelnen Teilbereiche in die Planung einbezogen: Marketing – Fertigung – Beschaffung – Finanzierung sind im Rahmen einer integrierten Planung miteinander zu verbinden.

Diese Koordination muss zu einer optimalen Gesamtlösung führen.

4.4.5 Budgetphase und -kontrolle

Kostenziele

In dieser Phase sind Kostenziele zu formulieren für die bisher behandelten Phasen, um ein Budget für den gesamten prozessualen Ablauf zu erstellen.

Budgets sind Planvorgaben und umfassen Mengen- und Geldgrößen.

Es wird bei ihnen zwischen fixen und flexiblen Budgets unterschieden.

Bei fixen Budgets werden die Vollkosten je Kostenart und Kostenartengruppe fest vorgegeben; sie sind unbedingt einzuhalten.

Bei flexiblen Budgets werden die Kosten in fixe und variable Bestandteile aufgeteilt; hier werden für die einzelnen Beschäftigungsstufen Budgets je Kostenart und Kostenartengruppe vorgegeben.

Als Kontrollinstrumente sind flexible Budgets den fixen deutlich überlegen.

Budgets sollen weder positive Überschreitungen der Leistungsziele verhindern noch zu einer Erstarrung des betrieblichen Geschehens führen. Veränderungen bei den Zielen und den Kosten machen Ursachenanalysen notwendig, die Voraussetzung für ein rechtzeitiges Gegensteuern des Controllers sind.

4.4.6 Korrekturphase

Die Gegensteuerung ist Inhalt der letzten Phase des Controllings.

Maßnahmen zur Budgetkontrolle

Auf der Grundlage einer Budgetkontrolle sind Maßnahmen erforderlich, die zur Erfüllung der vorgegebenen operativen Planung führen.

Für solche Maßnahmen gibt es drei Möglichkeiten:

1. Zwangsmaßnahmen
   Sie werden bei Verlusten eingesetzt, indem Kostenkürzungen vorgenommen werden (vermeidbare Kosten). Vorgabe extrem niedriger Kostenansätze oder Streichung von Kosten (z. B. für Instandhaltungen, Weiterbildung, usw.).
2. Gelegenheitsmaßnahmen
   Vorschläge für Rationalisierungen.
3. Institutionalisierte Verfahren
   Hierbei handelt es sich um systematische Verfahren, mit denen Ursachen von Kostenabweichungen erfasst und Möglichkeiten für Verbesserungen gesucht werden. Kostenberichte und Prämienverfahren für Kosteneinsparungen sind Beispiele derartiger Verfahren. Sie sollen die Mitarbeiter zu einem sparsamen Umgang mit den Ressourcen motivieren.

4.5 Fragen und Aufgaben

1. Begründen Sie, warum für das Controlling der Ausbau des Rechnungswesens von einem vergangenheits- zu einem entscheidungs- und führungsorientierten System notwendig ist.
2. Welches Vorgehen empfehlen Sie einem Controller vor Einrichtung eines Controllingsystems?
3. Weshalb ist mit der Vollkosten- und starren Plankostenrechnung keine Kostenkontrolle möglich?
4. Nennen Sie Beispiele für Entscheidungen, die mit den Systemen der Teilkostenrechnung besser getroffen werden können?
5. Erklären Sie das Vorgehen bei einer flexiblen Plankostenrechnung auf Vollkostenbasis, und verdeutlichen Sie, warum dieses System eine Wirtschaftlichkeitsanalyse für jede Kostenstelle möglich macht.
6. Nennen Sie die Vorgehensweise und erläutern Sie Stärken und Schwächen der Prozesskostenrechnung.
7. Die Zielkostenrechnung wird auch als »strategisches Kostenmanagement« bezeichnet. Begründen Sie dies, und versuchen Sie, die einzelnen Schritte dieser Rechnung nachzuvollziehen.
8. Der Prozessablauf des Controllings zur Unterstützung des Managements lässt sich an sechs Phasen erklären. Versuchen Sie, diesen Prozess nachzuvollziehen.

5 Operative Handlungsfelder des Controllings

Ulrich Steins

5.1 Lernziele

- Aufgaben des operativen Controllings kennen lernen
- Überblick über Instrumente des operativen Controllings erhalten
- Kennzahlen- und Budgetsysteme als Planungs- und Steuerungsinstrumente bewerten
- Führung durch Zielvorgabe anwenden können
- Methoden und Verfahren zur Kostenplanung auf ihre Effizienz beurteilen können
- Unterschiedliche Arten einer Wertanalyse kennen lernen
- Gemeinkostenreduzierung durch Verfahren der Kostenauflösung beurteilen
- Instrumente zur Kostenkontrolle anwenden können

5.2 Aufgaben

Die operativen Handlungsfelder ergeben sich aus den Stufen des im Kapitel 4 dargestellten Controllingsystems.

Im Gegensatz zum strategischen ist es Aufgabe des operativen Controllings, Maßnahmen zur Unterstützung der Realisierung von Strategien einzuleiten. (Zur Abgrenzung der operativen und strategischen Handlungsfelder sei auch auf Kapitel 6 Abschnitt 6.2 hingewiesen.)

Eine derartige Serviceleistung für das operative Management ist in vielfältiger Weise möglich.

Ziele und Aufgaben des operativen Controllings

Beispielhaft seien Einrichtung geeigneter Organisationsstrukturen, Informationssysteme, Planungs-, Steuerungs- und Kontrollinstrumente genannt.

D

Nach *Scholz* bezieht sich das operative Controlling auf Einhaltung der Pläne, wirtschaftlichen Mitteleinsatz und Mittelverwendung, die Sorge für die Zielerreichung, Planabstimmung und schließlich auf die Sicherung der Plandurchführung (vgl. *Scholz, H.-G.* 1998 S. 211).

Immer dann steuernd in den Betriebsablauf einzugreifen, wenn die Ergebniserwartung gefährdet ist, kann als generelle Aufgabe des operativen Controllings angesehen werden.

Die Aufgaben des operativen Controllings ergeben sich aus seinen Zielen:

- Unterstützung der erfolgsorientierten operativen Planung,
- Budgetierung und Kostenvorgabe für die organisatorischen Einheiten,
- Budgetkontrolle (Abweichungsursachen und Korrekturmaßnahmen),
- Informationsversorgung der Unternehmensführung für Planung und Entscheidung.
- Systematische Planung der Teilbereiche und des Gesamtunternehmens,
- Koordinierung in- und externer Daten in ihrer Auswirkung auf die Unternehmensbereiche und das Gesamtunternehmen,
- Prognosen und Simulationen zur Zielüberprüfung,
- Kontinuierliche Plan-Ist-Vergleiche,
- Sonderprojekte zur Kostenreduzierung, Erlösverbesserung, Effizienzsteigerung, usw.

(Vgl. *Ebert, G./Koinecke, J./Peemöller, V./Preißler, P.R.* 1996 S. 20 und *Peemöller, V.* 1997 S. 152 f.).

Im Gegensatz zum strategischen ist das operative Controlling auf den verschiedenen Ebenen und Bereichen des Unternehmens ausgesprochen aktionsorientiert.

Es unterstützt das Management bei der kurzfristigen Steuerung der Unternehmensprozesse und den zu treffenden Entscheidungen durch Bereitstellung von Instrumenten und standardisierten Informationen.

Erst dadurch ist es der Unternehmensführung möglich, stets über Grad und Qualität der Zielerreichung informiert zu sein sowie über Schwachstellenanalysen gezielte Gegensteuerungsmaßnahmen zu veranlassen.

5.3 Planungs- und Steuerungsinstrumente

Die Verfahren und Methoden der Er- und Verarbeitung von Informationen sind Grundlage für eine Kostenplanung.

Analyse der Kostenstruktur

Für eine Kostenermittlung ist eine Analyse der Kostenstruktur des Unternehmens Voraussetzung. Durch eine derartige Untersuchung werden Risiken des Unternehmens bei Veränderungen sichtbar.

Die unterschiedliche Intensität eines Unternehmens bei den Produktionsfaktoren Betriebsmittel, Arbeitskräfte und Werkstoffe zeigt seine Anfälligkeit bei Veränderungen.

Materialintensive Unternehmen sind besonders anfällig bei Erhöhungen der Materialkosten, lohnintensive bei Lohnerhöhungen und Sozialkostensteigerungen, usw.

Generell hat eine Kostenplanung die Kostenabhängigkeit von der Beschäftigung zu berücksichtigen.

Die Planung im Rahmen der operativen Handlungsfelder des Controllings ist determiniert durch langfristige Planungen und Entscheidungen früherer Perioden, d. h. durch strategische Planung und strategisches Controlling.

Detaillierung und Konkretisierung beim operativen Controlling

Neben der Bindung an diese Entscheidungen erfordert sie eine Detaillierung und Konkretisierung, was zur Folge hat, dass sie einen hohen Informationsbedarf auslöst.

Bei der Aufbereitung von Informationen ist eine sinnvolle und komprimierte aussagefähige Verdichtung des Zahlenmaterials durch Kennzahlen, die komplexe Sachverhalte darstellen, erforderlich.

Dabei dürfen jedoch wesentliche Einzelheiten nicht verloren gehen, weil ansonsten Ursachenanalysen schwer durchführbar sind.

Methoden operativer Planung

Methoden für eine operative Planung sind:

- Kennzahlen und Kennzahlensysteme,
- Budgetsysteme,
- Netzplantechniken,
- Management by Objectives.

5.3.1 Steuerung über Kennzahlensysteme

Kennzahlen dienen der Planung, Steuerung und Kontrolle auf den einzelnen Hierarchieebenen; sie sind so aufzubereiten, dass sie sich für in- und externe Betriebsvergleiche eignen und nicht nur den Informationsbedarf des Top Managements decken, sondern auch den der mittleren und unteren Führungsebenen.

D

Entscheidungsorientierte Managementunterstützung ist dann gegeben, wenn Kennzahlensysteme

- sowohl vergangenheits- als auch zukunftsorientiert sind,
- Vergleichbarkeit gewährleisten,
- in einer konfliktfreien Gesamtheit der Einzelkennzahlen erstellt werden,
- dem Gebot der Wirtschaftlichkeit untergeordnet sind,
- ein rationelles Arbeiten ermöglichen.

Gemeinsam ist diesen Systemen eine Aufspaltung der Rentabilität in ihre einzelnen Bestandteile. Hierdurch sind Planung und Abweichungsanalyse leichter möglich.

DuPont-System

Das bekannteste System ist das 1919 vom Chemieunternehmen DuPont entwickelte Schema mit der Grundidee, nicht die Gewinnmaximierung als Ziel anzustreben, sondern die relative Größe Gesamtkapital-Rentabilität.

Diese Größe ROI (Return on Investment) wird zur Spitzenkennzahl erklärt und in weitere Einzelkennzahlen gegliedert, wodurch eine systematische Analyse der Haupteinflussfaktoren des Ergebnisses möglich ist.

Die Zusammenhänge zwischen den einzelnen Größen werden durch rechentechnische Verknüpfungen hergestellt (z. B. Beeinflussung des Ergebnisses durch Verringerung der Vorräte).

Nachstehende Abbildung 5.1 verdeutlicht diese Zusammenhänge und rechentechnischen Verknüpfungen:

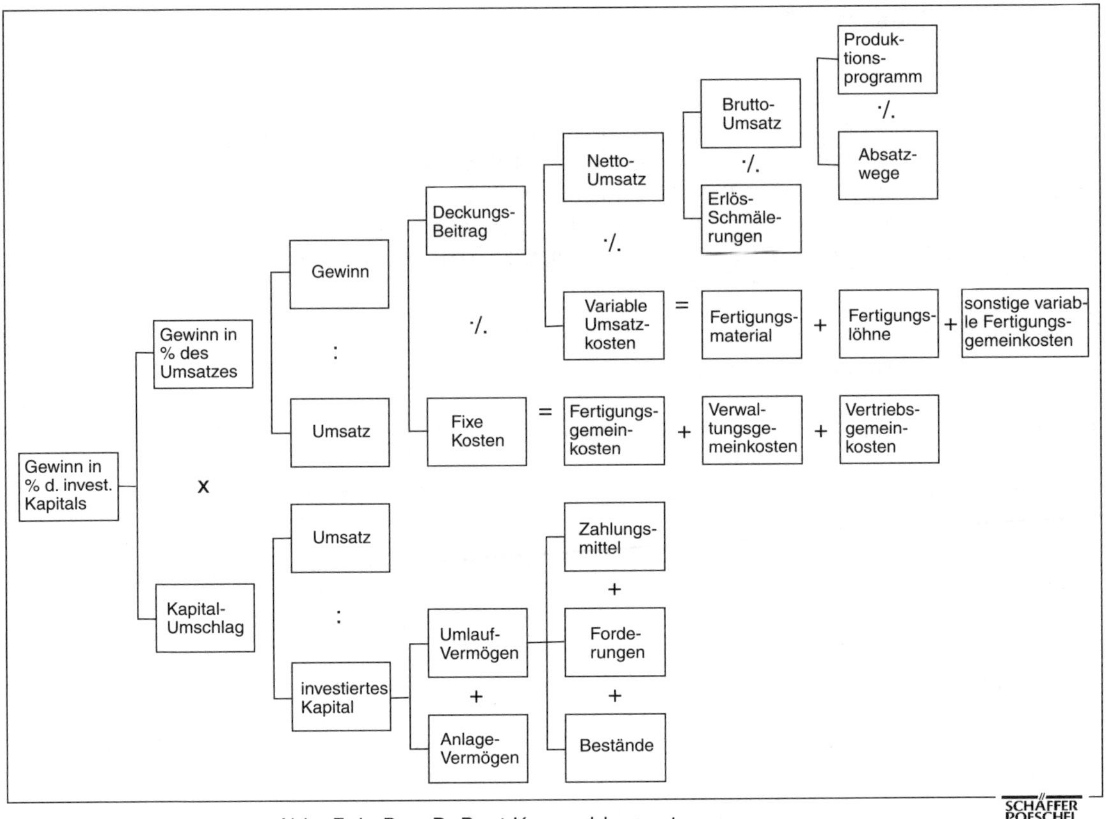

Abb. 5.1: Das DuPont-Kennzahlensystem
(Quelle: *Horváth & Partner* 2000 S. 231).

Kritisch ist beim ROI zu bemerken, dass das System keinen vollständigen Überblick über Ursachen-Wirkungs-Zusammenhänge gibt und nur auf die Zielgröße Rentabilität ausgerichtet ist.

Ziele wie Liquidität und Produktivität werden nicht verfolgt, obwohl sie für das operative Controlling notwendig sind.

ZVEI-System

Ein anderes Kennzahlensystem, das breite Akzeptanz über alle Branchen hinweg in der Praxis gefunden hat (obwohl es vom Zentralverband der elektrotechnischen Industrie (ZVEI) ursprünglich für die eigenen Mitgliedsfirmen entwickelt wurde), wird der Forderung, neben der Rentabilität auch andere Ziele zu berücksichtigen, besser gerecht.

Ziel dieses Systems ist, ein analytisches Planungsinstrument für die Unternehmenssteuerung zu liefern:

Durch Zeit- und Betriebsvergleiche werden sachliche Aussagen über die Lage des Unternehmens gewonnen.

Als Planungsinstrument sollen Kennzahlen den unternehmerischen Zielsetzungen durch entsprechende Plangrößen einen zahlenmäßig fassbaren Inhalt geben (vgl. *Betriebswirtschaftlicher Ausschuß des Zentralverbandes Elektrotechnik- und Elektronikindustrie (ZVEI) e. V.* 1989 S. 39).

Wachstums- und Strukturkomponenten

Oberstes Ziel dieses Systems ist also die Ermittlung der Effizienz eines Unternehmens, die sich in die Feststellung der Wachstums- und Strukturkomponenten gliedert.

Nach *Reichmann* soll die Wachstumsanalyse Veränderungen der Zeitreihe mit Hilfe bestimmter Indexzahlen feststellen (Geschäftsvolumen, Personal, Erfolg).

Die Strukturanalyse dient der Untersuchung der Risikobelastungen der Ertragsfähigkeit des Unternehmens. Sie basiert auf Strukturierung und Verdichtung von Informationen des betrieblichen Rechnungswesens.

Eigenkapital-Rentabilität

Spitzenkennzahl ist die Eigenkapital-Rentabilität, die wie Abbildung 5.2 zeigt, in Kennzahlengruppen zerlegt wird:

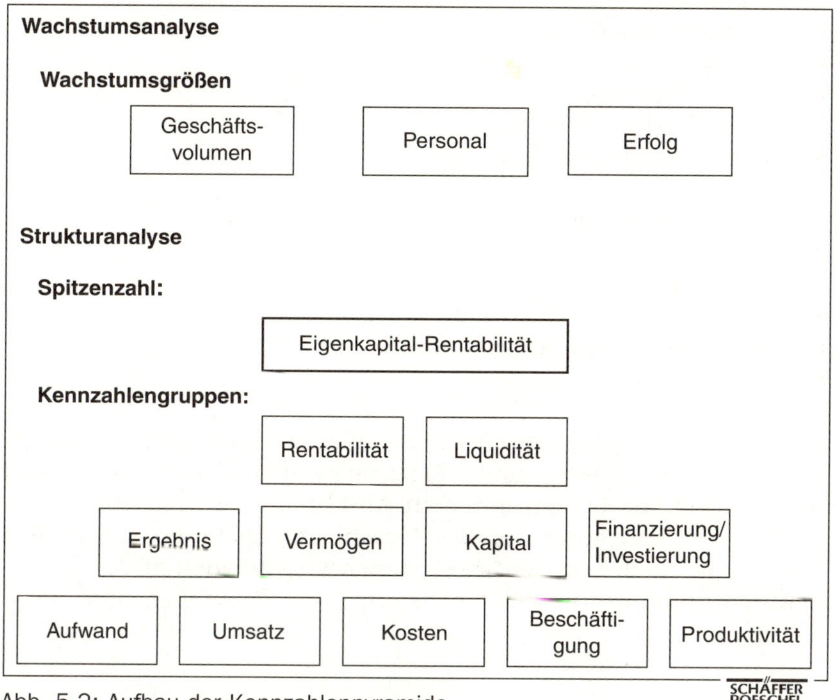

Abb. 5.2: Aufbau der Kennzahlenpyramide (Quelle: *Horváth & Partner* 2000 S. 233).

Das Kennzahlensystem ZVEI ist ein Informationssystem für die Unternehmenssteuerung und wird deshalb in modifizierter Weise von vielen Unternehmen genutzt (vgl. *Reichmann, T.* 1997 S. 30 f.). Für viele (vor allem klein- und mittelständische) Unternehmen stellen die beschriebenen Kennzahlensysteme zu hohe Anforderungen dar.

Derartige Unternehmen suchen Kennzahlen, mit denen Plan-Ist-Abweichungen und deren Ursachen (so weit sie quantitative Gründe haben) erkennen können.

Doch auch hier gilt der Grundsatz, dass eine Kennzahl allein wenig aussagekräftig ist, sondern nur ein Kennzahlensystem hilfreich sein kann.

Kennzahlen für minimale Anforderungen

Nachfolgend soll aus der Fülle von Kennzahlen für den Gesamtunternehmensbereich eine Auswahl getroffen werden, die auch unter minimalen Anforderungen der Unternehmensführung notwendig ist.

Diese Kennzahlen müssen auf jeden Fall die Bereiche Kosten, Erfolg, Finanzierung und Investition einbeziehen.

Kennzahlen für den Kosten- und Erfolgsbereich sind:
- Umsatzentwicklung,
- Auftragsbestand und -eingang,
- Betriebsergebnis,
- Gesamtkostenentwicklung,
- Deckungsbeitragsziffern.

Für den Finanzbereich wichtige Kennzahlen sind:
- Liquiditätsgrade,
- Cash-Flow,
- Verschuldungsgrad,
- Eigen- und Gesamtkapitalrendite,
- Anlagendeckung.

Kennzahlen für den Investitionsbereich müssen sich auf abgerechnete, beschlossene und freigegebene Investitionen sowie auf die Relation von Investitionen zu Abschreibungen beziehen.

Welche Kennzahlen für das Gesamtunternehmen ausgewählt werden, ist auch von den spezifischen Gegebenheiten des Unternehmens und der Branche abhängig (vgl. *Peemöller, V.H.* 1997 S. 290 f.).

5.3.2 Steuerung über Budgetsysteme

Subsystem des Planungs- und Kontrollsystems

Das Budgetsystem soll als Subsystem (in Geldbeträgen formulierter Plan, der einer betrieblichen Entscheidungseinheit zur Erfüllung eines Sachziels für eine Periode vorgegeben wird) des Planungs- und Kontrollsystems verstanden werden, dem die zielorientierte Planung und Kontrolle zugeordnet werden kann.

Die Budgetierung selbst ist innerhalb des Planungssystems auf die Ziele des Unternehmens ausgerichtet.

Starre und flexible Budgets

Es wird zwischen **starren** und **flexiblen Budgets** unterschieden. Bei starren Budgets geht man von einer bestimmten Beschäftigung aus, bei flexiblen werden die Vorgaben nach der Beschäftigungshöhe differenziert.

Zu einem Budgetsystem gehören aufeinander abgestimmte und auch verdichtete Einzelbudgets.

D

Ein Budget umfasst stets den zahlenmäßigen Teil der operativen Planung und ist perioden- und/oder projektbezogen. Inhaltlich bezieht es sich auf Leistung, Maßnahmen und Kosten. Es stellt ein Führungsinstrument zur Steuerung, Koordination und Kontrolle der Entscheidungsträger im Unternehmen dar.

In vertikaler, horizontaler sowie zeitlicher und verwendungsbezogener Hinsicht übernehmen Budgetsysteme Koordinationsaufgaben (vgl. *Peemöller, V.H.* 1997 S. 162 ff.).

Budgets sind immer dann besonders angreifbar, wenn sie aus Werten der Vergangenheit entwickelt werden anstatt aus geplanten Maßnahmen.

Bei derartigen rückwärtsorientierten Budgets werden oft Kürzungen vorgenommen, wenn in der abgelaufenen Periode besonders sparsam gewirtschaftet wurde. Das führt häufig dazu, dass die bislang bereits »Sparsamen« bei Festlegung des neuen Budgets »bestraft« werden.

Vor- und Nachteile der Budgetierung

In Anlehnung an *Peemöller* werden nachfolgend Vor- und Nachteile der Budgetierung gegenübergestellt:

Vorteile	
Zukunftsorientierung	Einflussgrößen und Schwachstellen werden deutlich
Zielkonkretisierung	Gewinnbedarf, Mittel und Wege zum Ziel, Einzelziele und Vorgaben für nachgeordnete Einheiten

Koordinierung von Teilplänen	Abgestimmtes Zusammenwirken, Festschreiben von Aktivitäten, Disposition über Personal und Finanzen, Anstöße für kritische Analyse von Umlagen und Gemeinkostenverrechnungen
Referenzlinie für Berichtswesen	Abweichungserläuterungen Maßnahmenentwicklung zur Gegensteuerung, Erledigungsstandskontrolle
Nachteile	
Aufwand größer als Nutzen	Schwierige Abstimmungen unmögliche und teure Abstimmungen
Unrichtige Inhalte	Überholte Basisannahmen, Erstellung von Stäben, Vortäuschung von zu hohen Genauigkeiten, nachträgliche Budgetkorrektur, keine Kontrolldiskussion
Nichtnutzung des Budgets	Zu kurzfristig für Zielvorgabe, keine Identifikation mit dem Budget, zu hoher Detaillierungsgrad
Budget-Fehlentscheidungen	Einschrämkung von Entscheidungen, Budgets und Etats führen zu nutzlosen Ausgaben, fördern nicht das Kostenbewusstsein

(Vgl. *Peemöller, V.H.* 1997 S. 162 ff.).

Budgetvorgaben sind also stets aus strategischen und taktischen Zielen abzuleiten.

Anforderungen an Budgetsysteme

Wichtige Anforderungen an Budgetsysteme sind (vgl. *Serfling, K.* 1992 S. 205):

- Budgets sollen motivierend wirken (herausfordern; müssen aber stets erreichbar sein),
- Budgets sollen Handlungen auslösen (Transformation von Ober- in Zwischen- und Unterziele sowie in Handlungsanweisungen),
- Verantwortungsbereiche sollen zur Vermeidung gegenseitiger Beeinflussung der Kostenwerte unabhängig sein,
- Budgets müssen klar und exakt formuliert sein (Kosten, Zeiten und Kontrollen); nur so entstehen einheitliche und vergleichbare Budgets,
- Qualitative sind neben quantifizierbaren Vorgaben zu berücksichtigen,
- Entscheidungsträger sollen an Budgeterstellung und -auswertung beteiligt sein (Identifikation),
- Budgets dürfen die Flexibilität nicht einschränken (bei unvorhersehbaren Änderungen Budgetrevisionen),
- Budgets sollen zeitlich abgestimmt sein (Anlehnung an Termine des Rechnungswesens ist zu empfehlen).
- Budgets sollen zukunftsbezogen sein (Ableitung aus strategischen und operativen Zielen),
- Entscheidungsträgern ist ein Plan-Ist-Vergleich vorzulegen (Kostenverursachung und -beeinflussung).

Werden vorgenannte Anforderungen erfüllt, ist die Steuerung über Budgets ein wertvolles Instrument im Rahmen der operativen Planungsmethoden.

Planungs- und Budgetierungs-Handbuch

Aufgabe des Controllings ist in diesem Zusammenhang die Erstellung eines Planungs- und Budgetierungs-Handbuchs mit den Inhalten:

- Allgemeine Planungsrichtlinien,
- Teilziele,
- Prämissen,
- Nebenbedingungen.

5.3.3 Führung durch Zielvorgabe (MbO)

Dieses in Abbildung 5.3 dargestellte Verfahren stellt im Rahmen der Planungsmethoden ein umfassendes Führungsprinzip unter Einbeziehung der drei Aspekte Prozess, Funktion und Struktur dar.

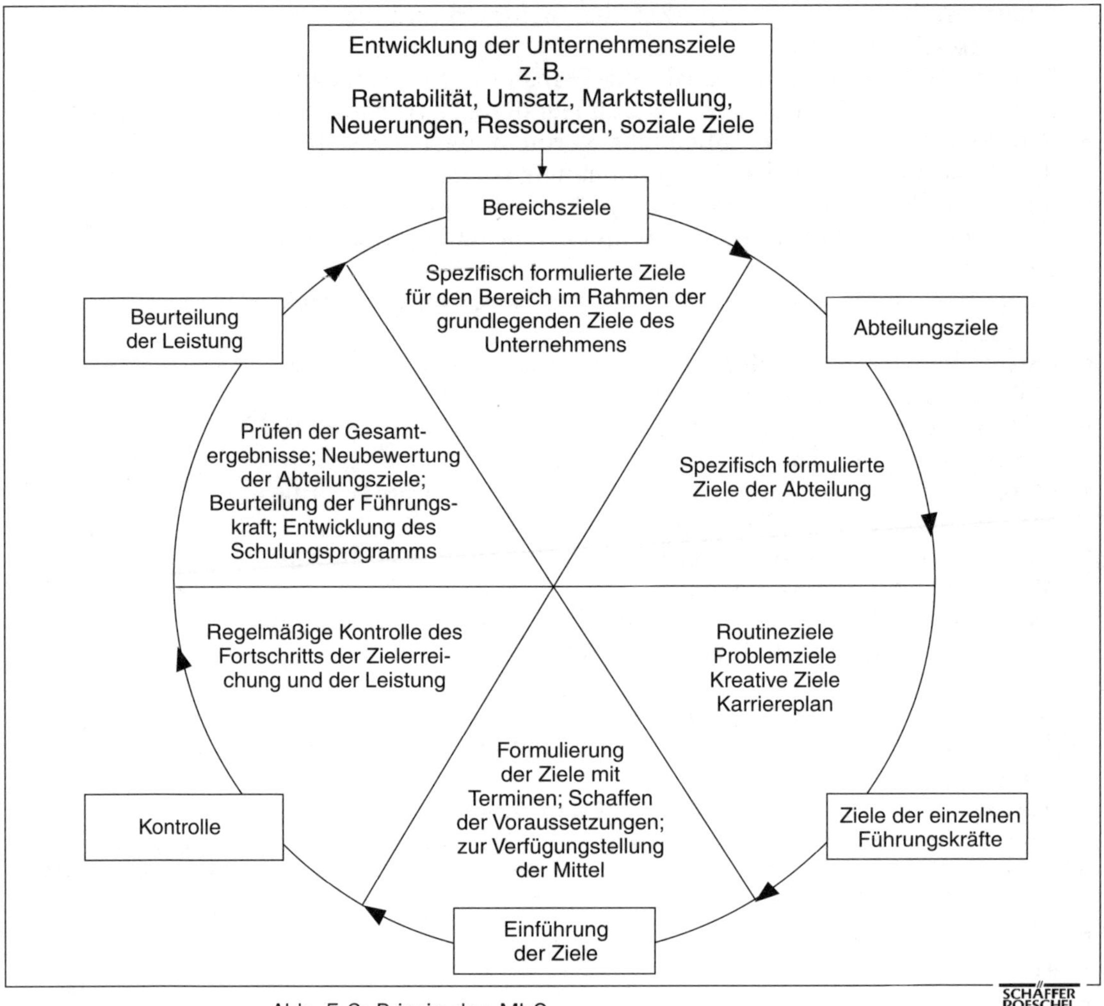

Abb. 5.3: Prinzip des MbO
(Quelle: *Ebert, G./Koinecke, J./Peemöller, V./Preißler, P. R.* 1996 S. 172).

Es soll eine Verbindung von Managementdenken mit verhaltenstheoretischen Erkenntnissen, eine Integration der Organisationsanforderungen mit den individuellen Bedürfnissen der Organisationsmitglieder erreicht werden.

Das Management delegiert dazu Zielbildungskompetenz auf nachgeordnete Stellen (Bereiche, Abteilungen), die zusammen mit ihren Vorgesetzten Ziele für ihre Positionen erarbeiten.

Danach erfolgt eine Ausstattung der Stellen mit Befugnissen und Mitteln sowie eine Verantwortungsübertragung für die Erreichung der Ziele innerhalb festgelegter Zeiträume.

Da nur die Zielerreichung kontrolliert wird, können die Mitarbeiter selbst entscheiden, auf welche Weise sie die Vorgaben erreichen wollen.

Bei diesem Führungssystem sind drei Arten von **Zielsetzungen** zu berücksichtigen:

Arten von Zielsetzungen

1. Routinezielsetzungen, abgeleitet aus durchschnittlichen Leistungserwartungen,
2. Zielsetzungen für Problemlösungen und
3. Schöpferische Problemlösungen: Aktionen statt Reaktionen.

Daneben werden auch noch persönliche **Zielerwartungen** der einzelnen Führungskräfte formuliert, die deren Aus- und Weiterbildung betreffen.

In einem weiteren Schritt werden die gemeinsam erarbeiteten Ziele in Budgets zusammengefasst.

Diese erhalten damit wesentliche Bestandteile einer Controllingkonzeption für das operative Controlling, weil sie von den Zielen und Verfahren in den operativen Einheiten abhängig gemacht werden.

Vorteil dieser »Führung durch **Zielvereinbarung**« ist die Entlastung der Führungskräfte, die zwar festlegen, was erreicht werden, aber nicht mehr, wie gearbeitet werden soll.

Verantwortung und Eigeninitiative der Mitarbeiter werden gefördert; die Chance einer partnerschaftlichen Zusammenarbeit ist gegeben.

Nachteilig können sich zu hoch gesteckte, nicht erreichbare, Ziele auswirken (zu starker Leistungsdruck); sie führen zu Motivationsverlusten und Verunsicherung.

Diese Führungskonzeption setzt also einen allseits fairen Umgang miteinander voraus.

5.4 Verfahren zur Kostenplanung

5.4.1 ABC-Analyse

Bei dieser Analyse handelt es sich um eine Technik zum Erkennen von Schwerpunkten. Sie hat das Ziel, die Wirtschaftlichkeit der Materialdisposition zu sichern.

Sicherung der Wirtschaftlichkeit der Materialdisposition

Zuerst wird der jährliche Mengenverbrauch jeder Materialart erfasst; dieser wird mit den Preisen pro Einheit bewertet. Danach werden die unterschiedlichen Materialarten nach fallenden Werten sortiert.

Im nächsten Schritt werden Werte und Anteile der Werte kumuliert.

Zum Schluss erfolgt eine Gegenüberstellung der kumulierten Wert- und Positionsanteile.

Die Elemente mit dem höchsten Wertanteil sind zu ermitteln, um bei der Bedarfsbestimmung und Kostenplanung für Material, Einkaufsteile und -baugruppen sowie Fertigerzeugnisse nur A-Teile zu berücksichtigen.

B- und C-Teile sind bei der Bewertung pauschal und prozentual in Ansatz zu bringen.

Grundsätzlich handelt es sich bei der ABC-Analyse also um eine Engpasssteuerungslogik.

5.4.2 Checklistentechnik

Ein weiteres Verfahren des operativen Controllings ist die Checklistentechnik.

Auffinden von Schwachstellen im Unternehmen

Bei ihr werden Fragen zusammengestellt, die einmal logisch abgeleitet, zum anderen aus der Erfahrung gewonnen werden und dem Auffinden von Schwachstellen im Unternehmen dienen.

B

Beispielhaft sollen nachfolgend einige dieser Fragen gestellt werden, um zu zeigen, dass es sich immer um Ursachen von Veränderungen und Prüfung von Vorschlägen für evtl. einzuleitende Maßnahmen handelt:

- Sind bei einzelnen Kostenarten Änderungen eingetreten?
- Wo liegen Ursachen für Stückkostenerhöhungen?
- Ist eine kostengünstigere Lohnfertigung möglich?
- Lassen sich durch Leistungslohnsysteme Kosten senken?
- Können bei der Fertigung Rüst- und Stillstandszeiten gekürzt werden?
- Werden Arbeitsablauf- und Zeitstudien zur Kostenreduzierung vorgenommen?
- Sind Kostenvorteile durch Addition von Bestellmengen erzielbar?
- Lassen sich durch langfristige Lieferverträge Kosten senken?
- Können durch Just-in-time-Anlieferungen Kostenvorteile erreicht werden?

Diese Checkliste lässt sich beliebig erweitern. Wichtig ist für eine derartige Technik, immer richtige und wichtige Fragen zu stellen, wenn ihre Anwendung erfolgreich sein soll (vgl. *Ebert, G./Koinecke, J./Peemöller, V./Preißler, P.R.* 1998 S. 131 f.).

Das operative Controlling wird von quantitativen Instrumenten dominiert.

Zahlenanalysen stellen immer nur ein eingeschränktes Spiegelbild von Maßnahmen dar. Sie beinhalten keine Hinweise für erforderliche Veränderungen. Das trifft vor allem für Kennzahlen und Kennzahlensysteme zu, die in der betrieblichen Praxis häufige Anwendung finden.

Der Controller braucht aber Instrumente zur Ergründung der Ursachen für die Zahlenergebnisse, um Abweichungen zu analysieren und der Unternehmensführung Maßnahmenvorschläge zu unterbreiten.

Er kann nicht in allen Funktionsbereichen fachlich qualifiziert sein. Deshalb ist es für ihn wichtig, die richtigen Fragen im Rahmen einer derartigen Checkliste zu stellen, um Zahlenanalysen in Impulse umsetzen zu können.

5.4.3 Wertanalyse

Die Wertanalyse beruht bei produktbezogener Betrachtung auf der Überlegung, dass ein Wirtschaftsgut bestimmte Funktionen erfüllt und für den Kunden einen speziellen Wert/Nutzen hat.

Es soll der vom Abnehmer erwartete Wert des Produkts zu den geringsten Kosten hergestellt werden.

D

Während bei den traditionellen Kostenverfahren angestrebt wird, die Erlöse durch eine isolierte Kostenreduzierung zu erhöhen, werden bei der Wertanalyse zuerst die Funktionen betrachtet und dann erst gefragt, wie eine Kostensenkung möglich ist, ohne den Funktionswert zu mindern.

Mit anderen Worten: die Wertanalyse zielt auf eine Maximierung der Differenz zwischen Funktionswert und den dafür erforderlichen Kosten.

Ziele der Wertanalyse

Grundsätzlich lässt sich diese Zielsetzung durch drei Handlungsalternativen erreichen:

1. Der Funktionswert bleibt konstant; die Funktionskosten werden gesenkt (z. B. durch Einsatz preiswerterer Materialien).
2. Überflüssige Funktionen werden eliminiert und darauf entfallende Funktionskosten eingespart.
3. Der Funktionswert wird verbessert (echte Produktdifferenzierung), ohne nennenswerte Funktionskostenerhöhung (zusätzliche Funktion).

Wertanalyse-Arbeitsplan

In Anlehnung an die VDI-Richtlinie 2801, aus der ein Wertanalyse-Arbeitsplan in DIN 69 910 zur Norm erhoben wurde, wird für das Vorgehen bei einer Wertanalyse folgendes Grundschema verwendet:

- Feststellen des Istzustands,
- Ermittlung des Sollzustands,
- Entwicklung von Alternativen,
- Auswahl der optimalen Alternative.

Hauptmerkmale

Hauptmerkmale einer Wertanalyse sind:
- Funktionsorientierung: Ansatzpunkte für die Wertanalyse
- Kostenorientierung: Förderung des Kostenbewusstseins
- Teamorientierung: Verbesserung gegenüber Einzelbeiträgen

Es wird unterschieden zwischen:
- Produkt-Wertanalyse (Value Analysis),
- Konzept-Wertanalyse (Value Engineering),
- Gemeinkosten-Wertanalyse (Overhead Value Analysis).

Value Analysis

Die Produkt-Wertanalyse bezieht sich auf eine Wertverbesserung von Erzeugnissen, die sich bereits in der laufenden Fertigung befinden. Vor allem werden bei ihr Beschaffung und Konstruktion überprüft.

Zweckmäßig ist sie insbesondere bei Erzeugnissen mit hohem Materialwert, deren Absatz noch über eine bestimmte Zeit gesichert ist.

Value Engineering

Die Konzept-Wertanalyse wird dagegen bei einer systematischen Neuentwicklung von Produkten angewendet. Ihr Ziel ist, bereits im Vorfeld der Planung und Entwicklung wertanalytische Maßnahmen durchzuführen, damit spätere kostspielige Änderungen an Materialien und/oder Verfahren vermieden werden.

Overhead Value Analysis

Die Gemeinkosten-Wertanalyse ist eine spezielle Variante der Wertanalyse und befasst sich mit der funktionsorientierten Optimierung von Verwaltungstätigkeiten. Sie zielt also auf eine Senkung der Personalkosten.

Das Verfahren, das den Grundgedanken der Wertanalyse auf den gesamten Gemeinkostensektor überträgt, wurde von der Unternehmensgesellschaft McKinsey entwickelt und findet vor allem in Großunternehmen Anwendung.

Leistungskürzungen im Overheadbereich sollen dadurch erreicht werden, dass nicht Notwendiges auch nicht mehr gemacht wird.

Grundschritte der GWA

In fünf Grundschritten, die jeweils in Teilschritte weiter unterteilbar sind, wird die Gemeinkosten-Analyse durchgeführt.

Abbildung 5.4 zeigt das Ablaufschema einer GWA:

Grundschritt 1 Vorbereitende Maßnahmen	Teilschritt 1 Offene Information über Ziele und Vorgehensweisen der GWA Teilschritt 2 Definieren der Lieferanten/Kunden administrativer Leistungen Teilschritt 3 Bilden des Projektteams Teilschritt 4 Lieferung der Ausführungsbestimmungen und Schulung durch Unternehmensberater Teilschritt 5 Festlegen des globalen Kostensenkungsziels
Grundschritt 2 Schätzen der Kosten	Teilschritt 1 Schätzen der Gesamtkosten einer gemeinkostenverursachenden Leistung pro Kostenstelle Teilschritt 2 Erstellen eines Leistungs- und Kostenkatalogs pro Kostenstelle
Grundschritt 3 Entwickeln von Einsparungsalternativen	Teilschritt 1 Bilden von Arbeitsgruppen aus Lieferanten und Empfängern verwandter Dienstleistungen Teilschritt 2 Erfassen aller Alternativen für Einsparungsmöglichkeiten, unabhängig vom Risiko
Grundschritt 4 Einsparungs-Risiko-Abwägung	Teilschritt 1 Quantifizieren des Kostensenkungspotenzials und Aufzeigen der negativen Konsequenzen pro Alternative durch die Arbeitsgruppe Teilschritt 2 Festlegen einer Rangfolge der Einsparungsempfehlungen → Verdichtungsprozess bis zur Unternehmensleitung
Grundschritt 5 Endgültige Entscheidung	Teilschritt 1 Vergleichen der Einsparungsmöglichkeiten und Konsequenzen durch die Unternehmensleitung Teilschritt 2 Sofortiges Einführen von Alternativen mit geringen Nebenwirkungen

Abb. 5.4: Ablaufschema einer GWA
(Quelle: *Ebert, G./Koinecke, J./Peemöller, V. Preißler, P. R.* 1996 S. 138).

Sie stellt einen praktischen Lösungsansatz dar, der das Ziel verfolgt, das mittlere Management eines Unternehmens zu mobilisieren, ein so niedriges Aufwandsniveau wie eben vertretbar im Gemeinkostenbereich zu realisieren.

Wertanalysen sind grundsätzlich nur dann erfolgreich, wenn alle direkt und indirekt Beteiligten bereit sind, durch ihr Verhalten die durch eine Analyse erforderlichen Änderungen mit zu tragen.

Außerdem bedürfen sie der vollen Unterstützung des Managements.

5.4.4 Zero-Base-Budgeting (ZBB)

Auch das Zero-Base-Budgeting (ZBB) ist ein Verfahren zur Kostenreduzierung. Voraussetzung für seine Durchführung ist das Vorhandensein einer Unternehmensplanung.

Vorgehensweise beim ZBB

Die folgende Abbildung 5.5 erläutert die Vorgehensweise dieses Verfahrens in neun Schritten.

9	Das Controlling kontrolliert die Einhaltung der Budgets und meldet wesentliche Abweichungen.
8	Das Controlling leitet aus den Entscheidungspaketen die Budgets ab, die für die Abteilungen Vorgabecharakter haben.
7	Die Führung entscheidet über die Mittelzuweisung für die Entscheidungspakete, nachdem die Prioritäten abgeklärt sind.
6	Die übergeordnete Stelle sammelt die Entscheidungspakete aller untergeordneten Stellen und ordnet sie nach Prioritäten.
5	Jeder Abteilungsleiter bildet für die von ihm erarbeiteten Entscheidungspakete eine Rangordnung, wie aus seiner Sicht die Mittelzuweisung erfolgen sollte.
4	Auf Abteilungsebene werden alternative Verfahren zusammengestellt, die zur Erreichung des Leistungsniveaus führen. Die damit verbundenen Kosten werden ebenfalls ermittelt.
3	Auf Abteilungsebene werden die unterschiedlichen Leistungsniveaus festgelegt.
2	Für die einzelnen Abteilungen werden die Teilziele festgelegt, die zur Erfüllung erforderlichen Maßnahmen formuliert und in Entscheidungseinheiten aufgeteilt.
1	Die Unternehmensführung formuliert die strategischen und operativen Ziele des Unternehmens, legt die Höhe der verfügbaren Mittel fest und teilt die ZBB-Bereiche ein.

SCHÄFFER POESCHEL

Abb. 5.5: Zero-Base Budgeting – Vorgehensweisen – (Quelle: *Ebert, G./Koinecke, J./Peemöller, V./Preißler, P. R.* 1996 S. 143).

Peemöller beschreibt dieses Instrument wie folgt:

> »Alle Tätigkeiten, Projekte und Programme, deren Kosten nicht direkt mit dem Produktionsvolumen variieren, werden vor Aufnahme in einen Budgetentwurf grundsätzlich überprüft und analysiert. So erklärt sich auch der Name Zero-Base-Budgeting. Er ist eine Umschreibung des Grundsatzes, dass jede Ausgabe, die in Zukunft getätigt werden soll, von Grund auf (von Null an) neu zu rechtfertigen ist. Eine Begründung unter Bezug auf die Vergangenheit ist nicht zulässig.« (*Peemöller, V.H.* 1997 S. 202).

D

Merkmale des ZBB

Hauptmerkmale des Zero-Base-Budgeting sind also:

- Formulierung zielorientierter Entscheidungspakete unter Berücksichtigung der Produktionsfaktoren Mensch, Betriebsmittel, Werkstoffe,
- Definition erwarteter Kosten-Nutzen-Relationen,
- Bewertung der einzelnen alternativen Leistungsstufen.

Ein derartiges Budget ist folglich eine operative periodische Planung, bei dem die Unternehmensführung festlegt,

- welche Ressourcen für zukünftige Aktivitäten benötigt werden
- wann diese beschafft werden
- in welcher Art und Weise sie genutzt werden
- welche Erwartungen damit verbunden werden.

Der motivierende Charakter dieser Budgetierung wird besonders betont.

Die Ergebnisse der ZBB-Analyse werden in so genannten »Entscheidungspaketen« dargestellt (Genehmigung oder Ablehnung der in den einzelnen Paketen beschriebenen Leistungen).

Die Pakete werden dann nach ihrem Nutzen für das Unternehmen in eine Rangordnung gebracht; die für den Gemeinkostenbereich vorgesehenen Mittel werden dieser Rangfolge entsprechend zugewiesen.

Wenn die Mittel verbraucht sind, werden keine Entscheidungspakete mehr genehmigt.

5.4.5 Verfahren der Kostenauflösung

Derartige Verfahren haben zum Ziel, die Gesamtkosten in ihre fixen und variablen Bestandteile aufzuteilen. Letztlich ist es Ziel, in beiden Bestandteilen eine Reduzierung der Gemeinkosten zu erreichen. Es gibt dafür eine Vielzahl von Verfahren.

Statistische und planerische Methoden der Gemeinkostenplanung

Jórasz unterscheidet nach statistischen und planerischen Methoden der Gemeinkostenplanung und ordnet die einzelnen Verfahren jeweils danach zu, ob sie kostenartenweise oder summarisch erfolgen.

Statistische Verfahren leiten die Sollkosten für den Soll-Ist-Vergleich aus den Ist-Kosten ab, planerische basieren dagegen nicht auf Vergangenheitswerten, sondern darauf, dass Verbrauchsanalysen, Messungen und Berechnungen Grundlage für die Kostenplanung bilden (vgl. *Jórasz, W.* 2000 S. 242 ff.).

Nachfolgend soll den **Verfahren zur Kostenauflösung** von *Wolfstetter* gefolgt werden.

Buchtechnisch-statistische Methode

Bei der buchtechnisch-statistischen Methode wird festgestellt, wie sich die verschiedenen Kostenarten bei Beschäftigungsänderungen in der Vergangenheit entwickelt haben.

Kostenarten mit unterproportionalem Charakter werden dabei sichtbar gemacht. Für sie erfolgt eine Weiterbehandlung in Abhängigkeit vom Reagibilitätsgrad, der für alle Kostenarten festzulegen ist.

Rechnerisch-mathematisches Verfahren

Beim rechnerisch-mathematischen Verfahren wird unterstellt, dass die zwischen zwei Beschäftigungspunkten bestehenden Differenzkosten proportionalen Charakter haben.

Dieses Verfahren entspricht dem in der amerikanischen Literatur beschriebenen High-Low-Points-Method und ist eigentlich nur eine andere Darstellung des nachfolgend beschriebenen grafischen Verfahrens.

Grafisches Verfahren

Voraussetzung für eine Anwendung des grafischen Verfahrens ist ein bestimmter Kostenverlauf.

B

Diesen verdeutlicht *Wolfstetter* an einem Beispiel, für das in der nachfolgenden Tabelle die für die Monate eines Jahres in Abhängigkeit von den Maschinenstunden angefallenen Reparaturkosten aufgezeichnet sind:

Monat	Stunden	Kosten	Monat	Stunden	Kosten
Januar	200	360	Juli	140	250
Februar	180	300	August	150	260
März	160	275	September	155	275
April	165	310	Oktober	195	330
Mai	170	320	November	185	320
Juni	175	300	Dezember	190	310

Diese ausgewiesenen Kosten werden in ein Koordinatensystem (Streupunktdiagramm) übertragen:

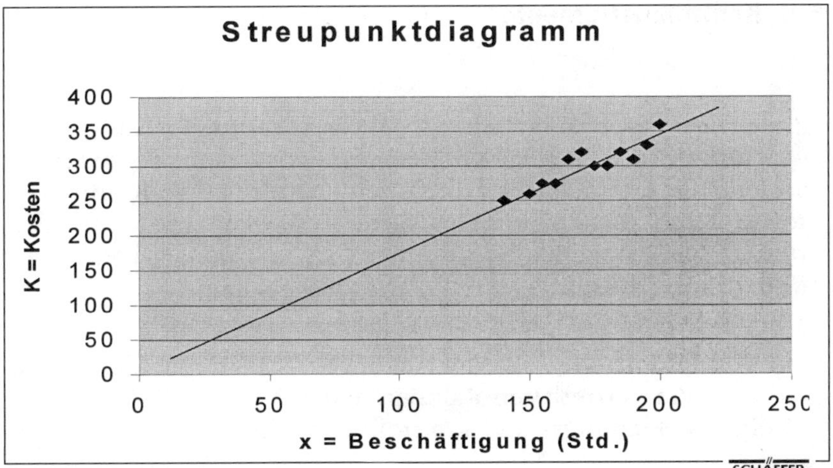

Abb. 5.6: Streupunktdiagramm

Das Diagramm zeigt, dass sich die Kostenpunkte um eine Gerade, die Kostenkurve, gruppieren; diese Gerade ist so zu zeichnen, dass die Abweichungen der Punkte von der Kurve möglichst gering bleiben.

Der Schnittpunkt der Kostenkurve mit der Kostenachse zeigt den Anteil der fixen Kosten, im Beispiel: Kosten von 35 pro Monat. Damit betragen die Fixkosten pro Jahr 420.

Aus der Differenz von Reparatur- und Fixkosten pro Jahr können die proportionalen Kosten ermittelt werden; im Beispiel: 3.610–420 = 3.190.

Die Maschinenstundenkosten betragen dann 3.190–2.065 Std./Jahr = 1,54 je Stunde (vgl. *Wolfstetter, G.* 1998 S. 73–81).

Einige Verfahren der Gemeinkostenplanung basieren nicht auf Vergangenheitswerten; bei ihnen bilden Verbrauchsanalysen, Messungen und Berechnungen die Grundlage der Kostenplanungen.

Planerisches Verfahren

Beim planerischen Verfahren werden die Gemeinkosten losgelöst von Ist-Werten geplant.

Einzelschritte dieses Verfahrens sind:

- Einteilung des Unternehmens in Kostenstellen (mit Festlegung der Bezugsgrößen als Beschäftigungsmaßstab),
- Ermittlung der Planbeschäftigung jeder Kostenstelle,
- Kostenplanung (durch Messungen, Berechnungen, Verbrauchsanalysen, Vergleiche),
- Kostenauflösung für jede Kostenart in fixe und variable Bestandteile,
- Bildung von Sollkostenverläufen und Planverrechnungssätzen in den Kostenstellen.

(Vgl. *Jórasz, W.* 2000 S. 246 f.).

5.5 Kontrollinstrumente

D

Ziele operativer Kontrollen sind das Verhindern von Abweichungen durch vorgeschaltete fehlerverhindernde, prozessbegleitende und nachgeschaltete fehleraufdeckende Kontrollen sowie durch Abweichungsanalysen, Aufdecken von Schwachstellen, Neuberechnen von Kenngrößen und präventiven Kontrollwirkungen (vgl. *Peemöller, V.H.* 1997 S. 255).

Eine **Kostenkontrolle** soll Abweichungen verhindern oder zumindest in einem vertretbaren Rahmen halten.

Zeitliche Planungs- und Kontrollzeitpunkte sind dafür festzulegen.

Zu empfehlen ist eine Kombination aus **Feedback- und Feedforward-Kontrollen**, wobei die erstgenannten die Ist-Abweichungen aufzeigen, während die zweiten noch nicht realisierte, aber wahrscheinlich eintretende Abweichungen erkennen lassen.

Kontrolltechniken des operativen Controllings sind nicht nur quantitativ auszurichten, sondern sollten auch qualitative Veränderungen einschließen.

Zielsetzungen operativer Kontrollen

Peemöller nennt als Zielsetzungen operativer Kontrollen:

1. Verhindern von Abweichungen durch vorgeschaltete, fehlerverhindernde Kontrollen.
2. Auslösen von Korrekturmaßnahmen bei prozessbegleitenden Kostenkontrollen.
3. Aufdecken von Abweichungen durch nachgeschaltete, fehleraufdeckende Kontrollen.
4. Zuordnung von Abweichungen durch Abweichungsanalyse.
5. Aufdecken von Schwachstellen im Planungsprozess.
6. Prüfung und Neuberechnung von Kenngrößen bei sich wiederholenden Tätigkeiten.
7. Erzwingen der wirtschaftlichen Ausführungen durch die präventive Wirkung der Kontrolle.

(*Peemöller, V.H.* 1997 S. 255).

Vergleichsgrößen für Kontrollinformationen

Für Kontrollinformationen bieten sich grundsätzlich drei Vergleichsgrößen an:

- Zeitvergleich,
- Objektvergleich,
- Planvergleich.

Nachstehende Abbildung 5.7 verdeutlicht die verschiedenen Vergleichsarten zur Gewinnung von Kontrollinformationen:

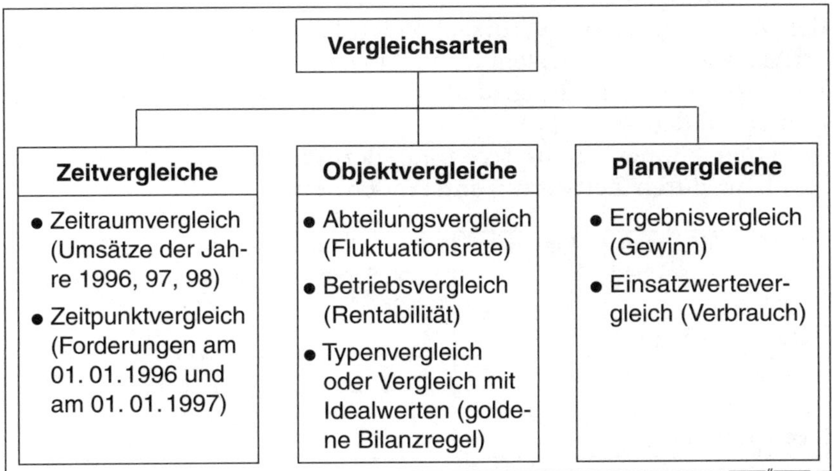

SCHÄFFER POESCHEL

Abb. 5.7: Vergleichsarten zur Gewinnung von Kontrollinformationen (Quelle: *Peemöller, V.H.* 1997 S. 258).

5.5.1 Methode der indirekten Kontrolle

Bei diesem Verfahren wird eine Beispielgröße herangezogen, die mit dem Objekt in einem funktionalen Zusammenhang steht, aber nicht dafür entwickelt wurde.

Hierdurch erkennt man, ob das Objekt innerhalb bestimmter Grenzen liegt und Glaubwürdigkeit besitzt.

Diese nur pauschale Beurteilung der indirekten Kontrolle kann durch Globalabstimmung, Verprobung und Kennziffern erfolgen.

Globalabstimmung
Verprobung
Kennziffern

Für die Durchführung müssen Toleranzbereiche vorgegeben werden. Aus der relativen Übereinstimmung von Ist- und Plan-Zustand wird darauf geschlossen, ob die Gegenstände den Normen voll oder hinreichend entsprechen.

Der große Vorteil dieses Verfahrens besteht in der relativ schnellen Beurteilung des Objekts in Bezug auf Fehlerfelder.

Wem Schnelligkeit vor Genauigkeit geht bei der Kontrolltechnik, kann mit diesem Verfahren gut arbeiten; eine exakte Würdigung ist jedoch nicht zu erreichen.

Liegen die Kontrollergebnisse außerhalb der Norm, muss eine direkte Kontrolle vorgenommen werden.

5.5.2 Prüfmatrix

Mängelerfassung und Zuordnung

Diese Kontrolltechnik dient der Mängelerfassung und Zuordnung der Mängel an die sie verursachenden Faktoren.

Als Mängel sind verschiedene Abweichungen möglich, die den Ursachen und Einflüssen der Kostenbestimmungsfaktoren zugeordnet werden.

Fehler können qualitative und/oder quantitative Ursachen haben bzw. durch Zeitverzug entstanden sein.

Mängelursachen / Fehler	Material	Personal der Abteilung	Andere Stelle	Externe Stelle
Qualitätsmängel				
Quantitätsmängel				
Zeitliche Verzögerung				

Abb. 5.8: Prüfmatrix

Eine derartige Prüfmatrix gewährleistet, dass für jede Abweichung die Ursachen gesucht werden und dadurch die Chancen steigen, Störgrößen zu entdecken und zu beeinflussen.

Im Rahmen des operativen Controllings wird durch eine Prüfmatrix eine erste Fehlerzuordnung erreicht, bevor eine systematische Kostenkontrolle erfolgt.

5.5.3 Kostenkontrolle bei flexibler Kostenplanung

Ziel jeder Kostenkontrolle ist, Gesamtabweichungen zu analysieren, um Unwirtschaftlichkeiten deutlich zu machen.

Bei der Plankostenrechnung (Behandlung im Kapitel 4 Abschnitt 4.2.1) werden Preis- und Beschäftigungsabweichungen zum Erkennen der Verbrauchsabweichungen herausgerechnet.

Bei nicht geplanten Kosten und kalkulatorischen Kosten sind die Ist-Kosten mit den Plan-Kosten identisch.

Für Kostenstellen ohne exakte Bezugsgröße bietet sich ein monatlicher Plan-Ist-Vergleich auf Basis der Plan-Beschäftigung an.

Die Plan-Gemeinkosten für alle proportionalen Plankosten werden mit den jeweiligen Beschäftigungsgraden multipliziert, bevor die Verbrauchsabweichungen der einzelnen Kostenstellen erfasst werden.

Bei der flexiblen Plankostenrechnung entfällt die Ermittlung der Beschäftigungsabweichung, die auf eine Veränderung der Fertigungszeit zurückzuführen ist.

Hier werden die Vorgabewerte der Beschäftigungsschwankungen angepasst.

Verbrauchs-abweichungen

Wichtig ist, dass verbleibende Verbrauchsabweichungen nicht ungeprüft den Kostenstellenverantwortlichen zugerechnet werden; erst nach einer Kontrolle der eingetretenen Änderungen (auftrags-, material- und/oder mischungsbedingt) und Prüfung einer evtl. notwendigen Eliminierung verbleibt die Verbrauchsabweichung als Restgröße.

Gemeinkosten-abweichungen

Gleiches gilt auch für Gemeinkostenabweichungen.

Veränderte Seriengrößen, unterschiedliche Maschinenbedingungen oder Verfahrensänderungen können Gründe für Abweichungen sein, die nicht den Verantwortlichen einer Kostenstelle als Verbrauchsabweichungen anzulasten sind (vgl. *Haberstock, L.* 1989 S. 267).

Kostenberichte

Die Ergebnisse der Kostenauswertung und -kontrolle sollten in monatlichen Kostenberichten erfasst werden.

Diese sind Grundlage für Besprechungen zwischen den für die Kostenstellen Verantwortlichen und den Controllern.

5.6 Fragen und Aufgaben

1. Worin unterscheiden sich die Aufgaben des operativen von denen des strategischen Controllings?
2. Erläutern Sie, warum für Kostenplanung und -reduzierung eine Analyse der Kostenstruktur des Unternehmens Voraussetzung ist.
3. Kennzahlen- und Budgetsysteme eignen sich in unterschiedlicher Weise als Planungsmethoden für operative Handlungsfelder des Controllings.
   Stellen Sie die Unterschiede der einzelnen Methoden mit Vor- und Nachteilen dar.
4. Welche Vorteile sehen Sie in einer »Führung durch Zielvorgabe« (MBO-Prinzip) für Management und Mitarbeiter?
5. Erläutern Sie die Unterschiede zwischen Produkt-, Konzept- und Gemeinkosten-Wertanalysen und schildern Sie das Vorgehen bei der Durchführung derartiger Analysen.
6. Verfahren der Kostenauflösung sollen zur gezielteren Gemeinkostenreduzierung beitragen.
   Verdeutlichen Sie an einem von Ihnen gewählten Verfahren Umsetzung und Grenzen.

6 Strategische Handlungsfelder des Controllings

Hans-Ulrich Krause

6.1 Lernziele

- Vertiefung der Kenntnisse über strategische Konzepte und Instrumente des Controllings
- Gewinnung eines umfassenden Verständnisses für die Wirkungen ausgewählter unternehmensinterner und -externer Impulsgeber auf das Controlling
- Erkennen von Ansatzpunkten und praxisorientierten Lösungen für ein entscheidungsorientiertes Controlling
- Wahrnehmen der Möglichkeit zum Selbsttest durch Bearbeitung der Transferaufgaben im Hinblick auf eine aktive Beherrschung der zentralen Verfahren des strategischen Controllings.

6.2 Typische Problemsituationen

Die nachhaltige Existenzsicherung durch Gewinnerzielung und jederzeitige Liquidität als zentrales Anliegen strategischer Unternehmensführung findet sich in der täglichen Berichterstattung in Wirtschaftsmedien in facettenreichen Formulierungen wieder, die in jeweils ausgeprägter Weise die externen und zum Teil auch internen Rahmenbedingungen mit zum Ausdruck bringen:

- … Anstreben deutlicher Umsatz- und Ertragsfortschritte trotz eines schwachen Marktumfelds …
- … auch künftig sei Ertragswachstum wichtiger als eine Ausweitung des Umsatzes …
- … Umsatzwachstum beschleunigt … Rechnet für die nächsten Jahre mit einem sanften Abschwung der Wachstumsraten, von derzeit über 7 % auf 5 % bis 6 % …
- … Das finanzielle Umfeld ist für die Branche unsicherer geworden …
- … In diesem Jahr dürfte das Wachstum der Gewinne allerdings geringer ausfallen …

- ... Arzneimittelkonzerne richten sich auf flacheres Ertragswachstum ein ...
- ... Profilbildung durch Schwerpunktsetzung ...
- ... Kräftiges Ertragsplus erzielt ...
- ... Die revidierten Erwartungen reflektieren eine allgemeine Abschwächung im wettbewerbsintensiven Markt ...
- ... Die derzeitige Überhitzung der Branche wird sich entspannen ...

Die dem in diesem Lehrbuch als Controlling-Verständnis innewohnende Charakterisierung, das Management auf den unterschiedlichen Entscheidungsebenen zu unterstützen, bezieht sich sowohl auf die im vergangenen Kapitel 5 behandelten operativen wie auch auf die in diesem 6. Kapitel zu betrachtenden strategischen Handlungsfelder.

D

Strategische Entscheidungen sind durch folgende Merkmalsausprägungen gekennzeichnet (in Anlehnung an *Hahn, D.* 1996 S. 101 ff.):

- Die Bedeutung für die Vermögens- und/oder Erfolgsentwicklung des Unternehmens ist herausragend,
- der Verantwortungsumfang erstreckt sich im Gesamtzusammenhang auf das ganze Unternehmen,
- die Entscheidungsebene sind die obersten Zentren der Willensbildung des Unternehmens,
- die Geltungs- und Bindungsdauer erstreckt sich über einen vergleichsweise langen Zeitraum,
- die Häufigkeit ist relativ gering und die Entscheidungen fallen in eher unregelmäßigen Abständen.

Interpretiert man Planung als gedankliche Vorwegnahme künftigen Geschehens (in Anlehnung an *Hahn, D.* 1996), so stellt sie einen Prozess der Willensbildung dar, demgegenüber Führung ergänzend den Durchsetzungsprozess mitumfasst (Denken und Tun).

Entsprechend den in den vorangegangenen Kapiteln erläuterten Formen der Einbindung des Controllings in die Unternehmen sind zwar vorbereitende, unterstützende und beratende Tätigkeiten an Controlling-Stabsstellen übertragbar, nicht dagegen die Festlegung der Strategie. Ist der Controller jedoch Mitglied der obersten Entscheidungsebene, so wirkt er selbstverständlich an der Entwicklung und Durchsetzung der Strategien direkt mit. Die dem Controlling ansonsten zugedachte Rolle des »betriebswirtschaftlichen Gewissens« wird allerdings sehr problematisch und eingeschränkt, denn es besteht die Gefahr der nicht mehr neutralen (und damit unwirksamen) Selbstkontrolle.

6.3 Ausgewählte Instrumente

6.3.1 Umfeld- sowie Unternehmensanalysen und -prognosen

Die Ausführungen im ersten Kapitel hatten ergeben: Viele Unternehmen sehen sich einem Umfeld gegenüber, das sich nicht in kontinuierlichen Schritten in eine Richtung verändert, sondern in sich **komplexe Strukturen** aufweist, zwischen deren Elementen in der Sichtweise des Systemansatzes zahlreiche, z.T. sich gegenseitig beeinflussende Beziehungen bestehen. Je nach angebotenem Produkt oder erstellter Dienstleistung, ob international oder national, auch bei letzterer Konstellation muss nicht notwendigerweise das Umfeld für ein Unternehmen homogenen Charakter besitzen – eher das Gegenteil ist der Normalfall.

Aus dieser Problematik eines in hohem Maße **differenzierten Umfelds** heutiger Unternehmen leitet sich für die systematische Planung, Steuerung und Kontrolle ein enormer Bedarf an relevanten und immer wieder zu aktualisierenden Informationen ab. Dem Controlling fällt in diesem Zusammenhang die Aufgabe zu – analog zur hergeleiteten Begriffsfassung der **Entscheidungsunterstützung durch Informationsversorgung und Koordination** –, in enger Zusammenarbeit mit den jeweiligen Fachabteilungen inhaltlich, aber vor allem auch methodisch Beratungsleistungen zu erbringen.

Im Folgenden sollen daher überblicksartig wichtige Komponenten dargestellt werden, die für Unternehmensanalysen und -prognosen einerseits und entsprechend für Umfeldanalysen und -prognosen andererseits kennzeichnend sind. Aus der engen Verknüpfung des strategischen Controlling mit dem Aufgabenfeld des strategischen Managements ergibt sich, dass vertiefende Ausführungen sich vielfach in der entsprechenden Fachliteratur zur strategischen Planung/Management finden lassen (vgl. stellvertretend in alphabetischer Reihenfolge: *Baum, H.-G./Coenenberg, A.G./Günther, T.* 1999; *Hahn, D./Taylor, B.* 1999; *Welge, M.K./Al-Laham, A.* 1992; *Welge, M. K./Al-Laham, A./Kajüter, P.* 2000).

Für die Untersuchung des Unternehmensumfelds ist ein mehrstufiges Vorgehen sinnvoll. Neben der Betrachtung der einzelnen Umfeldsegmente in einer Makro-Sicht sind auf einer untergeordneteren und damit detaillierteren Perspektive die konkreten Wettbewerbsstrukturen zu untersuchen. Ein inzwischen zu den Klassikern zu zählender Ansatz stellt das Branchenstrukturmodell von *Porter* dar (vgl. *Porter, M.E.* 1997 S. 25 ff.). Es differenziert zwischen: **Branchenstrukturmodell**

- Intensität der Rivalität existierender Wettbewerber und Bedrohung durch neue Konkurrenten,
- Verhandlungsstärke der Lieferanten und Abnehmer,
- Druck durch Substitutionsprodukte und -dienstleistungen.

Eine tabellarische Übersicht zu typischen internen und externen Informationsquellen für Umfeldanalysen liefert die nachfolgende Abbildung 6.1.

Informationslieferanten in der Unternehmung	• Internes und externes Rechnungswesen • Bestehendes Wissen/Informationsstand der Mitarbeiter (Konferenzen) • Interne Statistiken (z. B. Anfrage-, Auftrags-, Reklamationsstatistiken) • Schriftverkehr mit Nachfragern, Konkurrenten, öffentlichen Stellen • Persönliche/telefonische Kontakte mit Dritten • Karteien (z. B. Lieferantenkartei, Kundenkartei)
Informationslieferanten außerhalb der Unternehmung	• Veröffentlichungen internationaler Organisationen und Behörden (EU, UNO, GATT) • Amtliche Statistiken und Register (Statistisches Bundesamt, Staat, Landesämter, Handelsregister) • Studien privater und öffentlicher Institutionen – Wirtschaftswissenschaftliche Institute – Markt- und Meinungsforschungsinstitute (GfK Nürnberg, Stiftung Warentest München) • Bundesbank • Ministerien des Bundes und der Länder • Andere Institutionen (z. B. Bundesanstalt für Außenhandelsinformationen) • Firmen- und Adressbücher • Beratungsunternehmen, Auskunfteien, Banken • Veröffentlichungen von Verbänden, Industrie- und Handelskammern (Fachbriefe, Verbandberichte, Mitgliederverzeichnisse, IHK-Mitteilungen/Studien) • Berichterstattung der Presse (Tageszeitungen, Fach- und Unterhaltungszeitschriften, Fernsehen, Rundfunk) • Messen und Ausstellungen • Firmenberichte, Geschäftsberichte, Kataloge, Prospekte, Preislisten anderer Unternehmungen • Zeitungsausschnittsdienste, Informationssammelstellen • Informationen aus dem Internet, z. B. dem World Wide Web (WWW), z. B. Datenbank GENIOS (750 000 Firmenprofile, Hintergründe aus 120 Pressestellen, http://www.genios.de) • Bundesstelle für Außenhandelsinformationen (BfAI): Informationen über Marktchancen und Branchenentwicklungen zu ca. 40 Branchen in über 100 Ländern • Branchenberichte der Sparkassen, Volks- und Raiffeisenbanken • etc. …

SCHÄFFER POESCHEL

Abb. 6.1: Informationsquellen zur Umfeldanalyse
(Quelle: *Baum, H.-G./Coenenberg, A.G./Günther, T.* 1999 S. 65)

Eine tabellarische Aufbereitung eines Chancen-Risiken-Kataloges im Rahmen der Umfeldanalyse ist der nachfolgenden Abbildung 6.2 zu entnehmen.

Wettbewerbsumfeld			**Globales Umfeld**					Umfeld-entwick-lungen
Branche	**Strate-gische Gruppe**	**Konkur-renten**	**Rechtlich**	**Ökono-misch**	**Ökolo-gisch**	**Gesell-schaftlich**	**Techno-logisch**	
								Priorität
	Konzen-trations-tendenzen		neue Steuerge-setze (1.)		Ökologie-bewusst-sein wächst		Techno-logie-wechsel	hoch
		Freie Kapazitäten						mittel
Preis-rückgang			neue Um-weltge-setze (2.)	höhere Kapital-markt-zinsen		Regie-rungs-wechsel		niedrig
			Marketing-vorteil, da Normen bereits im Vorfeld erfüllt (2.)		Ökologi-sche Pro-duktions-verfahren sind be-reits vor-handen			**Chancen**
kein Risiko, da eigene strategi-sche Gruppe nicht betroffen	Gefahr des Verlustes von Marktan-teilen	Preisdruck	Höhere Steuern auf Ener-gie (1.)	Teurere Fremd-kapital-aufnahme		Rücknah-me von Deregulie-rungen auf dem Arbeits-markt	hohe Ent-wicklungs-kosten	**Risiken**

Abb. 6.2: Chancen-Risiken-Katalog der Umfeldanalyse
(Quelle: *Baum, H.-G./Coenenberg, A.G./Günther, T.* 1999 S. 66).

Zentraler Gegenstand der Unternehmensanalyse- und -prognose stellt die Aufdeckung von Stärken und Schwächen dar.

D

Über das Controlling können zum einen aus dem Zahlenwerk des Rechnungswesens ein Großteil der benötigten quantitativen Informationen gewonnen werden, vor allem, wenn es sich um Vergangenheitswerte handelt. Zukunftsorientierte Angaben, insbesondere aber auch qualitative Informationen sind in der Regel durch gesonderte Projekte zur Verfügung zu stellen. Ergebnis sind dann entsprechende Übersichten zu so genannten strategischen Potenzialen, dominant ausgerichtet an den Funktionsbereichen oder an der Wertschöpfungskette, also prozessbezogen orientiert.

SWOT-Konzept

Ein Instrument, das die ermittelten Ergebnisse der Unternehmensanalyse und -prognose einerseits sowie die gewonnenen Erkenntnisse zur Umfeldanalyse und -prognose andererseits integriert, stellt das so genannte SWOT-Konzept dar. Das Akronym dieser aus dem englisch-sprachigen Raum stammenden Methodik ergibt sich aus den Anfangsbuchstaben der Komponenten: Stärken (Strengths), Schwächen (Weaknesses), Chancen (Opportunities) und Risiken (Threats) – analog zu interpretieren ist die Abkürzung SOFT-Konzept: hier steht das ›F‹ für Failures (Schwächen) (vgl. *Horváth P.* 1998 S. 370).

Durch den Aufbau einer Vier-Felder-Matrix lassen sich die entsprechenden Kombinationen des unternehmensbezogenen Stärken-Schwächen-Profils mit dem umfeldbezogenen Chancen-Risiko-Profil bilden. Je nach erforderlichem Detaillierungsgrad besitzen die Matrix-Felder eher den Charakter globaler oder sehr geschäftsfeldspezifischer Aussagen.

Strukturierung des Informationsgewinnungsprozesses

Die Strukturierung des Informationsgewinnungsprozesses (in Anlehnung an *Baum, H.-G./Coenenberg, A.G./Günther, T.* 1999 S. 61) kann in vier Phasen veranschaulicht werden, der sich je nach unternehmensindividuellen Erfordernissen mit unterschiedlicher Schwerpunktsetzung auf die einzelnen **Umfeldsegmente** bezieht (Politisch-rechtliches, wirtschaftliches, naturwissenschaftlich-technisches, gesellschaftlich-kulturelles sowie ökologisches Umfeld):

1. Phase: Umfeld-Scanning
Alle Umfeldsegmente werden systematisch auf neue Erkenntnisse, Einflussfaktoren und Trends untersucht. Das Scanning kann in kontinuierlicher Weise durchgeführt werden (sehr aufwändig, aber notwendig bei besonders kritischen Umfeldern), in regelmäßigen Abständen oder im Falle von Krisen auch außerplanmäßig.

2. Phase: Umfeld-Monitoring
Die gewonnenen Informationen werden in geeigneter Form gespeichert und aufbereitet, in ihrer Relevanz für das betrachtete Unternehmen beurteilt und ggf. vertiefend analysiert.

3. Phase: Umfeld-Forecasting
Für die einzelnen Umfeldsegmente sind die möglichen, mehr oder weniger wahrscheinlichen Entwicklungstendenzen abzuleiten. Ein komplexer methodischer Ansatz zur zukunftsgerichteten Betrachtung stellt die Szenario-Technik dar. Zur besseren Transparenz und vor allem möglichst rechtzeitigen Informationsermittlung und

-bereitstellung über wesentliche Veränderungen im Unternehmensumfeld ist der Aufbau von betriebswirtschaftlichen Frühaufklärungssystemen von besonderer Bedeutung. Auf diesen Aspekt wird in Abschnitt 6.4.4 im Themenfeld der durch gesetzgeberische Maßnahmen verstärkt zu installierenden Risikomanagementsysteme noch detaillierter eingegangen.

4. Phase: Umfeld-Assessment
Im Mittelpunkt steht die Bewertung der Konsequenzen der prognostizierten Umfeldveränderungen für die weitere Unternehmensentwicklung.

Die Möglichkeiten der Erstellung und Aufbereitung von Unternehmens- und Umfeldanalysen sowie -prognosen sind äußerst vielfältig:

Einen Eindruck von den umfassenden Informationsbedürfnissen, die u. a. vom Controlling mitzuerfüllen sind, liefert die nachfolgende Übersicht (Abbildung 6.3) mit einem gestuften Merkmalskatalog in der Vorspalte sowie denkbaren qualitativen und quantitativen Ausprägungen.

	Bezugsfeld / Art der Variablen (Erscheinungen)	qualitativ	quantitativ
UMSYSTEM	GENERELLE UMWELT		
	Ökonomisch	Wirtschaftslage/Geschäftsklima	Bruttosozialprodukt
	Technologisch	Schwerpunkte technologischer Entwicklung	Zahl Patentanmeldungen
	Sozio-Kulturell	Einstellungen/Werthaltungen	Bevölkerungsdaten
	Politisch	Kartell-/Steuer-/Unternehmungsrecht	–
	Ökologisch	Aktivität von Umweltschutzbewegungen	Emmissionshöchstwerte
	SPEZIELLE UMWELT		
	Ökonomisch	Wettbewerberverhalten	Branchenumsatz
	Technologisch	Produkt-, Verfahrenstechnologie	Patentanmeldungen aus Branche
SYSTEM (UNTERNEHMUNG)	GENERELLE ZIELE ALS ANALYSEFELDER		
	Sozialziel	Verhalten gegenüber Mitarbeitern	–
	Sachziel	Branche	–
	Wertziel	–	Ergebnis
	STRATEGISCHE ANALYSEFELDER		
	Produkt/Produktprogramm (langfristig)	Markteignung der Produkte	Anteil der Produkte je Lebenszyklusphase
	Personal (allgemein)	Fachliche Fähigkeiten von Mitarbeitergruppen	Zahl der Mitarbeiter je Bereich
	Anlagen	Automationsgrad	Altersstruktur
	Standort	Infrastruktur	Zahl der Produktionsstandorte
	Kapitalstruktur	Bonität	EK-Quote
	Rechtsform/-struktur	Regelung der Entscheidungsbefugnisse	Steuerbelastung
	Organisation	Organisationsklima	Zahl der Stabsabteilungen
	Führungssystem	Ausprägung PuK-System	Zahl der leitenden Angestellten
	OPERATIVE ANALYSEFELDER		
	Produktprogramm	Verbundeffekte	DB je Produktgruppe
	Absatz	Vertriebswegsystem	Auftragseingang nach Produkten und Kunden
	Produktion	Produktionstyp	Lohnkostenanteil
	Beschaffung	Zuverlässigkeit der Lieferanten	Lagerbestand
	Logistig	Termintreue	Zahl der Aufträge in Abwicklung
	FuE	Art und Bedeutung eigener Entwicklungen	Anteil FuE-Kosten an Gesamtkosten
	Finanzierung	Bankenbeziehungen	Anlagendeckungsgrad
	Rechnungswesen/Controlling	Einfluss des Controllers	Zahl der Kostenstellen
	Allgemeine Verwaltung	Flexibilität	Kosten der EDV
	GROSSPROJEKTE ALS ANALYSEFELDER		
	Projekt A	Zusammenarbeit mit Konsortialpartnern	Projektkosten
	Projekt B	Zusammenarbeit mit Konsortialpartnern	Projektkosten

Abb. 6.3: Gliederungsmöglichkeit von Unternehmungs- und Umweltanalysen (mit Angabe von Beispielen)
(Quelle: *Hahn, D.* 1996 S. 231)

Stärken-Schwächen-Profil

Die grafische Aufbereitung eines Stärken-Schwächen-Profils zweier Wettbewerber mit zugleich anschaulichen Kriterien ist der Abbildung 6.4 zu entnehmen.

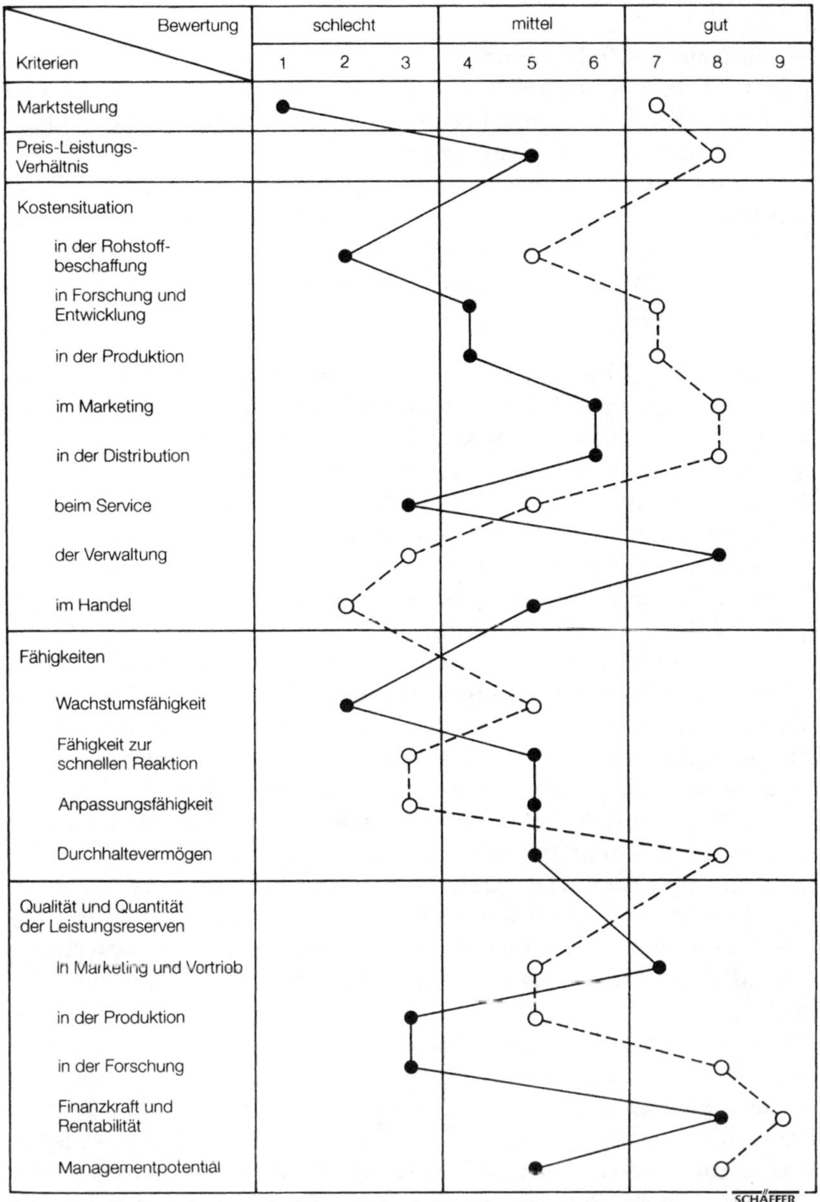

Abb. 6.4: Beispiel eines Stärken-Schwächen-Profils zweier Wettbewerber
(Quelle: *ZVEI* 1993 S. 48, zitiert nach *Horváth, P.* 1998, S. 371).

Im Zuge des strategischen Controllings dienen die Unternehmens- und Umfeldanalysen sowie -prognosen zur Gewinnung der erforderlichen Informationen zur Entwicklung und Umsetzung der Unternehmens- und Geschäftsfeldstrategien.

Grundsätzliche Zielsetzung ist es,
- die Chancen – ermittelt aus den Umfeldanalysen und -prognosen – und die Stärken – erarbeitet aus den Unternehmensanalysen und -prognosen – zu kombinieren und zu nutzen,
- die Gefahren – entnommen aus den Umfeldanalysen und -prognosen – und die Schwächen – gewonnen aus den Unternehmensanalysen und -prognosen – wahrzunehmen, zu vermindern und zu beseitigen (soweit insbesondere im Umfeld beeinflussbar).

Für die erfolgreiche Durchführung der immer komplexer werdenden Management-Aufgaben benötigen Führungskräfte betriebswirtschaftlich relevante Informationen in konzentrierter Aussageform. Diese Kennzahlen setzen sich aus Wert-, Mengen- und/oder Zeitgrößen zusammen. Je nach Ausgestaltung werden sie als **absolute** oder **relative** Kennziffern und als Zeitpunkt- oder Zeitraumgrößen formuliert. Im Managementprozess dienen sie zur Planung, Steuerung und Kontrolle der betrieblichen Abläufe in Form von Plan- oder Ist-Werten.

Zu den für die Unternehmensführung interessantesten Kennzahlen gehört der **Return on Investment** (ROI). In seiner einfachsten Ausprägung kennzeichnet der ROI die Rendite auf das investierte Kapital und dient für unterschiedliche Bezugseinheiten (Gesamtunternehmen oder einzelne Teilbereiche, Produkte, Märkte oder ausgewählte Projekte) als Plan- und/oder Kontrollgröße. Kernzielsetzung ist es, eine betriebswirtschaftliche Beurteilung der Betrachtungsobjekte zu ermöglichen und damit die ergebnisorientierte Lenkung des Kapitaleinsatzes zu gewährleisten – allerdings periodenbezogen und ohne Berücksichtigung der Finanzierungsseite, also der Finanzierungsmöglichkeiten, -kosten und auch der Kapitalstruktur.

Kennzahlensystem

Die prinzipiellen Zusammenhänge eines der bekanntesten Kennzahlensysteme, des ROI-Ansatzes, gibt die Abbildung 6.5 wieder – ergänzt um den Aspekt der Kapitalherkunft. Die hervorgehobenen »Struktur«-Felder weisen auf wesentliche Ansatzpunkte hin, aufbau- und ablauforientiert im Unternehmen eine Erhöhung des ROI anzustreben.

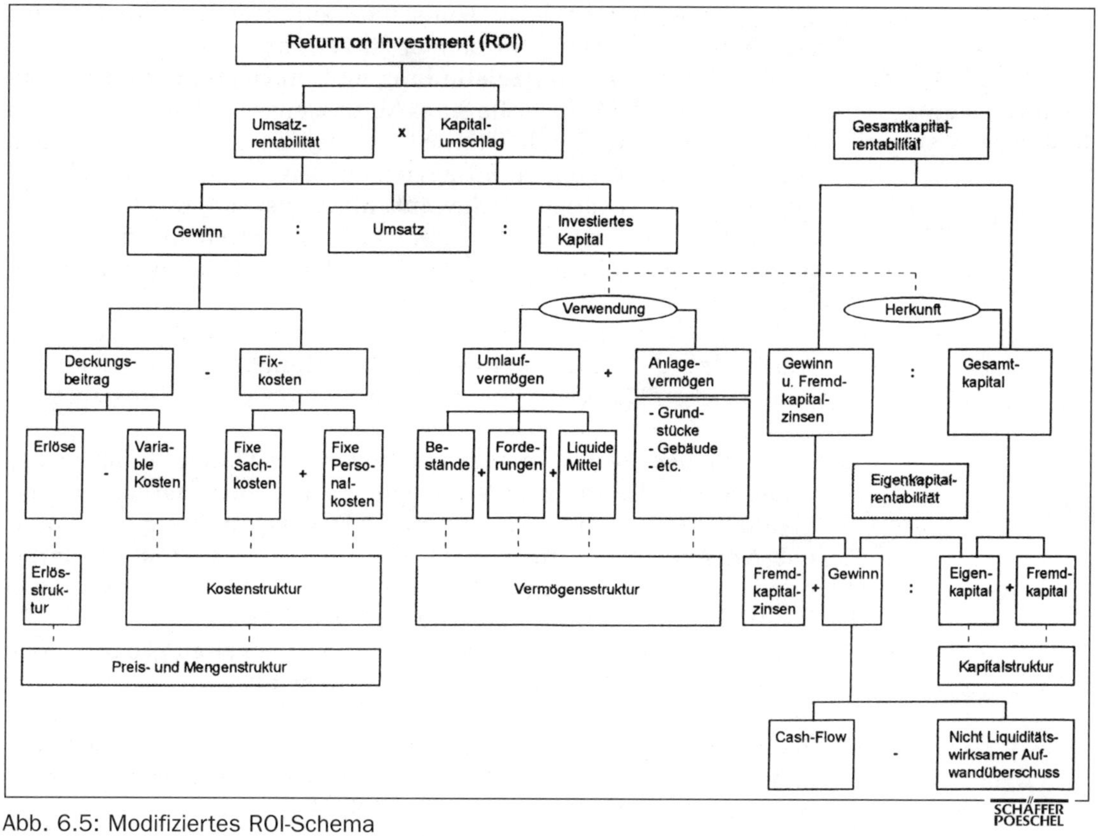

Abb. 6.5: Modifiziertes ROI-Schema
(Quelle: *Krause, H.-U.* 1996 S. 9)

Der vorrangige Anspruch dieser Ansätze im Controlling besteht darin, dass systematisch durchgeführte Unternehmens- und Umweltanalysen sowie -prognosen in Kombination mit dem gezielten Einsatz des (im Folgenden ausschnittweise behandelten) strategischen Instrumentariums zu größerer Transparenz, verbesserter Kommunizierbarkeit und bei konsequenter Umsetzung der gewonnenen Erkenntnisse auch zu höherem Erfolg im Markt führen werden.

6.3.2 Kosten-, Qualitäts- und/oder Zeitwettbewerb-orientierte Ansätze

Zentrales Anliegen des strategischen Controlling ist es, die – bereits hergeleiteten – Funktionen der Schaffung von betriebswirtschaftlicher Transparenz und ergebniszielorientierter Koordination für die strategischen Handlungsfelder zu gewährleisten.

Controller als Methodenspezialist

Im Rahmen der **Strategiefindung und -umsetzung** kommt dem Controller vielfach die Rolle eines Methodenspezialisten zu. Neben der Unterstützung durch externe Unternehmensberater soll er dazu beitragen, dass geeignete Strategien für das Gesamtunternehmen und seine Geschäftsbereiche auf möglichst breiter Datenbasis abgesichert und die wesentlichen Erfolgsfaktoren in einer systematischen Vorgehensweise (Methodik) berücksichtigend entwickelt werden.

Daher sollen in den folgenden Abschnitten zentrale gedankliche Ansätze kurz skizziert werden, um die Erfordernisse für ein auf die strategischen Handlungsfelder ausgerichtetes Controlling ableiten zu können.

Zur Sicherung der Überlebensfähigkeit des Unternehmens ist es erforderlich, die im vorangegangenen Abschnitt erarbeiteten individuell relevanten Erkenntnisse in **Erfolgspotenziale** des Unternehmens zu transformieren. Diese so genannten Produkt-Markt- und Ressourcen-Strategien finden ihr Ziel in der Generierung von nachhaltigen Wettbewerbsvorteilen.

Auf der Grundlage einer von *Porter* entwickelten gedanklichen Unterscheidung zwischen der Wettbewerbsvorteil-Gewinnung durch Kosten- oder Nutzenpriorität einerseits und dem relevanten Zielmarkt als gesamte Branche oder begrenzt auf ein Teilsegment andererseits sind drei so genannte **generische Strategietypen** definiert worden (vgl. *Porter, M.E.* 1980 S. 36 ff.):

- Kostenführerschafts- bzw. Volumenstrategie,
- Differenzierungsstrategie,
- Konzentrations-, Spezialisierungs- oder Nischenstrategie.

Kostenführerschaftsstrategie

Die Kostenführerschaftsstrategie stellt darauf ab, eine optimale Kostenstruktur mit den geringsten Stückkosten zu verwirklichen und dauerhaft zu bewahren. Für eine erfolgreiche Umsetzung dieses Vorgehens ist auf der Grundlage der **Erfahrungskurve** das Erreichen hoher relativer Marktanteile als Maßstab für ein hohes kumuliertes Produktionsvolumen erforderlich. Der Anbieter mit der höchsten bisherigen Gesamtausbringungsmenge kann aufgrund der so genannten Erfahrungskurveneffekte das niedrigste Stückkostenniveau realisieren und damit die Position des Kostenführers einnehmen. Bei gegebenen Marktpreisen ist die Gewinnspanne im Vergleich zu den Konkurrenten umso größer, je weiter der Abstand im Verhältnis der Ausbringungsmengen ist – unter der Voraussetzung, dass die **Erfahrungskurveneffekte** der

- statischen Größendegression (Fixkostendegression und Economies of scale: Stückzahlenabhängige Mengen- und Betriebsgrößeneffekte),
- dynamischen Größendegression (Rationalisierung, technischer Fortschritt und Lerneffekte im Sinne der Ansammlung individuellen Erfahrungswissens)

systematisch und konsequent erkannt und genutzt werden.

Aus Sicht des Controllings bedeutet die Kostenführerschaft die informatorische Unterstützung des Managements beispielsweise fertigungsbezogen im Hinblick auf den Aufbau von Produktionsanlagen kosteneffizienter Größe, die beharrliche Verwirklichung erfahrungsbedingter **Kostensenkungspotenziale**, eine zeitnahe und detaillierte Planung der Kostenvorgaben sowie der Steuerung und Kontrolle der Kosteneinhaltung. Aber auch die **relative Kostenposition** der anderen Funktionsbereiche des Geschäftsfeldes, für die es die Kostenführerschaftsstrategie umzusetzen gilt, sind ebenfalls zu betrachten, z. B. von FuE, Verwaltung und Vertrieb – mit dem Verzicht auf (unwirtschaftliche) Kleinkunden usw.

Differenzierungsstrategie

Im Zuge einer Differenzierungsstrategie, in deren Mittelpunkt primär die Erzeugung eines Zusatznutzens für die Abnehmer im Vergleich zur Konkurrenz steht, bezieht sich der **Informations- und Koordinierungsbedarf**, den das Management vom Controlling erwartet, weniger auf die Kosten- als vielmehr auf die **Leistungsseite**.

Mit der auf Exklusivität in mindestens einem kaufentscheidenden Merkmal ausgerichteten Strategie sind Informationen zum Verhältnis von Nutzen bzw. Erlös einerseits und den dafür anfallenden Kosten andererseits notwendig (Beispiele: extreme Produktfunktionalität/Belastbarkeit, außergewöhnliches Produktdesign, hervorragende Produktverarbeitung, kurze Lieferzeiten, 24-Stunden-Reparatursevice). Die erforderlichen Daten für eine möglichst rationale Unternehmensführung sind mit dem klassischen internen und externen Rechnungswesen nur bedingt zu erlangen, sodass eine Reihe von ergänzenden analytischen und prognostischen Methodiken eingeführt werden muss (u. a. Conjoint Measurement).

Spezialisierungsstrategie

Die Spezialisierungsstrategie kann in ihrem besonderen Charakter auch als eine fokussierte Kostenführerschaftsstrategie oder fokussierte Differenzierungsstrategie bezeichnet werden. Nicht mehr der Gesamtmarkt, sondern bewusst ausgewählte **Marktsegmente** mit speziellen, in sich homogenen Kundenbedürfnissen stehen im Zentrum der Vorgehensweise. Hier richten sich die Leistungsanforderungen an das Controlling unternehmensindividuell an den Kriterien der Marktabgrenzung und Produkteigenschaften aus, für die es eine ergebnisoptimale Erlös-Kosten-Struktur zu schaffen gilt.

Produktlebenszykluskonzept

Ergänzende Instrumente für kostenorientierte Strategie-Ansätze stellt das in mehreren Detaillierungsstufen konzipierte Produktlebenszykluskonzept dar. Analog zur Namensgebung wird ein Produkt in einer in Phasen gegliederten Sichtweise betrachtet: Von der Entwicklungs-, über die Einführungs-, Wachstums- und Reife- bis hin zur Sättigungs- und Entsorgungsphase. Das in seiner unmittelbaren **Anschaulichkeit** überzeugende Denkinstrument stößt in der praktischen Anwendung – auch durch das Controlling – an nicht unerhebliche Grenzen. Dazu zählen die fehlende Allgemeingültigkeit, die in der Regel nur schwer erzeugbare Operationalisierbarkeit und die Unterstellung, dass alle Phasen – ohne ein vorzeitiges Abbrechen z. B. durch Substitution – durchlaufen werden.

Gleichwohl ermöglichen die für den Produktlebenszyklus abgeleiteten positionsbedingten Grundverhaltensweisen eine **Komplexitätsreduktion** und eine Konzentration auf relevante Strategieaspekte. Die vom Controlling zu liefernden betriebswirtschaftlichen Aussagen in Form absoluter oder relativer Kennzahlen lassen für die einzelnen Phasen zumindest **typisierende Stellungnahmen** über die zu erreichenden Zielgrößen im Hinblick auf Inhalt, Ausmaß und zeitlichen Umfang zu.

Life Cycle Costing

Eine enge Verbindung ergibt sich methodisch zu dem im Denkansatz verwandten Instrument des Life Cycle Costing (mitunter auch als Lebenszykluskostenrechnung bezeichnet). Obwohl es sich bei der dynamischen Betrachtung um Zahlungsgrößen handelt, hat sich in der Fachliteratur und in der Praxis die direkte Übersetzung von »life cycle costs« durchgesetzt (vgl. *Baum, H.-G./ Coenenberg, A.G./Günther, T.* 1999 S. 91).

Dieses Verfahren zur Optimierung des wirtschaftlichen Ergebnisses über den Gesamtlebenszyklus hinweg unternimmt den Versuch, die in den einzelnen Phasen auftretenden Kosten zu erfassen, vor allem aber die Zusammenhänge zwischen **Anfangskosten** (insbesondere für Entwicklung und Produktion) und **Folgekosten** (Nutzung und Entsorgung) – unter Einbeziehung nicht nur der Hersteller-, sondern auch der Verwenderperspektive – aufzudecken. In den Prozess der Planung, Steuerung und Kontrolle werden eine Vielzahl von Methoden integriert.

Qualitätswettbewerb

Eine besondere Herausforderung für die Unterstützungsleistung des Managements durch das Controlling ist bei der Konstellation eines am Qualitätswettbewerb orientierten Strategie-Ansatzes gegeben.

Während bei den bislang beschriebenen Konzepten in umfangreicher Weise auf die Daten des Rechnungswesens zurückgegriffen werden konnte, ergeben sich bei der besonderen Hervorhebung des

Qualitätsaspekts eine Reihe neuer Herausforderungen. In welcher Form werden Qualitätskosten gemessen? Reichen die bisher vorliegenden Definitionen und Kostenartenabgrenzungen für aussagefähige Kennzahlen aus?

Um eine bessere und ökonomisch logisch begründbare Qualitätskostendiskussion führen zu können, hat sich eine Zweiteilung in Abweichungs- und Übereinstimmungskosten durchgesetzt.

Zu den Abweichungskosten zählen alle Kostenarten, die anfallen, weil bestimmte Standards nicht erfüllt wurden (z. B. Kosten für Nacharbeiten). Dagegen werden zur Kategorie »Übereinstimmung« alle Kosten gezählt, die für Maßnahmen anfallen, die der dauerhaften Vermeidung von Fehlern dienen (z. B. Schulungs- und Ausbildungskosten usw.).

D

Im Zentrum des qualitätsorientierten Ansatzes steht die Ermittlung von **objektivierbaren Zusammenhängen** zwischen interner und externer Qualität sowie deren Einfluss auf die Rentabilität. Verschiedene konzeptionelle Modelle der Gegenüberstellung von relativen Preisen und relativen (Produkt- und Service-)Qualitäten, der Marktdifferenzierung – schlagen sich in einer zweiachsigen Value Map nieder, die eine übersichtliche Positionierung der vom Unternehmen angebotenen Produkte auch grafisch ermöglicht.

Value Map

In einem Wettbewerbsumfeld, das sich in vielen Branchen in den vergangenen Jahren deutlich verschärft hat, zunehmend gesättigter Massenmärkte, auf Individualisierung ausgerichteter Nischenmärkte, wachsender Änderungsgeschwindigkeiten technologie- und kundenwunschbedingter Art usw., kommt dem Zeitfaktor bei der Entwicklung und Umsetzung von Strategien erhebliche Bedeutung zu.

Zeitwettbewerb

Zahlreiche Studien belegen die Verkürzung der durchschnittlichen **Marktzyklen** einerseits, die zum Teil angestiegenen **Produktentwicklungszeiten** andererseits – das Entstehen der Zeitschere zwischen der ansteigenden benötigten Reaktionszeit bei wachsender Komplexität und der sinkenden Reaktionszeit bei zunehmender Dynamik (vgl. *Bleicher, K.* 1989 S. 25).

Unter Berücksichtigung der gleichzeitig erhöhten Anforderungen an eine Verkürzung der Amortisationsdauer der Investitionen wird erkennbar, welcher unmittelbar **ökonomische Druck** sich auf Unternehmen auswirkt, wenn die Zeit als Wettbewerbsfaktor unterschätzt oder falsch beurteilt wird.

Die Konzeption von zeitbasierten Managementstrategien hat entsprechend dieser Orientierung der »Zeit« erste Priorität eingeräumt. Einen umfassenden Einblick in die Vielfalt der Ansatzpunkte bieten die beiden nachfolgenden Abbildungen 6.6 und 6.7.

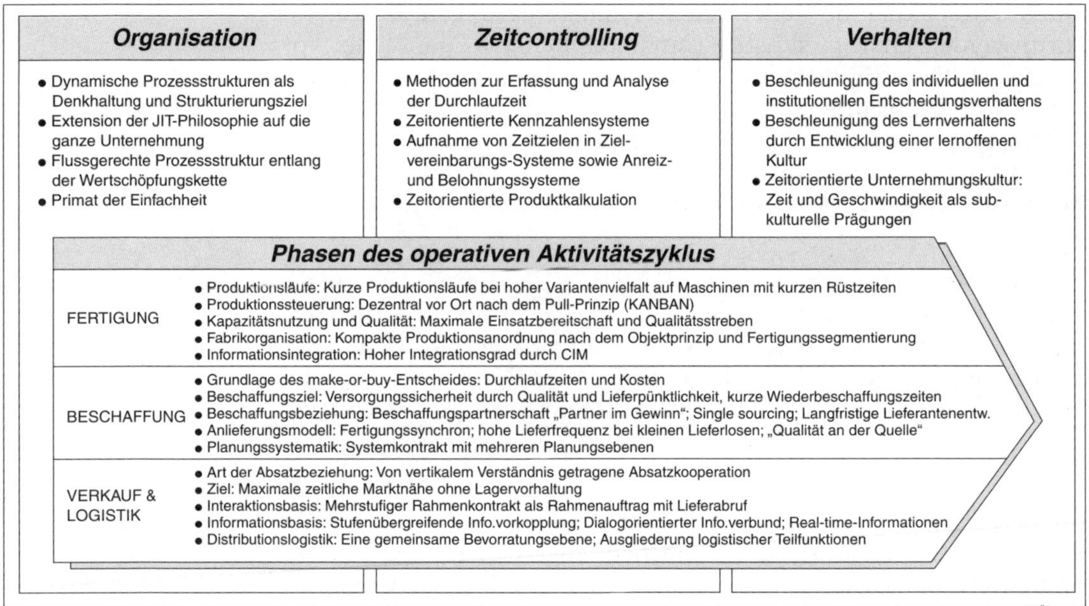

SCHÄFFER POESCHEL

Abb. 6.6: Zusammenfassender Überblick der Ansatzpunkte zeitbasierter Strategien im operativen Aktivitätszyklus
(Quelle: *Bitzer, M. R.* 1992 S. 215)

SCHÄFFER POESCHEL

Abb. 6.7: Zusammenfassender Überblick der Ansatzpunkte zeitbasierter Strategien im innovativen Aktivitätszyklus
(Quelle: *Bitzer, M. R.* 1992 S. 304)

Sowohl hinsichtlich der phasenbezogenen Betrachtung eines operativen wie eines innovativen Aktivitätszyklus werden zentrale neue Fragestellungen und die **Notwendigkeit weiterer Instrumente** im Controlling deutlich.

Die Aufgaben des Zeitmanagements – und damit des Controllings als unterstützende Funktion – beziehen sich nicht nur auf die optimale **Gestaltung von Zeitdauern** (z. B. interner Prozesse der Entwicklung, Produktion und Lieferung), sondern auch auf das ökonomische **Erreichen von Zeitpunkten** (Optimales Timing im Vergleich zum Wettbewerb eines Marktein-, aber auch -austritts), die Wahrnehmung des so genannten »strategischen Fensters« als einem begrenzten Zeitraum, in dem eine Übereinstimmung zwischen den wesentlichen Anforderungen des Marktes und dem Fähigkeitspotenzial des Unternehmens besteht (vgl. generell zu diesem Konzept: *Abell, D.F.* 1978).

Strategisches Fenster

Weitere Aspekte für Maßnahmen des Controllings in diesem strategischen Handlungsfeld bilden die **Aufdeckung und ergebnisbezogene Quantifizierung**

- nicht-wertschöpfungserhöhender Tätigkeiten (und deren weitgehende Beseitigung)
- nicht nur der Verkürzungspotenziale einzelner isolierter Teilschritte, sondern das Denken und Agieren in funktionsübergreifenden Gesamtprozessen (z. B. Vermeidung von Doppelarbeiten, Verringerung von Hemmnissen durch nicht ausreichend harmonisierte, technische Daten-Schnittstellen)
- nicht nur unternehmensinterner Abläufe, zunehmend auch unternehmensübergreifender Prozessgestaltungen mit Lieferanten (Just-in-time) oder Abnehmern (Internetbasierte administrative Abwicklung von Geschäftsprozessen mit ökonomischen Vorteilen auf beiden beteiligten Seiten).

Neben bekannten Kenngrößen wie Pünktlichkeit, Fertigungsdurchlauf- und Lieferzeiten – um nur einige typische Beispiele zu nennen – werden vom Informationslieferanten Controlling eine ganze Reihe neuer Analysen erwartet:

Informationslieferant Controlling

- Ökonomische Konsequenzen einer Pionier- oder Folgerstrategie,
- Spezifizierung der unternehmensindividuell zu bestimmenden Bereiche komplementärer oder konfliktärer Beziehungen zwischen den Größen »Kosten«, »Qualität« und »Zeit«.

6.3.3 Portfolio- und Kernkompetenz-Konzepte

Eine der am häufigsten angewandten Methodiken des strategischen Managements stellt der Portfolio-Ansatz dar. Konzeptionell basierend auf den Arbeiten von *Markowitz* (vgl. *Markowitz, H.M.* 1952) sind die Portfolio-Analysen in den vergangenen 30 Jahren zum bekanntesten und in den meisten Unternehmen auch zum zentralen Instrument der strategischen Planung geworden. Der ursprünglich auf eine Menge von Einzelinvestitionen bei gegebenen Finanzmitteln bezogene Gedanke einer Ausgewogenheit von Ertragsrisiken und -chancen wurde später analog auf die Situation strategischer Entscheidungen übertragen.

Portfolio-Analysen

Nicht zuletzt durch die intensive Beeinflussung der praktischen Verbreitung durch (marketingbewusste) Unternehmensberatungen erhielten die Darstellungsformen der Portfolio-Analyse eine radikale Vereinfachung. Einander gegenübergestellt werden zwei Betrachtungsperspektiven – eine unternehmens- und eine umfeldorientierte Dimension. Grafisch aufbereitet handelt es sich um zwei im rechten Winkel angeordnete Achsen, deren Bezeichnung, Unterteilung und Ausrichtung je nach Portfolio-Ansatz variiert.

Zwei Betrachtungsperspektiven

Grundanliegen

Das Grundanliegen aller Portfolio-Varianten besteht in der Untersuchung der erfolgswirksamen (beeinflussbaren) Faktoren des Unternehmens einerseits, im Verhältnis zu den wesentlichen (nicht beeinflussbaren) Umfeldkomponenten andererseits. Aus der **Positionierung** des Unternehmens in Relation zu den Konkurrenten, vor allem aber weiter detailliert auf der Ebene einzelner Produkte oder Geschäftsfelder eines Unternehmens sollen wichtige Anhaltspunkte zur Formulierung der Strategien abgeleitet werden.

Mit dem Ziel, das Portfolio eines Unternehmens in eine ausgewogene Struktur zu bringen und dort in einem dynamischen Prozess der sich verändernden Positionierungen im Zeitablauf (mit der Aufnahme neuer und dem Verzicht auf bisherige strategische Geschäftseinheiten) zu halten, ist die Kernaussage dieser Methodik zu charakterisieren.

Die beiden zentralen Portfolio-Ansätze bilden das:

- Marktanteils-Marktwachstums-Portfolio der Boston Consulting Group und
- Marktattraktivitäts-Wettbewerbsstärken-Portfolio von McKinsey (vgl. die nachfolgenden Abbildungen 6.8 und 6.9).

Im Laufe der Jahre wurden sie um eine Vielzahl von Varianten ergänzt, von denen beispielhaft genannt seien:

- Technologieattraktivitäts-Ressourcenstärke-Portfolio (Technologie-Portfolio),
- Vorteilsmatrix der Boston Consulting Group (Boston-II-Matrix),
- Strategisches Spielbrett nach McKinsey.

Sie alle zeichnen sich durch ihre Zwei-Dimensionalität aus, die ein schnelles Erfassen, Nachvollziehen und Verstehen der Zusammenhänge ohne intensive Methodenkenntnis suggeriert und zudem graphisch einfach darzustellen ist.

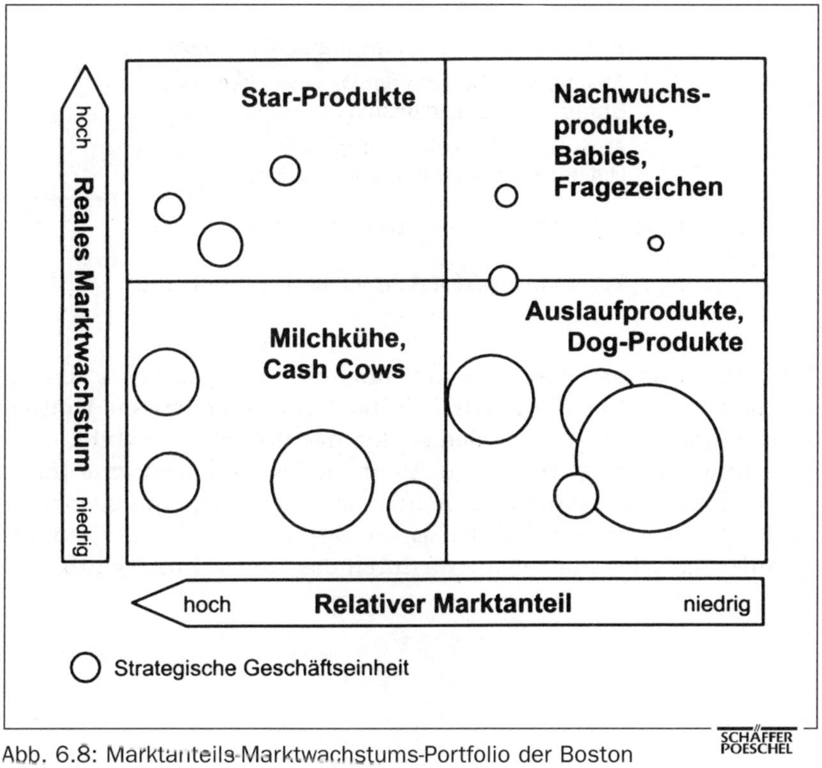

Abb. 6.8: Marktanteils-Marktwachstums-Portfolio der Boston Consulting Group
(Quelle: *Baum, H.-G./Coenenberg, A.G./Günther, T.* 1999 S. 187)

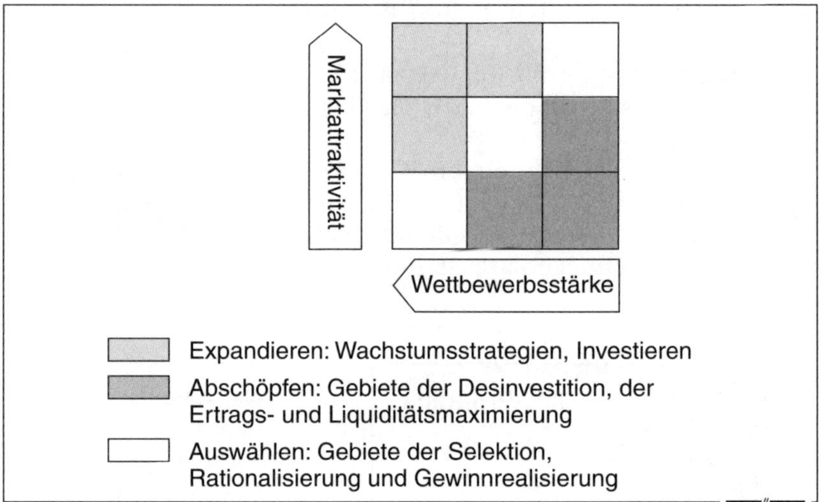

Abb. 6.9: Marktattraktivitäts-Wettbewerbsstärken-Portfolio von McKinsey
(Quelle: *Baum, H.-G./Coenenberg, A.G./Günther, T.* 1999 S. 196)

Umfeldanalyse
Umfeldprognose

Eine detailliertere Beschreibung möglicher Einzelaspekte, die in die Bewertung der **Marktattraktivität** bzw. der **relativen Wettbewerbsstärke** einfließen, ist den beiden nachfolgenden Abbildungen 6.10 und 6.11 zu entnehmen. Auch hier wird der enorme Informationsbedarf bei einer eingehenden strategischen Umfeldanalyse und Umfeldprognose und der damit verbundene Unterstützungserfordernisse des Managements durch das Controlling sichtbar.

(1) **Marktwachstum und Marktgröße**
(2) **Marktqualität**
- Rentabilität der Branche (Deckungsbeitrag, Umsatzredite, Kapitalumschlag)
- Stellung im Markt-Lebenszyklus
- Spielraum für die Preispolitik
- Technologisches Niveau und Innovationspotenzial
- Schutzfähigkeit des technischen *Know-how*
- Investitionsintensität
- Wettbewerbsintensität und -struktur
- Anzahl und Struktur potenzieller Abnehmer
- Verhaltensstabilität der Abnehmer
- Eintrittsbarrieren für neue Anbieter
- Anforderungen an Distribution und Service
- Variabilität der Wettbewerbsbedingungen
- Substitutionsmöglichkeiten
- u. a. m.

(3) **Energie- und Rohstoffversorgung**
- Störungsanfälligkeit in der Versorgung von Energie und Rohstoffen
- Beeinträchtigung der Wirtschaftlichkeit der Produktionsprozesse durch Erhöhungen der Energie- und Rohstoffpreise
- Existenz von alternativen Rohstoffen und Energieträgern
- u. a. m.

(4) **Umweltsituation**
- Konjunkturabhängigkeit
- Inflationsauswirkungen
- Abhängigkeit von der Gesetzgebung
- Abhängigkeit von der öffentlichen Einstellung
- Risiko staatlicher Eingriffe
- u. a. m.

SCHÄFFER POESCHEL

Abb. 6.10: Dimensionen der Marktattraktivität
(Quelle: *Hinterhuber, H. H.* 1977 S. 73)

Unternehmensanalyse

Unternehmens-prognose

(1) **Relative Marktposition**
- Marktanteil und seine Entwicklung
- Größe und Finanzkraft der Unternehmung
- Wachstumsrate der Unternehmung
- Rentabilität (Deckungsbeitrag, Umsatzrendite und Kapitalumschlag
- Risiko (Grad der Etabliertheit im Markt)
- Marketingpotenzial (Image der Unternehmung und daraus resultierende Abnehmerbeziehungen, Preisvorteile aufgrund von Qualität, Lieferzeiten, Service, Technik, Sortimentsbreite usw.)
- u. a. m.

(2) **Relatives Produktionspotenzial**

A) Prozesswirtschaftlichkeit
- Kostenvorteile aufgrund der Modernität der Produktionsprozesse, der Kapazitätsausnutzung, Produktionsbedingungen, Größe der Produktionseinheiten usw.
- Innovationsfähigkeit und technisches *Know-how* der Unternehmung
- Lizenzbeziehungen
- u. a. m.

B) Hardware
- Erhaltung der Marktanteile mit den gegenwärtigen oder in Bau befindlichen Kapazitäten
- Standortvorteile
- Steigerungspotenzial der Produktivität
- Umweltfreundlichkeit der Produktionsprozesse
- Lieferbedingungen, Kundendienst usw.
- u. a. m.

C) Energie- und Rohstoffversorgung
- Erhaltung der gegenwärtigen Marktanteile unter den voraussichtlichen Vorsorgungsbedingungen
- Kostensituation der Energie- und Rohstoffversorgung
- u. a. m.

(3) **Relatives Forschungs- und Entwicklungspotenzial**
- Stand der orientierten Grundlagenforschung, angewandten Forschung, experimentellen Entwicklung und anwendungstechnischen Entwicklung im Vergleich zur Marktposition der Unternehmung
- Innovationspotenzial und Innovationskontinuität
- u. a. m.

(4) **Relative Qualifikation der Führungskräfte und Mitarbeiter**
- Professionalität und Urteilsfähigkeit, Einsatz und Kultur der Kader
- Innovationsklima
- Qualität der Führungssysteme
- Gewinnkapazität der Unternehmung, Synergien usw.
- u. a. m.

Relativ: Im Vergleich zur stärksten Konkurrenzunternehmung

Abb. 6.11: Dimensionen der (relativen) Wettbewerbsstärke des Unternehmens
(Quelle: *Hinterhuber, H. H.* 1977 S. 77)

Besonders vorteilhaft für die anwendenden Unternehmen sind die für die (z.T. sehr plakativ bezeichneten) Portfolio-Felder vorformulierten so genannten Normstrategien.

Wenngleich die **Darstellung der strategischen Positionierung** (als IST- oder SOLL-Portfolio) eingängig und einfach erscheint, so stellt sie doch nicht unerhebliche Informationsanforderungen an das Controlling. Die bewusste Gegenüberstellung von interner und externer Perspektive bedingt in erheblichem Maße auch die Beschaffung und Aufbereitung externer Daten. Das Controlling bezieht in seine Funktion der Informationsversorgung nicht mehr nur interne Daten (aus dem Rechnungswesen) ein, sondern muss seine Blickrichtung nach außen und zukunftsorientiert ergänzen.

Informations-anforderungen

Die bislang gewohnte Sicherheit bei der Weitergabe von (Vergangenheits-)Daten wandelt sich in eine Gewinnung und Weiterleitung von (Zukunfts-)Daten, die mit entsprechenden **Unsicherheiten** behaftet sind. Wie schwierig der Umgang mit diesen Entscheidungsgrundlagen ist, zeigt die vom Gesetzgeber in Deutschland wahrgenommene Notwendigkeit, durch ergänzende gesetzliche Maßnahmen die Einrichtung eines **Risikomanagement-Systems** ausdrücklich vorzuschreiben (vgl. Gliederungspunkt 6.4.4).

Ein ähnliches verändertes Anforderungsprofil ergibt sich auch aus den Kernkompetenz-Konzepten. Die vorangegangene Skizzierung der Entwicklung und Anwendung von Produkt-Markt-Strategien hatte eine Dominanz marktorientierter strategischer Betrachtungen zur Folge, die in den späteren Jahren um ressourcenorientierte Ansätze ergänzt wurden. Hinter den verwendeten Bezeichnungen der »**Ressourcen**« und »**Fähigkeiten**« verbirgt sich der Grundgedanke, nicht nur die für Kunden und Wettbewerber sichtbaren Potenziale zu untersuchen, sondern neben den materiellen Ressourcen **(Sach- und Finanzkapital)** vor allem die Fähigkeiten der Mitarbeiter **(Humankapital)** als wettbewerbsvorteilschaffende Größe herauszustellen.

Kernkompetenz-Konzepte

Grundgedanke

Eine gestufte Darstellung der zentralen Zusammenhänge von

- Ressourcen und Fähigkeiten,
- Kernkompetenzen,
- Wettbewerbsvorteilen und
- Wertschaffung

zeigt Abbildung 6.12.

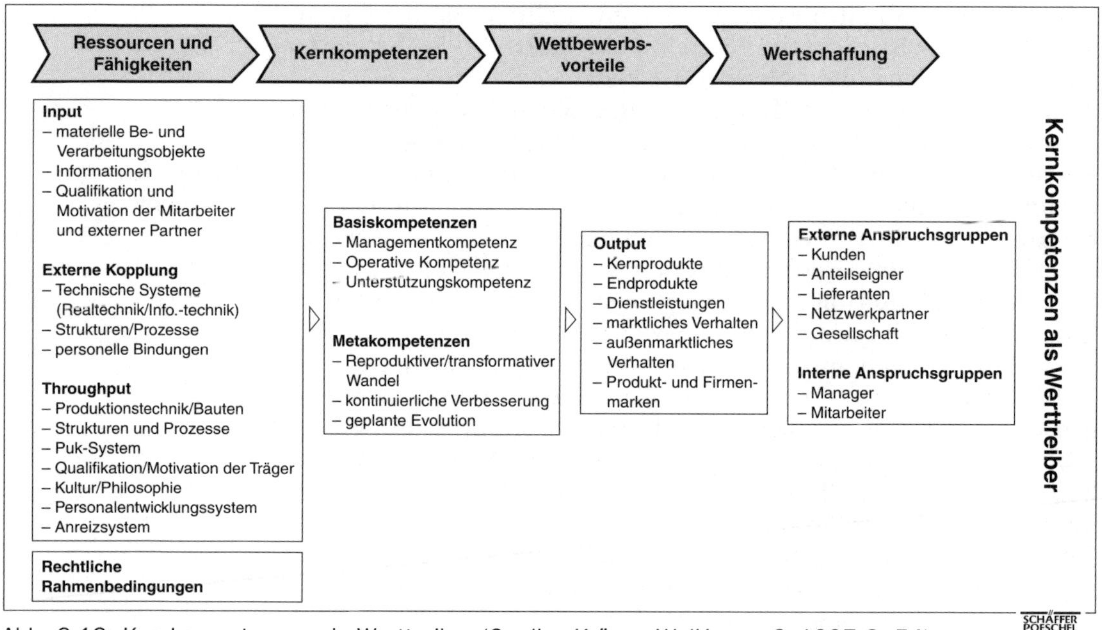

Abb. 6.12: Kernkompetenzen als Werttreiber (Quelle: *Krüger, W./Homp, C.* 1997 S. 54)

Ausgewählte Erfordernisse eines sich zunehmend erweiternden Anforderungsprofils des strategischen Controllings in sachlich-datentechnischer wie methodischer Hinsicht verdeutlicht Abbildung 6.13.

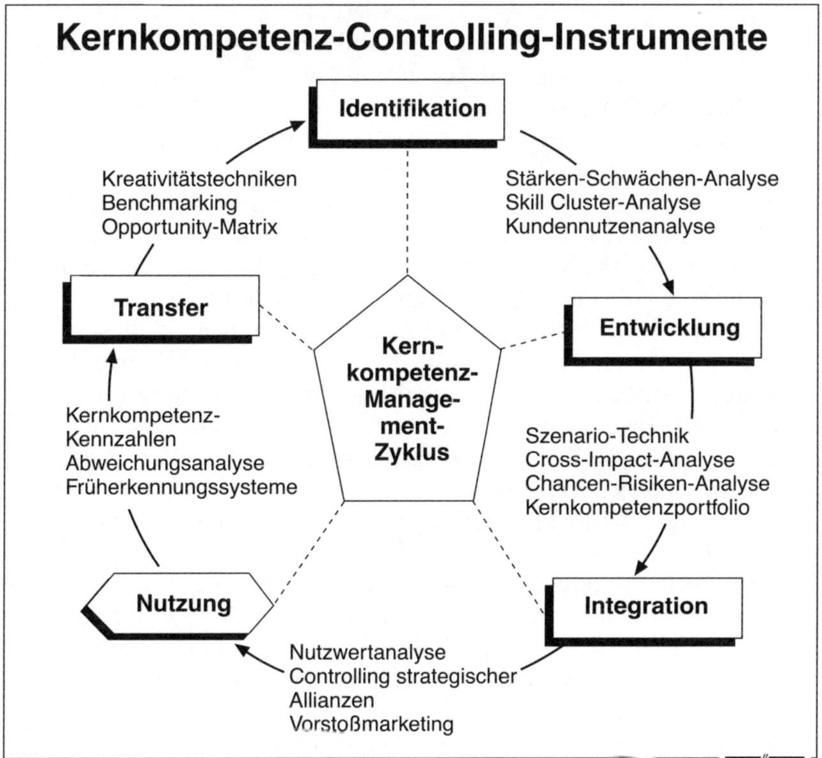

Abb. 6.13: Kernkompetenz-Controlling-Instrumente
(Quelle: *Krüger, W./Homp, C.* 1997 S. 265)

Methoden-Verbund

Neben eine Reihe bereits kurz beschriebener Verfahren (wie Stärken-Schwächen- und Chancen-Risiken-Analysen) oder in den nächsten Abschnitten folgenden Methoden (wie Nutzwert-/Scoring-Modelle (Kapitel 6.3.5), Früherkennungs-/Frühaufklärungssysteme (Kapitel 6.3.6) und Benchmarking (Kapitel 6.3.4)) treten ggf. weitere Instrumente hinzu, die im Kernkompetenz-Management-Zyklus in Zusammenarbeit mit dem Controlling installiert und genutzt werden.

6.3.4 Benchmarking

Zu strategischen Handlungsfeldern des Controlling zählt nicht nur, eine Bestandsaufnahme der aktuellen Situation des Unternehmens zu erstellen, die wesentlichen Erfolgs- und Misserfolgskomponenten zu benennen, sondern auch Informationen zu liefern über Wege in eine bessere unternehmerische Zukunft.

Ein Ansatz, Wissen über neue mögliche strategische Lösungen zu gewinnen, ist das **Lernen von anderen Unternehmen**. In der Vergangenheit vielfach nur auf einen Ergebnisvergleich im Sinne einer Gegenüberstellung von finanziellen Kennzahlen beschränkt, hat sich für ein spezifisch systematisches Vorgehen der Begriff des »Benchmarking« etabliert.

Benchmarking

Als Wegbereiter des Benchmarking-Konzepts gilt die amerikanische Firma XEROX, die 1979 als Reaktion auf erheblich gewachsenen Konkurrenzdruck mit gezielten, schrittweise erfolgenden Aktivitäten begann. Einer ihrer Mitarbeiter, *Robert C. Camp*, ist Autor des ersten einschlägigen Buches zu diesem methodischen Ansatz (vgl. *Camp, R. C.* 1989), das als grundsteinlegende systematische Benchmarking-Veröffentlichung gilt.

Der Ursprung des sprachlichen Begriffs »**Benchmark**« wird im Zusammenhang mit der Landvermessung gesehen. Hier steht er für einen Messpunkt (»Höhenmarke«) mit genau bekannter Position, der für weitere Vorhaben als Orientierung und Referenzpunkt dient.

Instrument der vergleichenden (Wettbewerbs-)Analyse

Das Benchmarking ist ein Instrument der vergleichenden (Wettbewerbs-)Analyse, das seine Kennzeichnung durch eine besondere Form der methodischen Vorgehensweise erhält (vgl. stellvertretend für eine Vielzahl von grundlegenden Veröffentlichungen: *Horváth, P./Herter, R. N.* 1992, *Kreuz, W. et al.* 1997, *Lamla, J.* 1995, *Leibfried, K. H. J./McNair, C. J.* 1993, *Mertins, K./Siebert, G./Kempf, S.* 1995, *Pieske, R.* 1995, *Sabisch, H./Tintelnot,* C. 1997, *Watson, G. H.* 1993, *Weber, J./Wertz, B.* 1999).

Im Zentrum aller Überlegungen steht die Suche nach der »Best of Class«-Anwendung. Es sollen am Markt bereits realisierte Leistungsstandards anderer Unternehmen identifiziert werden, die besser sind als die eigenen, um daraus neue Zielvorgaben zur Stärkung der eigenen Wettbewerbsfähigkeit ableiten zu können.

»Benchmarks« stellen diese »**Bestwerte**« dar, die sich vor allem dadurch auszeichnen, dass sie von einem anderen Unternehmen bereits verwirklicht worden sind – also nicht »utopisch«, sondern erreichbar und machbar sind.

D

Beim Benchmarking handelt es sich um einen systematischen Prozess der Bewertung von Produkten und Dienstleistungen mit folgenden zentralen Zielen:

- Aufzeigen von Unterschieden zu anderen Unternehmen,
- Erkennen der Ursachen für diese Unterschiede,
- Möglichkeiten der eigenen Verbesserung herausarbeiten,
- Ermitteln wettbewerbsorientierter Zielvorgaben.

Erscheinungsformen

Einen Überblick zur Vielfalt der möglichen Erscheinungsformen des Benchmarkings vermittelt Abbildung 6.14. Als charakterisierende Parameter werden Leistungsobjekte und -dimensionen, Benchmarkingpartner, Datenerhebung und Erhebungsform benannt. Durch die (grafisch vertikal denkbare) Verbindung jeweils einer Ausprägungsform je Parameter im Sinne einer **Profillinie** lässt sich analog zur morphologischen Methode Transparenz schaffen über die verschiedenen Benchmarking-Typen.

Benchmarkingparameter	Ausprägung des Parameters				
Leistungsobjekte	Produkte	Methoden	Funktionen	Prozesse	
	Aufgaben	Unternehmen	Dienstleistung	Strategie	
Leistungsdimensionen	Kosten	Qualität	Zeit	Kundenzufriedenheit	Andere
Benchmarkingpartner	Internes Benchmarking	Konkurrenten	gleiche Branche	andere Branche	
Datenerhebung	Fremderhebung neutrale Stelle	Fremderhebung Beteiligte	Eigenerhebung		
Erhebungsform	Interview/ Vor-Ort-Analyse	indirekt interne Unterlagen	indirekt externe Unterlagen		

Abb. 6.14: Formen des Benchmarkings
(Quelle: *Gleich, R./Brokemper, A.* 1997 S. 203)

Internes Benchmarking

Je nach der Stellung des herangezogenen Vergleichspartners wird so zwischen internem und externem Benchmarking unterschieden. Beim internen Ansatz erfolgt die Untersuchung innerhalb des Unternehmens, werden also die »besten Praktiken« in der eigenen Organisation als Orientierung verwendet. Die **Vergleiche** erfolgen beispielsweise zwischen verschiedenen Standorten, Abteilungen oder anderen dezentralen Einheiten mit gleicher Funktionserfüllung. Vor allem bei divisional organisierten, ggf. als Profit Center geführten Teilen des Unternehmens bietet sich diese Vorgehensweise in besonderem Maße an. Die Datenbasis ist vergleichsweise einfach zu erhalten. Es besteht aber die Gefahr, dass als Orientierung nur eine suboptimale Lösung gewählt wird, da u. U. außerhalb des eigenen Unternehmensverbundes noch bessere Problemlösungen existieren, die nicht in die Betrachtung einbezogen wurden.

Externes Benchmarking

Zum externen Benchmarking zählen alle Vergleiche mit fremden Organisationen (oder speziellen Teilbereichen). Naheliegend wäre wegen der besseren strukturellen Vergleichbarkeit die Suche eines Partners in derselben Branche. Aus Konkurrenzgründen ist die **Bereitschaft zur Informationsoffenlegung** (verständlicherweise) aber überwiegend als eher gering einzustufen, sodass zumindest der Versuch der Einbeziehung von »neutralen Dritten« erfolgt. »Diese Art des Benchmarking wird häufig von Unternehmensexternen getragen, um wettbewerbsrelevante Daten herauszufiltern und gleichzeitig leistungsspezifische Informationen auf ein zuvor festgelegtes Format zu normalisieren (›Branchenstandards‹)« (*Weber, J.* 1999 S. 111). Größere Erfolgsaussichten hat eher die Zusammenarbeit mit branchenfremden Unternehmen.

Durch die Aufarbeitung eigener Defizite kann das betrachtete Unternehmen seine Position verbessern und seine Überlebensfähigkeit angesichts sich ständig ändernder Wettbewerbsbedingungen und Kundenbedürfnisse sichern.

Phasen des Benchmarking-Prozesses

Die **maßgeblich von der Praxis geprägte** Benchmarking-Methodik hat zu einer größeren Zahl an Gliederungen des zeitlichen Ablaufs geführt. Sie alle ähneln sich stark und unterscheiden sich im Wesentlichen nur durch den Detaillierungsgrad der vorgeschlagenen Schrittfolge. Hier soll im Rahmen eines 3-stufigen Rahmens von »Planung – Analyse – Umsetzung« ein 10-Phasen-Modell wiedergegeben werden (Abbildung 6.15).

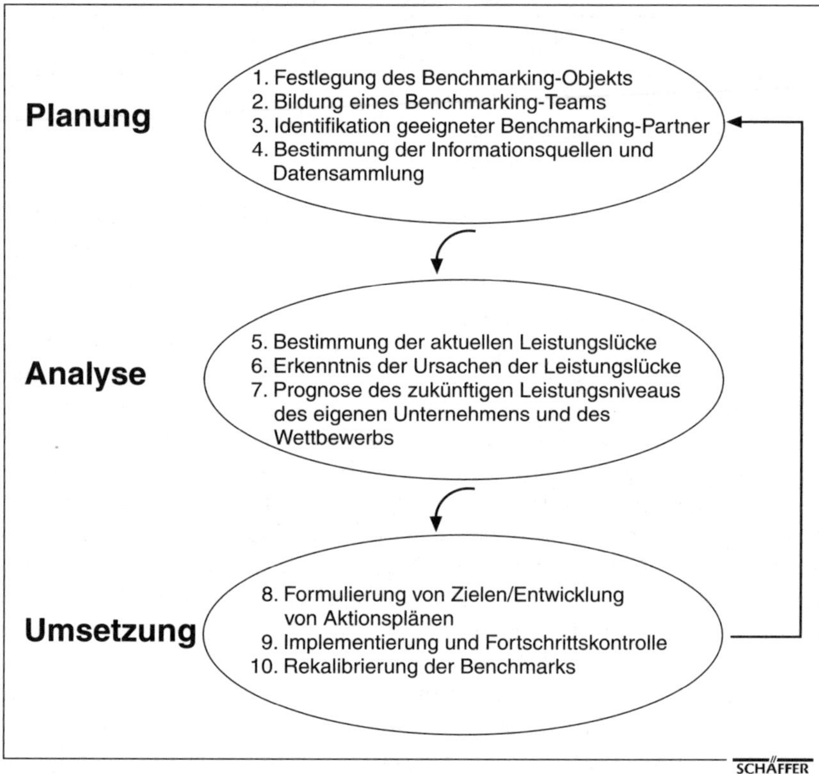

Abb. 6.15: Phasen des Benchmarking-Prozesses
(Quelle: *Lasch, R./Trost, R.* 1997, S. 694)

Ziel ist in erster Linie aber nicht, durch alleinige Übernahme von »best practices« in den »Fußstapfen« des Besseren zu laufen, dessen erfolgreiche Abläufe also zu imitieren. Dann kann zwar möglicherweise der Abstand verringert werden, aber das Unternehmen bleibt Zweiter. Wichtiger ist – im übertragenen Sinn – »Aus dem Windschatten auf die Überholspur« zu kommen.

Der herausragende Vorteil des Benchmarkings liegt in der Möglichkeit, praxisbewährte Leistungsstandards erheben zu können. Diese Erkenntnis, dass andere Unternehmen (ggf. auch mit anderen Strukturen) die beobachteten Prozesse bereits beherrschen, verbessert die interne Willensbildung der strategischen Entscheidungsträger und erhöht die Wahrscheinlichkeit der Willensdurchsetzung.

Praxisbewährte Leistungsstandards erheben

Nicht zu unterschätzen sind allerdings trotzdem die **Implementierungsprobleme** bei der Übernahme »bester Praktiken«. Auch hier gilt uneingeschränkt das »magische« Fünfeck der Implementierung: »Kennen« – »Verstehen« – »Können« – »Wollen« – »Tun« (vgl. Abbildung 6.16).

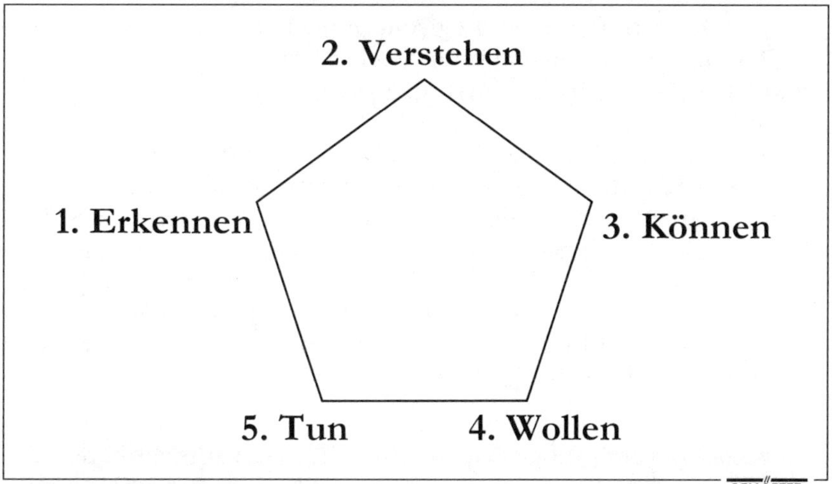

Abb. 6.16: Fünfeck der Implementierung SCHÄFFER POESCHEL

Zunächst muss die grundsätzliche Einsicht und Bereitschaft im Unternehmen – auch durch die Positionierung der Unternehmensleitung (Vorbildfunktion) – gegeben sein, erforderlichen Wandel zu befürworten, selbst wenn sie aus der wirtschaftlichen Situation eines »Leidensdrucks« (z. B. negative ökonomische Ergebnisse) maßgeblich geprägt sind. Insofern wirkt Benchmarking der Neigung zu Selbstzufriedenheit entgegen.

Der entscheidende Schritt besteht in der Suche nach besseren als der eigenen bislang verwendeten Lösung. Selbst dieser Einstiegsaspekt unterstellt beispielsweise auch bei bisherigen Marktführern, dass sie das »Besser sein« anderer anerkennen.

6.3.5 Scoring-Modelle

Dieser Abschnitt zu den Scoring-Modellen hat eine gliederungstechnische Eigenständigkeit erhalten, um noch einmal die besondere Bedeutung der Betrachtung in Phasen gliederbarer strategischer Planungs- und Kontrollprozesse als konzeptionellen Rahmen aufzugreifen.

Controllern kommt in diesem Zusammenhang u. a. die Koordination der informatorischen Versorgung des Managements als Aufgabe zu, d. h. die **Erhebung und Aufbereitung relevanter Daten**. Planung kann dabei als gedankliche Vorwegnahme zukünftigen Handelns durch eine zielorientierte Alternativensuche, -beurteilung und -auswahl unter Berücksichtigung bestimmter Annahmen über zukünftige Umfeldentwicklungen näher spezifiziert werden (in Anlehnung an *Hahn, D.* 1996, S. 61)

Mehrdimensionale Entscheidungsverfahren

Da sich zu treffende strategische Entscheidungen als Ergebnis der Planung meist an mehreren Zielen ausrichten sollen, ist der Einsatz eines geeigneten mehrdimensionalen Entscheidungsverfahrens sinnvoll.

Einfache Grundstruktur

Die Grundstruktur der Scoring-Modelle bildet hierzu ein bewährtes gedankliches Raster, das einerseits zu rationaler Willensbildung anregt, ohne andererseits subjektive Elemente der Zielbildung und -gewichtung, der Alternativengenerierung und -bewertung zu verdecken, sondern sie transparenter macht. Ihr überschaubarer Aufbau in Form mehrerer einfacher Schritte zur Lösung komplexer Probleme ermöglicht ihren universellen Einsatz und ihre Beliebtheit in der Praxis.

D

> Unter der Bezeichnung »Scoring-Modelle« sind alle Methoden zu verstehen, die die Bewertung von mehreren Entscheidungsalternativen im Hinblick auf mehrere, in unterschiedlichen Dimensionen ausgeprägte Ziele ermöglichen.

Nutzwertanalyse

Hierzu zählen insbesondere Punktbewertungsverfahren und die Nutzwertanalyse – wobei auf Letztere im Folgenden beispielhaft und detaillierter Bezug genommen wird.

Die eingehende Behandlung der Nutzwertanalyse (vereinfacht auch nach ihrer zentralen Darstellungsform als **Entscheidungsmatrix** bezeichnet; siehe die nachfolgende Abbildung 6.17) soll zum einen dazu beitragen, durch bessere und weiter verbreitete methodische Kenntnis das Misstrauen gegenüber dieser Vorgehensweise als praktische Hilfe bei der Vorbereitung strategischer Entscheidungen abzubauen, zum anderen jedoch durch die ausdrückliche Nennung der häufig implizit getroffenen Annahmen auch die Grenzen der Scoring-Modelle zu verdeutlichen.

Unabdingbare Ziele	Ziele (Z_j) / Alternativen (A_i)	Ziele (Z_j) mit Zielgewichtungsfaktoren (q_j)			Nutzengröße je Alternative $N_{A_i} = \sum_{j=1}^{3} W_{ij}\, q_j$
		Z_1; q_1	Z_2; q_2	Z_3; q_3	
	A_1				
	A_2		gewichtete Zielwirkungen der Alternativen ($W_{ij}\, q_j$)		
	A_3				
	A_4				
	A_5				

Abb. 6.17: Grundschema der Entscheidungsmatrix
(Quelle: *Hahn, D.* 1996 S. 66)

Bei vielen Entscheidungen strategischer (aber auch operativer) Tragweite spielen neben **monetären** Zielgrößen (z. B. Kapitalwert, Cash Flows, Kosten und Erlösen) auch andere **nicht-monetäre** Zielgrößen eine Rolle (z. B. Qualität, Sicherheit, Image).

Hier sind beim Einsatz ausschließlich monetär ausgerichteter Entscheidungsinstrumente (z. B. im Fall von Kostenvergleichs- oder dynamischen Investitionsrechnungsverfahren) erhebliche Informationsverluste relevanter, aber nicht quantifizierbarer Daten festzustellen.

In diesen Situationen sind dagegen Methoden erforderlich, mit deren Anwendung die Vielfalt der entscheidungsrelevanten Zielkriterien sinnvoll integriert und die in unterschiedlichen Dimensionen ausgedrückten Zielerfüllungen der Entscheidungsalternativen zu einem Gesamt(nutzen)wert verknüpft werden können.

Zangemeister, einer der ersten deutschsprachigen Autoren, die sich dieser Methodik detailliert angenommen haben, fasst die Problematik wie folgt zusammen:

»Die subjektive Ausrichtung von Nutzwertmodellen muss grundsätzlich als vorteilhaft angesehen werden. Denn sie berücksichtigt die zweifellos jeder Komplexentscheidung innewohnenden subjektiven Momente, die gewöhnlich gedanklich unkontrolliert und nicht sichtbar in die Entscheidungsfindung eingehen. Diese an sich positiv zu beurteilende Modelleigenschaft lässt die Nutzwertanalyse in der Praxis jedoch leicht als eine ungenaue und daher wenig brauchbare Methode erscheinen. Solche Vorbehalte sind in der Tat gerechtfertigt, soweit über die Nutzwertanalysemethodik sowie die durch spezielle Verfahrensweisen der Nutzwertanalyse implizierten Annahmen Unkenntnis besteht und noch wenig Erfahrungen mit Nutzwertmodellen gesammelt werden konnten. Unbegründet wäre jedoch die Auffassung, dass die Analyse einer Entscheidungssituation unter Einbeziehung explizit formulierter Werturteile zu notwendig weniger zuverlässigen Ergebnissen führt als die Anwendung eines Verfahrens, das den subjektiven Problemaspekt vollkommen außer Acht lässt« (*Zangemeister, C.* 1976, S. 9).

Diese Nutzwertanalysen dürfen nicht als Ersatz, sondern als eine wichtige Ergänzung der eindimensionalen, in der Regel nur auf eine ökonomische Größe ausgerichteten Instrumente einer systematischen Entscheidungsvorbereitung zur Messung der Wirtschaftlichkeit angesehen werden.

Da sich für die Durchführung der Nutzwertanalyse kein festes eigenständiges Regelwerk entwickelt hat, erfolgt der grundsätzliche Ablauf der Methodik in enger Anlehnung an den prinzipiellen Problemlösungsprozess. Nachfolgend soll in Erweiterung um ein einfaches Beispiel ein **typischer Ablauf der Nutzwertanalyse** (in 12 Schritten) skizziert werden:

B

1. Formulierung des zu lösenden Problems
   Beispiel: Beschaffung einer modernen Telekommunikationsanlage für einen mittelständischen, weltweit tätigen Konzern
2. Bestimmung eines entscheidungsrelevanten Zielsystems und Ableitung der konkreten Bewertungskriterien unter Festlegung der Dimension, in der die Zielerfüllung zu messen ist – u. a. Geld-, Mengen- oder Zeiteinheiten; Qualitätsurteile
   Beispiel: Anschaffungspreis, Nutzungskosten, Zahl der anschließbaren Arbeitsplätze, Lieferzeit, Zuverlässigkeit, Bedienungsfreundlichkeit, Erfahrung des Lieferanten mit internationalen Projekten
3. Kennzeichnung dieser Ziel- bzw. Bewertungskriterien im Sinne ihres Muss- oder Kann-Erfüllungs-Charakters
   Beispiel: Muss-Zielkriterium: Zahl der anschließbaren Arbeitsplätze muss größer als 999 sein oder internationale Projekterfahrung muss mit Referenzen belegt werden
4. Gewichtung der Kann-Kriterien (ggf. abgeleitet in einem mehrstufigen Prozess in Abhängigkeit von ihrer Bedeutung im eingangs formulierten Zielsystem)
   Beispiel: Die in Schritt 2 fixierten Bewertungskriterien werden untereinander in ihrer Bedeutung als Ziele spezifiziert, beispielsweise in Form von 20 % Anschaffungspreis, 30 % Nutzungskosten, 10 % Lieferzeit, 25 % Zuverlässigkeit, 15 % Bedienungsfreundlichkeit
5. Benennung der Alternativen
   Beispiel: Auflistung der vorliegenden Angebote verschiedener Firmen auf der Basis einer europaweiten Ausschreibung
6. Prüfung aller Alternativen zunächst im Hinblick auf die Erfüllung der Muss-Ziele und bei Nichterfüllung Eliminierung der entsprechenden Alternativen
   Beispiel: Ein Angebot entfällt, da es maximal nur 900 Arbeitsplätze vernetzen kann

7. Beurteilung der verbliebenen Alternativen im Hinblick auf die Erfüllung jedes einzelnen Kann-Kriteriums
   Beispiel: Systematische Auswertung aller verbliebener Alternativen bezüglich des Anschaffungspreises und der Nutzungskosten in Geldeinheiten, Zahl der anschließbaren Arbeitsplätze als eine Mengenangabe, Lieferzeit in Monaten; Zuverlässigkeit durch statistische Fehler- und Ausfallwahrscheinlichkeiten; Bedienungsfreundlichkeit durch Qualitätsurteile
8. Umrechnung der Erfüllungsgrade in so genannte Teilnutzwerte
   Da die einzelnen Erfüllungsgrade aufgrund ihrer unterschiedlichen Dimension pro Alternative meist nicht direkt verknüpfbar sind, z. B. durch Addition, müssen sie ggf. durch Umwandlung von einer kardinalen in eine ordinale Messskala – mit Punktwerten – vergleichbar gemacht werden
   Beispiel: Unterschiedlich hohe Anschaffungspreise werden in eine Notenskala umgewandelt von »1« – »sehr gut« bis »5« – »unbefriedigend«; ebenso wird verfahren bei allen anderen Zielkriterien, die bislang noch nicht in einer entsprechenden ordinalen Skala vorliegen
9. Multiplikation der Teilnutzwerte mit ihren entsprechenden Zielgewichtungsfaktoren sowie Addition zum Gesamtnutzwert je Alternative
   Beispiel: Die in Punktwerte transformierten Erfüllungsgrade werden mit den jeweiligen Prozentwerten der Zielgewichtungen multipliziert und je Alternative addiert
10. Festlegung der Rangfolge der Alternativen
    Beispiel: Im Falle der unter Position 8 genannten »Schulnotenskala« wäre die Alternative mit dem geringsten Gesamtnutzenwert die empfehlenswerteste und die weitere Reihung ergäbe sich analog
11. Durchführung von Sensitivitätsanalysen
    Beispiel: Bei strategischen Entscheidungssituationen sind oftmals wichtige Annahmen über verschiedene zukünftige Umfeldsituationen denkbar: Erhebliche Veränderungen der wesentlichen Annahmen – z. B. Wechselkursschwankungen. Diese Alternativ-Betrachtungen mit differierenden Eingangswerten werden als Sensitivitätsanalysen bezeichnet und kennzeichnen die Robustheit bzw. Labilität des Analyse-Ergebnisses bei Schwankungen der Input-Daten des Entscheidungsmodells.
12. Empfehlung der besten Alternative als Problemlösung
    Beispiel: Bei der Transformation kardinaler oder ordinaler Erfüllungsgrade in Punktbewertungen kann ein gewisser qualitativer Informationsverlust nicht vermieden werden. Daher sollten im Gesamtnutzwert sehr nahe beieinander liegende Alternativen nicht allein auf Basis der Nutzwertanalyse in »empfehlenswert« und »nicht empfehlenswert« getrennt werden.

Der sich pro Alternative ergebende Gesamtnutzwert stellt keine konkrete Erfolgsgröße im Sinne des betrieblichen internen oder externen Rechnungswesens dar, sondern ist »rechentechnisch« die Folge einer ganzheitlichen Bewertung aller (ggf. gewichteten) Zielerfüllungsbeiträge. Er ist also zunächst lediglich ein dimensionsloser Ordnungsindex, dessen Aussagekraft sich erst aus dem Vergleich sämtlicher Alternativen ableitet.

Sensitivitätsanalyse

Von besonderem Interesse ist die Stabilität der Nutzwert-Ergebnisse, insbesondere die Reihenfolge der Vorteilhaftigkeit, wenn

Größen, die bisher Eingang in die Betrachtung gefunden haben, variiert werden. Hierbei handelt es sich vor allem um die veränderte Annahme zu folgenden Größen:

- Alternative Zielgewichtungen (modifizierte Bedeutung, die die Entscheidungsträger den Zielen im Verhältnis zueinander beimessen).
- Alternative Zielerfüllungsgrade in Abhängigkeit von bestimmten Umfeldentwicklungen (so genannten Szenarien – im Sinne mehrwertiger Erwartungen; vgl. ergänzend Abbildung 6.18). Dabei kann es sich z. B. um eine schrittweise prozentuale Erhöhung bzw. Verminderung der Zielerfüllungsgrade handeln oder um eine Simulation auf der Grundlage von pessimistischen, mittleren und optimistischen Schätzungen.

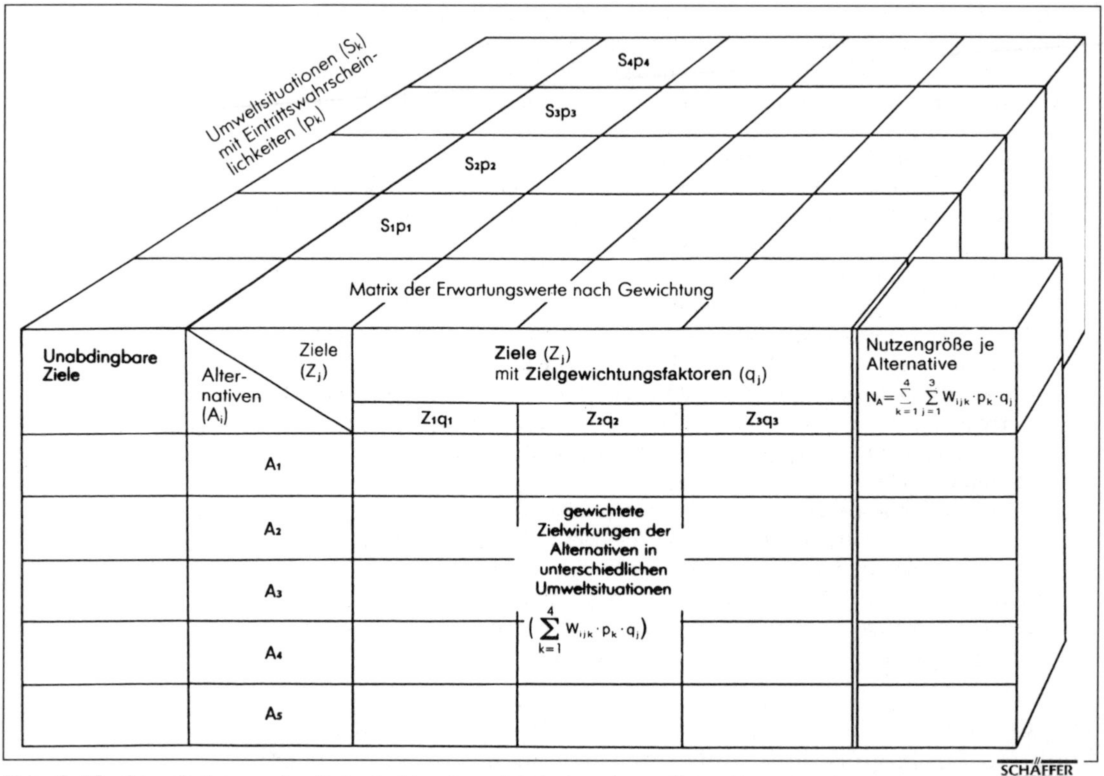

Abb. 6.18: Grundschema der Entscheidungsmatrix bei mehrwertigen Erwartungen (Quelle: *Hahn, D.* 1996 S. 72)

Zudem lassen nicht alle Ziele eine kardinale, sondern z.T. nur eine ordinale Skalierung zu. Während sich bei einer maschinellen Investition die räumlichen Ausmaße kardinal in Längen- und Volumenangaben (m und cbm) erfassen lassen, ist die Beurteilung der Bedienungsfreundlichkeit in der Regel lediglich im Sinne einer ordinalen Reihung möglich.

Messung der Zielerfüllung

Die Messung der Zielerfüllung kann auf der Basis von drei verschieden aussagefähigen Skalentypen (bzw. Skalenniveaus) erfolgen:

Kardinalskala: Quantifizierbare Unterschiedlichkeit der Abstände zwischen den Zielerfüllungen der Alternativen, z. B. in Form einer Längen-, Volumens-, Gewichts-, Temperaturmessung oder einer Angabe in Geldeinheiten (auch Intervall- oder Verhältnisskala genannt).

Ordinalskala: Reihenfolge-Bewertung im Sinne eines linearen Vergleichs »Besser« oder »Gleich« oder »Schlechter« bzw. in Form von Bezeichnungen »Hoch« – »Mittel« – »Niedrig«.

Nominalskala: »Ja« oder »Nein« – Ziel »erfüllt« oder »nicht erfüllt«.

Zielgewichtung

Ferner sind die einzelnen Ziele – wie vorher beschrieben – für die Entscheidungsträger von unterschiedlicher Bedeutung, sodass die subjektive Wertschätzung des Managements durch die Gewichtung Berücksichtigung findet. Meist wird für jedes Ziel ein Prozentsatz benannt, über alle muss sich die Summe zu einem Wert von 100 % addieren.

D

»Diese Wertungen bewusst, gedanklich kontrolliert und sachlich begründet vorzunehmen, in sämtlichen Wertdimensionen sichtbar zu machen und formallogisch befriedigend zu einer Gesamtaussage zu verarbeiten, das ist der Zweck und die Aufgabe einer systematischen Nutzwertanalyse« (*Zangemeister, C.* 1976, S. 319).

Unabhängigkeit der Ziele

Die Addition der Teilnutzwerte je Alternative unterstellt die Unabhängigkeit der Ziele voneinander, denn ansonsten würden bestimmte Eigenschaften der Alternativen mehrfach positiv bzw. negativ in die Bewertung einfließen. Diese strenge Voraussetzung lässt sich in der Praxis nur sehr schwer realisieren, sodass die bescheidenere **Forderung nach zumindest bedingter Nutzenunabhängigkeit** »... wohl keine erhebliche Einschränkung der Anwendungsmöglichkeiten der Nutzwertanalyse (darstellt, Anm. d. V.), insbesondere wenn auch die finanziellen Konsequenzen eines Projektes gesondert betrachtet werden« (stellvertretend: *Blohm, H./Lüder, K.* 1995 S. 196).

Einsatzbereiche

Die Einsatzbereiche der Scoring-Modelle im strategischen Controlling sind **umfassend**. Sie sind nicht nur zur Beurteilung von komplexen Sach-Investitionsvorhaben geeignet, wo sie meist methodisch beschrieben werden, sondern auch für personale Entscheidungen.

»Nutzwertanalysen erlauben eine nachvollziehbare, allerdings auf subjektiven Einzelurteilen beruhende Bewertung von Handlungsalternativen. Trotz der subjektiven Bewertungskomponente und der darin liegenden Manipulationsmöglichkeiten wird man mindestens davon ausgehen können, dass die Nutzwertanalyse – abgesehen vom **Vorteil der Nachvollziehbarkeit** und damit **Überprüfbarkeit** – vor allem bei Entscheidungen mit einer Vielzahl von Konsequenzen zu einem gesicherteren Urteil führt als eine intuitiv-subjektive Globalbewertung« (*Blohm, H./Lüder, K.* 1995 S. 177).

Neben dem auf den ersten Blick rein instrumentellen Aspekt der Auswahl geeigneter Unterstützungsmethoden ist ein personaler Gesichtspunkt nicht zu unterschätzen: Wer in verantwortlicher Position komplexe strategische Entscheidungen von großer Tragweite vorzubereiten und/oder zu treffen hat, wird auf Entscheidungshilfen zurückgreifen, die den **vielschichtigen Entscheidungsprozess** übersichtlicher und insbesondere bei Mehr-Personen-Entscheidungen für alle Beteiligten und auch für interessierte Außenstehende **transparenter** macht, zumal strategische Fehlentscheidungen aufgrund der in der Regel hohen Kapitalintensität und langfristigen Bindungswirkung nicht oder nur unter großen Anstrengungen wieder korrigiert werden können.

Mehr-Personen-Entscheidungen

Dies gilt umso mehr, als heute Unternehmen in ihrem institutionellen Aufbau von Gremien-Entscheidungen strategisch geprägt werden, sodass diese Transparenz gerade bei der Willensbildung in Mehr-Personen-Gremien eine wichtige Rolle spielt.

6.3.6 Shareholder Value-Konzept

Ausgangslage

Im Zentrum der Managementlehre sowie -praxis in den 70er- und 80er-Jahren des letzten Jahrhunderts stand das am Wettbewerb orientierte strategische Denken. Die hierzu entwickelten methodischen Konzepte des Portfolio-Managements und der Wettbewerbsstrategien wurden unter maßgeblicher Begleitung und Beeinflussung namhafter Beratungsfirmen in zahlreichen Unternehmen eingeführt. Für viele Anwender boten sie unter Berücksichtigung der jeweiligen Rahmenbedingungen ein effizientes Instrumentarium beim Übergang von einer (linearen) Langfristplanung zu einem strategischen Management.

Seit einigen Jahren zeichnet sich in mehrfacher Hinsicht ein Wandel ab. Die lange Zeit – im Vergleich zu Markt-, Produkt- oder Technologiegesichtspunkten – eher vernachlässigte finanzielle Seite der strategischen Planung rückt wieder stärker in den Mittelpunkt der Überlegungen. Damit beginnt sich auch der Maßstab für unternehmerischen Erfolg zu wandeln. Obwohl nach wie vor Marktanteile und bilanzielle Gewinne, Umsatz- und Kapitalrenditen eine wichtige Rolle spielen werden, ist die in jüngster Zeit gewachsene praktische Relevanz des Shareholder Value-Ansatzes vor allem auch vor dem Hintergrund neuer internationaler unternehmerischer Herausforderungen zu sehen.

Ursachen der methodischen Ergänzung

Hierzu zählen in erster Linie die **weltweite Liberalisierung des Kapitalmarktes** und seine zunehmende Bedeutung als ein Träger der Unternehmenskontrolle, **verstärkte Einflussnahme** und Machtausübung insbesondere **institutioneller Anleger** (z. B. amerikanischer und britischer Pensionsfonds) sowie das Erfordernis, Unternehmen oder einzelne ihrer Teile im Rahmen von gezielten internen und/oder externen Wachstums- oder Schrumpfungsstrategien zu bewerten.

Am Beispiel einer Reihe von Unternehmen wurde erkennbar, dass die bislang als Spitzenkennzahlen vor allem verwendeten Kapital- und Umsatzrenditen sowie die Art und Weise ihres Einsatzes als betriebswirtschaftliche Steuerungsinstrumente offensichtlich zu einem **unvollständigen Informationsbild** über das Unternehmen beigetragen hatten.

Einige Unternehmen mit (extern ausgewiesenen) vergleichsweise geringeren Renditen sahen sich mit einer gegen ihren Willen erfolgenden Übernahme konfrontiert (so genannte »unfriendly take over« durch corporate raider), in deren Abwicklung sich mehrfach zeigte, dass die Gesamterlöse aus den gezielten Weiterverkäufen der einzelnen Teilbereiche über dem ursprünglich gezahlten Kaufpreis lagen.

Vor diesem Hintergrund scheint die methodische Ergänzung des strategischen Controllings um weitere Instrumente erforderlich, die für eine größere Transparenz der unternehmerischen Leistungsfähigkeit sorgen.

Begriff

Im gegenwärtigen Sprachgebrauch wird der Begriff des Shareholder Value noch in unterschiedlichen, aber miteinander verknüpften Inhalten und Zwecken belegt. Seinen schillernden Umfang verdankt er nicht zuletzt einigen Beratungsfirmen, die in leicht modifizierter Ausprägung und jeweils unter einem eigenständigen Konzept-Namen **spezifische Terminologien** entwickelt haben, die einem Außenstehenden erst auf den zweiten Blick die Übereinstimmung des Kernansatzes deutlich werden lassen (vgl. u. a. grundlegend und mit zahlreichen Beispielen: *Bühner, R.* 1994; *Günther, T.* 1997; *Herter, R. N.* 1994; *Horváth, P.* 2000b; *Knorren,*

N./Weber, J. 1997; *Küting, K.* 1998; *Lewis, T. G.* 1995; *Nicklas, M.* 1998; *Rappaport, A.* 1994; *Wagenhofer, A./Hrebicek, G.* 2000).

In der Vergangenheit galt nahezu uneingeschränkt: Ein zentraler Beurteilungsmaßstab der aktuellen ökonomischen Situation eines Unternehmens bildet die jährliche Erwirtschaftung eines angemessenen Gewinns. Von Seiten des Managements soll vor allem den Aktionären bzw. potenziellen Anlegern ein positives Bild vom Unternehmen vermittelt werden (methodisch bedingt allerdings mit einer Dominanz der Vergangenheitsorientierung). Aus der Sicht der Eigenkapitalgeber als Investor ist jedoch die Wertentwicklung des finanziellen Engagements von Relevanz, d. h. die Aktienrendite als primäre Erfolgsmesslatte entscheidend, die sich als Summe aus Dividendenzahlung und Kursgewinnen bzw. -verlusten ergibt – dagegen weniger das buchhalterische Gewinndenken.

Wertorientierung

In vielen Unternehmen ist daher zunehmend zum zentralen Ziel modernen Managements geworden, das Unternehmensportfolio wertorientiert zu optimieren und die Ressourcen in Geschäftsbereiche zu lenken, die die höchsten Wertzuwächse erwarten lassen. Durch die nachhaltige Schaffung von Wettbewerbsvorteilen (u. a. gemessen an der Entwicklung so genannter Wertgeneratoren) sollen Renditen auf das investierte Kapital erzielt werden, die über der durchschnittlichen Marktrendite für Anlagemöglichkeiten mit vergleichbarem Risiko liegen.

Methodisches Instrumentarium

Methodisches Instrumentarium für dieses wertorientierte Management (Value Based Management) sind die **Verfahren der dynamischen Investitionsrechnung**, die alle auf der grundsätzlichen Prämisse beruhen, dass sich der aktuelle Wert des Investitionsobjektes aus dem Strom der zukünftig erwarteten Einnahmenüberschüsse (Cash Flows) ergibt, wobei – durch Diskontierung – berücksichtigt wird, dass die Geldströme einen umso geringeren finanziellen Wert haben, je später sie anfallen.

Die Sichtweise, Management-Entscheidungen am Wert der Unternehmen zu orientieren, ist zwar nicht grundsätzlich neu, wohl aber die Konzeption, einzelne Strategien wie auch die gesamte Unternehmensentwicklung konsequent im Hinblick auf diese Kenngröße zu beurteilen. Von methodischer Seite sind die Basisbausteine seit langem bekannt: Wertermittlung auf der Basis der klassischen dynamischen Investitionsrechnung (nach dem Kapitalwert- oder internen Zinsfuß-Konzept) und Berücksichtigung der Kapitalkosten auf der Grundlage kapitalmarkttheoretischer Überlegungen (für die zu erwartende Eigenkapitalrendite z. B. unter Verwendung des CAPM-Ansatzes).

D

Der Wert eines strategischen Projekts entspricht bei dieser Betrachtungsweise der Summe der mit einem Kapitalkostensatz diskontierten zukünftigen freien Cash Flows.

Grundlegende Strategien, einzelne Investitions-, Diversifikations- oder Desinvestitionsvorhaben als Ausdruck einer von der Unternehmensführung angestrebten Entwicklung werden untersucht und verglichen, ob und wie weit sie zu einem höheren Wert für die Anteilseigner führen.

Investitionen, die eine über den Kapitalkosten liegende Verzinsung versprechen (also Shareholder Value schaffen), werden dabei auch als so genannte **Wertgenerierer** bzw. Über-par-Projekte bezeichnet; Investitionen mit Verzinsungen unterhalb der Kapitalkosten sind in dieser Terminologie so genannten Unter-par-Projekte bzw. **Wertvernichter**. Eine denkbare Konstellation zeigt beispielhaft Abbildung 6.19.

Über-par-Projekte

Unter-par-Projekte

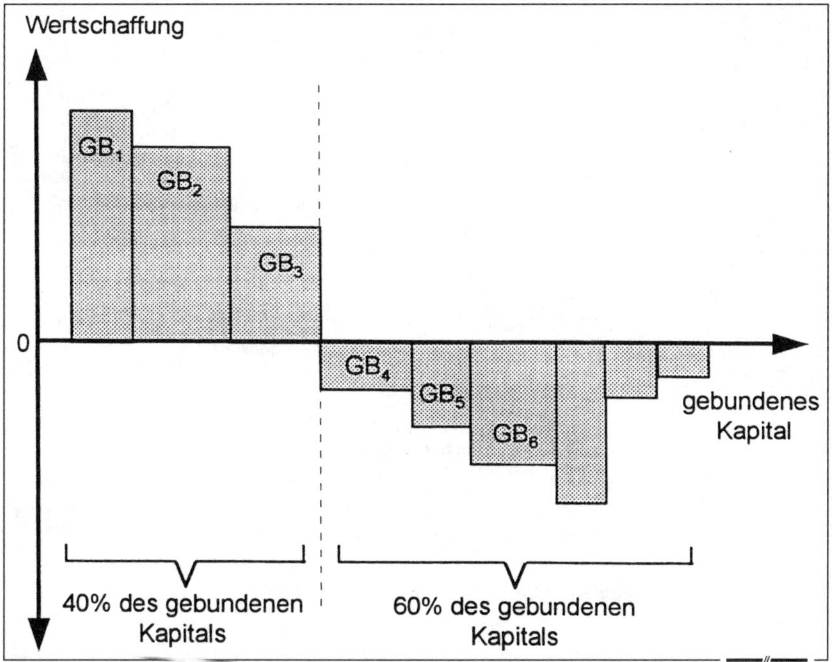

Abb. 6.19: Geschäftsbereiche als Werterzeuger oder Wertvernichter (Quelle: In Anlehnung an *Bühner, R.* 1994a S. 59)

Die Besonderheit des aktuellen Ansatzes für das Controlling besteht darin, dass besondere Aufmerksamkeit den aufgezeigten funktionalen Verknüpfungen zukommt, die zwischen den maßgeblichen Einflussfaktoren (so genannten Werttreibern bzw. Value Drivers) und dem Unternehmenserfolg bestehen.

Über die **Werttreiber** wird eine Verknüpfung von qualitativer Strategieformulierung und quantitativer Strategiebewertung zu einer finanziell integrierten Planung von Unternehmens- und Geschäftsfeldpolitik angestrebt, indem die **Wertbeiträge** der ein-

Werttreiber

zelnen Tätigkeitsbereiche transparent gemacht und im Zuge des strategischen Planungs-, Steuerungs- und Kontrollprozesses Konsequenzen für Werterzeuger und -vernichter gezogen werden.

Den zentralen Ansatz des Shareholder Value-Konzepts zeigt die nachfolgende Abbildung 6.20 noch einmal in grafisch übersichtlich aufbereiteter Form:

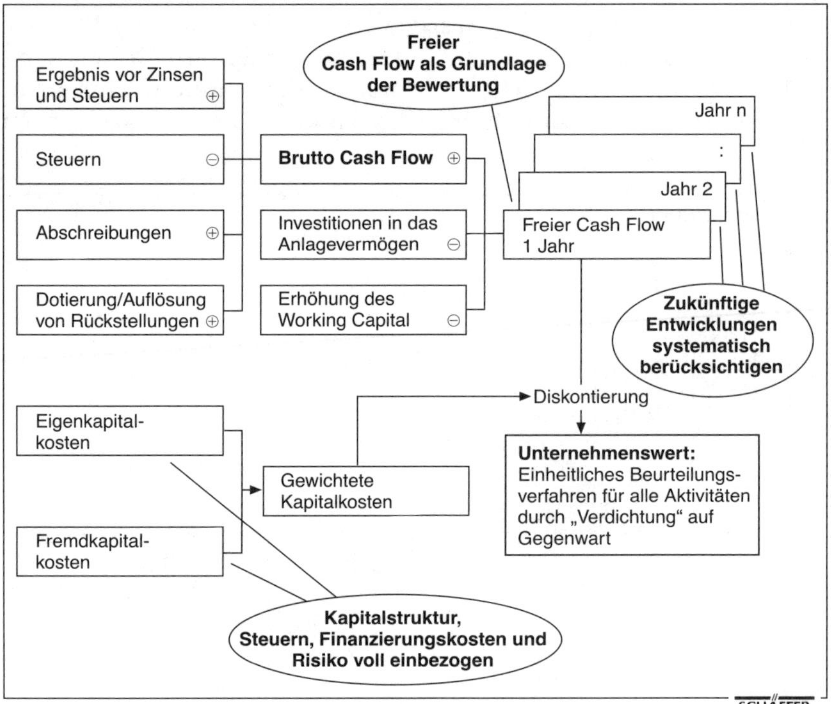

Abb. 6.20: Zentrale Zusammenhänge des Shareholder Value-Konzepts
(Quelle: In Anlehnung an *Meyersiek, D.* 1991 S. 235)

Bei der **Marktwertbetrachtung** wird die durch bilanztechnische Ansatz- und Bewertungswahlrechte hervorgerufene Verzerrung der Wirtschaftlichkeitsmessung weitgehend gemindert oder überwunden.

Das zeitliche Auseinanderdriften von Jahresergebnis und Wertentwicklung verdeutlicht in idealtypisierender, vereinfachter Form – aber empirisch mehrfach belegt die nachfolgende Abbildung 6.21.

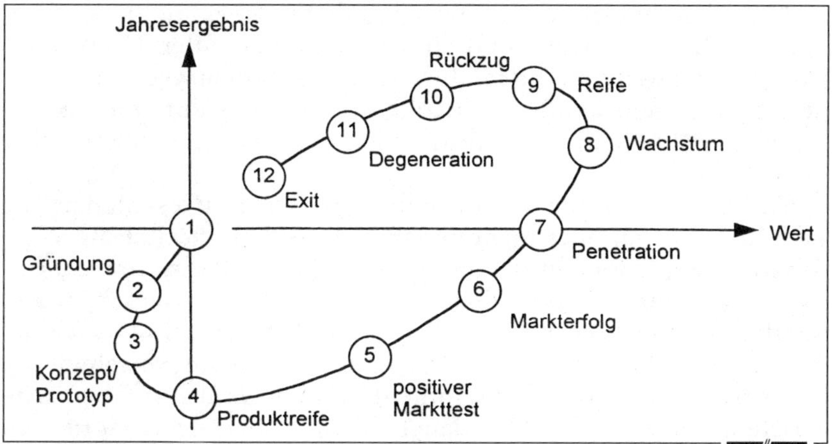

Abb. 6.21: Zeitlicher Zusammenhang von Jahresergebnis und Wertentwicklung
(Quelle: *Siegert, T.* 1994 S. 115)

Praktische Implementierung

Für die praktische Implementierung bewirkt das Shareholder Value-Konzept, dass Strategien, die zu keiner oder nur zu einer geringen Wertgenerierung beitragen, abgelehnt werden und Eigenkapital in jene Geschäftsfelder umgesteuert wird, die eine (stärkere) Wertsteigerung versprechen. So soll der vergleichsweise unwirtschaftliche Einsatz der Ressource Kapital verhindert werden.

Gerade auch in ökonomisch angespannten Situationen können mit Hilfe des Shareholder Value-Konzepts unrentable Aktivitätsfelder aufgedeckt und der erforderliche Umstrukturierungsbedarf schneller erkannt und behoben werden.

Dieses Vorhaben kann mit einer alleinigen Orientierung an traditionellen Erfolgsgrößen, wie Kapital- und Umsatzrendite, nicht erreicht werden. Zahlreiche Praxisbeispiele der Vergangenheit haben belegt, dass die herkömmlichen Kennziffern noch ein positives Bild von der wirtschaftlichen Situation und Entwicklung eines Unternehmens zeichnen, obwohl tatsächlich Werte vernichtet wurden, da die Vorteilhaftigkeit der Investitionsvorhaben unter den Kapitalkosten lag (so genannte Unter-par-Projekte).

Deutlich komplexer als der Entwurf eines Konzepts für wertorientiertes Controlling stellt sich die sinnvollerweise in mehreren Stufen durchzuführende Umsetzung dar.

Die Festlegung strategischer Geschäftseinheiten als Bezugsobjekte mit der Zuordnung persönlicher Ergebnisverantwortung, Abgrenzung zurechenbarer Erfolge, Cash Flows und Kapitalbindungen sowie die Bestimmung der jeweiligen Mindestrenditen sind in der Regel zeitraubende Vorgänge, die nicht zuletzt auch von deutlichen Interessengegensätzen der Beteiligten geprägt sind.

Das Shareholder Value-Konzept erhebt dabei nicht den Anspruch, die bewährten und in Unternehmen aller Größenordnungen eingesetzten hierarchischen Kennzahlensysteme zu ersetzen. Vielmehr ist eine sinnvolle Verknüpfung durch die unternehmensindividuell zu ermittelnden wesentlichen Werttreiber anzustreben.

Für die Beurteilung der Vorteilhaftigkeit von Investitionen, die sich in der Regel über mehrere Jahre erstrecken, besitzt die Wirtschaftlichkeitsbetrachtung auf der Grundlage bilanzieller Größen allerdings deutlich erkennbare Schwächen. Diese können in wesentlichen Aspekten mit der Anwendung des Shareholder Value-Konzeptes überwunden werden. Es soll aber nicht verschwiegen bleiben, dass auch dieses Instrumentarium noch über methodische Beschränkungen und Unzulänglichkeiten bei der praktischen Umsetzung verfügt, die allerdings bei sorgfältiger Einsatzplanung im Unternehmen weitgehend gemindert oder neutralisiert werden können.

Mit dem methodischen Ansatz, aus unternehmensinterner Sicht einen funktionierenden »Kapitalmarkt« der verschiedenen Geschäftsbereiche abzubilden, kann das Management in seiner immer komplexer erscheinenden Aufgabe unterstützt werden, die Gesamtprofitabilität zu erhöhen und damit auch aus unternehmensexterner Sicht zu einer Wertsteigerung für die Investoren beizutragen. Gleichzeitig wird der Erfolg der verschiedenen Geschäftsbereiche nach Kriterien gemessen und verglichen, die auch der potenzielle Eigentümer dieser einzelnen strategischen Einheiten verwenden würde und auf deren Basis über die zukünftige Allokation der Ressourcen (Finanzmittel, aber ebenso Personal, Sachanlagen etc.) entschieden werden kann.

Die besonderen Charakteristika können in 6 Thesen zusammengefasst werden (*Krause, H.-U.* 1996 S. 13).

These 1:
Bei dem Shareholder Value-Konzept als strategisches Steuerungsinstrument handelt es sich keinesfalls um einen allein modischen Management-Begriff. Wesentliche Grundelemente sind bereits als bewährte Verfahren der Betriebswirtschaftslehre bekannt. Neu ist ihr integrierter Einsatz in einem geschlossenen Bezugsrahmen vor dem Hintergrund der aktuellen wirtschaftlichen Herausforderungen.

These 2:
Der Shareholder Value-Ansatz besitzt den Charakter einer Unternehm**er**-Rechnung statt der bisher gewohnten Unternehm**ens**-Rechnung. Die Sichtweise eines möglichen Investors tritt stärker in den Vordergrund.

These 3:
Das Shareholder Value-Konzept gibt Anstöße für eine stärkere finanzielle Quantifizierung von Strategien und Erfassung der Ergebnisse in wertmäßigen Ziel- und Steuerungsgrößen.

These 4:
Es erfolgt eine ausdrückliche Berücksichtigung des unterschiedlichen Risikos und ein Vergleich entsprechender Alternativen mit ähnlichem Risiko. Durch den Ansatz prognostizierter Cash Flows wird der Zukunftsbezug unterstrichen.

These 5:
Wie alle anderen methodischen Instrumente der Unternehmenssteuerung kann auch das Shareholder Value-Konzept die Unsicherheit der Zukunft nicht verringern, allerdings denkbare Entwicklungen transparenter machen. Dieser Schritt und die darauf aufbauenden Handlungsstrategien des Managements können zu einer stärkeren strategischen Orientierung und einem höheren Erfolg führen.

These 6:
»Wenn neue Investitionen nicht eine Performance versprechen, die über dem Aktienindex liegt, dann schütte die Mittel an die Aktionäre aus«. – US-Professor Alfred Rappaport, »geistiger Vater« der aktuellen Shareholder Value-Diskussion; zitiert nach manager magazin 5/94, S. 159.

6.4 Ausgewählte Impulsgeber für Spezialfragen des Controllings

6.4.1 EURO-Währungsumstellung

Die EURO-Währungsumstellung ist trotz ihrer Einmaligkeit und damit »Vergänglichkeit« ein hervorragendes Beispiel für ein politisch-rechtlich initiiertes Ereignis, das bisherige nationalstaatliche Grenzen überschreitend ein komplexes betriebswirtschaftliches Problem als Querschnittsaufgabe darstellt.

Querschnittsaufgabe

Sie soll daher nachfolgend im Sinne eines Projekts aus der Sicht des Controllings näher betrachtet werden (vgl. u. a. in alphabetischer Reihenfolge generelle Darstellungen zum EURO-Thema in: *Clemens, R./Icks, A./Menke, A.* 1998; *Heinl, M./Linner, C./Otto, L.* 1998; *Lemnitzer, K.-H./Stein, L.* 1998; *Otte, W./Heinrich, R.* 1998).

Mit der Vereinheitlichung der Währungsdimension in einem großen Wirtschaftsraum, der mehrere bislang national (zumindest formal weitgehend) selbständige geldpolitische Territorien ersetzt, ist dauerhaft eine erheblich gestiegene Preis- und Kostentransparenz (je nach Blickwinkel) verbunden. Selbst wenn in der jüngeren Vergangenheit eine Umrechnung bereits in engen Korridoren mit relativ hoher Stabilität gegeben war, so ist die einheitliche Währungsangabe doch noch ein markanter Schritt weiter zu einer hohen Transparenz.

Einheitliche Währungsangabe

Die Einführung des EURO erhöht damit generell die Konkurrenzintensität, sodass von allen Unternehmensbereichen ein Beitrag zur Stärkung der Wettbewerbsfähigkeit erwartet wird – also auch vom Controlling.

Lineare Transformation

Die EURO-Währungsumstellung bildet – rechentechnisch – eine einfache lineare Transformation: Die einzelnen beteiligten Währungen werden in einem fixierten Verhältnis in die neue Dimension EURO (€) umgewandelt. Der nachstehenden Abbildung 6.22 sind die jeweiligen Umrechnungskurse zu entnehmen.

Staat	Nationale Währung	1 EURO ist in Einheit
Belgien	Belgischer Franc	40,3393
Deutschland	Deutsche Mark	1,95583
Finnland	Finn-Mark	5,94573
Frankreich	Französischer Franc	6,55957
Griechenland	Griechische Drachme	340,78
Irland	Irisches Pfund	0,787564
Italien	Italienische Lira	1.936,27
Luxemburg	Luxemburgischer Franc	40,3399
Niederlande	Niederländischer Gulden	2,20371
Österreich	Österreichischer Schilling	13,7603
Portugal	Portugiesischer Escudo	200,482
Spanien	Spanische Peseta	166,385

Abb. 6.22: EURO-Umrechnungskurse

SCHÄFFER POESCHEL

Der **Name der Währung**, in der die Angaben des Planungs- und Berichtssystems eines Unternehmens erfolgen, ist **kein wesensbestimmendes Merkmal für das Controlling**. Generell gilt in operativer und strategischer Hinsicht, dass sich für die *grundsätzlichen* Controlling-Ziele, -Aufgaben und -Instrumente keine wesentlichen Änderungsnotwendigkeiten ergeben. Denn unabhängig von der verwendeten Währungseinheit – ob z. B. D-Mark, Gulden oder Schilling –, die prinzipiellen Anliegen bleiben unberührt.

EURO-Währungsumstellung Schlussfolgerungen

Trotzdem ergeben sich aus der EURO-Währungsumstellung eine Reihe von Schlussfolgerungen für das Controlling, die nachfolgend überblicksartig analysiert werden sollen. Dazu wird eine **Dreifach-Perspektive** herangezogen:

- Zeitlicher Bezug: Einmalige und dauerhafte Konsequenzen
- Sachlicher Bezug: Direkte und indirekte Wirkungen
- Methodischer Bezug: Aufbau- und ablauforganisatorische Effekte

Zu den jeweiligen Perspektiven werden einige ausgewählte Beispiele benannt. Um eine hohe **Anwendungsorientierung** zu gewährleisten, sind die Extreme der Abgrenzungskriterien pragmatisch gewählt, im Einzelfall besitzen die **Aussagen** daher **Tendenzcharakter**. Die besondere Kombinierbarkeit von zeitlichem und sachlichem Bezug kann mit einigen exemplarisch genannten Sachverhalten der Abbildung 6.23 entnommen werden.

zeitlicher Bezug ⇒ / sachlicher Bezug ⇓	einmalige Konsequenzen	dauerhafte Konsequenzen
direkte Wirkungen	Anfall von Umstellungskosten - z.B. für doppelte Preisauszeichnung Sonderkonjunktur in Spezialbranchen	Minderung der Transaktionskosten und Währungs-sicherungskosten Erhöhung der Preistransparenz
indirekte Wirkungen	Weitergabe der Preisschwellen-Problematik auf vorgelagerte Handelsstufen Veränderte Füll-gewichte/-mengen u. Packungsgrößen	Geringere Beschaffungskosten Höhere Kalkulations-sicherheit Einschränkung der Preishoheit regionaler Gesellschaften

Abb. 6.23: Sachlich-zeitliche Bezugsmatrix der EURO-Konsequenzen SCHÄFFER POESCHEL

Zeitlicher Bezug

Zu den zeitlich begrenzten (»einmaligen«) Einflüssen kann die Ergebnisminderung durch zusätzliche Kosten für die EURO-Währungsumstellung gerechnet werden. Zu nennen sind neben der generellen Informationspolitik (z.B. Aufklärungskampagnen gegenüber den Verbrauchern) und der doppelten Preisauszeichnung die vorübergehende Parallelität von 2 Währungen als Zahlungsmittel, wobei Letztere sich für die Unternehmen aber nur auf wenige Wochen beschränkt (z.B. Finanzierung und Handling erhöhter Barmittelbestände im Einzelhandel und bei Banken).

Auch die Umstellung der so genannten **Signalpreise** oder Preisschwellen besitzt eher einmaligen Charakter.

Die mit der Fixierung verbundene Sicherheit um das Verhältnis bisher freier Währungen führt zu einer dauerhaft höheren unternehmerischen Planungs- und Kalkulationssicherheit, einer wesentlichen Facette der generellen Controlling-Probleme.

Allerdings muss auch hier die Einschränkung gemacht werden, dass bei dem Arbeiten im Controlling mit Werten (in Form von Preis-Mengen-Multiplikationen: Umsatz = Stückpreis x Verkaufsmenge oder Beschaffungskosten = Stückkosten x Einkaufsmenge) lediglich die »Preis«-Komponente von Währungsschwankungen innerhalb des EWWU-Raums befreit ist. Alle anderen wirtschaftlichen Unwägbarkeiten und Konsequenzen, die sich aus der eigenen Preisstellung (bzw. der Konkurrenten), der Kundenreaktion im Sinne der nachgefragten Menge ergeben, bleiben bestehen – oder sind im Zusammenhang mit dem konkreten Umstellungsprozess sogar zunächst z.T. unsicherer (volkswirtschaftliches Stichwort: Inflationsneigung).

Sachlicher Bezug

In der Betrachtung des sachlichen Bezugs soll zunächst die Spannweite der zu analysierenden Sachverhalte zwischen den Extremen der direkten und indirekten Wirkungen auf die Unternehmen angesetzt werden. Den Ausgangspunkt bilden die verwendeten Daten. Hier gilt: Alle **wertmäßigen Bestands- und Flussgrößen** des internen und externen Rechnungswesens (Angaben in der Kosten- und Leistungsrechnung, der Bilanz sowie Gewinn- und Verlustrechnung) sind gleichermaßen betroffen.

Daten der Vergangenheit sind für das Controlling im Zusammenhang mit der EURO-Währungsumstellung nur insoweit relevant, wie sie für längerfristige Zeit-Vergleiche sinnvoll und notwendig sind. Eine gesonderte Umrechnung von Kennzahlen ist nicht erforderlich, da sie sich jeweils aus den zugrunde liegenden Originärdaten gewinnen lassen.

Aufgrund der engen Verknüpfung von externem und internem Rechnungswesen ist der Zeitpunkt der gemeinsamen Umstellung oder der in der Regel nur auf wenige Stufen beschränkte längere Umstellungsprozess festzulegen.

Bei Unternehmen, die bislang in größerem Umfang innerhalb der EWWU-Länder grenz-, d.h. währungsgebietübergreifenden Geschäftsverkehr abzuwickeln hatten, ergibt sich direkt eine Minderung bzw. ein Wegfall von Kosten (z.B. bei so genannten Transaktions- oder Währungssicherungskosten) – analoges gilt für Personal- und Sachkosten, die bei der bisherigen Aufgabenwahrnehmung anfielen. Inwiefern kurzfristig Kostenersparnisse zu realisieren sind, hängt in entscheidendem Maße von der Abbaubarkeit dieser Kostenblöcke ab.

Selbst bei Unternehmen, die nur im lokalen Umfeld tätig sind, kann sich bei entsprechender Konkurrenzsituation auf den Lieferantenmärkten eine indirekte Wirkung im Sinne einer (zumindest teilweisen) Weitergabe der Kostenersparnisse einstellen.

Einige Branchen sehen sich einer durch die EURO-Währungsumstellung bedingten **Sonderkonjunktur** gegenüber. Hier gilt es aus der Sicht des Controllings, wie bei der Betrachtung von Zusatzaufträgen, das verantwortliche Management mit Informationen zu versorgen, die den operativen und strategischen Entscheidungserfordernissen entsprechen. Dabei geht es nicht nur um die kurzfristige kapazitätsbezogene Bewältigung eines größeren Auftragsvolumens (z. B. Automatenbetreiber, Druckereien) und die Mitnahme von kurzfristigen Zusatzerträgen, sondern auch um die gezielte Gewinnung neuer Kunden (Beantwortung der Frage, welche betriebswirtschaftlich lohnend sind).

Methodischer Bezug

Im Mittelpunkt des methodischen Bezugs stehen aufbau- und ablauforganisatorische Effekte des Controllings, die sich aus der EURO-Währungsumstellung ergeben können. Zunächst ist festzuhalten, dass die reine Wiedergabe der betriebswirtschaftlichen Größen in einer nunmehr als EURO definierten Währung die Anwendung der ökonomischen Basisprinzipien unverändert lässt. Das gilt gleichermaßen für das Regelwerk der Kostenrechnung und des Controllings: Die Notwendigkeit und Aussagekraft einer Trennung in Kostenarten-, -stellen- und -trägerrechnung, die Unterscheidung von Einzel- und Gemeinkosten sowie der differenzierte Einsatz von Voll- und Teilkostensystemen ist unabhängig von der gewählten Währungseinheit.

Dennoch gibt es im Aufgabenfeld des Controllings, eine Reihe von Problemstellungen, von denen drei Aspekte des Marketing-Controllings stellvertretend herausgegriffen werden sollen:

B

Aus deutscher Sicht bedeutet der Umrechnungsfaktor von 1,95583, dass alle in Geldeinheiten (bis dahin in DM) ausgedrückten Zahlen durch diesen Faktor zu dividieren sind, also quasi halbiert werden. Die dahinter stehenden betriebswirtschaftlichen Aussagen als absolute oder relative Kennzahlen (z. B. Umsatz, Auftragseingang; Umsatz pro Mitarbeiter, Deckungsbeitrag pro Stück) bleiben bestehen.

Allerdings ist der oben verwendete Ausdruck »quasi« noch einmal genauer zu beleuchten: Die Division durch einen Wert, der etwas kleiner als 2 ist, bedeutet, dass es nicht zu einer exakten Halbierung der alten DM-Werte kommt, sondern ein stets etwas über der Halbierung liegender Wert als neues Resultat entsteht.

Zwei Beispiele: 1 DM entspricht 0,510508 €
5 DM entspricht 2,552541 € usw.

Diese vermeintlich kleine rechentechnische Problematik kann aber erhebliche betriebswirtschaftliche Konsequenzen nach sich ziehen.

Die Abweichung zwischen dem Rechenfaktor, der exakt eine Halbierung bewirken würde (2,00000) und dem tatsächlichen Umrechnungsfaktor (1,95583) beträgt 0,04417, ermittelt aus

$$\begin{array}{r} 2{,}00000 \\ -\ 1{,}95583 \\ \hline 0{,}04417 \end{array}$$

Diese Differenz entspricht bezogen auf den Ausgangswert von 2,0 einem prozentualen Anteil von 2,208.

Eine vereinfachte Vorgehensweise der Umrechnung von DM- in €-Werte im simplifizierenden Sinne einer Halbierung aller Preise würde in der Praxis bedeuten, dass die Unternehmen auf 2,2 % ihrer Umsatzeinnahmen (bei gleicher Menge) verzichten würden. Unter Berücksichtigung, dass eine nicht unbeträchtliche Zahl von Unternehmen eine Umsatzrendite von unter 2 % aufweist, käme diese Vorgehensweise einem Verzicht auf den kompletten Gewinn gleich, exakt sogar einem Absinken in die Verlustzone.

Das Controlling hat daher darauf hinzuwirken, dass alle an der Preisstellung im Unternehmen Beteiligten sich dieser Problematik bewusst sind und geeignete Maßnahmen zur Lösung dieser Herausforderung erarbeiten.

B

Dieser besondere Druck auf die Deckungsbeiträge bzw. Handelsspannen offenbart sich in seiner Brisanz noch unter einem weiteren Gesichtspunkt: Vor allem im Konsumgüterbereich gibt es zahlreiche Preise, die jeweils knapp unter einem »glatten« Wert gehalten werden, um so besondere Preisgünstigkeit zu suggerieren (Beispiele: DM 0,99; 1,98; 2,39; 4,79). In Analogie zu dem mit der EURO-Währungsumstellung verbundenen und oben bereits beschriebenen Sachverhalt der »Quasi-Halbierung« der Wertangaben (aus deutscher Sicht) sind auch diese Signalpreise neu zu definieren, die Ergebniskonsequenzen zu prognostizieren und ggf. sogar ihre Notwendigkeit neu zu überdenken.

Die Unterstützung des Managements in seiner Wahrnehmung strategischer und operativer Entscheidungen kann im Zusammenhang mit der EURO-Währungsumstellung vor einer weiteren grundlegenden Problematik stehen: Einschränkung der Preishoheit der einzelnen Landesgesellschaften.

B

Unter der Annahme einer bislang deutlich genutzten regionalen Preisdifferenzierung kann es durch die nunmehr noch einfacher erreichbare Preistransparenz zu Konstellationen kommen, in denen EWWU-weit z. B. wichtige Abnehmer (große Handelsunternehmen) zum geringsten »Regionalpreis« ihre gesamte Nachfragemenge erhalten wollen. Die Einrichtung von engeren Preis-Spannen (»Korridoren«) kann dann ein Lösungsweg sein, der aber u. U. für die einzelnen Landesgesellschaften eine deutliche Einschränkung ihrer bisherigen Autonomie darstellen kann, möglicherweise bei erfolgsabhängiger Entlohnung auch noch direkte Wirkung auf die Vergütungshöhe besitzt.

Das oben angeführte Beispiel von Auswirkungen auf das erzielte Unternehmensergebnis durch veränderte Rahmenbedingungen einer ausgeprägten Preisdifferenzierung kann aber dazu führen, dass eine bislang als betriebswirtschaftliche Selbstverständlichkeit angesehene Entscheidungsregel der kurzfristigen Produktprogrammplanung: »Stückdeckungsbeitrag > 0« in ihren **Prämissen** exakter betrachtet werden muss.

Im Extremfall muss vielleicht sogar auf die Belieferung einzelner Länder verzichtet werden, obwohl der dort erzielbare Preis über der **kurzfristigen Preisuntergrenze** liegt. Allerdings ist bei den oben beschriebenen, mit der erhöhten Transparenz verbundenen »Ausstrahlungseffekten« über alle Märkte hinweg die **langfristige Preisuntergrenze** und damit das Minimum der Selbstkostendeckung nicht mehr prinzipiell gewährleistet.

Insgesamt ist im Rahmen der EURO-Währungsumstellung mit einem vorübergehendem Anstieg der Komplexität der Controlling-Systeme zu rechnen (Phasen der Vorbereitung, Durchführung und Nachbereitung der Währungsparallelität).

Projekt: EURO-Umstellung

Neben den Kern-Zielen soll sichergestellt werden, einen möglichst kostengünstigen Umstellungsprozess zu organisieren und gleichzeitig einen weiterhin reibungslosen Geschäftsablauf zu garantieren:

- Ist die Umstellung in sachlicher, zeitlicher, personeller und finanzieller Hinsicht geplant und abgestimmt?
- Welche Informations-, Schulungs-, Einführungs- und Aufklärungsmaßnahmen sind zu konzipieren – für wen, mit welchem Inhalt, wann, von wem durchzuführen, zu welchen Kosten und wo?

Bei der Projektdefinition sind eine Reihe allgemeiner Parameter zu berücksichtigen:

- Möglichst frühzeitige, inhaltlich eindeutige Festlegung der Rahmenbedingungen (einschl. der entsprechenden Verordnungen usw.) durch den Gesetzgeber, die lange Zeit nicht vorlag
- Größe und Komplexität des Unternehmens bzw. des Gesamtkonzerns
- Leistungsfähigkeit der Informationsverarbeitung (Kompatibilität, Erweiterungsfähigkeit und Flexibilität vorhandener Hardware- und Software-Systeme) und der eigenen Mitarbeiter, ggf. Verfügbarkeit externer Berater
- Integrationsgrad des internen und externen Rechnungswesens
- Internationalität und Branche
- Umstellungszeitpunkte und Flexibilität der unternehmensrelevanten Institutionen des öffentlichen Sektors (z. B. Finanzämter, Krankenkassen).

Vor allem sind folgende Themenfelder zu behandeln:

- Wann? ... Umstellungszeitpunkt ...

Allen Unternehmen steht ein mehrjähriger Zeitraum (1.1.1999 – 30.6.2002) zur Verfügung, in dem der gesamte Prozess der Umstellung erfolgen muss. In Abhängigkeit einer Vielzahl von Einflussfaktoren (z. B. Anforderungen und Handlungsdruck durch Marktmacht von Abnehmern und/oder Lieferanten, die auf eine frühzeitige oder spätere Umstellung drängen) kann jedes Unternehmen eigenverantwortlich die Bestimmung des Zeitpunktes vornehmen – im konkreten Fall beispielsweise auch zu sehen im Zusammenhang mit der Datumsumstellung wegen des Beginns des neuen Jahrtausends, dem »Jahr 2000-Problem«.

- Wie? ... »Big Bang« oder in Stufen ...

Im Kern betrifft die EURO-Währungsumstellung zunächst das externe Rechnungswesen, das auf den Systemen der doppelten Buchhaltung basiert. Die eng mit diesem externen Teil verbundene Kosten- und Leistungsrechnung als wesentliche Grundlage des Controllings gilt es in abgestimmter Weise bewusst getrennt oder koordiniert gemeinsam (ggf. auf der Basis einer mehrwährungsfähigen Software) umzustellen. Bei nicht exakt zeitgleicher Umstellung wird ständiges Konvertieren der Daten erforderlich einschl. der Problematik der Behandlung von Rundungsdifferenzen.

- Wer? ... Projektteam und Arbeitsgruppen ...

Es gibt in den Unternehmen bei fundierter Betrachtung kaum eine Abteilung, die nicht betroffen wäre: Finanz- und Rechnungswesen ohnehin, Personal- und Informatikbereich, Rechts- und Steuerabteilung, aber auch alle in den Herstellungsprozess direkt involvierten Funktionen von der Beschaffung über Produktion/Logistik bis hin zum mehrfach bereits angesprochenen Marketing.

- Was? ... Betroffenheitsanalysen – Handlungsbedarf – Umstellungsmaßnahmen ...

Angesichts der Komplexität der gesamten Aufgabenstellung ist es erforderlich, dass eine frühzeitige Bestandsaufnahme der vorhandenen Ressourcen sowie eine entsprechende interne als auch externe Abstimmung (mit den wichtigsten Geschäftspartnern) vorgenommen wird.

Es ist offensichtlich, dass Unternehmen mit signifikantem Export- und/oder Importanteil (mit Staaten der Wirtschafts- und Währungsunion) in höherem Maße direkt betroffen sind als rein national ausgerichtete Firmen.

Nicht zuletzt ist die Frage zu beantworten, ob eine Ergänzung der ggf. noch eingesetzten Individual-Software sinnvoll ist oder ob die EURO-Währungsumstellung vielleicht sogar den Anlass zum Umstieg auf eine geeignete Standard-Software liefert.

Andererseits wird in vielen Märkten mit dem Auftritt neuer (ausländischer) Wettbewerber durch die erhöhte Markttransparenz gerechnet – sowohl als Anbieter auf der Absatzseite als auch auf der

Beschaffungsseite (insbesondere in grenznahen Regionen). Der überschaubare Heimmarkt schrumpft (währungstechnisch) in vielen Fällen zum Teilmarkt im weitläufigen Euroland.

Das Projekt-Controlling hat unter betriebswirtschaftlichen Aspekten die drei Schwerpunkte »Betroffenheitsanalysen«, »Handlungsbedarf« und »Umstellungsmaßnahmen« methodisch zu unterstützen. Checklisten geben zwar interessante Anregungen, sind aber meist nicht im Verhältnis 1:1 übertragbar, müssen also unternehmensbezogen angepasst werden.

Bei aller Einmaligkeit dieses Ereignisses der EURO-Währungsumstellung, sie bildet ein markantes Beispiel für eine besondere Herausforderung, die das Zusammenwirken verschiedener Verantwortungsbereiche erfordert, u. a. die Mitarbeit des Controllings:

Schlussfolgerungen

- Aus dem passiv Betroffenen einen aktiven Gestalter werden lassen:
- Das Kennzeichen der EURO-Währungsumstellung, nur eine Umrechnung von einer alten in eine neue Währung darzustellen (also keine Währungsreform mit Bewertungsänderungen zu sein), verführt durch die einfache lineare Umrechnungsmöglichkeit vielfach zu dem Missverständnis, es handele sich primär um ein reines Datenverarbeitungsproblem, letztlich eine ausschließlich technische Angelegenheit. Die vorhergehenden Ausführungen mit nur einigen wenigen Beispielen haben aber bereits das Gegenteil gezeigt.
- Anlass zur »Überholung von Grund auf« – neben der Erledigung des »Pflichtprogramms« die Gelegenheit zur Gestaltung eines leistungsfähigen »Kürprogramms« zu nutzen (siehe den möglichen Umstieg auf Standard-Software).
- Sind die zukünftigen Preisspielräume enger gesetzt, ist eine Variation der Packungsgrößen, Füllgewichte bzw. -mengen zu überdenken.

Grundsätzlich bietet die EURO-Währungsumstellung einen geeigneten Anlass, unternehmensweit das Arbeitsfeld des Controllers (vor allem das Planungs- und Berichtssystem) stärker empfängerorientiert zu gestalten – z. B. im Sinne einer

- generellen Harmonisierung bisher in unterschiedlichen Währungen geführter Planungs- und Berichtssysteme,
- inhaltlichen Vereinfachung in einer ausgewogenen Form zwischen Detaillierung und Überschaubarkeit,
- methodischen Vereinheitlichung im Spannungsfeld von Formalisierung und Spezialisierung,
- zeitlichen Beschleunigung von Standard-Auswertungen,
- größeren Flexibilität bei Ad-hoc-Untersuchungen.

Hier – wie auch in anderen Situationen – gilt: Risiko und Chance sind zwei Seiten einer Medaille. Die mit der Notwendigkeit der Umstellung verbundene zusätzliche Arbeit, die vom Controlling erwartete effiziente Mitwirkung an der Entwicklung und Implementierung der unternehmensspezifischen EURO-Umstellungsstrategie – erfordert u. a. die Beantwortung der Fragen:

- Was passiert, wenn die Kunden die erhöhte Preistransparenz nutzen und gleichzeitig nicht mehr bereit sind, die Gründe für die genannten Preisunterschiede zu akzeptieren?
- Sind diese Spannenverluste durch verstärkte Kostenstraffung aufzuholen?
- Welche Maßnahmen der Produkt- und Servicedifferenzierung müssen vorbereitet, getestet und in welcher Form umgesetzt werden?
- Sind Markenartikel-Strategien für ganz Europa (EWWU) neu zu überdenken?
- Welche Preispolitik ist erforderlich, um Arbitragegewinne aus (Re-)Importen zu begrenzen oder zu verhindern – und wie wirken sie vermutlich auf das Ergebnis?

6.4.2 Internet- und Electronic Business-Anwendungen

Wie kaum ein anderes Phänomen beeinflusst bislang das Internet zu Beginn des neuen Jahrtausends die wirtschaftlichen Handlungsmöglichkeiten von Unternehmen.

Die Zahl der Internetanschlüsse stieg binnen weniger Monate auf eine Höhe, für die der Mobilfunkmarkt vor kurzem noch Jahre benötigte und das Telefon Anfang des letzten Jahrhunderts mehrere Jahrzehnte. Spezialisierte Neugründungen (so genannte Start-ups) erlangten nach nur wenigen Jahren die Marktkapitalisierung von traditionellen Großunternehmen, obgleich sie bis dahin noch keinen Gewinn erwirtschaftet hatten. Inzwischen sind aber auch einige dieser Firmen schon wieder vom Markt verschwunden, ohne je die Gewinnzone erreicht zu haben – zwei Beispiele, die Beleg für ein turbulentes Umfeld sind, in dem die betriebswirtschaftliche Erfolgs-Orientierung von Unternehmen vor großen Herausforderungen steht.

Entsprechend kommt diesem Aufgabenfeld in der Unternehmenspraxis wie in Forschung und Lehre eine wachsende Bedeutung zu. Das beschränkt sich nicht nur auf die vordergründig vor allem als betroffen angesehenen Gebiete des Marketings und der Logistik: Letztlich wird von allen Unternehmensbereichen – auch wieder vom Controlling – ein Beitrag zur Erhöhung der Wettbewerbsfähigkeit erwartet (aus der Vielzahl der jüngsten Veröffentlichungen zu diesem Themenfeld sei für einen ersten Einstieg – alphabetisch – verwiesen auf: *Bullinger, H.-J./Berres, A.* 2000; *Fröhling, O.* 2000a; *Hermanns, A./Sauter, M.* 1999; *Kusterer, F.* 2000; *Rebstock, M./Hildebrandt, K.* 1999; *Scheer, A.-W.* 2000; *Thome, R./Schinzer, H.* 2000; *Weiber, R.* 2000; *Zerdick, A./Picot, A. u. a.* 1999).

D

Der Begriff »Electronic Business« (bzw. hier synonym verwendet »Electronic Commerce«) soll stellvertretend für die neuen Möglichkeiten der digitalen Abwicklung von Informations-, Kommunikations- und Geschäftsprozessen unternehmensintern wie -übergreifend (Intranet, Extranet, Internet) über weltweite Datennetze stehen.

Das **Umfeld** von Electronic Business-Anwendungen ist dabei von vier Faktoren geprägt (vgl. Abbildung 6.24). Die strukturelle Perspektive zeichnet sich durch die digitale Vernetzung aller Beteiligten aus, deren wesentliche Ressourcen Informationen sind, die zum zentralen Gegenstand der Austauschbeziehungen werden. Leistungsfähige Kommunikationsverbindungen gewährleisten in zeitlicher Hinsicht die Realisierung mit hoher Geschwindigkeit bei nahezu unbeschränkter räumlicher Verfügbarkeit.

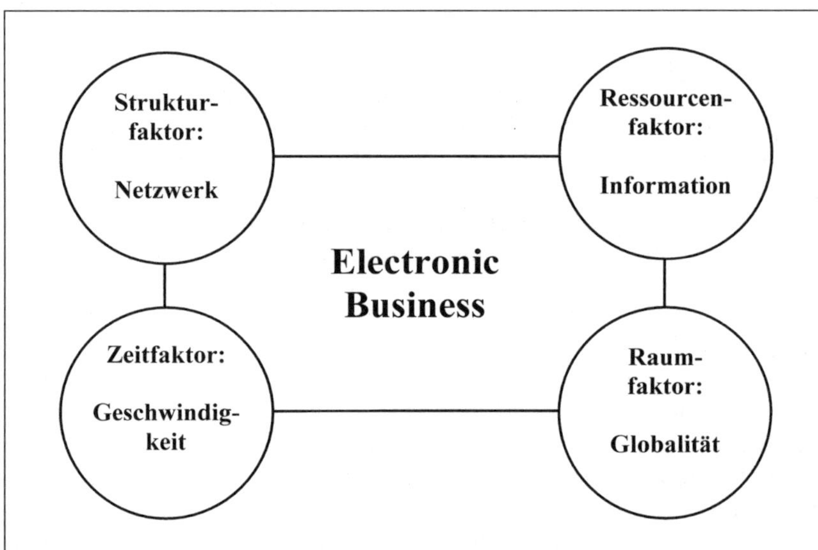

Abb. 6.24: Basisfaktoren von Electronic Business-Geschäften

SCHÄFFER POESCHEL

Die moderne Informations- und Kommunikationstechnik auf der Basis der Internet-Technologie bietet eine große Zahl von Ansatzpunkten für eine Neu- bzw. Umstrukturierung der Gegenstände des Controllings. Grundlegende Entwicklungen – wie beispielsweise die rasante Zunahme der Internet-Nutzung – eröffnen den Unternehmen völlig neue Handlungsmöglichkeiten. Die Konsequenzen beschränken sich nicht mehr nur auf die reine **Effizienzförderung** vor allem **interner Arbeitsabläufe** (Stichwort: »Elektronifizierung bestehender Prozesse«). Vielmehr können innovative Electronic Business-Lösungen **selbstständige Quellen der Wertschöpfung** schaffen.

Der Einsatz des Internets beeinflusst unabhängig von der betrachteten Branche alle unternehmerischen Funktionsbereiche.

Grundlegend kann die Anwendungsbreite anhand des »**House of Electronic Commerce**« und des zentralen Modells der Transaktionstypen strukturiert werden (vgl. Abbildung 6.25). Die Einschätzung, wo im Unternehmen der Einfluss und die neuen Gestaltungsmöglichkeiten mit dem Internet von strategischer Tragweite sind, muss individuell entschieden werden, kann sich aber vielfach im Zeitablauf von einer zunächst unterschätzten Entwicklung zu einem später unter erheblichem Zeitdruck zu lösenden Problem verändern.

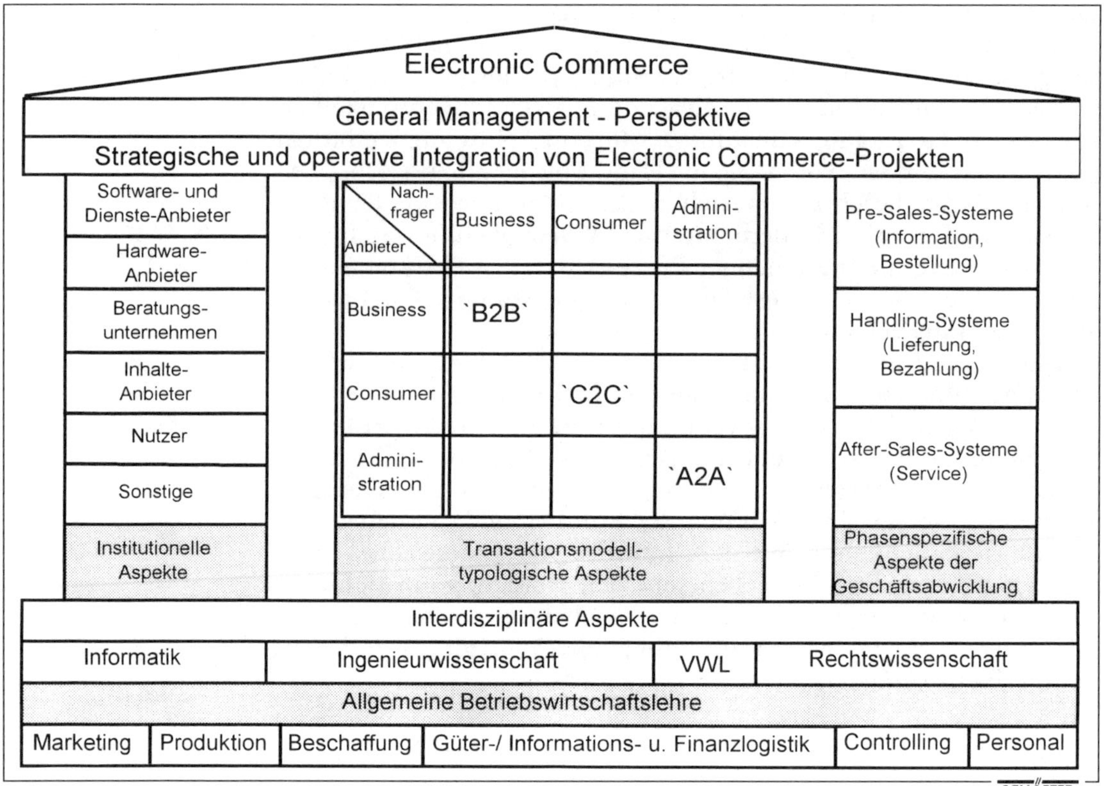

Abb. 6.25: House of Electronic Commerce

Im Wesentlichen soll auch in diesem Abschnitt von informatikspezifischen Aspekten so weit wie möglich abstrahiert und auf betriebswirtschaftliche Belange eingegangen werden.

Trotz der Vielfältigkeit der praktischen Ausformung der betrieblichen Funktion des Controllings besteht auch vor dem Hintergrund der Interneteinflüsse über die Kern-Ziele weitgehend Einigkeit:

- Förderung der informatorischen Fitness des Managements auf allen Unternehmensebenen und in allen Funktionsbereichen (z. B. durch **Verbesserung der internen und externen Kommunikationsmöglichkeiten**)
- Schaffung von betriebswirtschaftlicher Transparenz zur Sicherung einer optimalen Ergebniserzielung (z. B. **Effizienzsteigerung durch vorgangsorientierte Datenintegration innerhalb wichtiger Geschäftsprozesse**).

Auch für die zentralen Aufgaben ist im Wesentlichen von einer Kontinuität für das Controlling auszugehen:

- Koordinierende Unterstützung des Managements bei Planungs-, Steuerungs- und Kontrollaufgaben (z. B. bei der **Gestaltung eines globalen, vernetzten Geschäftsmodells**)
- Aufbau eines leistungsfähigen Berichtssystems und Weiterentwicklung zu einem integrierten Führungsinformationssystem (z. B. **schnellere Bereitstellung relevanter Daten** bei gleichzeitiger Gewährleistung hoher Transport-Sicherheitsstandards)
- Übernahme von betriebswirtschaftlichen Sonderaufgaben mit operativem und strategischem Charakter (z. B. **Projektbeteiligung und -fortschrittskontrolle beim Aufbau virtueller Partnerschaften** mit anderen Organisationen sowie der **Nutzung elektronischer Marktplätze**).

Electronic Commerce-relevante Messkriterien

Aus Controlling-Sicht ist die Definition, Erfassung und Aufbereitung von Electronic Commerce-relevanten Messkriterien von zentraler Bedeutung: Neben monetären Größen, die sich z. B. auf unterschiedliche Kostenarten beziehen können und Umsatzerlöse betreffen (u. a. Fragen der Kannibalisierung) sind ebenso nichtmonetäre Größen zu beachten.

Sie können sich auf Sachverhalte beziehen, die dominant geprägt sind von der

- Zeit-Komponente
  (z. B. Verkürzung von Abläufen mit Zulieferern und Abnehmern; 24-Stunden-Wartungs-Angebote)
- Qualitäts-Komponente
  (z. B. Verbesserung von Abläufen durch weniger Daten-Schnittstellen und der geringeren Gefahr von Übertragungsfehlern)
- Sicherheits-Komponente
  (z. B. Konditionen- und Spezifikationenschutz, u. a. durch so genannte Firewalls).

Die jeweiligen denkbaren Messkriterien können in Anlehnung an das Transaktionstypen-Raster (Business – Consumer – Administration) aus der Perspektive der drei Beteiligten in ganz unterschiedlicher Weise ausgeprägt und in ihrer Bedeutung gewichtet sein. Es ist daher in besonderer Weise auch auf die **Interessenlage des Geschäftspartners** zu achten, um die erhofften Umsätze und damit verbundenen Gewinne zu erzielen.

Ein anschauliches Beispiel aus dem Gebiet des Marketing-Controllings liefert die nachfolgende Übersicht möglicher Werbeerfolgsmaße im Internet (vgl. Abbildung 6.26).

	Werbeerfolgsmaß	Kurzbeschreibung
Traditionelle Media-Maße	· Recall · Recognition	· Wiedererkennung einer Anzeige · Erinnerung an eine Anzeige
Kontaktmaße	· Hits · Pageimpressions · Adimpressions · Visits · Unique Users · Banner Reach · Banner Frequency	· Anzahl der Zeilen des Logfiles · Anzahl Sichtkontakte mit Internetseite · Anzahl Sichtkontakte mit Werbemaßnahme · Anzahl Besuche auf einer Internetseite · Anzahl unterschiedlicher Konsumenten auf Internetseite · Anzahl Konsumenten mit mind. einem Sichtkontakt · Anzahl Sichtkontakte pro Konsument
Interaktivitätsmaße	· AdClick · AdClick-Zeitpunkt	· Anzahl der Klicke auf Werbebanner · Zeitpunkt des Klicks auf Werbebanner
Ergebnisorientierte Maße	· Tranksaktionen · Umsatz · Deckungsbeitrag · Neuanmeldungen	· Anzahl an abgeschlossenen Transaktionen · Durch Werbemaßnahme erzielter Umsatz · Durch Werbemaßnahme erzielter Deckungsbeitrag · Durch Werbemaßnahme erzielte Anzahl Neuanmeldungen

SCHÄFFER POESCHEL

Abb. 6.26: Mögliche Werbeerfolgsmaße im Internet
(Quelle: *Skiera, B./Spann, M.* 2000 S. 420)

Welche Einflüsse ergeben sich durch das für wirtschaftliche Zwecke genutzte Internet? Einen prägnanten Überblick zu wesentlichen Konsequenzen des Electronic Business auf Fragestellungen, zu deren Beantwortung das Controlling Beiträge zu leisten hat, bietet Abbildung 6.27.

Betrachteter Teilbereich	Zwischenbetriebliche Kopplung der Wertschöpfungsprozesse	Wertschöpfungsprozesse des betrachteten Unternehmens	Produkte und Dienstleistungen	Marktbearbeitung	Marktstrukturen (Wettbewerb, Branchen, Marktteilnehmer etc.)
Veränderungen durch E-Business	• Virtuelle Unternehmen, Netzwerke • Supply,Chain Management	• Stärkere „Digitalisierung" von Teilleistungen, Prozessen u.ä., • Konvergenz von Inhalten, IT, Medien • Weiter zunehmende IT-Vernetzung und IT-Durchdringung	• Schaffung und Vertrieb digitaler Produkte (z.B. Software, Musik, Video, Grafiken, etc.) • Internet-basierte Dienstleistungen (Informationssuche Transaktionen, Beratung)	• Kostenfreie Abgabe von Produkten • Veränderte Preissysteme (nutzungsabhängig bzw. –unabhängig, wert- oder mengenabhängig) • Veränderte Preisdifferenzierung (zeitlich, kapazitätsbezogen, mengen-, suchkosten-, leistungsbezogen) • Bündelprodukte und -preise • Schaffung von „loyalty programs" • Markenbildung • Online- vs. Offline-Distribution • Online-Werbung	• Entstehung elektronischer Märkte • Reduktion der Intermediäre • Zunahme der „Reichweite" der Kommunikation bzw. Transaktion
Beispielhafte Herausforderungen an Planung und Kontrolle	• Gestaltung und Steuerung der zwischenbetrieblichen Prozessintegration • Kürzere Lebensdauern und höhere Flexibilität der Zusammenarbeit; (Planung und Steuerung von Kooperationen und Netzwerken)	• Steigende Bedeutung des Humankapitals • Steigender Anteil nicht-variabler Kosten (Grenzkosten gegen null)	• Messung des Erfolgs von Produkten und Diensten im Internet	• Messung erfolgreicher Marktbearbeitung • Auffächerung der Produkt- und Preispolitik führt zu komplexerer Erfolgsrechnung • Zunehmende Bedeutung von Marken als Wertgröße	• Zunehmender Preiswettbewerb, Ausgleich über Service?

SCHÄFFER POESCHEL

Abb. 6.27: Auswirkungen des E-Business auf Planung und Kontrolle
(Quelle: *Rieg, R.* 2000 S. 404)

Sind neue Erfolgsfaktoren zu erkennen? Wie wirken sie, wie sind sie zu imitieren oder durch andere zu dominieren? Wichtige Ansatzpunkte für das Controlling bestehen in diesem Zusammenhang in folgenden Strategien und Maßnahmen:

- Unternehmensextern verursachten Anpassungsbedarf als Chance für Neuerungen zu begreifen und zu nutzen (z. B. Erleichterung des Zugangs zur fundamentalen Ressource »Information« und Wirtschaftlichkeit machbar und messbar machen)
- Koordinierung von externer Effektivitätssteigerung und interner Effizienzsteigerung (z. B. Produktivitätsgewinne durch Intensivierung der Beziehungen zu Kunden und Lieferanten auf der Basis neuer Internet-gestützter Geschäftsmodelle).

Die Kunden erwarten nicht nur Preisvorteile, sondern eine deutliche Vereinfachung ihrer Einkaufsprozesse. Einen ersten Einblick in die Mehrstufigkeit und den Komplexitätsgrad eines Geschäftsprozesscontrollings liefert die Abbildung 6.28.

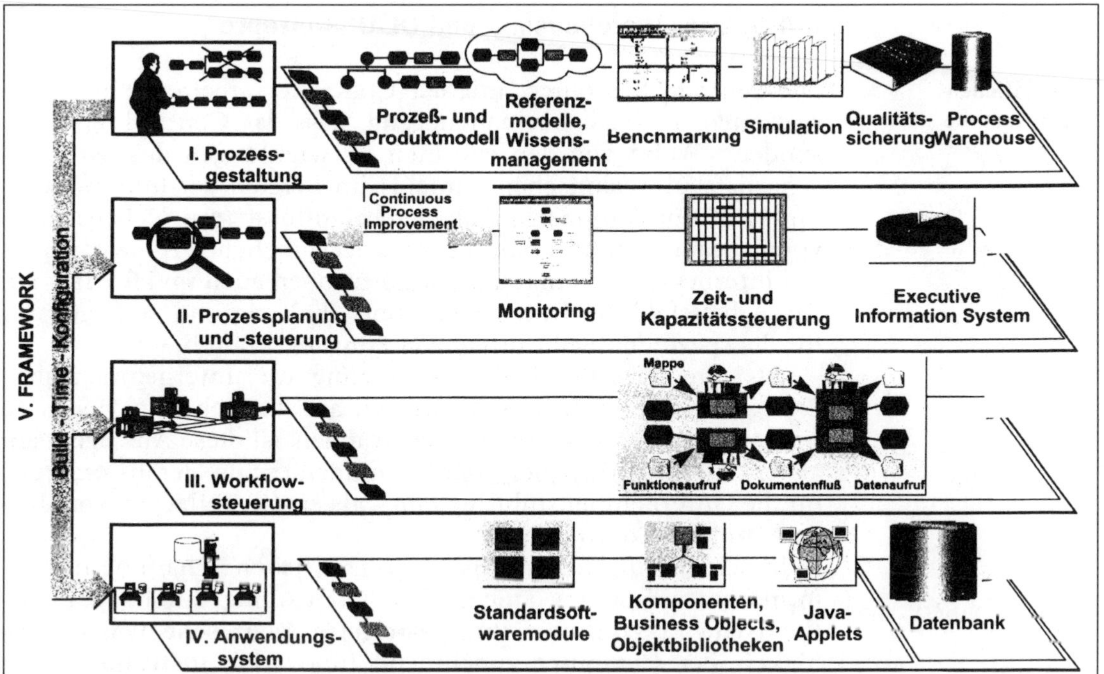

SCHÄFFER POESCHEL

Abb. 6.28: Business Reengineering auf ARIS-Basis
(Quelle: *Scheer, A.-W./Breitling, M.* 2000 S. 400)

Bei aller (verständlichen) Faszination, die sich aus neuen technischen Möglichkeiten des Internets und der Integration mit anderen Medien ergibt, die zudem auch nicht uneigennützig, sondern aus ökonomischem Eigeninteresse intensiv kultiviert wird, sind inzwischen ebenso eine ganze Reihe von ernüchternden Erfahrungen gemacht worden.

Fazit: Für moderne Unternehmen in turbulentem Umfeld gilt:

- Electronic Business-Projekte sind nicht automatisch Selbstläufer und Controller keine Zauberer:
  Ökonomischer Erfolg kann von keinem seriösen Controller garantiert oder einfach »herbeigerechnet« werden.
- Weder leichtfertige Euphorie noch lähmende Skepsis sind gute Ratgeber – Mut zur Innovation (Chancenwahrnehmung bei überschaubarem Risiko) ist gefragt!

Hier kann der Controller einen nicht zu unterschätzenden Beitrag leisten.

6.4.3 Data-Warehousing- und OLAP-Konzepte

Informationen als Ressource

Die zentrale Ressource, mit der Controller arbeiten, sind Informationen. Es ist daher naheliegend, dass das Controlling in besonderer Weise von den enormen Entwicklungen des naturwissenschaftlich-technischen Umfelds im Bereich der Informations- und Kommunikationstechnologien beeinflusst wird. Neben den im vorangegangenen Abschnitt bereits angesprochenen Auswirkungen des Internets gibt es markante Innovationen auch im Hinblick auf das Arbeitsfeld der Datengewinnung, -haltung und -aufbereitung für die speziellen Bedürfnisse von Führungskräften.

Als eine wesentliche Voraussetzung für unternehmerischen Erfolg gilt, »die richtigen Antworten auf die richtigen Fragen zu finden«. In einer Zeit erheblichen Wandels ist diese Aussage mehr als ein kleines Wortspiel, sondern fundamentale Herausforderung für die Unternehmensführung und – als einem Teilgebiet von ihr – auch für das Controlling.

In seiner Aufgabenerfüllung der Transparenzschaffung und Informationsversorgung stehen dem Controlling durch **neue methodische Erkenntnisse** und **gesteigerte technische Leistungsfähigkeit der Computer** zunehmend innovative Instrumente zur Verfügung.

Es steht außer Zweifel, dass ein leistungsfähiges Informationssystem zu einem wichtigen Wettbewerbsvorteil eines Unternehmens führen kann. Entsprechend bieten heute eine große Zahl von Hardware- und Softwarefirmen vielfältige Produkte und Dienstleistungen an, die unter einer nahezu unüberschaubaren Flut von Begriffen und Akronymen als »die Problemlösung« beworben werden.

Für das Controlling ist in diesem Zusammenhang entscheidend, den Bedarf der eigenen (internen) Kunden zu kennen und ggf. Vorschläge für neue Analyse-Ansätze liefern zu können. Der Schwerpunkt verlagert sich – je mehr die Basisversorgung der operativen unternehmerischen Leistungsprozesse gewährleistet ist – auf die entscheidungsgerechte Versorgung von Fach- und Führungskräften mit Informationen und zwar nicht nur auf der obersten Ebene.

Entscheidungsgerechte Informationsversorgung von Fach- und Führungskräften

Vor diesem Hintergrund wurde Ende der 80er-Jahre des letzten Jahrhunderts eine Idee entwickelt, die von ihrem Vordenker *Inmon* mit dem Begriff des **Data Warehouse** bezeichnet wurde (*Inmon, W.H.* 1992). Das zentrale Architekturprinzip besteht in der Schaffung einer zentralen Datenbank, die die operativen und dispositiven Anwendungen eines Unternehmens datentechnisch entkoppelt.

Die moderne Informations- und Kommunikationstechnik kann dabei die Aufgabe des Controllings unterstützen, problem-, situations- und personenbezogene Angebote zur Verfügung zu stellen, die aus den umfangreichen Datenbeständen des Unternehmens gewonnen wurden.

Dieses Themenfeld unterliegt zur Zeit einer erheblichen Änderungsgeschwindigkeit, sodass für Zwecke dieses Lehrbuchs eine **Beschränkung auf die wesentlichen Grundcharakteristika** sinnvoll erscheint, die dem Leser zunächst die entscheidenden Parameter und Zusammenhänge erläutert und für die Vertiefung auf weiterführende Literatur verweist (vgl. stellvertretend: *Huch, B./Behme, W./Ohlendorf, T.* 1997 insbesondere S. 480 ff.; *Chamoni, P./Gluchowski, P.* 1999; *Fröhling, O.* 2000a; *Jung, R./Winter, R.* 2000; *Gabriel, R./Chamoni, P./Gluchowski P.* 2000; *Schütte, R./Rotthowe, T./Holten, R.* 2001).

Moderne Computer und leistungsfähige Datenbanken sind zunehmend in der Lage, große Mengen von Daten zu speichern und für betriebswirtschaftliche Fragestellungen aufzubereiten. Um aus diesem riesigen Datenangebot die relevanten Informationen für die Planungs-, Steuerungs- und Kontrollaufgaben des Management zu selektieren, ist eine systematische Vorgehensweise erforderlich. In dieses Themenfeld lassen sich die Data-Warehousing- und **OLAP-Konzepte** sowie das **Data Mining** einordnen. Sie können unter der begrifflichen Klammer so genannter »Analyseorientierter Informationssysteme« zusammengefasst werden, die als spezielle Datenbank- und Anwendungskonzepte durch ihre Multidimensionalität dem Verständnis und den Sichtweisen von Fach- und Führungskräften deutlich entgegenkommen.

Analyseorientierte Informationssysteme

D

> Das Data Warehouse (im Sinne eines besonders strukturierten Daten-Lagerhauses) kann als eine effiziente Basis der Datenhaltung dienen, die unabhängig von den speziellen Auswertungserfordernissen der Administrations- und Dispositionssysteme des Unternehmens eine zweckneutrale Bereitstellung der Informationen gewährleistet.

Die mit dem Data Warehouse-Konzept verbundene **Zusammenführung von Daten aus unterschiedlichen Quellen, ihre Konsolidierung und Auswertung** macht es zwingend erforderlich, dass auch hier die verwendeten Begriffe klar und eindeutig definiert sind – ansonsten werden »Äpfel und Birnen« verglichen beziehungsweise gemischt. Das gleiche betrifft auch die Exaktheit der Erfassung: Mangelnde Qualität der Quelldaten kann nicht behoben werden – es gilt wieder das Prinzip »garbage in – garbage out«.

Einer der wesentlichen Vorteile eines Data Warehouse besteht in der Möglichkeit, einen deutlich verbesserten Überblick über die Geschäftsabläufe zu erlangen. Viele Auswertungen, die bislang zwar bereits wünschenswert waren, aber wegen des nicht realisierbaren Programmieraufwandes unterblieben, können nunmehr erfolgen und zu Konsequenzen führen, die in Wettbewerbsvorteile transferiert werden sollten.

Die Datensammlung und -speicherung allein reicht jedoch nicht aus, sie ist ein notwendiger, aber nicht hinreichender Schritt zu einer verbesserten Erfüllung der Controllingaufgaben.

OLAP-Funktionalität

Diesen nächsten Schritt ermöglicht OLAP (On-Line Analytical Processing), eine Software-Technologie, die es bei der Informationsbeschaffung Führungskräften – bzw. delegiert an Controller – erleichtern soll, **Einsicht in relevante Daten und deren betriebswirtschaftlich sinnvolle Verknüpfbarkeit zu gewinnen**. Kennzeichnend für die OLAP-Funktionalität sind multidimensionale, dynamische Analysen auf der Grundlage konsolidierter Datenbestände des Unternehmens.

Multidimensionalität

Vor allem die Gelegenheit zur intuitiven Nutzung dieser multidimensionalen Systeme sowie zur interaktiven und flexiblen Festlegung unterschiedlicher Sichten auf den Datenbestand weckt die Erwartung, extrem leistungsfähige Werkzeuge bei der Analyse entscheidungsrelevanter Informationen zu erhalten. Das Kennzeichen der so genannten Multidimensionalität steht für die Art der logischen Anordnung quantitativer Größen beziehungsweise betriebswirtschaftlicher Variablen (Beispiele: zeitliche Abschnitte – Wochen, Monate etc.; Artikel(-gruppen); Kunden(-segmente); Vertriebsstandorte oder -bezirke).

In grafischer Veranschaulichung werden diese Größen – vereinfacht – in der geometrischen Form von Würfeln dargestellt, wobei die Würfelkanten ihre inhaltliche Ausprägung aus den einzelnen Dimensionen ableiten (vgl. 6.29).

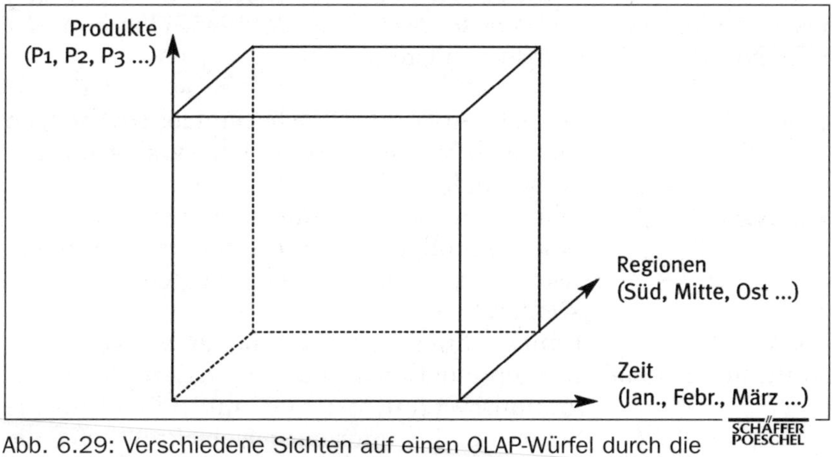

Abb. 6.29: Verschiedene Sichten auf einen OLAP-Würfel durch die multidimensionale Auswertungslogik

Um die von Entscheidungsträgern erwarteten Anforderungen erfüllen zu können, ist unter dem Begriff »OLAP« ein Katalog von 12 Regeln aufgestellt worden, der als richtungsweisend für die weitere Entwicklung multidimensionaler Anwendungen und Zugriffsverfahren auf Datenbestände gilt (auf *Codd* zurückgehend – vgl. *Gabriel, R./Chamoni, P./Gluchowski P.* 2000 S. 79 ff. – sie seien hier als ein erster Einblick wiedergegeben):

- Mehrdimensionale konzeptionelle Sichten
- Transparenz
- Zugriffsmöglichkeit
- Gleichbleibende Berichtsleistung
- Client-Server-Architektur
- Grundprinzipien der gleichgestellten Dimensionen
- Dynamische Speicherverwaltung dünnbesetzter Matrizen
- Mehrbenutzerfähigkeit
- Unbeschränkte kreuzdimensionale Operationen
- Intuitive Datenmanipulation
- Flexibles Berichtswesen
- Unbegrenzte Dimensions- und Aggregationsstufen.

Eine eher pragmatisch und weniger technikdominierte Beschreibung des OLAP-Gedankens ist unter dem Begriff »FASMI« (Fast Analysis of Shared Multidimensional Information) zusammengefasst worden (vgl. u. a. *Pendse, N./Creeth, R.* 1995; *Chamoni, P./ Gluchowski, P.* 1999, insbesondere S. 267):

Fast	Schnelle Antwortzeiten bei einfachen Abfragen und auch bei komplexen Datenanalysen unter 20 Sekunden
Analysis	Ohne eigene Programmierkenntnisse des Nutzers sollen alle notwendigen mathematisch-statistischen Berechnungen erfolgen können
Shared	Ermöglichung eines Mehrbenutzersystems
Multidimensional	Konzeptionell prägend für analytische Informationssysteme ist die multidimensionale Sicht auf die Informationsobjekte sowie die freie Kombinierbarkeit der verschiedenen Dimensionen
Information	Die für den schnellen Zugriff bereitstehende Datenmenge und weniger die Form der technischen Datenspeicherung ist bedeutsam.

Data Mining

Eine Ergänzung des OLAP-Prinzips stellt der Ansatz des Data Mining (Datenmustererkennung oder »KDD« – Knowledge Discovery in Databases) dar. Hierzu zählen Methodiken, die aus großen Datenbeständen rechnergestützt Auffälligkeiten herausfiltern, also versuchen, aus vorhandenen Daten bisher unentdeckte Zusammenhänge zu ermitteln.

In Verbindung mit dem Controlling kommt dem Data Mining (vgl. z. B. *Mertens, P./Bissantz, N./Hagedorn, J.* 1997) die besondere Aufgabe zu, als Hilfsmittel zur Navigation und Analyse bei Auswertungen zu dienen – vor allem im Sinne der **Möglichkeit einer hypothesenfreien Suche nach Mustern** (z. B. Suche nach einer ungewöhnlich hohen Plan-Ist-Abweichung des Periodendeckungsbeitrages in einem Geschäftsfeld – zusätzlich nach Produktgruppen, -arten, Regionen, Kundensegmenten usw. segmentiert).

Methodisch verbergen sich hinter dem Konzept des Data-Mining Verfahren des »Wenn-Dann«-Regelsuchens, der Abweichungsanalysen, Entscheidungsbaumverfahren und Regressionsanalysen, zum Teil bereits kombiniert mit neuronalen Netzen oder Fuzzy Technologien.

Einige **ausgewählte Anwendungsfelder** des Data Mining zeigt die nachfolgende Abbildung 6.30:

Unternehmens-bereiche	Anwendungsfeld	Einsatz dient zur ...
Produktionsplanung und -steuerung	Prozess- und Qualitätskontrolle	Analyse von Prüfmessungen; Entdeckung von Einflussfaktoren der Produktqualität
	Anlagenüberwachung und -instandhaltung	genaueren Abschätzung von Wartungszyklen; präventiven Fehlererkennung
	Bedarfsermittlung/ Absatzprognose	genaueren Abschätzung von Materialbedarf und Produktionsauslastung
Vertrieb / Marketing	Preisfindung	Untersuchung des Einflusses der verschiedenen Produktattribute auf die Kaufbereitschaft
	Database Marketing	Zielgruppensegmentierung für Direct Mailing u.v.a.m.
	Marktsegmentierung	Analyse geeigneter Segmentstrukturen
	Risikomanagement	Verhinderung von Zahlungsausfällen (Bonitätsprüfung); Betrugsentdeckung
	Kundenbindung	Vorhersage der Abwanderungswahrscheinlichkeit
	Warenkorbanalyse	Identifizierung von gekoppelten Produkten

SCHÄFFER POESCHEL

Abb. 6.30: Anwendungsfelder für Data Mining
(Quelle: *Schinzer, H.D./Bange, C.* 1999 S. 69)

Aus betriebswirtschaftlicher Perspektive handelt es sich bei einem Data Warehouse um ein Integrationsobjekt, das Daten aus unterschiedlichen Funktions- und Geschäftsbereichen, aus unterschiedlichen Unternehmensebenen und -regionen integriert und konsolidiert. Zentrales Ziel ist es, auf Informationsbedarfe, die sich zunehmend schnell ändern – nicht nur in regelmäßiger Zeitabfolge, sondern auch ad hoc entstehen –, schnell und flexibel reagieren zu können und sie zu erfüllen.

Data Warehouse

Während mit »Data Warehouse« die infrastrukturelle Grundlage gekennzeichnet wird, steht der Begriff »Data Warehousing« für den »Prozess der Zusammenführung und des Managements von Daten aus verschieden Quellen mit dem Zweck, eine einheitliche, detaillierte Sicht auf einen einzelnen Geschäftsbereich oder das gesamte Unternehmen zu erhalten« (*Gardner, S.R.* 1998 – zitiert nach *Jung, R./Winter, R.* 2000a, S. 5).

Data Warehousing

Da der Einführungs- und damit Umstellungsprozess sich notwendigerweise über einen längeren Zeitraum erstreckt, ändern sich währenddessen in der Regel die Anforderungen an die Auswertungen mehrmals – ein weiteres Argument, das für den Einsatz dieser so genannten normalisierten Datenbanken spricht.

Ohne auf die zweifellos faszinierenden technischen Einzelheiten dieses Konzepts im Einzelnen eingehen zu können, sollen im Folgenden **wesentliche Aspekte der betriebswirtschaftlichen Sichtweise** des Aufbaus und der Nutzung eines Data Warehouse näher betrachtet werden. Ökonomisch unvergleichlich relevanter ist für Controller eine sorgfältige Analyse der existierenden Daten, der möglicherweise noch fehlenden (externen) Daten sowie ihrer Zusammenhänge.

Bei erheblicher Unternehmensgröße und dementsprechend enormen Datenvolumina kann es insbesondere bei interaktiven Zugriffen auf die Datenbasen aus der Sicht der Anwender zu unflexibleren und schwerfälligeren Reaktionen des Systems kommen. Daher werden nicht selten personengruppen- und funktionsbereichsspezifische Extrakte aus der Gesamtdatenbasis entnommen und als Data Marts getrennt gespeichert. Orientiert an den besonderen Informationsbedürfnissen der künftigen Nutzer umfassen die Data-Marts nur diejenigen **Ausschnitte**, die jeweils für das Entscheidungsfeld relevant sind.

Data Marts

Data Warehousing-Projekte können typischerweise nicht einer bestimmten Abteilung zugeordnet werden, sondern besitzen übergreifenden Charakter. Der Controller wird daher – auch wenn er nicht die gleichzeitige Verantwortlichkeit für die unternehmerische DV-Abteilung innehat – durch seine Informationsversorgungsfunktion für das Management stets maßgeblichen Anteil an der Entwicklung und Umsetzung der technischen, vor allem aber betriebswirtschaftlichen Komponenten der Strategie haben. Daher sollte er auch die wesentlichen Zusammenhänge kennen und ggf. ein effizienter Teamkollege sein.

Die mit dem Aufbau eines Data Warehouse unmittelbar verbundene Notwendigkeit einer **unternehmenseinheitlich verwendeten Terminologie** fördert das gemeinsame Verständnis für das Geschäft (vgl. *Garzotto, A.*, 2000, S. 166), ein Anliegen das generell vom Controlling auch über das betriebswirtschaftliche Planungs- und Berichtssystem angestrebt wird.

Wie bei vielen anderen Problemstellungen gilt auch hier: Externe Berater können wertvolle methodische Unterstützung leisten. Die Verringerung von Defiziten im Vergleich zur Konkurrenz und die Generierung von Wettbewerbsvorteilen bleibt jedoch originäre Aufgabe der Unternehmensführung und ihrer direkten Stabsstellen (z. B. des Controllings).

So wenig, wie ein gutes Textverarbeitungsprogramm eine Person zwingend zu einem erfolgreichen Schriftsteller macht, ebenso wenig garantiert ein leistungsfähiges Software-Tool ein erfolgreiches Data Warehousing. Jenseits der Auswahl geeigneter technologischer Komponenten stellen eine gute betriebswirtschaftliche Fundierung und organisatorische Integration in die Unternehmen entscheidende Kriterien für den Erfolg dieser Projekte dar (vgl. *Gabriel, R./Chamoni, P./Gluchowski P.* 2000 S. 82).

Die Bandbreite der Anwenderbranchen ist bereits erheblich – sie reicht bislang mit dokumentierten Beispielen von Versicherungen und Banken, kommunalen Organisationen und Energieversorgern, Stahlerzeugern und Chemieunternehmen bis hin zu Versandhäusern und Handelsketten (vgl. z. B. *Jung, R./Winter, R.* 2000).

B

Diese Liste von Aufzählungen ließe sich erheblich verlängern, würden die in den einzelnen Unternehmen im Vordergrund stehenden Funktionsbereiche oder Sachthemen als weiteres Kriterium hinzugenommen. Ein Bedarf an entscheidungsorientierter Unterstützung mit fundierten Informationen besteht praktisch in allen Unternehmens(-bereichen).

Die Notwendigkeit herausgehobener Marktorientierung für Unternehmen im Wettbewerb führt zu einem Schwerpunkt der Anwendungsfälle im Marketing – sowohl auf strategischer Ebene (z. B. Markt- und Kundenanalysen für ein kundenspezifischeres Direktmarketing als neuer Vertriebsweg) oder operativer Ebene (z. B. im Vertriebscontrolling mit vielfältigen Korrelationsanalysen zum Kundenverhalten).

Perspektive des Nutzers

Für den Nutzer sind technische Fragen der System-Architektur in der Regel von untergeordneter Bedeutung. Für ihn ist primär von Relevanz,

- auf möglichst ausgereifte Techniken der problemgerechten Nutzung und freien Navigierbarkeit in den verfügbaren Datenbeständen zurückgreifen zu können,
- durch Visualisierung die in der Regel hochdimensionalen Datenwürfel in ihrer strukturellen Komplexität zu reduzieren und ein leichteres Verständnis für die Zahlenwerte zu erlangen
- auf die Erweiterbarkeit des Systems vertrauen zu können, um später in der Lage zu sein, zusätzliche Quellen, aber auch neue Anwendungen zu integrieren
- die Standardfunktionalität moderner Benutzeroberflächen (so genannter Front-End-Werkzeuge) vorzufinden, sodass eine ansprechende Aufbereitung in tabellarischer Form oder mit geeigneten Geschäftsgrafiken ohne komplizierte Menüsteuerungen möglich ist.

Für die Zukunft sind u. a. Erweiterungen der beschriebenen Systemkomponenten um die Einbindung Internet-gestützter externer Informationsquellen denkbar sowie eine Ergänzung der Zugangstechniken und Benutzeroberflächen (vgl. *Gabriel, R./Chamoni, P./ Gluchowski P.* 2000 S. 84 ff.) mit Hilfe eines Intranets (unternehmensinternes Informations- und Kommunikations-Netzwerk).

6.4.4 Risikomanagement- und Frühaufklärungssysteme

KonTraG

Mit dem am 1.5.1998 in Kraft getretenen Gesetz zur Kontrolle und Transparenz im Unternehmen (KonTraG) reagierte der Gesetzgeber auf eine ganze Reihe existenzbedrohender Unternehmenskrisen in den vorangegangenen Jahren, die im Empfinden der Außenwelt überraschend auftraten und Zweifel an der derzeitigen Effizienz des zweipoligen Systems von Unternehmensführung und -kontrolle durch Vorstand und Aufsichtsrat nährten. Durch die explizite Installierung und Dokumentation eines Risikomanagements bzw. internen Überwachungssystems sollte dem immer wieder unterstellten Versagen der Kontrolle durch Aufsichtsräte und Wirtschaftsprüfer entgegengewirkt werden.

Durch die neue Vorschrift des 91 Abs. 2 AktG wird der Vorstand ausdrücklich verpflichtet, »... geeignete Maßnahmen zu treffen, insbesondere ein Überwachungssystem einzurichten, damit den Fortbestand der Gesellschaft gefährdende Entwicklungen früh erkannt werden«.

Die Notwendigkeit zum Erlass dieser gesetzlichen Vorschrift kann pointiert in folgender Argumentation zusammengefasst werden: »Unterstellt man, dass das, was selbstverständlich im Interesse der Betroffenen liegen müsste, keiner rechtlichen Regelung bedarf, so muss das am 1. Mai 1998 in Kraft getretene Gesetz zur Kontrolle und Transparenz im Unternehmen (KonTraG) wohl als Beleg dafür gelten, dass für die Mehrzahl der börsennotierten deutschen Unternehmen bis dato offenbar kein oder nur wenig Interesse daran bestand, die unternehmens- und geschäftsfeldbezogenen Erfolge und Risiken durch eine adäquate Berichterstattung an die extern Interessierten transparenter zu machen. Indes es gibt Ausnahmen ...« (*Fröhling, O.* 2000b S. V).

Einen besonderen Nachdruck erhält die Gesetzesänderung durch die ergänzende Bestimmung in § 317 Abs. 4 HGB, nach der eine Prüfung dieser Überwachungssysteme im Rahmen der Abschlussprüfung bei jenen Gesellschaften vorzunehmen ist, deren Aktien im amtlichen Handel notiert werden.

Abstrahlungswirkung

Auch wenn sich das KonTraG direkt zunächst nur auf eine letztlich relativ kleine Zahl von Unternehmen zu erstrecken scheint, so ist doch mit einer erheblichen »Abstrahlungswirkung« zu rechnen, sodass von einer beschleunigten Entwicklung von Instrumentarien eines strategischen Risikomanagements ausgegangen werden kann.

Durch die Gesamtverantwortung von Konzern-Muttergesellschaften für den kompletten Verbund der Tochter-/Enkel-Unternehmen usw. ergibt sich eine Ausdehnung des erwarteten Risikomanagement-Bewusstseins und seine gezielte Wahrnehmung auch in Gesellschaften anderer Rechtsformen als die im AktG direkt angesprochenen Kapitalgesellschaften.

Einen Überblick zu den grundsätzlichen Ausrichtungsmöglichkeiten der Methoden des Risikomanagements liefert die nachfolgende Abb. 6.31.

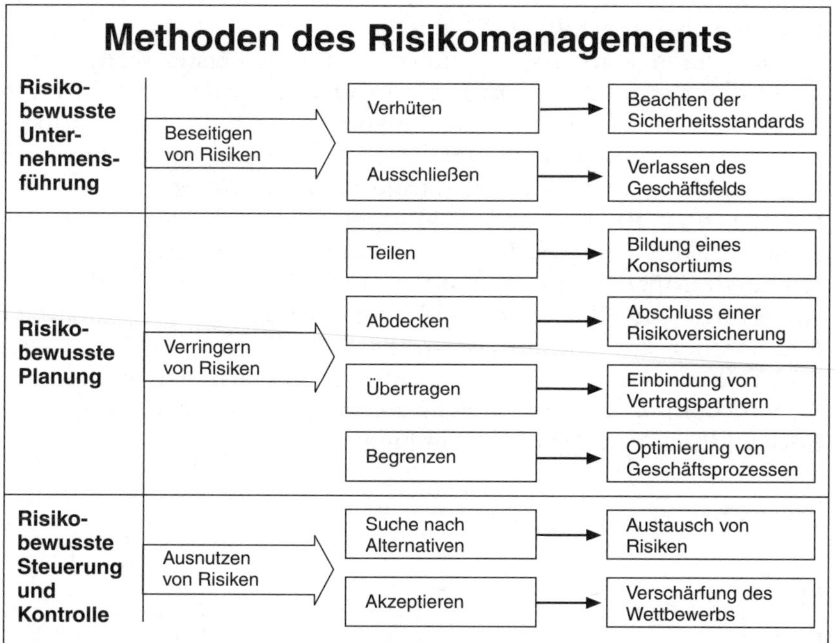

SCHÄFFER POESCHEL

Abb. 6.31: Methoden des Risikomanagements
(Quelle: *Leciejewski, K. D.* 1999 S. 64).

Frühaufklärungssysteme

Die vom Gesetzgeber gewählte Formulierung weist eine hohe inhaltliche Deckungsgleichheit mit der im betriebswirtschaftlichen Schriftgut etablierten Definition von Frühaufklärungssystemen auf – mit einer Einschränkung: Es wird eher auf die Risiken Bezug genommen. Allerdings können aber auch einmal verpasste Chancen später zu Risiken des Fortbestands des Unternehmens führen.

D

Diese speziellen Arten von betriebswirtschaftlichen Informationssystemen umfassen »... alle systematisch erfolgenden Aktionen der Wahrnehmung, Sammlung/Auswertung und Weiterleitung von Informationen über latent (d.h. verdeckt) bereits vorhandene Chancen und Bedrohungen in einem so frühen Stadium, dass noch ausreichend Zeit für eine Planung und Realisierung von Strategien und Maßnahmen zur Nutzung signalisierter Chancen und zur Abwehr angezeigter Bedrohungen verbleibt ...« (*Krystek, U.* 1990 S. 68).

In begrifflicher Anlehnung an den militärischen Bereich wurde der Gedanke einer Frühaufklärung von Risiken und Chancen für Unternehmen – neben den Bezeichnungen der Frühwarnung und Früherkennung – ab Ende der 70er- und Anfang der 80er-Jahre des vergangenen Jahrhunderts in der Betriebswirtschaftslehre verstärkt behandelt (vgl. u.a. *Horváth, P.* 2000a – oder z.B. bereits die Übersicht bei *Krystek, U.* 1990 S. 68 ff.).

Frühwarnung

Früherkennung

Frühaufklärung

Ausgehend vom ursprünglichen Wunsch, existenzbedrohende Gefährdungen möglichst frühzeitig wahrzunehmen (Frühwarnung im Sinne von »Alarmmeldung«) erstreckte sich der Informationsbedarf der Unternehmen zunehmend auch auf die rechtzeitige Signalisierung von Chancen (Früherkennung im Sinne von »Erfassung von Risiko- und Erfolgspotenzialen«). Die geforderte Frühzeitigkeit sollte den Unternehmen zusätzlich eine ausreichende Möglichkeit einräumen, auch die informatorische Absicherung der Planung und Durchführung zielgerichteter Maßnahmen zu gewährleisten (Frühaufklärung im Sinne von »Früherkennung mit einem angemessenen zeitlichen Vorlauf zur Verwirklichung geeigneter Reaktionsstrategien«). Die dreistufige Entwicklung verdeutlicht Abbildung 6.32:

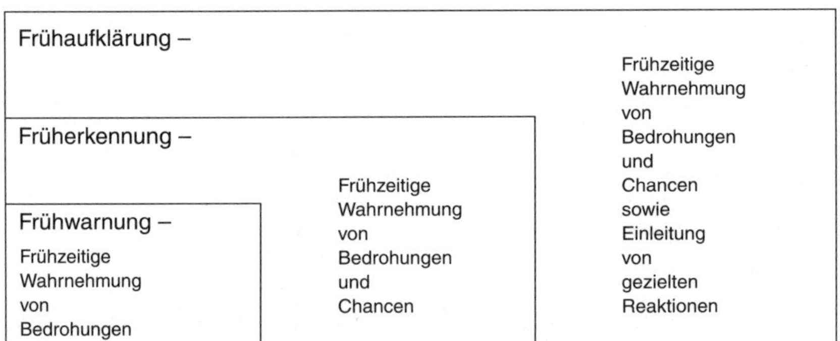

SCHÄFFER POESCHEL

Abb. 6.32: Entwicklung zu Frühaufklärungssystemen (leicht modifiziert in Anlehnung an *Krystek, U./Müller, M.* 1999 S. 178)

Bei den als ersten Ansätzen verwendeten kennzahlengestützten **Hochrechnungen** (in Form zeitlich und sachlich flexibel differenzierbarer »SOLL-WIRD«-Vergleiche), die auf eine Warnung vor dem Auftreten einer Zielerreichungslücke abstellen, ist ein sinnvolles Eingreifen und Umsteuern bei schnellen und/oder erheblichen Umfeldänderungen nur noch bedingt möglich.

Indikatoren

Logische Konsequenz war die Suche nach Indikatoren (vgl. Abbildung 6.33), die **mit zeitlichem Vorlauf** auf (potenziell) negative wie positive Entwicklungen hinweisen. Quellen für diese Informationen können sowohl innerhalb des Unternehmens liegen als auch – und vor allem – aus dem Unternehmensumfeld (und seinen -segmenten) stammen.

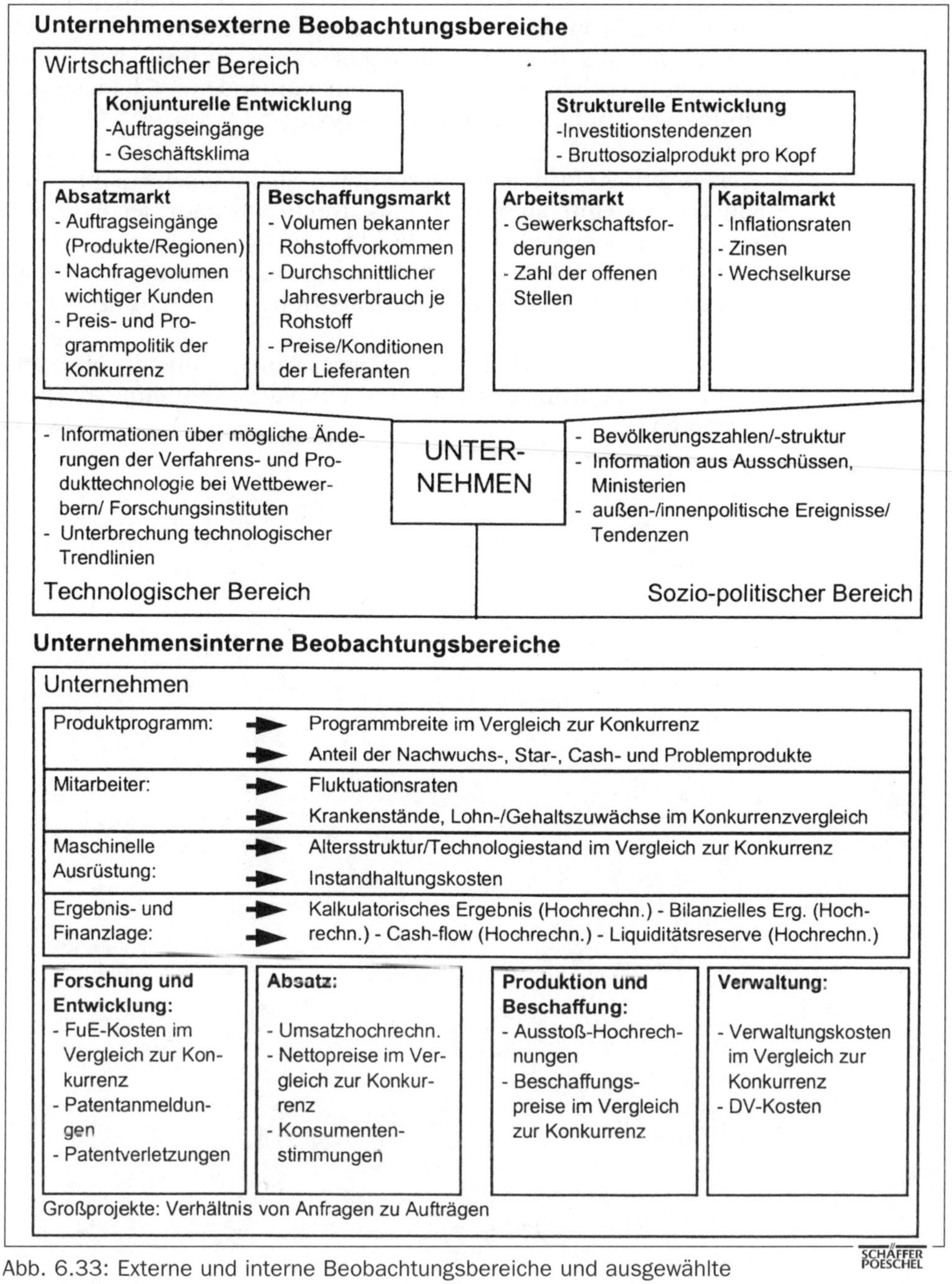

Abb. 6.33: Externe und interne Beobachtungsbereiche und ausgewählte Indikatoren
(Quelle: *Krystek, U./Müller, M.* 1999 S. 180)

Eine Auflistung sinnvoller Indikatoren sowie ihre effiziente Erfassung und Nutzung erbringen in der Regel aber nur einen Teil der erhofften Informationsversorgung. Ziel ist es vielmehr, über die **Verknüpfung von Indikatoren** und »... die Entwicklung von stringenten Kausalketten noch näher an die unmittelbaren Anzeiger von Ursachen verdeckter, bereits vorhandener Chancen und Bedrohungen heranzukommen« (*Krystek, U./Müller, M.* 1999 S. 180).

Das bisherige Prinzip der gerichteten Suche (nach Risiken und Chancen mit Hilfe spezieller Indikatoren) wird auf der Basis des Konzepts der »schwachen Signale« (bzw. weak signals – vgl. *Ansoff, H. I.* 1976 S. 129 ff.) zu einem 360-Grad-Radar fortentwickelt, sodass auch unscharf definierte Informationen einbezogen werden können.

Frühaufklärungssystem

Eine ablauforientierte Darstellung des Aufbaus und der Nutzung eines Frühaufklärungssystems (FAS) ist der Abbildung 6.34 zu entnehmen.

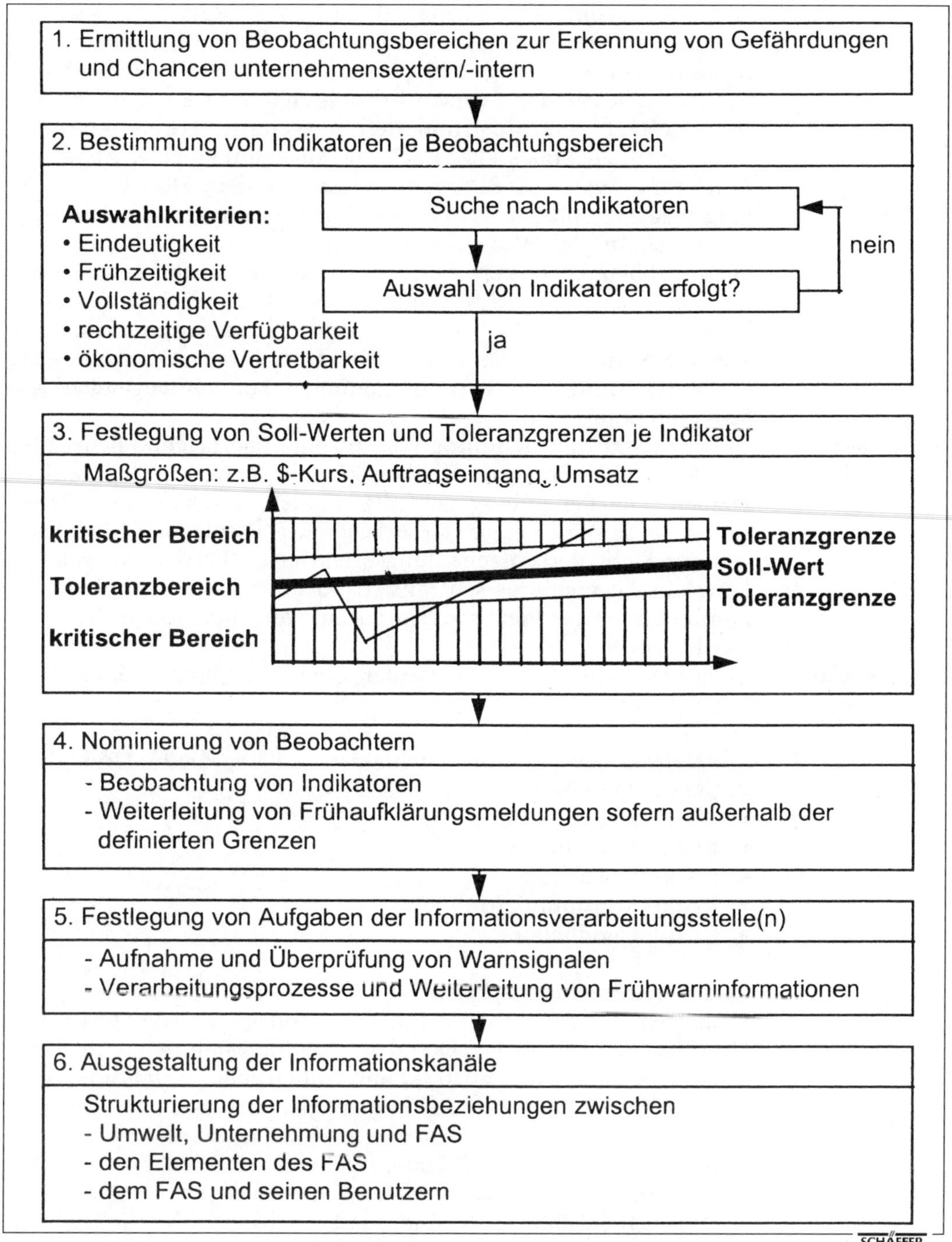

Abb. 6.34: Prinzipieller Aufbau eines indikatororientierten Frühaufklärungssystems
(Quelle: *Krystek, U./Müller, M.* 1999 S. 179)

Abgesehen vom Aufgabenfeld der internen Revision, dem Abschluss von Versicherungen oder der Durchführung anderer organisatorischer Sicherungsmaßnahmen, die z. T. auf branchenspezifischen gesetzlichen Vorschriften beruhen (z. B. dem Kreditwesengesetz), sind **instrumentell ausgereifte Frühaufklärungssysteme** in der Praxis **eher noch die Ausnahme** (vgl. *Krystek, U./Müller, M.* 1999 S. 183). Nicht zuletzt vor dem Hintergrund der eingangs angesprochenen gesetzlichen Regelungen zu den Sorgfaltspflichten des Managements wird ihnen in Zukunft branchenunabhängig stärkere Aufmerksamkeit als bisher gewiss sein.

Neben den typischerweise betriebswirtschaftlichen Fragestellungen der Lösung operativer und strategischer Optimierungsprobleme erweitert sich das Themenspektrum für das Controlling auf die **Betrachtung von Extremsituationen zur vorbeugenden Krisenvermeidung**.

Risikowahrnehmung

Der Risikowahrnehmung kommt eine überragende Bedeutung zu, denn nicht erkannte Risiken können nicht gezielt bewältigt werden. Die Benennung von allgemeinen, geschäftsspezifischen und in ihrer Wirkung ggf. sogar bestandsgefährdenden Risiken ist aus der Sicht der entscheidungsorientierten Betriebswirtschaftslehre ein so genanntes schlecht strukturiertes Problem, dem aber zumindest mit einer strukturierten Vorgehensweise begegnet werden sollte.

Risikomanagement-System

Zu den typischen Ablaufstufen eines Risikomanagement-Systems zählen:

- Bestimmung gezielter Suchfelder (z. B. spezielle Umfeldsegmente: Ökologie, Technik, Gesellschaft),
- Risiko-Identifikation,
- Risiko-Erfassung,
- Risiko-Bewertung,
- Risiko-Kommunikation,
- Risiko-Handhabung.

In der Unternehmenspraxis zeigt sich durch die sehr knapp formulierten Vorschriften des KonTraG und nicht zuletzt vor dem Hintergrund des abzusteckenden Handlungsrahmens für Wirtschaftsprüfer bislang noch keine einheitliche Auffassung über Umfang und Inhalt von Risikomanagement-Systemen (vgl. u. a. *Dörner, D./Horváth, P./Kagermann, H.* 2000; *Emmerich, G.* 1999 S. 1076 ff.; *Einhellinger, F.* 2000; *Wittmann, E.* 2000; zu speziellen methodischen Ansätzen: *Baetge, J./Jerschensky, A.* 1999).

Wesentliche Bausteine sind aus betriebswirtschaftlicher Sicht durch die Konzeptionen der Frühaufklärungssysteme **bereits vorhanden**. Ebenso sind bestimmte organisatorische Aufgaben-, Kompetenz- und Verantwortungszuordnungen für diese speziellen

Informationssysteme in den Unternehmen gegeben – vielfach unter Federführung, zumindest aber unter maßgeblicher Beteiligung des Controllings. Je nach bisheriger Ausprägung der Nutzung dieser Frühaufklärung und der Dokumentation sowie der Ziehung von Konsequenzen besteht in den einzelnen Unternehmen ein eher geringer oder höherer Handlungsbedarf.

Die Übernahme vorhandener Risikomanagement-Ansätze und ggf. die **Bewusstseinsstärkung durch bessere unternehmensinterne und -externe Risiko-Kommunikation** erlangt eine zusätzliche Dynamik durch den Sachverhalt, dass zuvor wahrgenommene Risiken keinesfalls konstant bleiben müssen. Sie können sich sowohl verstärken als auch vermindern. Diese Entwicklungen laufen auch nicht notwendigerweise in einer kontinuierlichen Form ab, sondern u. U. in Sprüngen.

Ein moderner Controlling-Ansatz, der sich von der dominanten Kontrollfunktion emanzipiert hat und nicht nur intern, sondern in steigendem Maße auch extern orientiert ist, kann entscheidend zu einer besseren Informationsversorgung des Managements auf den verschiedenen Unternehmensebenen beitragen und wirkungsvolle Instrumentarien zur Verfügung stellen. In diesem Zusammenhang erscheint es naheliegend und sinnvoll, sich bei der Risiko-Identifikation und -Bewältigung der bereits eingesetzten Planungs- und Berichterstattungssysteme der Unternehmen zu bedienen.

Koordinierende Funktion des Controllings

Angesichts der dem Controlling zugeschriebenen zentralen Informationsversorgungsaufgabe erscheint es betriebswirtschaftlich begründbar – und in der Praxis bereits vielfach bestätigt –, dass die methodische und koordinierende Funktion des Controllings auch auf die Frühaufklärungssysteme ausgedehnt wird.

Im Kern handelt es sich um die mit den Fachabteilungen abzustimmende Auswahl geeigneter Indikatoren, die Erfassung und Aufbereitung der erhaltenen Informationen, die Durchführung von Plausibilitätsprüfungen und Wirkungsanalysen sowie die Unterstützung der Entscheidungsträger bei der Planung und Steuerung geeigneter Reaktionsstrategien.

Den nun auch gesetzlich nochmals unterstrichenen und verdeutlichten Sorgfaltspflichten kann angemessener entsprochen werden, sodass einzel- wie volkswirtschaftlich weniger vermeidbare Wertverluste durch Kapitalvernichtung zu erhoffen sind.

6.4.5 Internationalisierte Konzerne

Aus dem weiten Themenfeld, das der gewählten Überschrift dieses Abschnitts zugeordnet werden könnte, sollen nur diejenigen Bereiche herausgegriffen werden, die für einen ersten Überblick der spezifischen Problematiken eines strategischen Konzerncontrollings besonders prägend sind.

Konzern

Unter einem Konzern wird – kurz gefasst – aus betriebswirtschaftlicher Sicht eine unter einheitlicher Leitung geführte wirtschaftliche Planungs-, Steuerungs- und Kontroll-Einheit verstanden, die aus mindestens zwei rechtlich selbständigen Unternehmen besteht. Typischerweise sind international tätige Konzerne ein Gebilde aus zahlreichen Einzelgesellschaften, die in unterschiedlichen Staaten vertreten sind.

Konzerncontrolling

Konzerncontrolling stellt insoweit keine simple Vervielfältigung der einzelwirtschaftlichen Controllingsysteme dar, sondern besitzt in vielen Teilgebieten eine grundsätzlich andere Qualität.

D

»Konzerncontrolling soll die zielorientiert koordinierte Erfüllung von originären Konzernführungsaufgaben aus dem Blickwinkel des Gesamtgebildes Konzern bzw. aus der Sicht der Konzernobergesellschaft unterstützen. Hierzu bedarf es eines (zentralen) Controlling des Konzerns sowie eines (dezentralen) Controlling im Konzern.«
(*Lorson, P.* 1996a S. 435 – ohne Hervorhebungen).

Aus Gründen der didaktischen Vereinfachung soll auf eine definitorische Trennung (und der Annahme spezifischer Steigerungen von Stufe zu Stufe) von internationalem, multinationalem, globalem und transnationalem Controlling verzichtet werden – stattdessen wird als Sammelbegriff »international« gewählt (vgl. ausführlich *Welge, M. K./Holtbrügge, D.* 1998).

Die international tätigen Unternehmen setzen nicht nur weltweit ihre Produkte und Dienstleistungen ab, sondern entwickeln und produzieren diese auch bereits in globalen Netzwerken, in die die Lieferanten nahezu nahtlos – auch über die Konzerngrenzen hinweg – eingebunden sind (»**supply chain management**«). Der direkte Wettbewerb mit globalen Konkurrenten zwingt dazu, Innovationen schneller auf den Markt zu bringen und möglichst alle

Wertschöpfungskette

Ineffizienzen aus der weltweiten Wertschöpfungskette zu eliminieren. Diese Unternehmen werden zu Treibern und Getriebenen der Globalisierung zugleich.

Der Wandel von national orientierten Unternehmen zu international tätigen Konzernen bedeutet auch für das Controlling eine vielschichtige Herausforderung (vgl. u. a. *Macharzina, K./Oesterle, M.-J.* 1997; *Meckl, R.* 2000; *Perlitz, M.* 1997; *Weber, J.* 1991; *Wullenkord, A.* 1995; *Ziener, M.* 1985). Eine prägnante Übersicht zu speziellen Führungsmerkmalen und Controllinganforderungen von Stammhaus- und Netzwerk-Konzernen sowie in Form einer Management- oder Finanz-Holding organisierten Konzernen bietet die nachfolgende Abbildung 6.35.

Konzern-Merkmale	Stammhaus-konzern	Management-Holding	Netzwerk-Konzern	Finanz-Holding
Konzern-struktur	Dominanz der Konzernzentrale Operative Tätigkeit der Konzernzentrale Starke Interdependenzen Ausgeprägte Konzernkultur	Zentrale und dezentrale Strukturelemente Konzernzentrale auf strategische Führung beschränkt Mäßige Interdependenzen Ausgeprägte Subkulturen	Hybride Strukturen Konzernzentrale vorwiegend mit Koordinationsfunktion Starke Interdependenzen Zentrale und dezentrale Kulturelemente	Dominanz der Konzernbereiche Konzernzentrale auf finanzielle Führung und Beteiligungsverwaltung beschränkt Kaum Interdependenzen Ausgeprägte Subkulturen
Führungsverständnis der Konzern-zentrale **(Mgmt.-Fokus)**	Integration und Effizienz Vertikale und horizontale Strategien Know-how-Transfer Beeinflussung der Geschäftsstrategien	Kernkompetenzen Synergievorteile Horizontale Strategien Geringe Beeinflussung der Geschäftsstrategien	Verbundvorteile Koordination Infrastruktur für horizontale Beziehungen Differenzierte Beeinflussung von Geschäftsstrategien	Portfoliovorteile Flexibilitätspotenziale Finanzielle Infrastruktur Keine/geringe Beeinflussung der Geschäftsstrategien
Spezifische Führungsprobleme der Zentrale	Informationsüberlast Bürokratisierung Eingeschränkte Flexibilität	Informationsunterversorgung Mangelnde Transparenz Schwache Know-how-Basis	Steuerungskomplexität Koordinationsaufwand Anzahl Schnittstellen Erfolgszuweisung	Informationsunterversorgung Beurteilungsmöglichkeiten Know-how-Basis
Empfohlene Kontexte	Einfache Umfelder Homogenes und beschränktes Portfolio Internationale Strategie	Innovative, dynamische Umfelder Heterogenes Portfolio Multinationale oder globale Strategie	Innovative, dynamische Umfelder Homogenes Portfolio Transnationale Strategie	Stabile, wettbewerbsintensive Umfelder Heterogenes Portfolio Alle Strategien
Vermuteter Controlling-Fokus	Erfüllung strategischer Zielvorgaben, Ausschöpfen Integrationsvorteile, Kernkompetenzen	Internationalisierungsstrategie, Portfolioziele, Horizontalprojekte, Kompetenzaufbau	Erfüllung strategischer Rollen, Stakeholdererwartungen und -macht, Leistungsverflechtungen und Wissenstransfer, Innovationskraft	Finanzielle Entwicklung, Portfolioziele, Risikostruktur
Beispiele	Continental, Porsche, Deutsche Bank, Henkel, Hoechst, Hilti	Daimler-Benz, Bertelsmann, Ciba-Geigy, Landis&Gyr, Nestlé	BASF, Schweizerische Bankgesellschaft, Gerling-Konzern	Thyssen, VIAG, AGIV, Merck, RWE

SCHÄFFER POESCHEL

Abb. 6.35: Führungsmerkmale und Controllinganforderungen in unterschiedlichen Konzernführungsorganisationen
(Quelle: *Lube, M.-M.* 1997 S. 24)

Die verstärkte Globalisierung der Wirtschaft und nicht zuletzt der europäische Einigungsprozess bedingen eine Strategie-Umsetzung vor allem auch durch externes Wachstum mit Hilfe von Akquisitionen (z.T. auch mit Kooperationen und Joint-Ventures) im In- und Ausland. Durch diese Entwicklung entstehen in vielen Fällen ausgesprochen heterogene Geschäftsfelder in einem größeren Konzernverbund und die Notwendigkeit eines leistungsfähigen Beteiligungscontrollings.

Informationsversorgung im Hinblick auf die Konzernzielsetzungen

Die Planung, Steuerung und Kontrolle dieser komplexen Systeme stellt enorme Anforderungen an ein effektives und effizientes Controlling, in dessen Mittelpunkt die ergebnisorientierte koordinierende Ausrichtung und Unterstützung der Informationsversorgung nunmehr im Hinblick auf die Konzernzielsetzungen steht.

Wertorientierung

Die besondere Bedeutung globaler Kapitalmärkte für international tätige Konzerne führt zu dem ergänzenden Erfordernis, neben der Ermittlung klassischer interner und externer Ergebnisgrößen wertorientierten Perspektiven ausgeprägte Beachtung zukommen zu lassen. Das unternehmerische Denken und Handeln soll sich ausdrücklich neben der Erfüllung der Interessen verschiedener sonstiger Anspruchsgruppen an den Renditeerwartungen der Kapitalgeber ausrichten.

Auch unter zeitlichem Aspekt kommen auf das Controlling Aufgaben in unterschiedlicher Gewichtung zu. In einer **Phasen-Betrachtung von Beteiligungen** können idealtypisch die Stufen des Erwerbs, der Integration, der Nutzung, der Desintegration und der Veräußerung unterschieden werden (vgl. *Krüger, W.* 1996).

In Abhängigkeit von der unternehmensindividuell zu bestimmenden Einordnung der einzelnen Beteiligungen sind die in den vorangegangenen Abschnitten dargestellten Instrumente des operativen und strategischen Controllings auf der Ebene der jeweiligen Beteiligungsgesellschaft einzusetzen und im Konzernverbund mit der Obergesellschaft in ihrer inhaltlichen Ausrichtung abzustimmen.

Mit der oben bereits angesprochenen zumindest regionalen Diversifikationsstrategie sind differierende Geschäfte vergleichbar zu machen, d. h. unterschiedliche Beteiligungen sind unter Beachtung geschäftsspezifischer (Früh-)Indikatoren sowie mengen- und wertmäßiger Kenngrößen in ein **konzernweites Plan- und Berichtswesen** sinnvoll zu integrieren (vgl. *Ernst, E.* 2000 S. 129).

Mit steigender internationaler Verflechtung wird zusätzliche Koordinationsunterstützung vom Controlling erwartet – je weiter die Beschaffungs-, Produktions- und Absatzprozesse weltweit verknüpft sind, umso mehr ist eine globale Transparenz erforderlich.

Umfeldheterogenität

Die Umfeldheterogenität kann nicht in allgemeingültigen Aussagen umschrieben werden. Sie ist stets unternehmensindividuell zu bestimmen, beispielsweise in der im Kapitel 1 vorgenommenen Strukturierung in

- Politisch-rechtliches Umfeld (z. B. Steuergesetze und Rechnungslegungsnormen),
- Wirtschaftliches Umfeld (z. B. national unterschiedliche Faktorkosten),
- Naturwissenschaftlich-technisches Umfeld (z. B. Technologien mit höherem Wirkungsgrad in der Energiewirtschaft),
- Gesellschaftlich-kulturelles Umfeld (z. B. Verbraucherpräferenzen),
- Ökologisches Umfeld (z. B. effizientere Nutzung der natürlichen Ressourcen – verbunden mit der Absicht eines reduzierten Ressourcenverbrauchs und niedrigerer Umweltbelastungen).

Störfaktoren

Die als Störfaktoren empfundenen Sachverhalte in international tätigen Unternehmen werden als Ergebnis einer empirischen Studie in der Reihenfolge ihrer Relevanz eingeordnet (siehe Abbildung 6.36).

1.	**Wechselkursänderungen**	**3,00**
2.	**Unterschiedliche ökonomische Rahmenbedingungen**	**2,95**
2.	**Unterschiedliche Länderrisiken**	**2,95**
4.	**Konzerninterne leistungswirtschaftliche Verflechtungen**	**2,79**
5.	**Kulturelle Distanz**	**2,63**
6.	Unterschiedliche Zinsniveaus	2,32
6.	Inhaltliche Inkompatibilität der zu transferierenden Daten	2,32
6.	Unterschiedliche sachliche Tätigkeitsbereiche der Tochtergesellschaften	2,32
9.	Geographische Distanz	2,21
9.	Unterschiedliche Entwicklungsstadien und Strategien ausländischer Tochtergesellschaften	2,21
11.	Sprachprobleme	2,05
12.	Technisch formale Inkompatibilität der zu transferierenden Daten	2,00
13.	Staatliche Beschränkungen des grenzüberschreitenden Datenaustauschs	1,63

SCHÄFFER POESCHEL

Abb. 6.36: Störfaktoren im internationalen Controlling
(Quelle: *Pausenberger, E./Roth, A.* 1997, S. 584)

Funktionen des Controllings

Zu den wesentlichen Funktionen des Controllings in international tätigen Unternehmen zählen (vgl. ähnlich *Lorson, P.* 1996b, S. 2506):

- Abstimmung der Sach-, Wert- und Sozialziele sowie der strategischen und operativen Pläne von Tochtergesellschaften mit denen des Gesamtkonzerns,

- Installierung eines Systems der frühzeitigen Gegensteuerung (Feed-forward-Koordination) beim Erkennen größerer Abweichungen,
- Unterstützung des Konzern-Managements sowie der lokalen Geschäftsführungen bei der kontinuierlichen Informationsgewinnung und -aufbereitung,
- Bereitstellung geeigneter Entscheidungsmethodiken und Beratung bei ihrer Implementierung (z. B. Balanced Scorecard, Shareholder Value-Konzepte, Benchmarking).

Die Integration ausländischer Unternehmen in die konzernweiten Controllingfunktionen umfasst (betriebswirtschaftlich) sachliche Aspekte, methodisch-strukturelle Gesichtspunkte und aus der praktischen Erfahrung in nicht zu unterschätzendem Maße auch soziale Komponenten der Kommunikation zwischen verschiedenen Mentalitäten und Kulturen. Diese Problematik ist umso ausgeprägter, sofern bereits bestehende ausländische Unternehmen (vielleicht mit langer Tradition der Selbständigkeit) zu integrieren sind.

Aufgrund der erheblichen Umfeldkomplexität und der ausgeprägten Heterogenität international tätiger Konzerne sind zusammengefasst einige Besonderheiten zu beachten (vgl. u. a. *Lorson, P.* 1996b S. 2506; ähnlich *Ernst, E.* 2000 S. 130):

Besonderheiten international tätiger Konzerne

- Nutzung der Möglichkeiten moderner Informations- und Kommunikationstechnik zur aktuellen und schnellen Informationsversorgung des Managements auf den verschiedenen Entscheidungsebenen,
- Einrichtung methodisch leistungsfähiger Koordinationsmechanismen zwischen Mutter- und Tochtergesellschaften,
- Angleichung, zumindest Gewährleistung der Kompatibilität bislang unterschiedlich aufgebauter Kosten- und Leistungsrechnungssysteme sowie bereits bestehender Plan- und Berichtssysteme,
- Gewährleistung weltweit normierter Informationsgehalte (identische Definitionen, ggf. Anmerkungen im Falle von deutlichen begrifflichen Abweichungen) für Umfeld- und Unternehmensdaten,
- Frühzeitiges Erkennen von Risiken (aber auch Chancen), um effektiv durch geeignete Steuerungsmaßnahmen für Stabilität und Prosperität der Einzelgesellschaften wie des Konzernverbunds insgesamt sorgen zu können,
- Interpretations-, Umrechnungs- und Konsolidierungsproblematiken durch unterschiedliche Währungen und Inflationsraten sowie schwankende Wechselkurse,

- Mangelnde Einheitlichkeit und Harmonisierung der jeweiligen nationalen externen und internen Rechnungslegungsvorschriften und -praktiken
- Potenzielle Verständigungsbarrieren und Missverständnisse aufgrund sprachlicher, mentalitätsmäßiger sowie kultureller Divergenzen.

Trotz der anzustrebenden weitgehenden Standardisierung bleibt es geboten, die Systeme der Planung, Steuerung und Kontrolle so zu gestalten, dass sie nicht nur der Konsolidierung effizient dienen, sondern auch für die Einzelgesellschaften in aussagefähiger Form disaggregierbar bleiben.

So müssen einerseits bei der kostenrechnerischen Betrachtung mehrstufiger konzerninterner Prozesse Gemein- oder Fixkostenanteile der einzelner Ebenen abtrennbar sein, sodass sich z. B. tatsächliche Konzerneinzelkosten oder **variable Konzernstückkosten** ermitteln lassen (**Zwischengewinneliminierung**). Andererseits sind die Gemein- bzw. Fixkosten unerlässliche Komponenten des Ergebnisausweises dezentraler Konzerneinheiten.

Das integrativ zu installierende oder weiter zu entwickelnde Plan- und Berichtssystem muss dafür sorgen können, dass weltweit aktuelle (und formal einheitliche) Informationen von allen und für alle Gesellschaften als Basis für eine zielgerichtete Planung, Steuerung und Kontrolle zur Verfügung stehen.

Die effektive Ausgestaltung der **Top-down-** sowie **Bottom-up-**Informationsrichtungen ist in international tätigen Konzernen von gesteigerter Relevanz, da nur durch die Berücksichtigung der länderspezifischen Rahmenbedingungen (umfeldbezogene Chancen-Risiko-Profile) sowie der Potenziale der einzelnen Konzerngesellschaften (unternehmensbezogene Stärken-Schwächen-Profile) eine gezielte konzernweite Allokation der sachlichen, personellen und finanziellen Ressourcen gewährleistet werden kann.

Eine Rangliste der Beurteilungsgrößen sowie einen ebenfalls empirisch erhobenen Katalog der bevorzugten Vergleichsgrößen im internationalen Controlling enthalten die Abbildung 6.37 und 6.38.

Beurteilungsgrößen im internationalen Controlling	in Landeswährung	nach Umrechnung in Stammlandwährung	
1 Umsatz	3,42	3,47	(1)
2 Jahresüberschuss vor Steuern	3,37	3,47	(1)
2 Cash-Flow	3,37	3,16	(3)
4 Umsatzrentabilität	3,00	3,05	(5)
5 Jahresüberschuss nach Steuern	2,95	3,11	(4)
6 Gesamtkapitalrentabilität	2,63	2,68	(6)
7 Kapitalumschlagshäufigkeit	2,58	2,57	(9)
8 Forderungsumschlagszeit	2,53	2,63	(7)
9 Return on Investment (ROI)	2,42	2,63	(7)
10 Materialumschlagszeit	2,32	2,47	(10)
10 Eigenkapitalrentabilität	2,32	2,32	(11)
12 Erzeugnisumschlagszeit	2,16	2,21	(12)

SCHÄFFER POESCHEL

Abb. 6.37: Beurteilungsgrößen im internationalen Controlling
(Quelle: *Pausenberger, E.* 1996, S. 188)

Vergleichsgrößen im internationalen Controlling	in Landeswährung	nach Umrechnung in Stammlandwährung
1 Planzahlen (Budgets)	3,68	3,47
2 Ist-Werte vergangener Perioden	3,32	3,11
3 Ist-Werte eigener Tochtergesellschaften in Deutschland	2,11	2,55
4 Ist-Werte von eigenen Tochtergesellschaften in einem Drittland	2,00	2,37
4 Ist-Werte einheimischer Konkurrenzgesellschaften	2,00	2,00
6 Ist-Werte anderer eigener Tochtergesellschaften im Gastland	1,94	1,95
7 Ist-Werte lokaler Tochtergesellschaften anderer internationaler Unternehmungen	1,84	1,74

SCHÄFFER POESCHEL

Abb. 6.38: Vergleichsgrößen im internationalen Controlling
(Quelle: *Pausenberger, E.* 1996, S. 189)

Verrechnungspreise

Ein besonderes Wesensmerkmal des internationalen Controllings besteht neben den komplexeren Anforderungen an die informatorische Fundierung der Planungs-, Steuerungs- und Kontrollprozesse (z. B. über die Bildung geeigneter Verrechnungspreise für konzerninterne Transferleistungen) in einer möglichst objektiven Erfolgsermittlung der ausländischen Tochtergesellschaften (so genannte Erfolgsbeurteilungsfunktion) sowie deren Steuerung durch die Konzernobergesellschaft (so genannte Koordinationsfunktion).

Erfolgsbeurteilungsfunktion

Im ersten Fall der Erfolgsbeurteilung sind zusätzlich vor allem die unterschiedlichen nationalen Umfeldgegebenheiten und -entwicklungen in geeigneter Weise zu berücksichtigen (z. B. spezielle volkswirtschaftliche, politisch-rechtliche Rahmenbedingungen, Wechselkursschwankungen) – nicht zuletzt um eine motivationsfördernde erfolgsorientierte Entlohnung der nationalen, rechtlich selbständigen Tochtergesellschaften zu gewährleisten.

Koordinationsfunktion

Im zweiten Fall der Koordination erstreckt sich das Aufgabenfeld wieder nicht nur auf eine nachträgliche Feststellung erzielter Ergebnisse im Sinne von Soll-Ist-Vergleichen, sondern auf eine begleitende, vorausschauende Steuerung und Beeinflussung. »Dem liegt die Annahme zugrunde, dass die Gewinnung, Verarbeitung, Aufbereitung und nutzeradäquate Verteilung unternehmungspolitischer Informationen nicht nur die Bewertung der Tochtergesellschaft durch die Muttergesellschaft ermöglicht, sondern sich auch auf die ... Entscheidungen der Führungskräfte in der Tochtergesellschaft auswirkt.« (*Welge, M. K./Holtbrügge, D.* 1998 S. 229).

Neben der situations- und problemspezifischen Adaption bislang im nationalen Bereich entwickelter und eingesetzter Instrumente sind geeignete Verfahren zur effizienteren Planung, Steuerung und Kontrolle von grenzüberschreitenden Geschäftsbeziehungen innerhalb eines Konzerns zu implementieren.

Hierzu sind u. a. eine Reihe von Währungsumrechnungsverfahren entwickelt worden, die in ihrer Eignung in starkem Maße von den unternehmensindividuellen Gegebenheiten geprägt sind (vgl. ausführlich *Welge, M. K./Holtbrügge, D.* 1998 S. 233 ff.).

Bei allem betriebswirtschaftlich gut begründbarem Streben nach den Vorteilen einer konzernweiten Standardisierung zur Nutzung von Konzernsynergien sollte im Sinne eines Lean Controlling die Berücksichtigung eines Erfahrungsgrundsatzes nicht außer Acht gelassen werden:

Pragmatismus geht vor Perfektionismus.

6.4.6 Nachhaltige Entwicklung und Öko-Controlling

Nachhaltige Entwicklung

Der gedankliche Ansatz, Unternehmen als komplexe Systeme zu betrachten (vgl. Kapitel 1.3.2), die ihrerseits in gesamtgesellschaftliche und globale Umsysteme eingebunden sind, bietet einen sinnvollen Einstieg in das Themengebiet der nachhaltigen Entwicklung (Sustainable Development) und des Öko-Controlling. Die Zielsetzung und Handlungsweisen des einzelnen Unternehmens erfolgen in diesem Sinne nicht vollkommen autonom, sondern werden z. B. von allgemeinen technischen, politischen und sozialen Rahmenbedingungen sowie von konkreten Anspruchsgruppen (so genannten stakeholder) mit beeinflusst.

Belange des ökologischen Umfelds haben gegenwärtig bereits sowohl eine gesellschaftliche als auch ökonomische Dimension erreicht, die aus Unternehmenssicht als nicht vernachlässigbar angesehen werden kann (vgl. stellvertretend in alphabetischer Reihenfolge: *Bundesumweltministerium und Bundesumweltamt* 2001 insbesondere S. 121–140; *Günther, E.* 1994; *Letmathe, P.* 1998; *Seidel, E./Clausen, J./Seifert, E.* 1998). Weltklimakonferenzen (und daraus abgeleitete nationale Willenserklärungen), die so genannte ökologische Steuerreform in Deutschland, die u. a. eine schrittweise Erhöhung der Mineralölsteuer mit sich bringt, sind nur zwei Beispiele für Aktualität und ökonomische Brisanz von »ökologisch« verursachten Management-Herausforderungen.

Schon seit einer Reihe von Jahren hat sich der **Umweltschutz** zu einem verstärkt beachteten **Unternehmensziel** entwickelt. Teils verursacht durch die Erfahrung der Verknappung natürlicher Ressourcen und durch eine Veränderung des Bewusstseins der Gesellschaft, teils durch die Verschärfung von Umweltgesetzen und -verordnungen, ist der Beachtung der Wirkungen des Unternehmens auf die Umwelt zunehmende Aufmerksamkeit geschenkt worden.

Ausgangspunkt für die Rolle des Controllings ist wiederum der Informationsbedarf des Managements auf den unterschiedlichen Unternehmensebenen. Der formale Ansatz des Controllings muss hierzu keiner prinzipiellen Änderung unterzogen werden, um ökologierelevante Sachverhalte als Gegenstand zusätzlich aufzunehmen. Lediglich die ergänzende Einbeziehung neuer oder auf die besonderen ökologischen Belange adaptierter Methoden erweitert das Instrumentarium des Controllings (vgl. Abbildung 6.39).

Operative Ausrichtung	Strategische Ausrichtung
– Scoring-Modelle und Nutzwertanalyse – Umweltverträglichkeitsprüfung – Technologiefolgeabschätzung – Produktlinienanalyse – Verfahren der erweiterten Wirtschaftlichkeitsrechnung – ökologische Buchhaltung – ökologieorientierte Kosten- und Leistungsrechnung – Umweltkennzahlen – ökologische Schwachstellenanalyse – Ökobilanz – Umwelt-Budgetrechnung	– ökologieorientierte Portfolio-Analyse – ökologische Frühaufklärung – Umweltschutz-Wettbewerbsmatrix und Markt-, Umwelt-, Reaktionsmatrix – Szenario-Technik – Gap-Analyse – strategische Bilanz

Abb. 6.39: Ökologieorientierte Controlling-Instrumente mit operativer und strategischer Ausrichtung
(Quelle: *Peemöller, V. H.* 1997 S. 45)

Ein anschauliches konzeptionelles Beispiel für ein Controlling, das um ökologische Aspekte erweitert wurde, liefert die nachfolgende Abbildung 6.40:

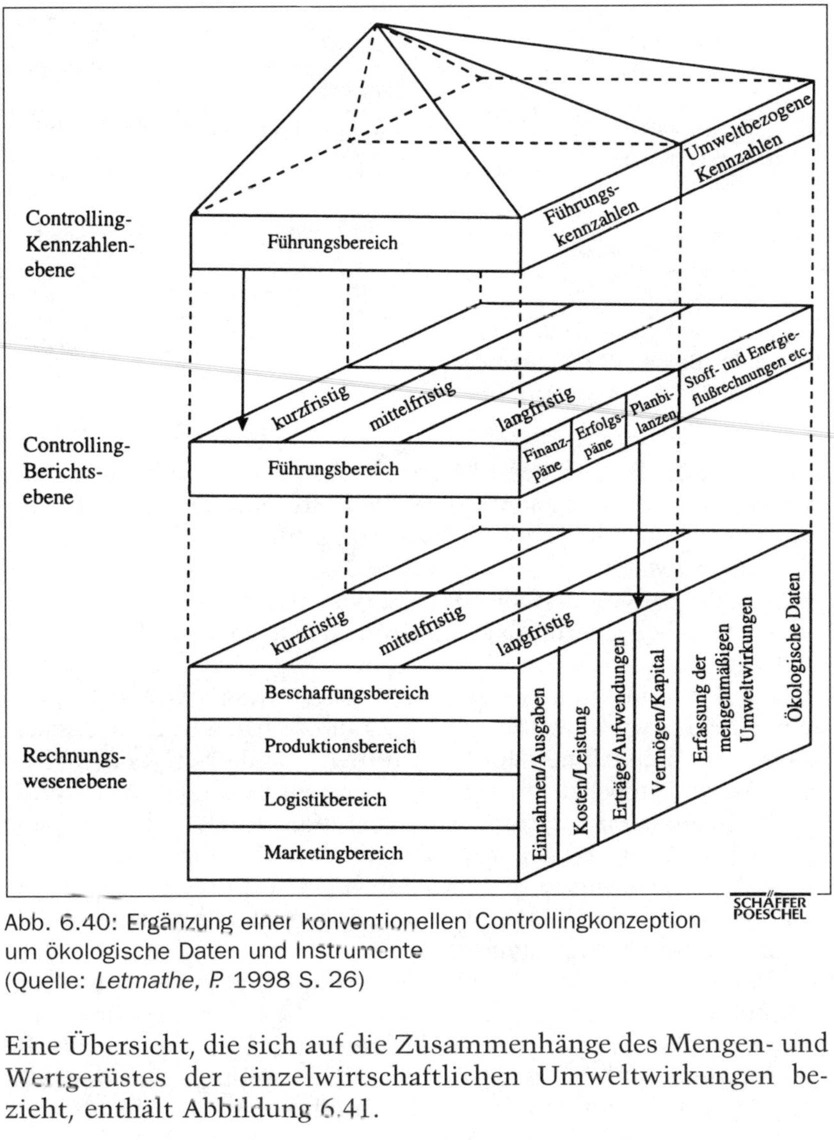

Abb. 6.40: Ergänzung einer konventionellen Controllingkonzeption um ökologische Daten und Instrumente
(Quelle: *Letmathe, P.* 1998 S. 26)

Eine Übersicht, die sich auf die Zusammenhänge des Mengen- und Wertgerüstes der einzelwirtschaftlichen Umweltwirkungen bezieht, enthält Abbildung 6.41.

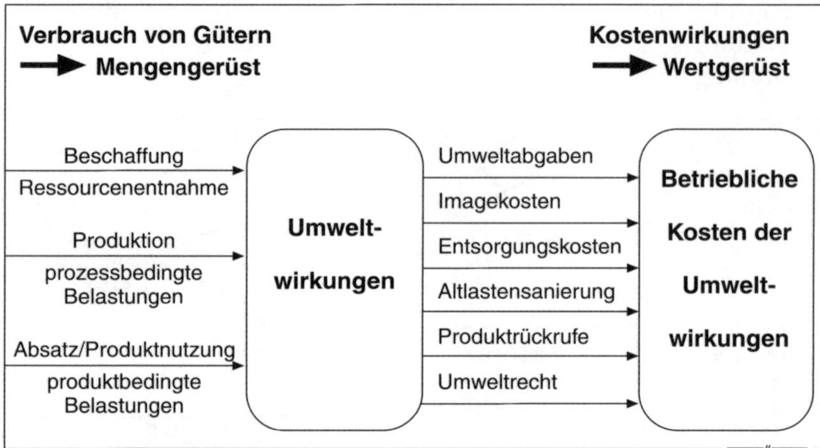

Abb. 6.41: Betriebliche Kosten der Umweltwirkungen
(Quelle: *Letmathe, P.* 1998 S. 23)

Nachhaltigkeit

Der zentrale Begriff der »Nachhaltigkeit« ist ursprünglich der forstwirtschaftlichen Fachterminologie entnommen und steht dort für die bestandserhaltende Waldnutzung. Im Laufe der Zeit wurde die Begriffsfassung auch auf andere Fachgebiete übertragen und steht heute für das ausdrückliche, global orientierte Bestreben, die natürlichen Lebensgrundlagen des Menschen auf der Erde dauerhaft zu sichern.

Der Bezugsrahmen für die Darstellung dieses letzten Impulsgebers wird bewusst weiter gefasst. Es soll deutlich werden, dass die klassischen Funktionen des Controllings, auf die bereits mehrfach zurückgegriffen wurde, in einer »zusammenrückenden Welt« ohne Abstriche in global tätigen Unternehmen erhalten bleiben, die Datengrundlagen jedoch weit über das bisherige interne und externe Rechnungswesen hinausgehen können und müssen.

Deshalb sollen die nachfolgenden **sieben Handlungsansätze**, die einen Überblick mit konkreten Hinweisen auf geeignete Maßnahmen enthalten, in größerer Ausführlichkeit als in Controlling-Lehrbüchern bislang gewohnt, wiedergegeben werden. Zum einen belegen sie die umfassenderen **Anforderungen an ein u. a. für die Informationsversorgung zuständiges Controlling**, zum anderen weisen sie auf einen langfristigen Trend hin, dass sich das Streben nach einer nachhaltigen Entwicklung nicht länger allein auf ökologische Aspekte beschränkt.

Handlungsansätze zur Optimierung des Ressourceneinsatzes

- Reduzieren Sie soweit wie möglich den Material-, Energie- und Wasserverbrauch in Produktion, Werkstatt und Gebäuden sowie bei Gütertransporten und Dienstreiseverkehr.
- Erhöhen Sie den Anteil erneuerbarer Energieträger wie Wind, Wasser, Biomasse und Solarenergie im Verhältnis zum Gesamtenergieverbrauch Ihres Unternehmens.
- Verwenden Sie Materialien, die nachhaltig oder ökologisch angebaut beziehungsweise gewonnen wurden (z. B. Holz aus nachhaltiger Holz- und Forstwirtschaft, Produkte aus ökologischer Landwirtschaft und nachhaltiger Fischerei). Reduzieren Sie insbesondere den Verbrauch der nichterneuerbaren Ressourcen wie Kohle, Erdöl, Erdgas sowie den Verbrauch von Mineralien und Erzen.
- Beachten Sie bei Ihren Unternehmenstätigkeiten den Schutz und Erhalt der Artenvielfalt, der Naturräume und der Ökosysteme.
- Gehen Sie bei Bauvorhaben flächensparend vor: Bauen Sie zum Beispiel statt auf der grünen Wiese im Ortsbereich und nutzen Sie recyclierte Flächen und bestehende Gebäude.
- Achten Sie bei Bauvorhaben darauf, dass die Bodenfunktionen erhalten bleiben, zum Beispiel durch geringe Versiegelung, Erhalt oder Schaffung von Grünflächen (auch auf Dächern) oder durch regionale Bepflanzung.
- Verwenden Sie Sekundärrohstoffe und wieder aufgearbeitete Produkte.
- Produzieren Sie demontierbare, langlebige, nachrüstbare, recyclingfähige Produkte mit Rücknahmegarantie, sofern sinnvoll.
- Bieten Sie verstärkt Dienstleistungen an, zum Beispiel Leasing oder Reparaturmöglichkeiten.

Abb. 6.42: Handlungsansätze zur Optimierung des Ressourceneinsatzes
(Quelle: *Bundesumweltministerium und Umweltbundesamt* 2001 S. 124)

Handlungsansätze zur Verminderung der Einträge von Stoffen in die Umwelt

- Reduzieren Sie den Energieverbrauch und damit die Emissionen.
- Erhöhen Sie den Anteil an emissionsarmen Energieträgern, wie zum Beispiel Wind, Wasser und Sonne sowie Erdgas statt Kohle oder Öl.
- Reduzieren Sie, soweit wie möglich, die produktionsbedingten Emissionen in die Luft.
- Reduzieren beziehungsweise optimieren Sie das Güterverkehrsaufkommen und die Dienstreisen.
- Erhöhen Sie den Anteil des Güterverkehrs auf der Schiene im Verhältnis zum Gesamtaufkommen.
- Erhöhen Sie den Dienstreiseverkehr mit öffentlichen Verkehrsmitteln.
- Reduzieren Sie das Gesamtabfallaufkommen und dabei insbesondere die Sonderabfallquote.
- Reduzieren Sie die Abwassermenge sowie die Schadstoff- und Nährstofffrachten im Abwasser.
- Ersetzen Sie, soweit möglich, Gefahrstoffe nach der Gefahrstoff-Verordnung durch umweltverträglichere Stoffe.

SCHÄFFER POESCHEL

Abb. 6.43: Handlungsansätze zur Verminderung der Einträge von Stoffen in die Umwelt
(Quelle: *Bundesumweltministerium und Umweltbundesamt* 2001 S. 125)

Handlungsansätze zur Reduzierung der Risiken für den Menschen

- Ersetzen Sie möglichst Gefahrstoffe durch verträglichere Alternativen.
- Stellen Sie gesundheitlich unbedenkliche Produkte her, das heißt ohne schädliche Inhaltsstoffe und Rückstände.
- Reduzieren Sie Unfälle, Störfälle oder Schadensereignisse im Betrieb, bei Lagerung, Anlieferung und Transporten. Optimieren Sie die Bedingungen, um solche Vorfälle weitgehend zu vermeiden.
- Vermeiden Sie Technologien mit unbekannten Auswirkungen beziehungsweise seien Sie im Umgang damit besonders vorsichtig (z. B. Gentechnik).
- Vermeiden Sie Techniken, die im Störfall bei Anwendung, Produktion oder Transport besondere und langfristige Schäden für Mensch und Umwelt verursachen können, beziehungsweise gehen Sie mit diesen Techniken besonders vorsichtig um.

SCHÄFFER POESCHEL

Abb. 6.44: Handlungsansätze zur Reduzierung der Risiken für den Menschen
(Quelle: *Bundesumweltministerium und Umweltbundesamt* 2001 S. 126 f.)

Ökonomische Handlungsansätze der Nachhaltigkeit

- Fördern Sie Innovationen zur Entwicklung von ökologischen Produkten und Märkten.
- Kooperieren Sie oder bilden Sie Netzwerke in der Produktlinie oder zur Marktveränderung.
- Nutzen Sie Chancen regionaler Strukturen durch den Einkauf von Materialien und Produkten aus der Region.
- Nutzen Sie Potenziale für Kosteneinsparungen durch ökologische und soziale Maßnahmen im Unternehmen (z. B. Senkung der Krankheitskosten).
- Investieren Sie in Projekte, die ökonomisch, ökologisch und sozial sinnvoll sind.
- Führen Sie einen fairen Wettbewerb auf dem Markt.
- Bezahlen Sie angemessene tarifliche beziehungsweise branchentypische Gehälter und Löhne.
- Fördern Sie ökologische und soziale Projekte, zum Beispiel durch Spenden oder Sponsoring.

Abb. 6.45: Ökonomische Handlungsansätze der Nachhaltigkeit
(Quelle: *Bundesumweltministerium und Umweltbundesamt* 2001 S. 127)

Soziale Handlungsansätze der Nachhaltigkeit

Arbeitsplätze, Ausbildung und Arbeitnehmerinteressen

- Verfolgen Sie die langfristige Schaffung und Sicherung von – soweit möglich unbefristeten – Arbeitsplätzen.
- Stellen Sie – auch qualifizierte – Teilzeitarbeitsplätze bereit.
- Überstunden sollten nur kurzfristig und vorübergehend geleistet werden.
- Richten Sie einen hohen Anteil von Arbeitsplätzen entsprechend moderner Arbeitsformen wie Gruppenarbeit ein.
- Bieten Sie Ausbildungsplätze und Weiterbildungsmöglichkeiten an.
- Lassen Sie Betriebsrat und gewerkschaftliche Aktivitäten uneingeschränkt zu.

Arbeitssicherheit und Gesundheit

- Betriebsunfälle, Berufskrankheiten und Krankheitstage sollten so weit wie möglich reduziert werden.
- Halten Sie alle Anforderungen zu Arbeitsschutz und Arbeitssicherheit einschließlich der Gefahrstoff-Verordnung ein.
- Gestalten Sie die Arbeitsplätze auch nach ergonomischen Kriterien; bieten Sie beispielsweise Betriebssport an.

Gleichberechtigung von Frauen und Männern

- Sorgen Sie für einen hohen Anteil an Frauen in den Führungsebenen.
- Bieten Sie Maßnahmen zur Frauenförderung an, zum Beispiel zur Rückkehr in den Beruf flexible Arbeitsplatzgestaltung für Frauen und Männer.

Umgang mit Minderheiten

- Stellen Sie Behinderte mindestens entsprechend der gesetzlichen Quote ein.
- Fördern Sie ausländische Beschäftigte in Führungspositionen entsprechend dem Anteil an den Gesamtbeschäftigten.
- Berücksichtigen Sie die speziellen Bedürfnisse von behinderten oder die kulturellen Bedürfnisse von ausländischen Beschäftigten.

SCHÄFFER POESCHEL

Abb. 6.46: Soziale Handlungsansätze der Nachhaltigkeit
(Quelle: *Bundesumweltministerium und Umweltbundesamt* 2001 S. 128 f.)

Handlungsansätze zu unternehmerischen Aktivitäten mit Entwicklungs- und Schwellenländern

- Vertreiben Sie keine Produkte oder Stoffe, die in Deutschland aus ökologischen oder gesundheitlichen Gründen verboten sind.
- Entsorgen Sie keine Abfälle zur Beseitigung in Drittländern mit niedrigeren Umweltstandards.
- Vermeiden Sie den Vertrieb von Abfällen zur Verwertung in Drittländern, insbesondere in Entwicklungs- oder Schwellenländer.
- Achten Sie auf die Vermeidung von Kinderarbeit entsprechend der ILO 146 und die Einhaltung sozialer Mindeststandards.
- Zahlen Sie „faire Preise" für Rohstoffe und Produkte, insbesondere aus Entwicklungs- und Schwellenländern, so dass die Produktionskosten zur Lebenshaltung der Produzierenden und für nötige Investitionen in die Zukunft gedeckt sind.
- Kaufen Sie Rohstoffe und Produkte anteilig aus „fairem Handel", oder initiieren Sie kooperative Projekte mit Geschäftspartnern in Entwicklungsländern.
- Beachten Sie bei der Gewinnung von Ressourcen, bei der Produktion und beim Absatz von Produkten in Entwicklungs- und Schwellenländern die ökologischen, sozialen, ökonomischen und kulturellen Interessen der Menschen vor Ort.
- Gewähren Sie den betroffenen Ländern eine angemessene ökonomische Beteiligung, wenn Sie deren Ressourcen und Patente auf Ressourcen nutzen.
- Unterstützen Sie Betriebe in Entwicklungs- und Schwellenländern durch den Transfer von Technologien und Know-how.

Abb. 6.47: Handlungsansätze zu unternehmerischen Aktivitäten mit Entwicklungs- und Schwellenländern
(Quelle: *Bundesumweltministerium und Umweltbundesamt* 2001 S. 129 f.)

Handlungsansätze zur inner- und überbetrieblichen Kooperation

- Beteiligen Sie die Beschäftigten bei der Formulierung von Zielen, Strategien und Maßnahmen.
- Führen Sie regelmäßige Informationsveranstaltungen und Schulungen zu neuen Anforderungen an die Arbeit der Beschäftigten durch.
- Sprechen Sie sich mit Ihren Lieferanten ab, und entwickeln Sie zusammen mit ihnen ökologische, soziale und ökonomische Kriterien.
- Kooperieren Sie mit Abnehmern bei ökologischen, sozialen und ökonomischen Anforderungen – auch im Hinblick auf die Weiterentwicklung der Produkte und Dienstleistungen und zur Entwicklung zukunftsfähiger Märkte.
- Pflegen Sie den Kontakt zu Nachbarn, Behörden, Unternehmen, Wissenschaft, Umwelt- und Verbraucherverbänden sowie Gruppen mit entwicklungspolitischen Interessen.
- Informieren Sie Ihre Kunden und andere Interessengruppen über Ihre ökologische, soziale und ökonomische Unternehmenspolitik.
- Kennzeichnen Sie Ihre Produkte, und informieren Sie detailliert über Inhaltsstoffe sowie über eine mögliche gentechnische Behandlung oder Bestrahlung.

Abb. 6.48: Handlungsansätze zur inner- und überbetrieblichen Kooperation
(Quelle: *Bundesumweltministerium und Umweltbundesamt* 2001 S. 130 f.)

Globalisierung

Die Globalisierung stellt die Unternehmen nicht nur vor neue betriebswirtschaftliche Herausforderungen eines interkulturellen Managements. Die mit ihr verbundene Durchlässigkeit oder der Wegfall von Grenzen hat erhebliche Konsequenzen für Unternehmen und das Öko-Controlling. Es entstehen zwar keine grundsätzlich neuen Umweltcontrolling-Funktionen, allerdings gewinnen Tätigkeitsfelder, wie beispielsweise **weltweit vereinheitlichte Umweltstandards** oder Umweltschutzaspekte im Beschaffungs-, Produktions-, Logistik- und Marketing-Management, deutlich an Relevanz.

Das an das Öko-Controlling zu stellende Anforderungsprofil zeigt in typischer Weise die Notwendigkeit einer **Gleichzeitigkeit von Innen- und Außenorientierung**, um die erwartete Unterstützungsleistung für das Management in effizienter Form erbringen zu können.

Zum einen muss die **Kosten- und Leistungsrechnung** als wesentlicher Informationslieferant für das Controlling dem Ökologiebezug in entsprechendem Maße Rechnung tragen. Dazu ist es nicht erforderlich, das interne Rechnungswesen neu zu strukturieren, es reicht vielmehr aus, eine **Erweiterung um ökologierelevante Sachverhalte** vorzunehmen. Neben der Verbesserung der Entscheidungsgrundlagen für die Unternehmensführung können die erfassten Informationen zudem auch für andere Teilgebiete – wie die Umweltberichterstattung – verwandt werden.

Die Globalisierung besitzt auch unter ökologischen Aspekten durchaus positive Wirkungen: »So weisen von deutschen Unternehmen in anderen Ländern errichtete Produktionsstätten in der Regel höhere Umweltstandards auf als die Betriebe vor Ort. Dies hat zum Teil betriebswirtschaftliche Gründe, da weltweit nach gleichen Qualitätsstandards produziert werden muss, um Probleme im globalen Produktions- und Vertriebsnetzwerk zu vermeiden. Zum anderen führt die **weltweite Transparenz** dazu, dass sich auch Umweltsünden in entlegenen Regionen negativ auf die Heimatmärkte der multinationalen Konzerne auswirken. Diese sind deshalb häufig Vorreiter, nicht nur für saubere Technologien, sondern auch für Umweltmanagementsysteme und -controllinginstrumente« (*Bundesumweltministerium und Bundesumweltamt* 2001 S. 135).

Im Grundsatz ergeben sich aus der Globalisierung der Unternehmen keine neuen Funktionen eines Öko-Controllings. Dennoch können Verschiebungen in der Bedeutung entstehen. Einigen – hier exemplarisch ausgewählten – Aufgabenbereichen kommt im Rahmen eines globalen Öko-Controllings verstärkte Aufmerksamkeit zu (vgl. z. B. *Bundesumweltministerium und Umweltbundesamt* 2001 S. 137):

Aufgabenbereiche eines globalen Öko-Controllings

- Systematische inhaltliche und organisatorische Verankerung des Öko-Controllings in dezentralisierten unternehmerischen Konzern- und Netzwerkstrukturen
- Integrierte Berücksichtigung von globalen und regionalen Umweltaspekten in zunehmend weltweiten Wertschöpfungsketten
- Entwicklung und Sicherung harmonisierter produkt- und prozessbezogener Umweltstandards
- Verknüpfung des an vielen Standorten verstreuten Umweltschutz-Know-hows
- Schaffung eines regelmäßigen internationalen Know-how-Transfers
- Gewährleistung von höherer Transparenz durch interne und externe Umweltberichterstattung.

Durch die Globalisierung der Beschaffungs- und Absatzmärkte sowie den durch zahlreiche Standorte charakterisierten komplexen Produktions- und Vertriebsstrukturen werden an die vom Controlling erwartete Transparenz-Schaffung über Umweltwirkungen in **vor- und nachgelagerten Wertschöpfungsstufen** enorme Anforderungen gestellt.

Globale (Marken-)Produkte erfordern identische Qualitätsstandards weltweit. Im Zusammenhang mit diesem Trend bedarf es z. B.

auch einer Harmonisierung der Standards für lokal und regional bezogene Vorprodukte, sodass zunehmend unter anderem global gültige Umweltschutzrichtlinien und spezielle **Gefahrstoff-Datenbanken** mit weltweitem Zugriff zur Sicherstellung einheitlicher Umwelt- und Sicherheitsstandards aufgebaut und genutzt werden.

Die mit der verstärkten internationalen Zusammenarbeit verbundene, gestiegene Komplexität und Dynamik in den Rahmenbedingungen besitzt keinesfalls nur Risiken, sondern auch hier gilt:

Den unternehmensextern verursachten Anpassungsbedarf
als Chance für wirtschaftlich sinnvolle Neuerungen
begreifen und nutzen.

6.5 Fragen und Aufgaben

1. Die SUNSHINE TRAVEL GmbH, ein Busreise-Unternehmen, ist spezialisiert auf ein- bis mehrtägige Fahrten durch Mittel- und Südeuropa.
   Da die touristische Nachfrage kontinuierlich ansteigt, soll der Fuhrpark um einen Reisebus erweitert werden. Als Mitarbeiter/in im Controllingbereich erhalten Sie den Auftrag, unter Verwendung der Nutzwertanalyse (Scoring-Modell) einen übersichtlich strukturierten Entscheidungsvorschlag für die Geschäftsführung zu unterbreiten.
   Obwohl Sie die Angaben – z. B. zu finanziellen und technischen Details – in der Praxis selbstverständlich mit den entsprechenden Fachleuten und Betroffenen der SUNSHINE TRAVEL GmbH abgestimmt hätten, sollten Sie hier aus Vereinfachungsgründen an einem selbst gewählten, fiktiven (aber trotzdem sinnvollen) Zahlenbeispiel die Vorgehensweise mit kurzen (auch methodischen) Erläuterungen darstellen.
2. Ein Marktforschungsunternehmen vergleicht im Auftrag eines großen deutschen Nachrichtenmagazins in den Ländern der Europäischen Währungsunion stichprobenartig die Endverkaufspreise von typgleichen Mikrowellengeräten im Einzelhandel. Bei einem Hersteller liegt dieser Preis in Deutschland um 25 % über dem in Finnland. Der Journalist schließt daraus, dass auch die Gewinnspanne des Herstellers um 25 % differiert. Die Redaktionskonferenz des Nachrichtenmagazins wählt als Titel für den Bericht:
   »Der EURO bringt es an den Tag:
   25 % Gewinnunterschiede in Europa!«
   Sind die Schlussfolgerungen des Journalisten und der Redaktionskonferenz in Bezug auf die Ergebnissituation des Herstellers

betriebswirtschaftlich zwingend? Begründen Sie Ihre Antwort. Strukturieren Sie Ihre Ausführungen klar und formulieren Sie Ihre Gedanken bitte in knappen Sätzen – ggf. ergänzt um ein kleines selbstgewähltes Zahlenbeispiel.

3. Einem anerkannten Lehrbuch zum Internationalem Management ist folgendes Zitat entnommen:

   »Das wichtigste Instrument zur Erfolgsbeurteilung ausländischer Tochtergesellschaften stellen Kennzahlen und Kennzahlensysteme dar ... Der Einsatz erfolgsorientierter Kennzahlen ... ist in international tätigen Unternehmungen jedoch – über die bereits im nationalen Kontext bestehenden Schwächen hinaus – mit gravierenden Problemen verbunden«

   Nehmen Sie zu dieser Aussage erläuternd Stellung, benennen und definieren Sie die typischerweise verwendeten Kennzahlen im Controlling international tätiger Unternehmungen, die mit ihrem Einsatz verfolgten Zielsetzungen und präzisieren Sie die oben angedeuteten »gravierenden Probleme«.

   Formulieren Sie Ihre Ausführungen argumentativ strukturiert in kompletten Sätzen – eine stichwortartige Aneinanderreihung von Fachbegriffen ist nicht ausreichend!

4. Im modernen Controlling gibt es eine Vielzahl von leistungsfähigen Methoden.

   Beschreiben Sie die 3 nachstehend genannten Ansätze im Hinblick auf Ziele, Vorgehensweise, Stärken sowie Schwächen und nennen Sie beispielhaft praktische Einsatzfelder:
   - Benchmarking,
   - Portfolio-Ansätze,
   - Shareholder Value-Konzepte.

   Formulieren Sie Ihre Ausführungen argumentativ strukturiert in kompletten Sätzen – eine stichwortartige Aneinanderreihung von Fachbegriffen ist nicht ausreichend!

5. Beim Blick in die Fachzeitschriften des Controllings und neu erschienener Fachbücher der vergangenen Monaten fallen in hoher Zahl die Stichworte »Frühaufklärungssysteme« und »Risikomanagement-Systeme« ins Auge.

   Erläutern Sie die Gründe für die aktuelle und prinzipielle Notwendigkeit dieser Themenfelder und beschreiben Sie konzeptionelle Ansätze.

6. Fragen der Ökologie spielen im Management eine immer größere Rolle – dementsprechend auch im Controlling.

   Benennen Sie mehrere Beispiele für umweltbezogene Kosten und bilden Sie mindestens sechs aussagefähige Kennzahlen, die vom Controlling den Entscheidungsträgern in unterschiedlichen Funktionsbereichen angeboten werden könnten.

7 Verknüpfung des operativen und strategischen Controllings mit Hilfe des Balanced Scorecard-Ansatzes

Hans-Ulrich Krause

7.1 Lernziele

- Erarbeitung eines fundierten Verständnisses für Prinzipien und Einsatzformen des Balanced Scorecard-Ansatzes als einem modernen Instrument des Performance Measurements
- Verzahnung der spezifischen Denkweisen der operativen und strategischen Unternehmensführung sowie des Controllings erlernen – und im Hinblick auf ein zielorientiertes Steuerungssystem integrieren
- Erkennen von Umsetzungshürden für ein unternehmens- bzw. konzernweites Reporting System sowie Erfahren von Wegen zu ihrer Überwindung
- Nutzen der Möglichkeit zum Selbsttest durch Bearbeitung der Transferaufgaben im Hinblick auf eine aktive Beherrschung des Instrumentariums des Balanced Scorecard-Konzepts

7.2 Typische unternehmerische Problemsituationen

Schwierigkeiten in der Anwendung und Unzufriedenheiten mit dem erzielten Erfolg bislang eingesetzter Methodiken sind stets der Nährboden für innovative Ideen und – im vorliegenden Fall des Controllings – für neuartige Steuerungskonzepte. Es gilt auch hier das Prinzip: »Das Bessere ist der Feind des Guten«.

Schnittstellenprobleme

In der Vergangenheit hat sich in vielen Unternehmen immer wieder gezeigt, dass selbst beim Vorliegen einer fundiert erarbeiteten strategischen Ausrichtung die Transformation in operative Ziele und Maßnahmen mit nicht unerheblichen Schnittstellenproblemen und Reibungsverlusten verbunden war.

Verbindung von strategischen sowie operativen Ziel- und Steuerungsgrößen

Die Behebung dieser Unzulänglichkeiten bei der möglichst nahtlosen Verbindung von strategischen sowie operativen Ziel- und

Steuerungsgrößen ist in der Regel mit hierarchisch strukturierten umfangreichen Kennzahlensystemen versucht worden.

Die Güte dieser Umsetzungsmethodik auf der Basis vollkommen oder nahezu völlig finanzorientierter Kenngrößen war sehr unterschiedlich, sodass das hier für das Controlling beschriebene Konzept der Balanced Scorecard eine fast zwangsläufige Konsequenz vielfacher praktischer Erfahrungen darstellt und entsprechend starke Resonanz in der Unternehmenspraxis gefunden hat.

Balanced Scorecard

Hinzu kommt die **erhöhte Umfelddynamik** national, insbesondere aber vor allem international tätiger Unternehmen. Die **Wirksamkeit der Strategieumsetzung** wurde **branchenunabhängig zunehmend ein Managementproblem** und zu einem kritischen Wettbewerbsfaktor, da die Dauer, für die eine Strategie konzipiert wird, in den vergangenen Jahren aufgrund vielfältiger Veränderungen des Unternehmensumfeldes sich immer weiter verkürzt hat. Das bedeutet aber, dass der Schnelligkeit und der Nachhaltigkeit der Strategieumsetzung eine erfolgsentscheidende Relevanz zukommt.

Schnelligkeit und Nachhaltigkeit der Strategieumsetzung

Die zum großen Teil auf bilanziell relevanten Daten beruhenden Steuerungssysteme waren in ihrer Aktualität der zur Verfügung gestellten Informationen, ihrer einseitig monetären Ausrichtung und ihrer meist nicht ausreichenden Strukturierung hinsichtlich der Verantwortlichkeiten den modernen Anforderungen nicht mehr in dem wünschenswerten Ausmaß gerecht geworden.

Mit der Balanced Scorecard wird in diesem Kapitel eines der aktuellsten Konzepte zur Unternehmensführung aufgegriffen, das dieses Strategie-Umsetzungsproblem in den Mittelpunkt seines Vorgehens stellt (zum Konzept der Balanced Scorecard sei zur umfassenden Grundlegung und zur Detaillierung stellvertretend verwiesen auf: *Kaplan R.S./Norton, D.P.* 1997; *Weber, J./Schäffer, U.* 1998; *Seidenschwarz, W.* 1999; *Horváth & Partner* 2000b). Einen ersten grafisch strukturierenden Überblick soll Abbildung 7.1 ermöglichen.

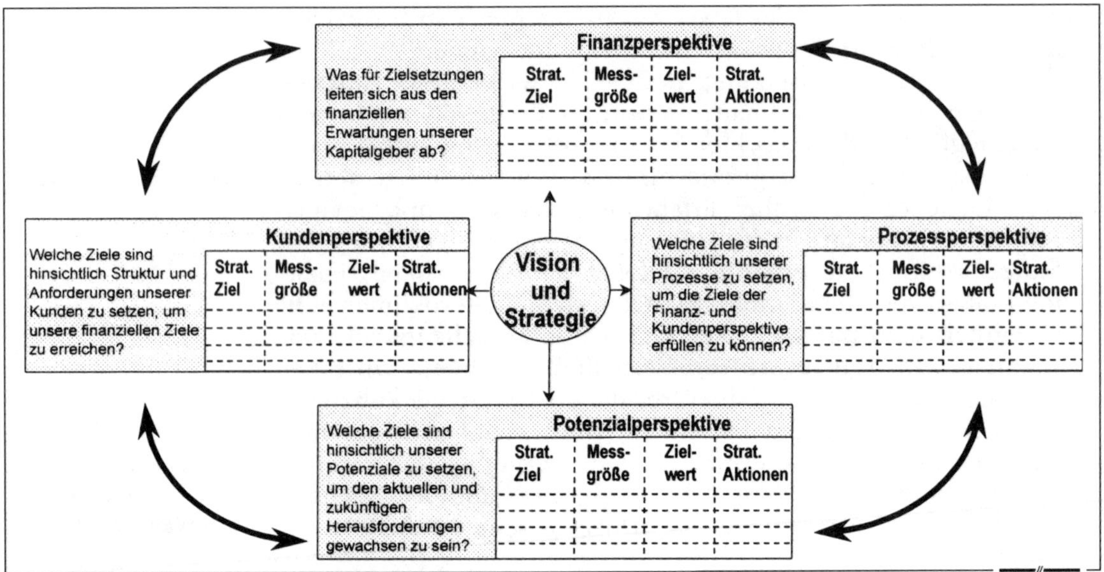

Abb. 7.1: Die Balanced-Scorecard
(Quelle: *Horváth & Partner* 2000b S. 11)

Inzwischen fast schon legendär geworden ist die fiktive, überpointierte Kurzgeschichte, die *Robert S. Kaplan* und *David P. Norton*, die Begründer dieser Methodik, an den Beginn des 1. Kapitels ihres Buches über die Balanced Scorecard gesetzt haben (*Kaplan, R.S./Norton, D.P.* 1997 S. 1):

»Stellen Sie sich vor, Sie kommen in das Cockpit eines Flugzeuges und sehen nur ein einziges Instrument. Wie würden Sie sich wohl nach dem folgenden Gespräch mit dem Kapitän fühlen?

Frage: Es überrascht mich zu sehen, dass Sie in Ihrem Flugzeug mit nur einem Instrument zurecht kommen. Wozu dient es?

Antwort: Fluggeschwindigkeit. Heute konzentriere ich mich auf die Fluggeschwindigkeit.

Frage: Das ist gut. Die Fluggeschwindigkeit ist bestimmt wichtig. Aber was ist mit der Höhe? Wäre ein Höhenmesser nicht auch nützlich?

Antwort: Auf die Höhe habe ich mich während der letzten Flüge konzentriert und ich bin schon ziemlich gut darin. Jetzt muss ich an der optimalen Fluggeschwindigkeit arbeiten.

Frage: Mir ist aufgefallen, dass Sie gar keine Kraftstoffanzeige haben. Stört Sie das nicht?

Antwort: Sie haben recht. Nützlich wäre ein solches Ding schon. Aber ich kann mich einfach nicht auf mehrere Geräte gleichzeitig konzentrieren. Wenn ich das mit der Geschwindigkeit und der richtigen Höhe im Griff habe, werde ich mich nächstes Mal auf den Kraftstoffverbrauch konzentrieren.«

Vermutlich hätten Sie nach diesem Gespräch keine Lust mehr, eine Reise mit diesem Flugzeug unternehmen zu wollen. Selbstverständlich würde in der Realität kein Pilot eine so komplizierte Maschine wie ein Flugzeug lediglich mit einem einzigen Instrument durch den dichten Luftraum, verschiedenste Luftströmungen und Wetterverhältnisse sowie besondere topographische Bedingungen bei Start und Landung manövrieren.

Ähnlich schwierig ist es heute, ein modernes Unternehmen, das selbst eine komplexe Organisation ist, durch ein vielgestaltiges nationales und internationales Umfeld erfolgreich zu steuern.

Den ausschlaggebenden Anstoß für die Entwicklung des Balanced Scorecard-Konzepts gab die immer stärker werdende Kritik an der **Eindimensionalität** (eine Zielgröße) und **Kurzfristigkeit** (insbesondere in den USA die Betonung der Quartalsergebnisse) der bislang eingesetzten Kennzahlensysteme. Das unter Leitung von *Kaplan* und *Norton* durchgeführte Forschungsprojekt mit 12 US-amerikanischen Unternehmen sollte die bisher als Planungs-, Steuerungs- und Kontroll- sowie Berichtsinstrumente eingesetzten Kennzahlensysteme den stark gewandelten internen und externen Anforderungen anpassen.

Dagegen sehen für Deutschland beispielsweise *Weber* und *Schäffer* »... die typische Herausforderung eher in den ungenutzten Zahlenfriedhöfen der Controller! ... Nicht das ausgewogene Verhältnis finanzieller und nichtfinanzieller Kennzahlen, sondern die Selektion und stärkere Berücksichtigung von Frühindikatoren treten in den Vordergrund!« (*Weber, J./Schäffer, U.* 1998 S. 12)

Die universellen Einsatzmöglichkeiten der Balanced Scorecard werden auch belegt durch eine inzwischen große Zahl von Berichten aus Anwenderunternehmen der Industrie, des Handels und der Banken, nicht nur aus Großunternehmen, sondern auch aus dem Mittelstand, aus Non-Profit-Organisationen und staatlichen Institutionen (stellvertretend sei zunächst verwiesen auf: *Töpfer, A.* 2000; sowie die Übersicht in Abschnitt 7.6).

B

Allerdings liegen in Deutschland erst wenige grundlegende Implementierungserfahrungen vor. Zumeist beschränken sich die Veröffentlichungen auf die Beschreibung der prinzipiellen Zusammenhänge in unterschiedlichem Detaillierungsgrad. Da strategische Inhalte und deren Umsetzung – also höchst wettbewerbsrelevante Zusammenhänge – den zentralen Gegenstand der Betrachtung darstellen, ist die Zurückhaltung der Praxis hinsichtlich der Offenlegung von Einzelheiten deutlich begrenzt.

Das führt relativ schnell zu skeptischen Äußerungen, ob es sich bei dem Balanced Scorecard-Konzept nicht wie bei anderen Methodiken der jüngeren Vergangenheit eher um eine von Beratern zwecks Umsatzerhöhung ausgelöste »modische Welle« handelt, die mit ein wenig Geduld über einen »hinwegschwappt« – und anschließend geht alles wie gewohnt weiter.

Auch diese skeptische Sichtweise wird in den nachfolgenden Abschnitten ihre Berücksichtigung finden. Im Vordergrund steht aber eine Analyse der Eignung der Balanced Scorecard für die besonderen Zwecke der Verknüpfung des strategischen und operativen Controllings in Unternehmen.

7.3 Grundaufbau der Balanced Scorecard

4 Perspektiven

Die eingangs als dominanter Beweggrund für die Entwicklung der Balanced-Scorecard genannte Eindimensionalität schlägt sich in der von *Kaplan* und *Norton* beschriebenen Erweiterung auf 4 Perspektiven, die

- Finanzperspektive,
- Kundenperspektive,
- Prozessperspektive sowie
- Potenzialperspektive

nieder, die in den folgenden Abschnitten näher aufbereitet werden sollen.

Ausgewogenheit

Diese Ausbalancierung bzw. Ausgewogenheit soll sich darüber hinaus in der integrierten Betrachtung und ökonomisch sinnvollen Verknüpfung von

- Früh- und Spätindikatoren,
- Strategischen und operativen Größen,
- Monetären und nichtmonetären Kennzahlen,
- Internen und externen Aspekten

zeigen.

Leistungstreiber

Ergebniskenngrößen ohne die verfeinernde Angabe von Leistungstreibern verdeutlichen nicht, wie die Ergebnisse erreicht werden können oder sollen. Meist ist ohne sie auch die notwendigerweise frühe Rückmeldung über die (schrittweise) Erreichbarkeit der Ziel-Vorgabe (erfolgreiche Umsetzung der Strategie) nicht realisierbar.

Zwischengeschaltete (im Sinne von explizit genannte) Leistungstreiber üben also die gleiche Funktion aus wie die aus der Prozesskostenrechnung bereits bekannten Kostentreiber.

Leistungstreiber transformieren globale Vorgaben in »griffigere«, operativ leichter messbare und damit zur Selbststeuerung auch geeignetere Kenngrößen.

D

Andererseits zeigen spezifische Leistungstreiber – wie Reklamationsquoten oder Taktzeiten – isoliert zwar die Erreichung kurzfristiger Verbesserungen oder Verschlechterungen im operativen Bereich, ohne allerdings erkennen zu lassen, ob diese Trends auch zu mehr (oder weniger)

- Umsatz,
- neuen Kunden,
- Profitabilität

führen.

Dieser **mehrstufige Aufbau** der Balanced Scorecard, jeweils in sich nochmals strukturiert, soll nachfolgend als Controlling-Instrument in seinen Basis-Modulen beschrieben werden.

7.3.1 Finanzperspektive

Die größte Ähnlichkeit mit den bisher eingesetzten Kennzahlensystemen weist die Finanzperspektive auf. In ihrem Mittelpunkt steht die klassische Betrachtung, ob die im Unternehmen umgesetzten Strategien zu den erwarteten finanziellen Ergebniswerten führen.

Profitabilität als absolute Größe (in Form des Gewinns oder Cash Flows) bzw. als relative Größe (in Form von Umsatz-, Kapital- und/oder Cash Flow-Renditen), die Sicherung einer ausreichenden **Liquidität** sowie entsprechende Entwicklungsraten vor allem der Ergebnis- und Wertsteigerungsgrößen sollen die finanzielle Gesamtleistung des betrachteten Unternehmens zeigen.

Zu den typischerweise genannten relativen Größen zählen aber auch personalbezogene Kennzahlen wie »Umsatz bzw. Ergebnis pro Mitarbeiter«.

Die zentrale Frage zu dieser Perspektive könnte lauten:

D

»Wie sollen wir gegenüber Teilhabern auftreten, um finanziellen Erfolg zu haben?« (*Kaplan, R.S./Norton D.P.* 1997 S. 9) oder »Was für Zielsetzungen leiten sich aus den finanziellen Erwartungen unserer Kapitalgeber ab?« (*Horváth & Partner* 2000b S. 11).

Neben dieser klassischen externen Ergebnis-Funktion kommt den Kennzahlen die Aufgabe zu, als finanzielles Resultat der anderen Perspektiven der Balanced Scorecard zu dienen (vgl. *Weber, J./Schäffer, U.* 1998 S. 10) und somit auch die Effizienz der Ursache-Wirkungs-Beziehungen innerhalb und zwischen den Perspektiven zu belegen.

D

Das gedankliche Konzept der Balanced-Scorecard basiert somit auf der Idee, dass sich alle Ziele und Maßnahmen der unterschiedlichen Perspektiven letztlich in der verbesserten Zielerfüllung der Finanzperspektive niederschlagen.

7.3.2 Kundenperspektive

D

Diese mitunter auch als Marktperspektive bezeichnete Sichtweise konzentriert sich auf die vom Unternehmen bearbeiteten Kunden- und Marktsegmente und enthält die hierfür angestrebten strategischen Zielvorgaben, Kennzahlen und Aktionen.

Als Messgrößen werden beispielsweise genannt:

- Veränderung des Marktanteils,
- Anzahl/Umsatzanteil neuer Kunden,
- Anzahl verlorener Kunden,
- Kundenzufriedenheitsindex,
- Anteil rentabler Kunden,
- Anzahl Kundenbeschwerden,
- Anteil von A-Produkten,
- Anzahl/Umsatzanteil neuer Produkte und Dienstleistungen.

Eine typische Verknüpfung von Kennzahlen zeigt Abbildung 7.2:

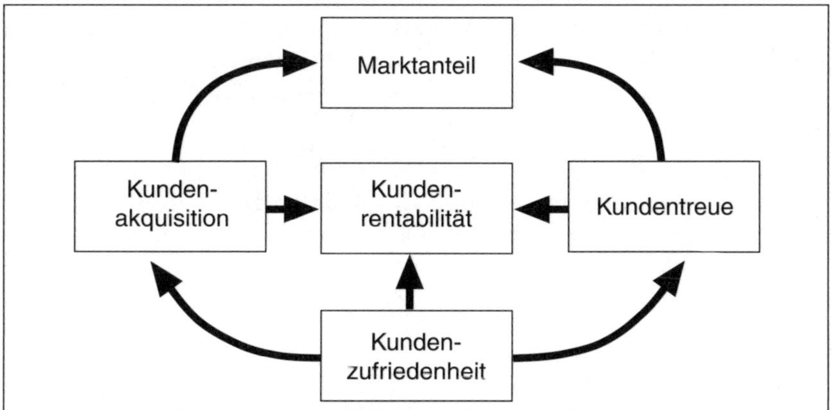

Marktanteil	Drückt den Umfang eines Geschäftes in einem gegebenem Markt aus (als Anzahl der Kunden, ausgegebene Beträge oder verkaufte Einheiten).
Kunden-akquisition	Misst das Ausmaß, zu dem eine Geschäftseinheit neue Kunden anlockt oder gewinnt (in absoluten oder relativen Zahlen).
Kundentreue	Misst das Ausmaß, zu dem eine Geschäftseinheit dauerhafte Beziehungen zu seinen Kunden erhält oder gewinnt.
Kunden-zufriedenheit	Untersucht den Zufriedenheitsgrad seiner Kunden anhand spezifischer Leistungskriterien innerhalb der Wertvorgaben.
Kunden-rentabilität	Misst den Nettogewinn eines Kunden oder eines Segments unter Berücksichtigung der für diesen Kunden entstandenen einmaligen Ausgaben.

Abb. 7.2: Die Kernkennzahlen der Kundenperspektive
(Quelle: *Kaplan, R.S./Norton, D.P.* 1997 S. 66)

Die Kern-Frage könnte also heißen:

»Wie sollen wir gegenüber unseren Kunden auftreten, um unsere Vision zu verwirklichen?« (*Kaplan, R.S. / Norton, D.P.* 1997 S. 9) oder »Welche Ziele sind hinsichtlich Struktur und Anforderungen unserer Kunden zu setzen, um unsere finanziellen Ziele zu erreichen?« (*Horváth & Partner* 2000b S. 11).

D

Dem klassischen Marketing-Gedanken, der Ausrichtung der Unternehmensaktivitäten auf die externen Märkte, hier insbesondere auf die Absatzmärkte, wird mit der expliziten Berücksichtigung dieser Sichtweise Rechnung getragen.

7.3.3 Prozessperspektive

Die Bezeichnung in Wissenschaft und Praxis erfolgt nicht einheitlich. Als Synonym findet sich auch etwas verkürzend »Interne Prozessperspektive« (z. B. *Kaplan, R.S./Norton, D.P.* 1997 S. 26).

D

Sie stellt auf die wesentlichen (internen, aber zunehmend auch unternehmensübergreifenden) Geschäftsprozesse und ihre Gestaltung ab. Angestrebt ist eine möglichst umfassende Abbildung der relevanten Wertschöpfungskette.

B

Charakteristische Messgrößen sind:

- Durchlaufzeit eines Auftrags,
- Zahl der betreuten Kunden pro Mitarbeiter,
- Prozesskosten eines Auftrags,
- Anteil per Internet erteilter Aufträge,
- Zahl der Arbeitstage zwischen Auftragserteilung und Installation beim Kunden.

Die typische Frage, die diese Sichtweise kennzeichnet, könnte lauten:

D

»In welchen Geschäftsprozessen müssen wir die Besten sein, um unsere Teilhaber und Kunden zu befriedigen?« (*Kaplan, R.S./Norton, D.P.* 1997 S. 9) oder »Welche Ziele sind hinsichtlich unserer Prozesse zu setzen, um die Ziele der Finanz- und Kundenperspektive erfüllen zu können?« (*Horváth & Partner* 2000b S. 11).

7.3.4 Potenzialperspektive

Auch für sie gibt es in der Literatur und in der Praxis eine Reihe von abgewandelten Bezeichnungen, die weitgehend mit den von *Kaplan* und *Norton* angestrebten Inhalten identische Ausrichtungen umschreiben, im Einzelfall aber auch neue Schwerpunktsetzungen schon in der begrifflichen Überschrift verdeutlichen wollen (z. B. ursprünglich *Kaplan, R.S./Norton, D.P.* 1997, »Lern- und Entwicklungsperspektive«, S. 121; *Weber, J./Schäffer, U.* 1998, »Lern- und Wachstumsperspektive«, S. 10; *Dusch, M./Möller, M.* 1997, »Lern- und Innovationsperspektive«, S. 118).

D

Die Potenzialperspektive stellt auf die infrastrukturelle Komponente der Unternehmensführung ab, d. h. die personellen und organisatorischen Potenziale sowie ihre Flexibilität, sich auf neue Herausforderungen einzustellen und sie zu bewältigen.

Im Vordergrund stehen die Kategorien der

- Qualifizierung von Mitarbeitern,
- Leistungsfähigkeit der unternehmerischen Informationssysteme,
- Motivation der Mitarbeiter.

B

Als Beispiele für verwendete Messgrößen seien angeführt:
- Fluktuationsrate,
- Anzahl Verbesserungsvorschläge (absolut und pro Mitarbeiter),
- Anzahl der Weiterbildungstage pro Mitarbeiter,
- Mitarbeiterzufriedenheitsindex.

Die Kern-Frage hier könnte folgenden Wortlaut besitzen:

D

»Wie können wir unsere Veränderungs- und Wachstumspotenziale fördern, um unsere Vision zu verwirklichen?« (*Kaplan, R.S./Norton, D.P.* 1997 S. 9) oder »Welche Ziele sind hinsichtlich unserer Potenziale zu setzen, um den aktuellen und zukünftigen Herausforderungen gewachsen zu sein?« (*Horváth & Partner* 2000b S. 11).

7.4 Grundablauf der Balanced Scorecard

Nach dem eben beschriebenen strukturellen Aufbau sollen im Folgenden die wesentlichen Phasen des Ablaufs der Erstellung einer Balanced Scorecard näher betrachtet werden.

Zur begleitenden Veranschaulichung der prinzipiellen Vorgehensweise kann die Abbildung 7.3 beitragen, die beispielhaft eine Reihe von inhaltlichen betriebswirtschaftlichen Konkretisierungen enthält.

Auszug aus einer Balanced Scorecard	Strategische Ziele	Messgrößen	Zielwerte 2003	Strategische Aktionen
Finanzielle Perspektive: Was für Zielsetzungen leiten sich aus den finanziellen Erwartungen unserer Kapitalgeber ab?	CFROI deutlich steigern	CFROI	18%	In den folgenden Perspektiven definiert
	Konkurrenzfähige Kostenstruktur aufbauen	% Gesamtkosten vom Umsatz % Vertriebs- und Verwaltungskosten	80 % 7 %	In den folgenden Perspektiven definiert
	Internationales Wachstum vorantreiben	Gesamtumsatz % Umsatz nicht EU/ nicht USA	2 Mrd. DM 900 Millionen DM	Marktstudie „Mittel-Ost Europa" Task Force „Pacific"
Kundenperspektive: Welche Ziele sind hinsichtlich Struktur und Anforderungen unserer Kunden zu setzen, um unsere finanziellen Ziele zu erreichen?	Affordable but good: Einfachgeräte am Markt positionieren	Marktanteil im Massensegment Bewertungsindex Händler	12% 75 Indexpunkte	Marketingoffensive Einrichtung Händlerforum
	Excellenz in copying im Hochpreissegment	Marktanteil im Hochpreissegment Imagewerte Zielkunden	16% 88 Indexpunkte	Designstudie Überarbeitung Marketingmaterial
	Funktionssicherheit erhöhen	Anzahl Störfälle	-45 %	Technikumstellung RCP Projektgruppe „No excuses"
	Kundenbetreuung aktiver gestalten	Wiederverkaufsquote Besuche/Zielkunde	75% 2 p.a.	Key Account Management Ausrichtung Vertriebsmeeting
Prozessperspektive: Welche Ziele sind hinsichtlich unserer Prozesse zu setzen, um die Ziele der Finanz- und Kundenperspektive erfüllen zu können?	Produkte standardisieren	Gleichteilkosten in Relation zu den gesamten Materialkosten	65%	Benchmarking mit Hyoto Baukastenanalyse
	Synergien nutzen	Personalkosten in % vom Umsatz Synergiebericht	8,5% Kein Zielwert	Synergieleitfaden erarbeiten Synergiezirkel initiieren
	Fertigungstiefe an Kernkompetenzen anpassen	Kerntechnologiequote	80 %	Definition der Kernkompetenzen Anpassung Fertigungslayout
	Interne Kundenorientierung erhöhen	Schnittstellenbefragungsindex	75 Indexpunkte	Synergiezirkel initiieren (w.o.) Einführung Prozessmanagement
Potenzialperspektive: Welche Ziele sind hinsichtlich unserer Potenziale zu setzen, um den aktuellen und zukünftigen Herausforderungen gewachsen zu sein?	Entwicklungskompetenz steigern	Assessmentwerte (durch F&E, Vertrieb, Produktion, Management)	80 Indexpunkte	Recrutierungsoffensive Partnerschaft mit Uni Stuttgart
	Neue Medien nutzen	Bestellvorgänge über Internet	+ 125 %	Neugestaltung Homepage Web Auftritt offensiv bewerben
	Mitarbeitermotivation erhöhen	Austritte von Key Employees Mitarbeiterbefragungswerte	3% 85 % Indexwerte	Einführung Mitarbeiterbefragung Feedbacksysteme überarbeiten

Abb. 7.3: Auszüge einer Balanced Scorecard
(Quelle: *Horváth & Partner* 2000b S. 12)

7.4.1 Ableitung der Ziele

Ausgangspunkt für die Ableitung der strategischen Ziele sind die **Unternehmensvision** beziehungsweise -mission. Ohne auf die Diskussion über die Abgrenzungsnotwendigkeiten oder -schwierigkeiten im Einzelnen eingehen zu können, handelt es sich um grundlegende Aussagen über den Anspruch des Unternehmens für seine langfristige erfolgreiche Weiterentwicklung.

Diese globalen und z.T. auch nicht weiter differenzierenden Statements sind für die konkrete Umsetzung zwar als allgemeine Leitlinien im Sinne eines Fernziels notwendig, aber sie bedürfen einer schrittweisen Konkretisierung.

Meist erfolgt dies durch die Festlegung so genannter genereller **strategischer Stoßrichtungen**, deren detailliertere Ausformung sich dann in explizit spezifizierten Strategien für das Gesamtunternehmen und seine Geschäftsfelder niederschlägt. Sie enthalten die notwendigen strategischen Ziele, die Ansatz- und Orientierungspunkt für das weitere Vorgehen bilden.

Im Rahmen der Balanced Scorecard bedeutet dies, dass beispielsweise aus der generellen Unternehmensvorgabe »Europäische Marktführerschaft« für die jeweils nachgeordneten Ebenen (und in Abhängigkeit von der Organisationsform) die ggf. betroffenen

Strategischen Geschäftseinheiten diese Globalzielsetzung in konkretere Vorgaben transformiert werden müssen.

7.4.2 Aufbau von Ursache-Wirkungs-Beziehungen

Ein wesentliches Merkmal des Balanced Scorecard-Konzepts besteht in der Forderung, innerhalb und zwischen den Perspektiven die Kennzahlen notwendigerweise in Ursache-Wirkungs-Beziehungen einzuordnen.

Ursache-Wirkungs-Beziehungen

Damit entsteht ein **Management- bzw. Steuerungssystem**, das aus den unterschiedlichsten Kenngrößen monetärer und nichtmonetärer Art als Elementen besteht, zwischen denen die Systembegriff-notwendigen Beziehungen in Form von Ursache-Wirkungs-Ketten aufgebaut sind.

Die Möglichkeit, unternehmensindividuell einzelne Kenngrößen hinzu-, andere wegzunehmen, verdeutlicht den Charakter der Balanced Scorecard als einem offenen und durch die im Zeitablauf veränderbare Strukturierung auch dynamischen System.

Sie ist also deutlich mehr als eine bloße Ansammlung von isolierten Kennzahlen. Vielmehr dient diese Verknüpfung der **schrittweisen Konkretisierung von Vision und Strategie**.

D

Die Ursache-Wirkungs-Beziehungen

- veranschaulichen plausible Zusammenhänge zwischen den Erfolgstreibern und den Ergebnissen,
- sorgen für die erforderliche Konsistenz der strategischen Ziele und der aus ihnen abgeleiteten Messgrößen,
- unterstützen die Offenlegung der strategischen Stoßrichtungen in einem für die jeweiligen Entscheidungsebenen adäquaten Detaillierungsgrad.

Drei alle vier Perspektiven umfassende Beispiele sind den Abbildung 7.4, 7.5 und 7.6 zu entnehmen. Eine übersichtliche und noch sehr einfach gehaltene Struktur zeigt zunächst Abbildung 7.4:

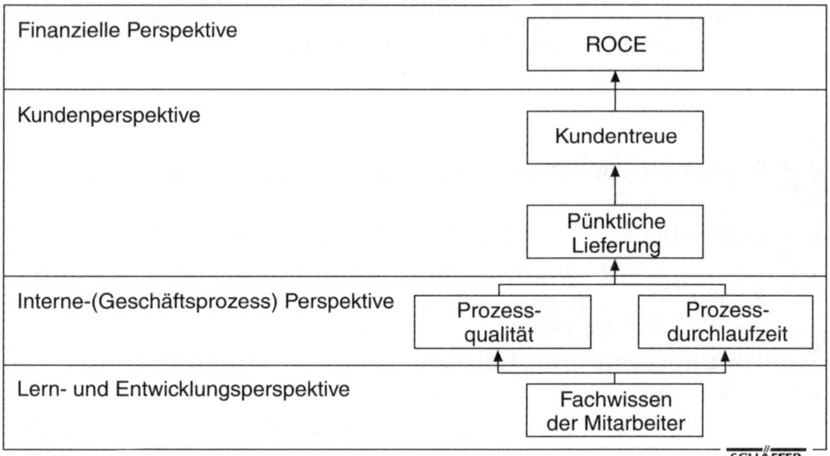

Abb. 7.4: Ursache-Wirkungskette in der BSC
(Quelle: *Kaplan, R.S./Norton, D.P.* 1997 S. 29)

In der Praxis sind die sich ergebenden Verknüpfungen in der Regel aber deutlich komplexer. Auch hierfür sei ein Beispiel grafisch wiedergegeben (Abbildung 7.5).

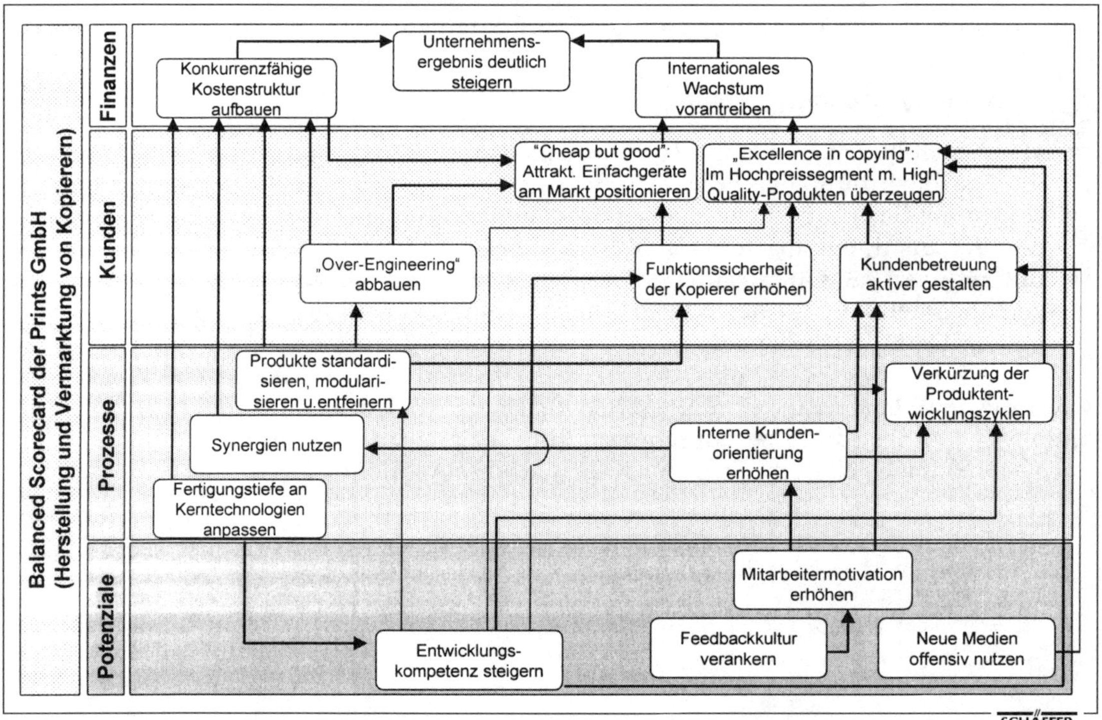

Abb. 7.5: Darstellung einer Ursache-/Wirkungskette
(Quelle: *Horváth & Partner* 2000b S. 13)

Es wird sicherlich deutlich, dass der Weg zur Unübersichtlichkeit kurz ist. Für das nachfolgende dritte Beispiel, das einer konkreten industriellen Anwendung entnommen ist, gilt die gleiche Problematik: Zu der inhaltlichen Beherrschung des Konzepts tritt im praktischen Einsatz das Erfordernis hinzu, die schnell entstehende **Komplexität** zu beherrschen und sich auf die wesentlichen Beziehungen zu beschränken (Abbildung 7.6).

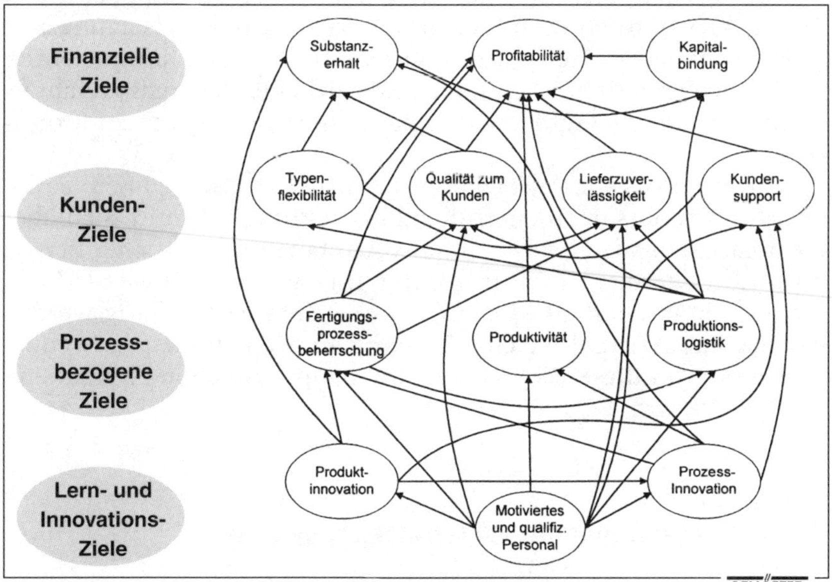

Abb. 7.6: Balanced Scorecard der Bildröhrenfabrik Aachen
(Quelle: *Dusch, M./Möller, M.* 1997, S. 118)

Die auf **Kausalitäten** aufbauende Struktur ermöglicht eine (ggf. mehrstufige) Rückverfolgung der Ursachen für Soll-Ist-Abweichungen – sowohl innerhalb einzelner Perspektiven als auch zwischen ihnen – mit dem finanziellen Erfolg als dem in den meisten Fällen übergeordneten Ziel.

7.4.3 Auswahl geeigneter Messgrößen

Im vorhergehenden Abschnitt ist bereits auf die Grundprinzipien des Verhältnisses von strategischen Zielen und den Messgrößen hingewiesen worden. Für die das Controlling vor allem interessierende Implementierungsproblematik kommt es in entscheidendem Maße aber darauf an, dass die Ziele in operativ handhabbaren und beeinflussbaren Messgrößen konkretisiert werden.

Implementierungsproblematik

Erst wenn Entscheidungsträger auf mittleren und unteren Unternehmensebenen die Wirkungszusammenhänge hierarchisch niederer mit entsprechend höher angesiedelten Messgrößen identifizieren und nachvollziehen können, ist ein wesentliches Ziel der Balanced Scorecard erreicht:

Inhaltliche und formale Transparenz über das Steuerungssystem.

Aus der Sicht des einzelnen: Wie trägt die Erreichung der Ziele, für die ich verantwortlich bin, zur übergeordneten Zielsetzung bei?

Da sich jedes Ziel definitionsgemäß aus drei Komponenten zusammensetzt (Inhalt, Umfang und zeitliches Ausmaß), reicht es nicht aus, nur Messgrößen in inhaltlicher Ausprägung zu formulieren.

Mit der Auswahl geeigneter inhaltlicher Messgrößen sollte allerdings bereits in einem frühen Entwicklungsstadium auch über die anzustrebenden Zielzonen (also Umfang und zeitlicher Bezug) diskutiert werden, »um frühzeitig im späteren Anwenderkreis szenarisch absehen zu können, welche Zielniveaus nötig werden und welche Art und welcher Umfang an Maßnahmen notwendig sein wird, um diese Zielniveaus überhaupt erreichen zu können« (*Seidenschwarz, W.* 1999 S. 262).

7.4.4 Bestimmung der Zielerreichungswerte

Besonders wichtig aus der Sicht des Controllings ist die vollständige und genaue Spezifizierung der Ziele in den drei Dimensionen »Inhalt«, »Umfang« und »zeitliches Ausmaß«. Die Konkretisierung hinsichtlich der festzulegenden inhaltlichen Komponente ist im vorangegangenen Abschnitt bereits erläutert worden.

Ein Ziel ist aber erst vollständig beschrieben (und damit für das Controlling handhabbar), wenn auch die beiden anderen Dimensionen fixiert worden sind.

B

Beispiel: »Weltmarktführerschaft« ist eine nachvollziehbare Vorstellung für einen zukünftig anzustrebenden Zustand (also ein Ziel) eines Unternehmens, für die Umsetzung und Verfeinerung auf die einzelnen Unternehmensebenen fehlt aber noch einiges:

Zunächst lässt die inhaltliche Umschreibung noch Interpretationsspielräume, z. B.: Soll sich die »Weltmarktführerschaft« auf die mengen- oder umsatzmäßige Position Nr. 1 beziehen?

Selbst wenn erst- oder zweitgenannte Definition zugrunde liegt, ist die Verteilung u. a. in regionaler Hinsicht noch offen. Es ist rechnerisch leicht vorstellbar, dass auch bei jeweils nur einer dritten Position in den unterstellten Triade-Märkten »USA – Europa – Japan« bei entsprechend heterogener Konkurrenzsituation die eigentlich mit einer Marktführerschaft verbundenen Mengendegressionseffekte nur zu einem

Teil genutzt werden können. Soll Weltmarktführerschaft auch jeweils regionale Marktführerschaft bedeuten oder zumindest Position 1, 2 oder 3?

In vielen Fällen lauten Vorgaben beispielsweise »Marktanteilssteigerung« oder »Produktkostensenkung«. Nunmehr ist zwar die Richtung des Kriteriums »Umfang« definiert, aber auch hier fehlt noch eine für ein effizientes Controlling-System als Steuerungsinstrument erforderliche Genauigkeit.

Die Ausprägung des Umfangs kann fixen Charakter besitzen (z. B. 10 %) oder an eine andere Größe gekoppelt werden (z. B. unser Marktanteil soll »schneller als der Markt wachsen«, »über der Wachstumsrate unserer größten Konkurrenten liegen« – hier dann wieder konkret: Welcher?).

Ist auch diese inhaltliche Präzisierung erfolgt, so fehlt noch das Kriterium des zeitlichen Ausmaßes. Nicht zu zählen sind die Beispiele der Unternehmenspraxis und der in Wirtschaftstages-, -wochen- und -monatszeitungen zitierten Manager, die z. B. eine Kapitalrendite (von 15 %), eine Marktanteilssteigerung (um 3 Prozentpunkte) oder eine Kostensenkung (um einen bestimmten hohen Geldbetrag) anstreben, ohne entsprechende Zeitfixierung. Die Richtung ist dann zwar erkennbar, aber die zeitliche Spannweite für die Erfüllung und der Weg dorthin sind nicht oder nur sehr unzureichend steuerbar.

Bei längerfristig ausgerichteten Vorgaben würde es sich beispielsweise anbieten, im Sinne eines **Meilensteinkonzepts** die Zielvorgaben im Unternehmen in einzelne Schritte aufzuspalten und so den längeren Weg überschaubar und transparent zu spezifizieren.

Andererseits ist mit einer präziseren Bestimmung auch stets die »Gefahr« der späteren Messbarkeit der Nichterfüllung verbunden. Hier muss also Top-down, ausgehend von der obersten unternehmerischen Entscheidungsebene, klargestellt werden, in welcher Form eine effiziente Umsetzung der Strategie gewünscht wird, in welcher Form auf Über- oder Untererfüllung der Zielmarke reagiert wird.

Bewertung von Abweichungen

Eine Abweichung ist zunächst an sich ohne Aussage im Sinne von »gut« oder »schlecht«. Hinter einer positiven Abweichung kann sich – pointiert formuliert – eine maßlos pessimistische Vorgabe verbergen. Es können sich die Rahmenbedingungen unvorhersehbar deutlich günstiger dargestellt haben, sodass sogar bei Normal-Leistung ein noch besseres Ergebnis hätte erzielt werden müssen! – also eine positive Abweichung trotz unterdurchschnittlichen Arbeitseinsatzes.

Analog kann ein Verfehlen eines Planwertes an einer zu optimistischen Vorgabe gelegen haben, durch vorher nicht erkannte oder erkennbare negative Umfeldeinflüsse entstanden sein oder durch eine herausragende Leistung noch auf einem geringen Abweichungsniveau gehalten worden sein – also eine negative Differenz trotz z. B. überdurchschnittlichen Engagements.

Diese beiden Argumentationsketten verdeutlichen in besonderem Maße die Bedeutung eines leistungsfähigen Controllingsystems – u. a. mit betriebswirtschaftlichen Frühaufklärungsmethodiken.

Ergebniskontrolle

Prämissenkontrolle

Neben der bislang hier angesprochenen Ergebniskontrolle (mit Plan-Ist- oder Plan-Wird-Abweichungen) ist im Rahmen der strategischen Betrachtungshorizonte auch eine Prämissenkontrolle erforderlich. Dieser Vergleich der ursprünglichen Annahmen über die zukünftige Entwicklung der Rahmenbedingungen mit den tatsächlich eingetretenen Restriktionen ist aktiv zu nutzen, um aus den Fehleinschätzungen der Vergangenheit inhaltliche und ggf. auch methodische Lehren für die Zukunft zu ziehen.

7.4.5 Entwicklung geeigneter Aktionen

Während der Entwicklungs- und Einführungsprozess einer Balanced Scorecard in der Regel in einem Top-down-Vorgehen erfolgen wird, also eher zentralistisch gesteuert abläuft, ist die Bestimmung und Durchführung geeigneter Aktionen typischerweise dezentral geprägt.

In den einzelnen Unternehmensbereichen oder funktionsübergreifenden Prozessen ist das notwendige Maßnahmen-Know-how, das die Erreichung der Ziele gewährleisten sollte, in ausreichendem Umfang gegeben.

Durch die mehrstufige Verknüpfung von der Vision bis in die operativen Aktionsfelder über die Balanced Scorecard besteht für alle Beteiligten ein verstärkter Zwang, sich mit der Wirkungsweise eigenen Handelns auf über- und untergeordnete Ebenen oder Bezugsgrößen dezidiert auseinandersetzen zu müssen.

Ein kritisches Überdenken des Status quo wird gefördert – bei der mit der Balanced Scorecard gewollten Einbindung möglichst vieler Unternehmensmitarbeiter eine notwendige Voraussetzung für eine **effiziente Rückkoppelung** im Sinne einer **Verbesserung der Wettbewerbssituation** des Unternehmens.

7.5 Besondere Aspekte der Generierung und Aufbereitung relevanter Informationen

Ausgangspunkt für die ausdrückliche Behandlung dieser Problematik in einem Controlling-Lehrbuch ist die Erkenntnis, dass die Güte und Akzeptanz einer Methodik, ihre Aussage- und Leistungsfähigkeit in starkem Maße von der Qualität der eingehenden Daten abhängt.

Vielfach wird dieser Aspekt als eine Selbstverständlichkeit betrachtet (und nicht oder nur am Rande) behandelt, ist bei der konkreten Umsetzung in Unternehmen aber dann schnell eine

Hürde, die die effiziente Anwendung einer Balanced Scorecard behindert oder sogar in Frage stellt.

Typische **Kriterien** sind:

- Datenkorrektheit (die Daten sind fehlerfrei erhoben)
- Datenaktualität (der Zeitraum zwischen Datenerhebung und -bereitstellung muss den Unternehmenserfordernissen entsprechen)
- Datenvollständigkeit (die Wirklichkeit wird in richtiger Form so umfassend wie möglich unter Beachtung der Wirtschaftlichkeit abgebildet)
- Datenadäquanz (die zu ermittelnden Daten müssen den Anforderungen der jeweils zu unterstützenden unternehmerischen Aufgaben entsprechen).

Einen exemplarischen Überblick zu typischen Informationsanforderungen, die mit der Aufstellung und Implementierung einer Balanced Scorecard verbunden sind, bietet Abbildung 7.7.

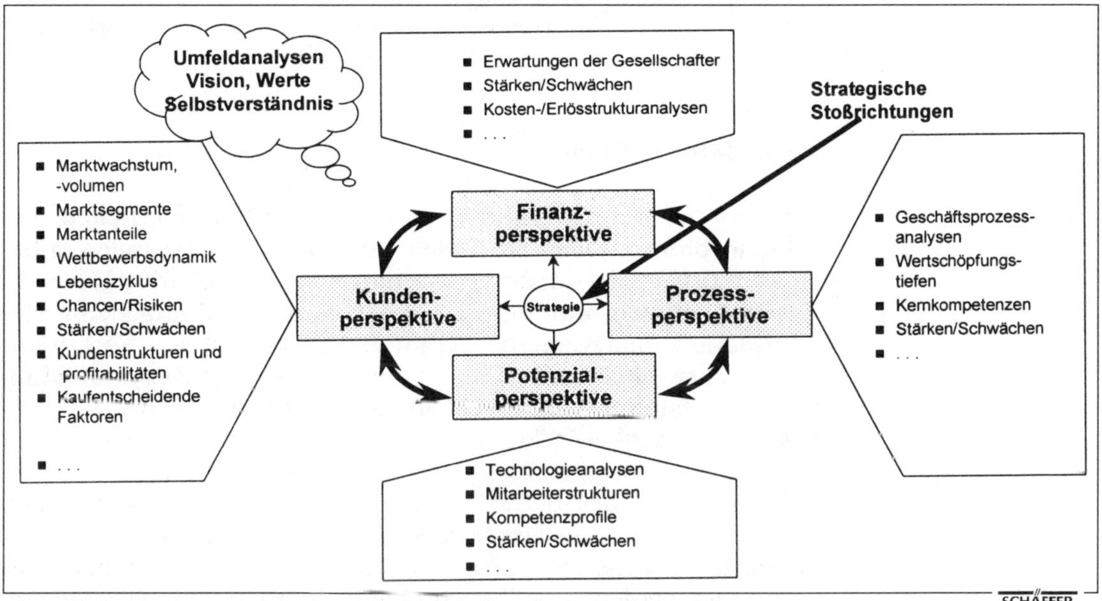

Abb. 7.7: Informationsanforderungen an die Balanced Scorecard-Entwicklung
(Quelle: *Horváth & Partner* 2000b S. 83)

7.5.1 Externe Quellen

Je stärker die Umfeld- und Zukunftsorientierung in das Zentrum der Entscheidungen rückt, also insbesondere beim strategischen Controlling, desto eher müssen Unternehmen auf externe Quellen bei ihrer Informationsbeschaffung zurückgreifen. Viele volkswirtschaftliche Daten auf nationaler oder internationaler Ebene stehen über die entsprechenden staatlichen statistischen Organisationen zur Verfügung.

Auch hier gelten die oben zur generellen Datenqualität gemachten Ausführungen. Nicht zu unterschätzen sind allerdings die methodischen und inhaltlichen Unterschiede beispielsweise beim zwischenstaatlichen Vergleich. Zu denken wäre nur an die höchst differierenden Ansätze zur Messung der jeweiligen Arbeitslosenquoten. Ähnliches gilt für eine Vielzahl weiterer statistischer Kenngrößen.

Gleichwohl dürfen diese Unterschiede nicht dazu führen, dass in den Unternehmen diese Indikatoren außer Acht gelassen werden. Vielmehr sollten konzeptionelle Abweichungen bei der Ermittlung in transparenter Form an die Entscheidungsträger weitergegeben werden, um auf diesen Controlling-Daten basierend die erforderlichen Aktionen zur Erreichung der jeweiligen Ziele zu bestimmen.

7.5.2 Interne Quellen

Ein Großteil der für eine Balanced Scorecard erforderlichen monetären Informationen ist in den Unternehmen vorhanden, allerdings meist nicht in der notwendigen integrierbaren Form. In Zusammenarbeit mit den für die technische Komponente des Informationsmanagements Verantwortlichen müssen Vorgehensweisen entwickelt und realisiert werden, die eine **Zusammenführung der Daten aus unterschiedlichen internen Quellen** gewährleisten. Zu denken wäre beispielsweise an die in jüngster Zeit propagierten Ansätze eines Data Warehouses (vgl. Kapitel 6.4.3).

Im Rahmen der Betrachtung nicht-monetärer Informationen tritt vielfach zu Tage, dass bislang methodisch noch nicht oder erst in Ansätzen diese Daten für Entscheidungszwecke erhoben bzw. verarbeitet werden. Eine Zusammenarbeit mit externen Fachleuten – z. B. zur Planung und Durchführung aussagefähiger Mitarbeiterumfragen zur Messung ihrer Zufriedenheit mit dem Unternehmen – kann oftmals hilfreich sein und in einem ersten Schritt dazu beitragen, neue Arbeitsfelder anzugehen, auch wenn das unternehmenseigene Know-how zunächst noch nicht in ausreichendem Maße vorhanden ist.

7.6 Implementierungsansätze der Balanced Scorecard für ein empfängerorientiertes Controlling

Die Charakteristika, die das Balanced Scorecard-Konzept als ein besonders geeignetes Steuerungssystem für das Management zur Strategieumsetzung prädestinieren, werden aus der nachfolgenden Abbildung 7.8 ersichtlich.

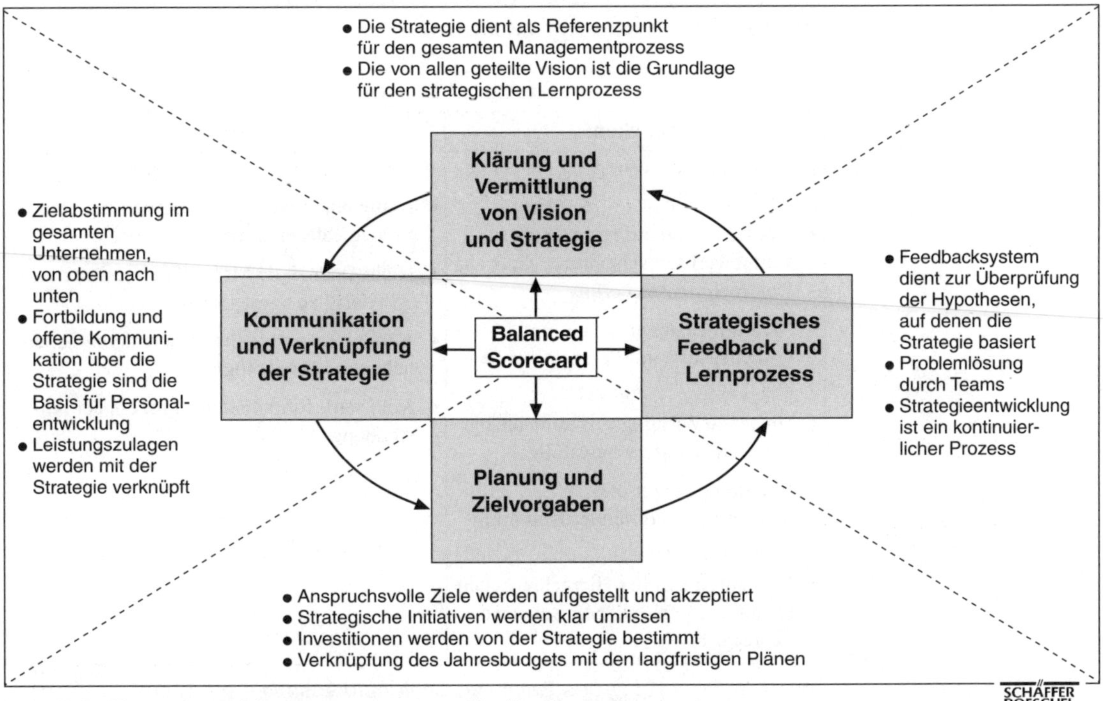

Abb. 7.8: Ein anderes Managementsystem für die Strategieumsetzung (Quelle: *Kaplan, R.S./Norton, D.P.* 1997, S. 191).

Die Ausgewogenheit dieses Ansatzes bezieht sich nicht allein auf die in diesem 7. Kapitel einleitend aufgeführten 4 Facetten. Auch die Erweiterung um nicht-monetäre Kennzahlen ist nur ein ergänzender Gesichtspunkt.

Viel entscheidender für die (vielfach beklagte Notwendigkeit einer) Schließung der Lücke zwischen Strategieformulierung und -umsetzung erscheint die ausdrückliche Betonung der miteinander zu verkoppelnden Phasen der

- Klärung und Vermittlung von Vision und Strategie,
- Kommunikation und Verknüpfung der Strategie,
- Planung und Zielvorgaben,
- Strategisches Feedback und Lernprozess.

Das Controlling als methodische Unterstützung des Managements der verschiedenen Unternehmensebenen kann und sollte hier einen wesentlichen Beitrag leisten, um zu einer konsequenteren Umsetzung (und ggf. auch rechtzeitigeren Anpassung) der Strategie zu kommen.

Balanced Scorecard: Stärken und Schwächen

Eine Gegenüberstellung wesentlicher Stärken und Schwächen der Balanced Scorecard als Steuerungskonzept fassen *Horváth & Partner* beispielsweise in einer tabellarischen Aufbereitung – Abbildung 7.9 – wie folgt zusammen:

Balanced Scorecard	
Stärken	**Schwächen**
• Konsequente Verfolgung der Strategieumsetzung • Konzentration auf strategische, wettbewerbsentscheidende Ziele zur Unternehmenssteuerung • Mehrdimensionales Ziel- und Messgrößensystem mit Perspektivenbezug • Ursache-/Wirkungszusammenhänge der Ziele als Steuerungshilfe • Interdisziplinärer und hierachieübergreifender Kommunikationsprozess • Kaskadierung über Hierachieebenen bis hin zur persönlichen Balanced Scorecard	• Kein Ersatz für Strategiefindung • Keine objektive ex-ante Bewertung von Strategiealternativen • Nicht-finanzielle Messgrößen rechnerisch schwierig zu aggregieren • Vergleich von Inhalten mit anderen Unternehmen schwer möglich • Kein stark formalisierter Prozess der Anwendung

SCHÄFFER POESCHEL

Abb. 7.9: Bewertung des Balanced Scorecard-Ansatzes als Steuerungskonzept
(Quelle: *Horváth & Partner* 2000b S. 317)

Eine Reihe von Aspekten lässt sich in kritischer Würdigung zu dem von manchen Autoren und Beratungsgesellschaften mitunter auch sehr euphorisch propagierten Konzept anmerken. Sie sollen hier ohne Anspruch auf Vollständigkeit eingefügt werden, zumal das Bewusstsein für **mögliche Schwachstellen** dadurch geschärft und die Implementierung in der Praxis diese »Klippen« ggf. von vornherein umgehen kann. Eine Auflistung – in Form von zwölf so genannten Fallstricken – bietet Abbildung 7.10.

1. Die BSC ist nur ein Kontroll-Instrument für die Unternehmensleitung
2. Die BSC setzt eine vollständig ausformulierte Unternehmensstrategie voraus
3. Die BSC ist nur auf die Strukturorganisation und nicht auf die Prozesse ergebnisverantwortlicher Einheiten ausgerichtet
4. Die BSC ist nicht einsetzbar aufgrund einer reduzierten Verfügbarkeit und nicht ausreichenden Qualität der Daten mit unklaren bzw. vieldeutigen Messgrößen
5. Die BSC hat nur eine definitionslogische Ableitung eines Kennzahlensystems zum Gegenstand und keine Umsetzung auf ergebnisverantwortliche Einheiten
6. Zur Steuerung mit der BSC werden zu viele Kennzahlen zugrunde gelegt, ohne dabei die Werttreiber herauszufiltern
7. Die BSC wird nicht mit elner herausfordernden, aber erreichbaren jährlichen Zielvereinbarung für Führungskräfte verbunden
8. Die BSC wird nicht an ein Anreizsystem gekoppelt
9. Die Anwendung der BSC wird nicht mit Business Excellence-Modellen und -Aktivitäten verbunden
10. Die BSC wird nicht schnell genug eingeführt und im Zeitablauf nicht angepasst
11. Die BSC wird nicht mit einem kontinuierlichen Lernprozess im Unternehmen verbunden
12. Die BSC führt nicht zu einer Veränderung im Sinne einer Verbesserung der Unternehmenskultur

Abbildung 7.10: Zwölf Fallstricke der Balanced Scorecard
(Quelle: *Töpfer, A.* 2000a, S. 97)

Trotz einer Reihe von skeptischen Argumenten besticht die inzwischen große Zahl von Anwendern.

Obwohl die publizierten Einsatzfälle sich mehrheitlich auf industriell tätige Unternehmen beziehen (vgl. u. a. *Töpfer, A.* 2000), werden nicht zuletzt bedingt durch die im Dienstleistungsbereich steigenden Wettbewerbsanforderungen und Umfeldveränderungen auch hier die gedanklichen Ansätze der Balanced Scorecard aufgegriffen und unternehmensindividuell angepasst (vgl. u. a.

- zum Bankenbereich: *Harengel, J./Hess, T.* 1999;
- zu Non-Profit-Organisationen: *Berens, W./Karlowitsch, M./Mertes, M.* 2000; *Galli, A./Wagner, M.* 1999; *Schneider, S.* 2000 insbesondere S. 370 ff.; *Koch, M./Voss, J.-P./Becker, R.* 2000 insbesondere S. 385 ff.
- zum Versicherungsbereich: *Anders, S.* 2000;
- zum Handelsbereich: *Fischer, T.M.* 2001).

Bei aller Plausibilität, die für die vier von *Kaplan* und *Norton* vorgeschlagenen Perspektiven spricht, mehren sich in letzter Zeit die Anwendungen, die die von den »Erfindern« auch bewusst eingeräumte Offenheit des Systems im Hinblick auf eine **Verringerung bzw. Ergänzung der Perspektiven** aufgreifen.

B

Einige Anwendungen sollen nachfolgend wieder exemplarisch genannt seien:
- Erweiterung um eine fünfte Perspektive (ggf. mit Neu-Strukturierung):
  »Kooperationsperspektive«
  (im Rahmen der Erfolgsmessung eines internationalen Joint Ventures, vgl. *Hoffjan, A./Karlowitsch, M./Rehbach, C* 2000)
  »Gesellschafter – Kunden – Lieferanten – Interne Abläufe – Staat«
  (Gebrüder Weiss KG Spezialmaschinen, nach *Ehrmann, H.* 2000, S. 92)
- Neu-Strukturierung von vier Perspektiven:
  »Finanzwirtschaft – Kunde/Markt – Ware/Lieferant – Interne Prozesse & Ressourcen«
  (für ein Handelsunternehmen: Breuninger GmbH & Co nach *Töpfer A.* 2000 S. 112)
- Begrenzung auf drei Perspektiven:
  »Aktionäre – Kunden – Mitarbeiter«
  (für ein international tätiges Verkehrsunternehmen: Deutsche Lufthansa AG nach *Weber, J./Schäffer, U.* 1998 und *Ehrmann, H.* 2000 S. 92)

Ein Beispiel für den prinzipiell denkbaren Einsatz in einem mehrstufigen Konzern liefert die nachfolgende Abbildung 7.11 anhand eines Energieversorgungsunternehmens (EVU). Die Grafik verdeutlicht die sowohl vertikal als auch horizontal mögliche Ausdehnung (so genannten Roll-out) des gedanklichen Ansatzes der Balanced Scorecard zur Steuerung auch komplexer Verbundunternehmen.

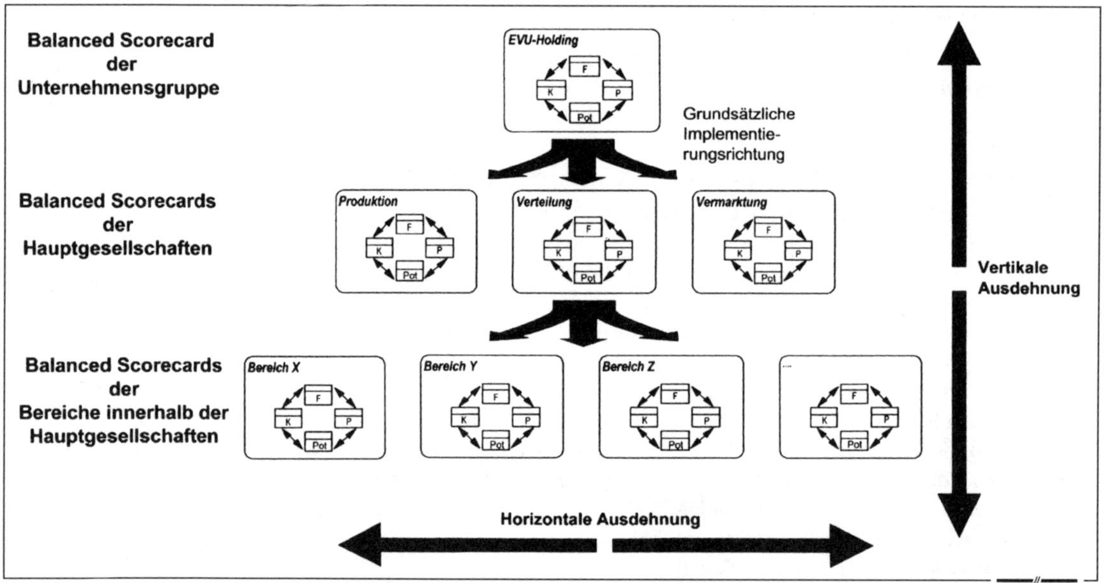

Abb. 7.11: Horizontaler und vertikaler Roll-out
(Quelle: *Wunder, T./Baur, M.* 2000, S. 550)

Bei der konzeptionellen Umsetzung können die Erfahrungen aus anderen Unternehmen immer nur als eine Orientierung dienen. Letztlich muss die Balanced Scorecard stets unternehmensindividuell definiert werden. Ebenso ist die unkritische Übernahme von Kennzahlen und Ursache-Wirkungs-Beziehungen nicht sinnvoll. Auch hier gilt es, jeweils fallspezifisch die unterstellten Kausalketten auf ihre Gültigkeit zu überprüfen.

7.7 Fragen und Aufgaben

1. Die Empfehlung der Balanced Scorecard-»Väter« *Kaplan* und *Norton* umfasst die Unterscheidung von vier Perspektiven. Erläutern Sie die wesentlichen Beweggründe für die Auswahl gerade dieser Sichtweisen und beschreiben Sie denkbare Konstellationen, die einen möglichen Verzicht oder die Ergänzung um weitere Perspektiven sinnvoll erscheinen lassen. Verdeutlichen Sie Ihre Ausführungen anhand praktischer Beispiele.
2. Die Ausgewogenheit wird als ein zentrales Merkmal der Balanced Scorecard bezeichnet. Erläutern Sie die verschiedenen Facetten, in denen diese Eigenschaft mit der Methodik gewährleistet werden soll. Nennen Sie jeweils praktische Beispiele.
3. Analysieren Sie in strukturierter Form die Anwendungsbedingungen, die für einen erfolgreichen Einsatz des Balanced Scorecard-Konzepts in einem Unternehmen vorliegen oder geschaffen werden sollten.
4. Mitunter wird das Balanced Scorecard-Konzept als »Alter Wein in neuen Schläuchen« betitelt. Worin bestehen die offensichtlich bereits vorhandenen Inhalte (Überlappungen) und wo umfasst dieser Ansatz Aspekte, die eine Zuordnung zu »neuen« Steuerungsmethodiken rechtfertigen könnten?
5. Zur Ausgestaltung der Prozessperspektive im Rahmen der Balanced Scorecard zählt die Benennung so genannten Messgrößen. Beschreiben Sie die Charakteristika dieser Angaben und die besondere Funktion für die Leistungsfähigkeit dieses Steuerungssystems.
6. Nehmen Sie zu folgender Behauptung Stellung:
   »Beim Vorliegen langjähriger Erfahrungen in Unternehmen mit der Aufstellung strategischer Planungen ist der Einsatz einer Balanced Scorecard nicht erforderlich«.
7. Erläutern Sie die wesentlichen Aufgaben, die mit der so genannten horizontalen und vertikalen Ausdehnung der Balanced Scorecard zu bewältigen sind.
8. Der Konzern, in dem Sie arbeiten, führt eine komplizierte Unternehmensakquisition durch. Die übernommenen Mitarbeiter sind überrascht, dass die bereits bestehende Balanced Scorecard der neuen Konzerntochter, die in den vergangenen Jahren mit hohem Engagement aufgestellt worden war, nunmehr auf Initiative der neuen Konzernmutter grundlegend überarbeitet werden soll. Welche Kriterien sind denkbar, die eine Revidierung einer Balanced Scorecard erforderlich machen?

8 Anforderungsprofil an Controller

Hans-Ulrich Krause/Ulrich Steins

8.1 Lernziele

- Kennen lernen verschiedener Wege der Herleitung relevanter Anforderungen an Controller
- Erfassen der komprimierten Aussagekraft der »Kompetenz-Triade« als gedankliche Systematisierungshilfe
- Verinnerlichung der typischen Controller-Ziele und -Aufgaben
- Wahrnehmen der Möglichkeit zum Selbsttest durch Bearbeitung der Transferaufgaben im Hinblick auf eine Schärfung des Bewusstseins für die von Controllern erwarteten Fähigkeiten

8.2 Formen der Profilableitung

In den vorangegangenen Kapiteln standen vor allem die vielfältigen sachlichen Komponenten des Controllings im Mittelpunkt. Ob aus strategischer oder operativer Sicht, ob funktionsbereichs- oder branchenbezogen, ob national oder eher global orientiert, inhaltliche und methodische Problemstellungen wurden (scheinbar) personenneutral behandelt.

Ist das Controlling in seiner Vielfalt schon besonders ausgeprägt, so wird die Praxis noch facettenreicher, wenn die **Träger des Controllings** in ihrer unterschiedlichen Vorbildung, praktischen Erfahrung und ihren Persönlichkeitsmerkmalen sowie Verhaltensweisen mit in die Betrachtung einbezogen werden.

Zur individuellen Vorbereitung auf entsprechende Controlling-Tätigkeiten oder zur generellen Rückbesinnung auf die Kernfunktionen z. B. im Rahmen von Umstrukturierungen stehen drei Fragestellungen im Vordergrund:

- Welche Kriterien führen zu einem aussagefähigen Anforderungsprofil?
- Aus welchen Quellen können relevante Informationen gewonnen werden?
- Was wird von einer Controllerin oder einem Controller erwartet?

Deduktive Vorgehensweise

Zur Informationsgewinnung stehen prinzipiell zwei Wege zur Verfügung: Bei deduktiver Vorgehensweise wird vom Allgemeinen auf das Spezielle geschlossen. So leitet beispielsweise *Küpper* aus seiner generellen Controlling-Konzeption ein Anforderungsprofil ab (vgl. *Küpper, H.-U.* 1997 S. 464 ff.), das als Vorlage für ein Idealbild dienen kann.

Induktive Vorgehensweise

Bei induktiver Vorgehensweise wird vom Konkreten auf das Allgemeine geschlossen. Einzelbeobachtungen oder nach bestimmten Kriterien durchgeführte (statistisch mehr oder weniger anspruchsvolle) Untersuchungen sammeln einzelne Erkenntnisse und verdichten sie zu kompakten Aussagen.

Das Spektrum dieser Veröffentlichungen ist im Laufe der Zeit erheblich angewachsen, sodass hier nur exemplarisch einige markante Ergebnisse vorgestellt werden sollen.

Anforderungsprofil

In den vergangenen Jahrzehnten haben sich verschiedene Autoren bemüht, das Anforderungsprofil für Controller zu spezifizieren. Ein ausgesprochen pointiert formuliertes Beispiel stammt von *Deyhle*, der bereits 1980 auf der Basis langjähriger praktischer Erfahrung einen Versuch unternommen hat, Verhaltensanforderungen zu formulieren, die u. a. die koordinierend-kommunikativen Aufgaben des Controllers sehr treffend schildern:

Verhaltensanforderungen

»Geduld, stets die gleichen Sachverhalte zu interpretieren, liebenswürdige Penetranz, Toleranzbreite, Courage, nicht jeden Sachverhalt gleich an die große Glocke zu hängen und Unverdrossenheit« seien beispielhaft genannt (vgl. *Deyhle, A.* 1980 S. 40). Diese Anforderungen gelten auch heute noch für Controller.

Stellenbeschreibungen

Ein weiterer Ansatzpunkt kann die Bezugnahme auf Stellenbeschreibungen in Unternehmen sein. Allerdings muss hier von Anfang an bedacht werden, dass es sich um eine Momentaufnahme aus einem einzigen Unternehmen handelt – mit allen seinen individuellen Ausprägungen z. B. in inhaltlicher und organisatorischer Art. Dennoch kann ein entsprechendes Beispiel die Umsetzung des prinzipiellen Anforderungskatalogs in praktische Gegebenheiten stellvertretend dokumentieren.

Nach *Vahs* sind **Stellenbeschreibungen** Arbeitsplatz-, Tätigkeits-, Aufgaben- oder Positionsbeschreibungen, die den Aufgaben- und Verantwortungsbereich sowie den Umfang der Leitungskompetenzen fixieren. Daneben werden die über- und nachgeordneten Stellen sowie die Rechte und Pflichten des Stelleninhabers festgelegt. Außerdem können Stellenbeschreibungen Anforderungen an den Stelleninhaber beinhalten. Sie erfordern eine ständige Aktualisierung, weil sie sonst nach kurzer Zeit überholt sind (vgl. *Vahs, D.* 2001 S. 114) – das gilt uneingeschränkt auch für das Controlling, weil es – wie im Kapitel 2 über Grundlagen und Entwicklungslinien dargestellt – permanente Veränderungen erfahren hat und weiter erfahren wird.

B

Ein Beispiel für eine derartige Stellenbeschreibung findet sich bei *Preißler*. Dieses bezieht sich auf die Stelle eines Leiters der Hauptabteilung Controlling (Bereichsleiter) mit direkter Unterstellung zur Unternehmensleitung und Überstellung zu den Bereichen Kostenrechnung und internes Rechnungswesen, Betriebswirtschaft, Unternehmensplanung und Investitionswirtschaft. Eine gegenseitige Vertretung mit dem Geschäftsführer ist vorgesehen; dies unterstreicht die starke Position der Hauptabteilung Controlling innerhalb des Unternehmens.

Als Ziel für diese Stelle wird die Realisierung der aufgestellten Unternehmensziele genannt, die der Stelleninhaber durch Verantwortungsübernahme für Planung, Steuerung und Kontrolle erreichen soll. Darüber hinaus ist eine institutionalisierte Mitarbeit in der Kosten- und Erfolgssteuerung Bestandteil der Zielsetzung.
Die Hauptaufgaben (hier ohne Angabe der Einzelaufgaben wiedergegeben) sind:

- Ermittlungs- und Dokumentationsfunktion,
- Planungs- und Prognosefunktion,
- Steuerungsfunktion,
- Kontrollfunktion,
- Betriebswirtschaftliche Sonderaufgaben.

Verantwortung und Kompetenzen sollen wie folgt geregelt werden:

- Alleinentscheidung innerhalb des eigenen Bereichs und für notwendige Gegenmaßnahmen bei Abweichungen zur Zielerreichung; außerdem für die Festlegung, welche Abweichungen für gravierend erachtet werden,
- Mitentscheidung bei allen Korrekturentscheidungen und den nötigen Aktionsplänen.

Beim Anforderungsprofil unterscheidet Preißler zwischen persönlichen und fachlichen Voraussetzungen:

- Persönliches Anforderungsprofil:
  Durchsetzungsvermögen, Flexibilität, Kreativität, analytisches Denkvermögen, Belastbarkeit und Einfühlungsvermögen in die Probleme anderer Abteilungen
- Fachliches Anforderungsprofil:
  Fundierte Kenntnisse der Kostenrechnung, Planungs- und Managementmethoden, EDV-Kenntnisse, Fachhochschul- oder Universitätsstudium, alternativ abgeschlossene Lehrzeit als Industriekaufmann und einschlägige Praxis, Ausbildung im Rechnungswesen und Controlling.

(vgl. *Preißler, P.* 1995 S. 51 ff.).

Diese Stellenbeschreibung erfüllt die oben beschriebenen Anforderungen: Klare Zielvorgabe mit Nennung der Mittel und Wege zum Ziel, umfassende Aufgaben- und Positionsbeschreibung, exakte Regelung der Leitungskompetenzen mit Über- und Unterordnung sowie Beschreibung der gewünschten Anforderungen persönlicher und fachlicher Art an den Stelleninhaber.

Stellenausschreibungen

Ein weit verbreiteter Ansatz stellt die Auswertung von Stellenausschreibungen in das Zentrum der Erkenntnisgewinnung. Diese Controller-nachfragende Perspektive macht die Sicht der Praxis zum Ausgangspunkt und führt zu Auflistungen von wünschenswerten Eigenschaften, Fähigkeiten und Kompetenzen, die Unternehmen von ihren späteren Mitarbeiter(innen) erwarten.

Pfohl und *Zettelmeyer* haben beispielsweise bereits 1985 eine Analyse von Stellenanzeigen in überregionalen Zeitungen vorgenommen, deren Ergebnis aber zu einer derartigen Fülle von fachlichen und persönlichen Anforderungen an Controller führte, dass daraus zu schließen ist, unternehmensindividuelle Aspekte gaben in besonderer Weise den Ausschlag für die Anforderungen (vgl. *Pfohl, H.-C./Zettelmeyer, B.* 1985 S. 7 f.).

Aus diesen Analyseergebnissen wird aber ebenso deutlich, wie schwer es ist, ein für alle Unternehmen gültiges Anforderungsprofil zu erstellen.

Weber und *Kosmider* haben 1991 ebenfalls anhand von Stellenanzeigen versucht, ein solches Profil zu erarbeiten. Sie führten dazu eine Querschnittsanalyse über einen Zeitraum von sogar vierzig Jahren durch (1949–1989). Der zentrale Erkenntniswert dieser Analyse besteht darin, dass sich die Anforderungen an den Controller deutlich gewandelt haben: Dominierten in den fünfziger Jahren Kostenrechnung und Steuern, so wandelten sich die Anforderungen in den achtziger Jahren auf mehrere Funktionen mit dem Schwerpunkt planungsorientierter Aufgaben (*Weber, J./Kosmider, A.* 1991; *Weber, J.* 1993 S. 10).

Neue empirische Erkenntnisse können einer sehr interessanten Befragung aus dem Jahr 1999 entnommen werden, bei der Manager und Controller aus mehreren hundert mittleren und großen deutschen Unternehmen zur gemeinsamen Zusammenarbeit befragt wurden (vgl. ausführlich *Weber, J./Schäffer, U./Bauer, M.* 2000).

Kompetenz-Triade

Die nachfolgende Kompetenz-Triade von Führungskräften (vgl. Abbildung 8.1) verdeutlicht, dass die zahlreichen Anforderungen strukturierend einzelnen Polen (bzw. Ecken des Dreiecks) zugeordnet werden können.

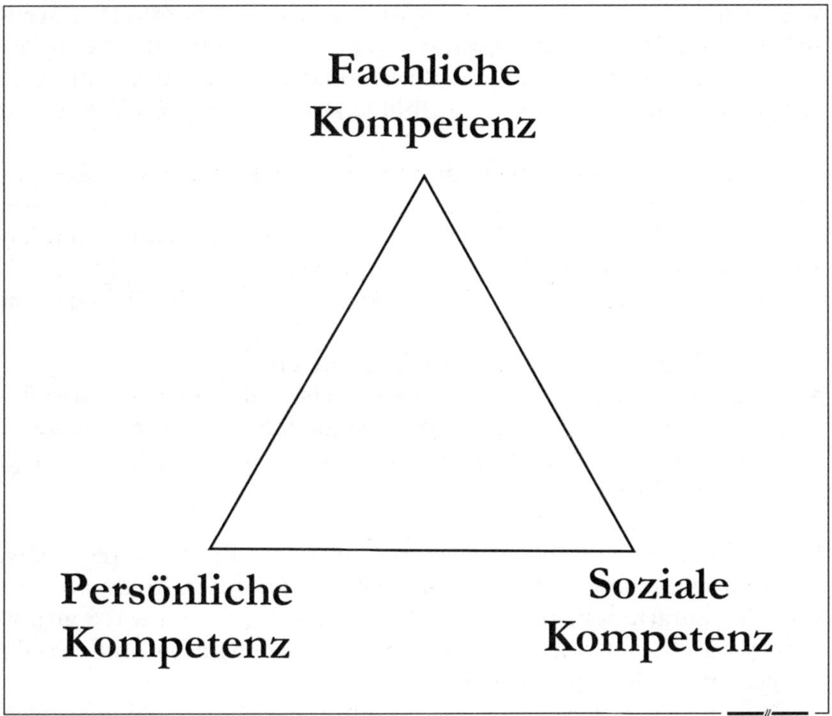

Abb. 8.1: Kompetenz-Triade von Führungskräften

Fachliche Kompetenz

Die – wie oben bereits angesprochen – fachlichen Kompetenzen können beispielsweise weiter in **Sach- und Methodenwissen** differenziert werden.

Trotz der scheinbaren »Zeitlosigkeit« dieser Kompetenz-Triade werden von den Controllern zunehmend auch vertiefte Kenntnisse und Erfahrungen im Umgang mit den neuen Formen der Informations- und Kommunikationstechnik erwartet. In Einzelfällen wird von Software und Beratungsunternehmen bereits ein zusätzlicher »Eckpunkt« im Sinne einer **Medien-Kompetenz** propagiert, um die Eigenständigkeit und Bedeutung hervorzuheben. Dieser Ansicht wird hier nicht gefolgt, sondern eine Gleichstellung neben dem Sach- und Methodenwissen bevorzugt.

Soziale Kompetenz

Hinter die zumeist betonten konzeptionellen und instrumentellen Aspekte treten die Anforderungen an Controller im Sinne sozialer Kompetenzen vielfach deutlich zurück. Gleichwohl sind **Kommunikations-, Kooperations- und Motivationsfähigkeit** Schlüsselqualifikationen für erfolgreiche Controller (und Manager).

Es wird dem der Literatur entnommenen Zitat »Erfahrene Controller sagen, dass sie 80 Prozent ihrer Zeit mit Kommunikation und 20 Prozent mit inhaltlicher Arbeit verbringen« (*Kirchner, H./Kirchner, W.* 1993 S. 182) in der Praxis kaum ein Betroffener widersprechen. Bei der von Controllern oftmals geforderten **argumentativen Durchsetzungskraft** (wegen der »beratenden« Stabs- statt »anordnenden« Linienfunktion) bedeutet das, u. a. fundierte Kenntnisse im Sinne von »Ein Bild sagt mehr als 1000 Worte« zu besitzen.

Neben einem Grundverständnis für die elementaren Zusammenhänge der Kommunikation und Gefahren des Entstehens von Missverständnissen sind beispielsweise Fragen der **sinnvollen Visualisierung** von besonderer Bedeutung (vgl. u. a. *Zelasny, G.* 1986; *Buchner, R./Wolz, M.* 1995; *Müller-Merbach, H.* 1996): Einsatz von

- Text-, Tabellen- oder Grafikdarstellungen,
- Struktur-, Rangfolge-, Zeitreihen-, Häufigkeits- oder Korrelationsvergleiche in Form von verschiedenen Balken-, Säulen-, Linien- und Punkt- und Kreisdiagrammen sowie speziellen sog. Symplex-Darstellungen.

In vergleichbarer Weise sind vom Controller Kooperations- bzw. Teamfähigkeit sowie Motivationsgeschick gefordert. Moderationen und Präsentationen, die aktive Mitgestaltung oder sogar Leitung von Projekten bedingen entsprechende Kenntnisse und Erfahrungen in der Führung von Teams.

Zu diesen auf soziale (zwischenmenschliche) Beziehungen konzentrierten Anforderungselementen treten in einer weiteren Kategorie die als »Persönliche Kompetenz« zu umschreibenden wünschenswerten Eigenschaften hinzu, z. B. **Kreativität, Innovations- und Lernbereitschaft, eigenständige Urteilsfähigkeit, Integrität und Belastbarkeit**.

Persönliche Kompetenz

Sie sind zwar kaum objektiv messbar, dennoch zählen sie in der Praxis zu den entscheidenden Erfolgsfaktoren, wenn ein nachhaltiger und umfassender Prozess des Controllings initiiert, gestaltet und fortentwickelt werden soll.

Aus den dargestellten Versuchen, ein Anforderungsprofil für Controller zu formulieren, ist zu erkennen, dass weitgehend Einigkeit über die Kernziele besteht:

D

- Förderung der informatorischen Fitness des Managements auf allen Unternehmensebenen und in allen Funktionsbereichen,
- Schaffung von betriebswirtschaftlicher Transparenz zur Sicherung einer optimalen Ergebniserzielung.

Auch bei den zentralen Aufgaben des Controllers besteht im Wesentlichen Übereinstimmung:

- Koordinierende Unterstützung des Managements bei Planungs-, Steuerungs- und Kontrollaufgaben,
- Aufbau eines leistungsfähigen Berichtssystems und Weiterentwicklung zu einem integrierten Führungsinformationssystem,
- Übernahme von betriebswirtschaftlichen Sonderaufgaben mit operativem und strategischem Charakter.

Die Entwicklung des Controllings hat in den einzelnen Unternehmen einen sehr unterschiedlichen Verlauf genommen. Auch sind die Einsatzbereiche für Controller in Abhängigkeit von der Unternehmensgröße und Spezialisierung äußerst vielfältig. Das hat naturgemäß Auswirkungen auf das Anforderungsprofil für Controllertätigkeiten.

Zwei besondere Aufgabenträger sollen exemplarisch in den nachfolgenden Abbildungen 8.2 und 8.3 dargestellt werden:

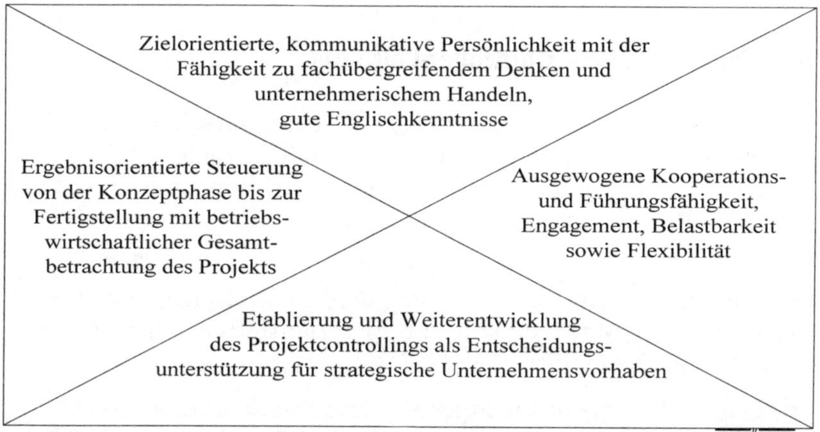

Abb. 8.2: Anforderungsprofil für Projektcontroller

SCHÄFFER POESCHEL

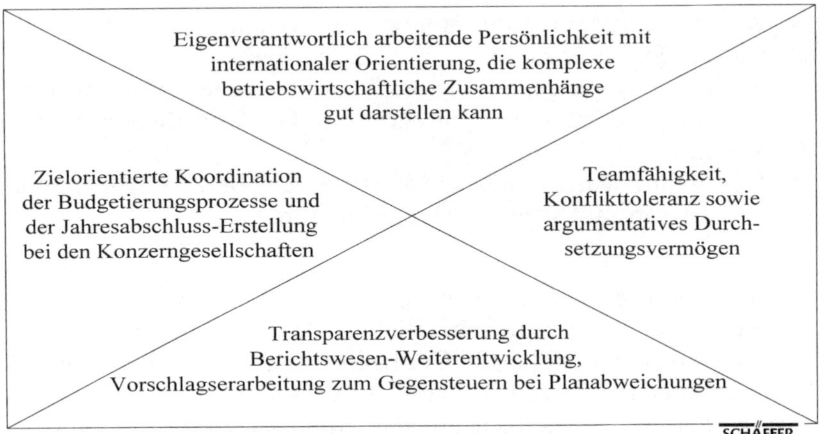

Abb. 8.3: Anforderungsprofil für Beteiligungscontroller

SCHÄFFER POESCHEL

8.3 Postulat eines Controller-Leitbilds

Abschließend soll – zusammenfassend – das Controller-Leitbild der »Interessengemeinschaft Controlling« (IGC) wiedergegeben werden (*Interessengemeinschaft Controlling* zitiert nach Editorial von *Horváth, P.*, in: Controlling, 1996, S. 203):

»Controller leisten begleitenden betriebswirtschaftlichen Service für das Management zur zielorientierten Planung und Steuerung. Das heißt:

- Controller sorgen für Ergebnis- und Strategietransparenz.
- Controller koordinieren Teilziele und Teilpläne ganzheitlich und organisieren unternehmensübergreifend zukunftsorientiertes Berichtswesen.
- Controller sichern die Daten- und Informationsversorgung der Entscheidungsträger.
- Controller tragen in aktiver sowie innovativer Mitarbeit zu mehr Wirtschaftlichkeit im System bei und müssen erreichen, dass jede Führungskraft in ihrer ökonomischen Verantwortlichkeit sich selbst steuern kann.
- Controller sind die internen betriebswirtschaftlichen Berater aller Entscheidungsträger und wirken als Lotse zur Zielerreichung.«

8.4 Fragen und Aufgaben

1. Erläutern Sie formal und inhaltlich die Anwendung der Kompetenz-Triade für Controller.
2. Erstellen Sie ein Fähigkeitsprofil für international einsetzbare Projektcontroller – ergänzt um jeweils anschauliche Beispiele für die von Ihnen genannten Anforderungen.
3. Hochschulen und andere (Weiter-)Bildungseinrichtungen können nur sehr bedingt auf konkrete praktische Controlling-Tätigkeitsfelder vorbereiten. Zu vielgestaltig sind die unternehmensindividuellen Erfordernisse. Welche Aktivitäten würden Sie Studierenden empfehlen, um dem beschriebenen Idealprofil (Leitbild der IGC) in akzeptabler Weise nahe zu kommen und zumindest gute Entwicklungsvoraussetzungen mitzubringen?
4. Stellen Sie sich vor, Sie haben im vergangenen Monat Ihre berufliche Tätigkeit als Assistent(in) der Geschäftsleitung eines mittelständischen Konzerns angetreten. Das Unternehmen ist in den letzten 5 Jahren (u. a. auch durch Akquisitionen) stark gewachsen, vor allem mit Verkaufsniederlassungen und Produktionsstätten in mehreren EU-Ländern sowie auf dem nord- und südamerikanischen Kontinent.
   Die Geschäftsleitung hat den Eindruck, dass das bestehende Controlling-Instrumentarium und -Berichtswesen den Notwendigkeiten der Globalisierung nicht adäquat ist, sodass die Stelle eines internationalen Beteiligungscontrollers geschaffen werden soll. Sie werden gebeten, einen möglichst umfassenden Vorschlag für die Stellenanzeige als Entscheidungsvorlage für die nächste Sitzung der Geschäftsleitung zu entwickeln.

9 Zusammenfassung und Entwicklungstrends

Hans-Ulrich Krause

Im Zuge der Weiterentwicklung der Unternehmen – unabhängig von der Kernstrategie, ob produkt-, markt- oder regionalorientierte Konzentration bzw. Diversifikation – sind die beschriebenen Controllinginstrumente je nach unternehmensindividuellem Erfordernis sowie Art und Umfang neu zu installieren oder den sich verändernden Anforderungen anzupassen.

Nicht zuletzt in Abhängigkeit von der Form einer kontinuierlichen oder (notwendigerweise z. B. im Rahmen der Globalisierung auch) sprunghaften Unternehmensentwicklung wird es eher auf eine schrittweise Adaption der Instrumente ankommen, als dass stets grundlegend neue Konzepte zu erwarten wären.

Die Ausführungen zum Balanced Scorecard-Ansatz haben in diesem Sinne deutlich gezeigt, dass eher eine Integration bisheriger methodischer Bausteine in einem modifizierten Perspektiven-System praxisnahe Umsetzung ermöglicht, denn mathematisch anspruchsvolle Gesamtunternehmungsplanungsmodelle.

Dem liegt das Verständnis zugrunde, dass operatives und strategisches Controlling nicht die Ungewissheit über künftige Umfeld- und Unternehmensentwicklungen beseitigen können. Sie sind aber sehr wohl in der Lage, aufbau- und ablauforganisatorische sowie instrumentelle Voraussetzungen für flexibleres, schnelleres Handeln und neue Aktionsspielräume zu schaffen.

Es gilt einerseits, das Spektrum bislang als unvorhersehbar eingeschätzter Entwicklungen und Überraschungen soweit wie möglich einzuengen. Durch den Einsatz geeigneter Risikomanagementsysteme mittels Frühaufklärung soll die Fähigkeit der Organisation »Unternehmen« erhöht werden, rechtzeitig wichtige Änderungen zu erkennen. Zügig Konsequenzen abzuleiten und ggf. durch schnelleres Handeln als Wettbewerber nicht nur für eine Risikobegrenzung zu sorgen, sondern auch Chancen im Sinne neuer Märkte zu nutzen, sind andererseits wichtige Ansatzpunkte für modernes Controlling.

Dazu sind in vielen Unternehmen die notwendigen internen und externen Kommunikationsbeziehungen (auch technisch) neu zu überdenken und meist zu intensivieren, das Verständnis und der Nutzen auf allen Ebenen zu verdeutlichen und zu vertiefen.

Ein besonderer Einsatzschwerpunkt des Controlling dürfte in der weitergehenden finanziellen Basierung der strategischen Entscheidungsvorbereitung liegen. Sowohl auf dem Niveau einzelner Geschäftsfelder, regional oder rechtlich abgegrenzter Gesellschaften als auch auf Konzernebene werden Instrumente, die Maßstäbe zu einer Objektivierung der Selbsteinschätzung liefern, zur Erhöhung der Vergleichbarkeit beitragen und für eine Verbesserung der Transparenz sorgen.

Nicht zuletzt werden Konzepte an Bedeutung gewinnen, die eine verstärkte Verzahnung und Integration von strategischen und operativen Planungs-, Steuerungs- und Kontrollmechanismen versprechen, sodass schnelleres und flexibleres Handeln durchgängig und konsistent über mehrere Berichtsebenen hinweg gewährleistet werden kann.

Bei aller methodischer Innovation oder neuer Kombinatorik bekannter Ansätze mit der Hoffnung auf Synergieeffekte wird es in hohem Maße darauf ankommen, Mitarbeiter auf allen Unternehmensebenen und in allen Funktionsbereichen mit den Möglichkeiten und Grenzen systematisch vertraut zu machen und im Falle der Einführung durch geeignete Formen der Unterstützung für »erste Erfolgserlebnisse« und letztlich für eine dauerhafte Nutzung zu sorgen.

Der »Steuerungs-« und »Lenkungs-«Gedanke des Controllings, die weiter in den Hintergrund zu drängende Assoziation der (Fremd-)»Kontrolle« bilden Mosaiksteine auf dem Weg der Vervollkommnung eines betriebswirtschaftlichen Ansatzes, der der Transparenz schaffenden Informationsversorgung und ergebnisoptimalen Koordinierung gewidmet ist.

Die Bedeutung des Controllings als integrative Kraft wird nur dann ihre volle Wirkung entfalten können, wenn diese Philosophie nicht nur propagiert, sondern auch von den Verantwortlichen in den Unternehmen vorgelebt wird:

»Ein gutes Beispiel ist besser als jeder gute Vorsatz«

Die nachfolgenden Thesen sollen einige markante Entwicklungen nochmals kompakt verdeutlichen. Um Missverständnissen vorzubeugen: Es geht bei der (z.T. bewusst überpointierten) Formulierung der Thesen nicht darum, den Controller »der Zukunft« zu einem »Alleskönner« hoch zu stilisieren. Die Kern-Ziele und -Aufgaben bleiben im Wesentlichen bestehen, gleichwohl werden sich je nach den Unternehmenserfordernissen die Schwerpunkte verlagern.

1. Vom zentralen Zahlenlieferanten zum dezentralen Auswertungs-Dienstleister

Weniger die anbieterdominierte Sicht des bereits Vorhandenseins oder der leichten Beschaffbarkeit von Daten bestimmt in Zukunft die Controllingaufgaben und inhaltliche Strukturierung des Planungs- und Berichtssystems, sondern die nachfragerdominierte Sicht, welche Daten und Kennzahlen die Entscheidungsträger auf den unterschiedlichen Unternehmensebenen für sinnvolles Handeln benötigen.

Die stärkere Umfeldorientierung wird die Kosten- und Leistungsrechnung in ihrer Funktion als »Daten-Hauptlieferant« tendenziell zurückdrängen, zumindest aber vor neue strukturelle Herausforderungen stellen (z. B. Prozessorientierung).

Andererseits wird als Konsequenz aus neuen Formen der (technik-gestützten) Gewinnung, Speicherung und Aufbereitung von internen und externen Daten (Stichwort: Data Warehouse) die Aufgabenstellung für modernes Controlling als Unterstützungsfunktion des Managements in Kooperation mit anderen Fachabteilungen wieder erweitert.

Der Anwendungsbezug und die Steigerung der Nutzungsintensität der bereitgestellten Daten wird weiterhin zu den primären Controlling-Zielen zählen.

2. Vom »ewigen Bedenkenträger« zum »Initiator moderner Instrumente«

Das verbal missverständlich gleichgesetzte (oder so verstandene) englischsprachige »control« mit dem deutschsprachigen »Kontrolle« hat dem Controlling in vielen Unternehmen vor allem die Aufgaben der erfahrungsgeleiteten Soll-Ist-Analysen zugewiesen, d. h. die Sorge um die Abweichung. Es war die oftmals undankbare Tätigkeit des »Nachrechners« zu erfüllen. Um in der Nähe der Wortwahl zu bleiben: Zukünftig ist aber weniger die Rolle des »Nach-Denkers« erforderlich, sondern eher die des »Vor-Denkers«.

Die aus diesen vielen Jahren der primären Risikovermeidung zur Gewohnheit gewordene Ausrichtung an fast ausschließlich finanziellen Daten (den so genannten hard facts), die ohne Zweifel in bestimmtem Umfang auch weiterhin ihre Berechtigung behalten wird, muss ergänzt werden um Methodiken, die beispielsweise durch Internet-basierte Datenerhebung (u. a. so genannten soft facts) neue Chancen ermöglichen, Wettbewerbsvorteile zu schaffen und erfolgreich Kundenbedürfnisse zu erfüllen. Dabei geht es nicht darum, den Linienmanagern die Verantwortlichkeiten für Planungsinhalte streitig zu machen, sondern sie vielmehr durch geeignetere Informationen und Verfahren in ihrer Problemlösungsfähigkeit zu stärken.

3. Die vielfältige Wirkung des Internets erfordert kontinuierlich zu aktualisierendes Medien-Wissen bei den Trägern der Controlling-Aufgaben

Electronic Business-Anwendungen unterstützen zum einen über informationstechnische und Internet-basierte Vernetzung neue Wahrnehmungsformen der Controlling-Funktion, zum anderen sind die bisherigen Koordinationsinstrumente in Anbetracht der erhöhten Dynamik und Komplexität des Umfelds weiterzuentwickeln. Persönliche Lernfähigkeit und -willigkeit sind auch für Controller unabdingbar: »Lernen ist wie Schwimmen gegen den Strom – sobald man aufhört, fällt man zurück«.

Die neuen Chancen der Informationstechnik-gestützten Datenerhebung, -verarbeitung und -aufbereitung sowie die durch Digitalisierung mögliche Überwindung von so genannten Medienbrüchen und Schnittstellenproblematiken müssen auch im Controlling selbst zu einem besseren Nutzen-Kosten-Verhältnis führen.

4. Qualitäts-, Kosten- und Zeitführerschaft – Controlling in eigener Sache

Getreu dem Motto »Jeder kehre vor seiner Tür« muss das Controlling für das eigene Tätigkeitsfeld die Fragen der Effektivität – Tun wir das Richtige? – und Effizienz – Tun wir es richtig? – stellen, z. B. die (unternehmensinterne) Kundenorientierung mit einer Bedarfs-, Verhaltens- und Wahrnehmungsanalyse verbessern oder ein Benchmarking veranlassen.

Liefert das Controlling die notwendige Unterstützung, sodass andere Fachverantwortliche erfolgreich am (externen) Markt operieren können (Stichwort: Aufbau von kunden- und marktbezogenen Ergebnisrechnungen)? Sind die richtigen Daten zur richtigen Zeit am richtigen Ort? Sind die Kosten der Analysen dem Controlling und den (internen) Abnehmern bekannt? Ist überhaupt schon jemals versucht worden, sie zu erheben?

Angesichts der nicht nur Großunternehmen betreffenden Internationalisierung, der sich nicht selten rasch wandelnden Absatz-, Beschaffungs- und Finanzmärkte muss den strategischen Gesichtspunkten noch stärkeres Gewicht beigemessen werden. Dabei sollte nicht einfach der dem Sport entliehenen Aufforderung »Schneller – Höher – Weiter« im betriebswirtschaftlich übertragenen Sinne gefolgt werden, pauschal »kurzfristiger – mehr – detailliertere« Informationen zu generieren. Vielmehr muss gleichzeitig auch intensiv analysiert werden, welche methodischen und inhaltlichen Kürzungen möglich sind.

Es geht nicht nur um das »Lernen«, sondern ebenso um das »Entlernen«: Das Sich-Trennen von langjährig durchgeführten Analysen, Statistiken und Auswertungen, wenn sie an Relevanz verloren haben, wenn sie deshalb entfallen oder durch andere Instrumente ersetzt werden können.

5. Von der Funktions- über die Prozess- zur Netzwerkorientierung

Obwohl sich die Controllingsysteme in ihrer heutigen Form in vielen Unternehmen im Grundsatz bewährt haben, ist es vor dem Hintergrund der sich zum Teil stark ändernden Umfeldbedingungen und der gestiegenen internen Anforderungen dennoch erforderlich, die Planungs-, Kontroll- und Berichtssysteme entsprechend weiterzuentwickeln.

Das Denken und Handeln in unternehmensübergreifenden Wertschöpfungspartnerschaften sowie die neuen Abhängigkeiten zwischen dem Know-how und Können der so genannten »New Economy« (z. B. Internet-Unternehmen) und der so genannten »Old Economy« (z. B. Logistik-Unternehmen) bedingen auch innovative Formen der ökonomischen Steuerung.

6. Verbesserung der Kommunikation durch Abbau von Fachterminologie-Barrieren

Die Erfahrung, dass zunehmend interkulturell und/oder interdisziplinär zusammengesetzte Teams eine wesentliche Voraussetzung für die erfolgreiche Bewältigung von grundlegenden Unternehmensprojekten sind, führt zu der Forderung, die nach wie vor unerlässlich fundierten Analysen in stärker allgemeinverständlicher Sprache mit nur einem Mindestmaß an betriebswirtschaftlichen Fachbegriffen zu erstellen.

Auch das scheint zunächst leichter gesagt als getan. Jedoch ist hier ein mehrstufiges Vorgehen denkbar, das die Orientierungsgrößen in Form von Kennzahlen, Kosten- und Werttreibern etc. je nach Entscheidungsebene strukturiert. Ergänzend ist eine intensive Bereitschaft des Controllings zur Erklärung der Begriffe und Zusammenhänge sicherzustellen – nicht nur einmalig bei der Neukonzeption, sondern kontinuierlich –, um Missverständnisse und ggf. daraus entstehende fehlerhafte Konsequenzen zu vermeiden.

Das Entfeinern der Controlling-Systeme und die Harmonisierung bzw. Standardisierung der verwendeten Begriffe, Analysen und Darstellungsformen unter Verwendung der Möglichkeiten der modernen Informationstechnik (z. B. Intranet) kann dort, wo eine Vertiefung der Untersuchung erforderlich erscheint, durch geeignete Verfahren der Detaillierung gewährleistet werden.

7. Vom internen Berater (Consultant) zum Förderer (»Coach«)

Die Tendenz zur stärkeren Dezentralisierung von unternehmerischem Handeln fördert die Notwendigkeit, »vor Ort« eigenverantwortlich ohne ein zentral gesteuertes System des so genannten »betriebswirtschaftlichen Gewissens« das Controlling auszuüben. Hier wandelt sich die Rolle des Controllers zum »Befähiger« im Sinne der »Hilfe zur Selbsthilfe«. Er kann sich in dieser engen Aufgabendefinition im Extremfall als eigenständige organisatorische Position selbst überflüssig machen.

Aus personalpolitischer Sicht kann beispielsweise ein gezielter (und entsprechend vorbereiteter) Arbeitsplatzwechsel im Sinne einer Job-Rotation dazu führen, dass die vom Controlling zur Verfügung gestellten betriebswirtschaftlichen Kennzahlen und Methodiken als konkrete Hilfe zur Lösung der individuellen Aufgabenerfüllung in den verschiedensten Bereichen der Unternehmen wahrgenommen und erlebt werden. Dieser Austausch sollte nicht nur zwischen Mitarbeitern des Controllings der dezentralen Einzelgesellschaften und der Zentrale (Holding) erfolgen. Noch effizienter auf längere Frist ist der fachabteilungsübergreifende und vorbildungsunabhängige Austausch innerhalb des Unternehmens.

8. Von der Perfektionierung der Routine zur Flexibilität für Neues

Der gestiegene Veränderungsdruck durch die Umfelddynamik und -komplexität hat noch in einer weiteren Form Konsequenzen für das Controlling: Die Gültigkeit bisheriger Erfolgsfaktoren ist zu überprüfen. Nicht mehr allein das qualitativ beste Endprodukt oder die hochwertige Dienstleistung sind automatisch der wesentliche Erfolgsfaktor. Sind nicht Flexibilität und damit Schnelligkeit sowie Veränderungsbereitschaft durch Lernfähigkeit in vielen Wettbewerbskonstellationen bereits entscheidender geworden? Wenn dem so sein sollte – und viele Praxisbeispiele sprechen dafür, dann muss das Controlling prüfen, ob Inhalte, Methodiken und Organisationsformen noch zeitgemäß und problemadäquat sind.

Analog zur Gefahr im technischen Bereich eines »Over-engineering« muss auch im betriebswirtschaftlichen Sinne dem »Overcontrolling« entgegengewirkt werden. So, wie die kostenintensive, über die Kundenbedürfnisse (und -zahlungsbereitschaft) hinausgehende Qualität von Produkten und Dienstleistungen bei hohem Wettbewerbsdruck problematisch werden kann, so sind in gleichem Maße die immer weitere Detaillierung, die akribisch-detaillierten Kostenvorgaben, die vielstufigen starren Berichtssysteme durch eine geeignete Entfeinerung im Abgleich mit den Anforderungen der Informationsempfänger selbstkritisch zu analysieren.

Die Aussage »In der Internet-Welt bilden 3 Kalendermonate 1 Jahr ab« steht stellvertretend für die hohe Dynamik aller Geschäftsabläufe in Verbindung mit Electronic Business. Aber auch jenseits dieses extremen Bereichs gilt: Die Betonung von umfassenden Standardberichten – z. B. erstellt in festen Zeiträumen wie viertel- oder halbjährlich – verlagert sich zugunsten kurzfristigerer, geringer formalisierter und von den inhaltlichen Erfordernissen wie Zeitrhythmen weniger vorhersehbarer Informationsbedarfe.

Letztlich mündet diese Argumentation in der Herausforderung für die betriebswirtschaftliche Controlling-Forschung und -Lehre:

Studierende durch eine entsprechende Hochschulausbildung – und möglichst auch Praktiker durch Weiterbildung – in ihrer Zukunftsfähigkeit zu fördern!

Literaturverzeichnis

Abell, D. F.: Strategic Windows, in: Journal of Marketing, 7/1978, S. 21–27

Anders, S.: Implementierung von Balanced Scorecards in einem Versicherungsunternehmen, in: *Töpfer, A.* (Hrsg.): Das Management der Werttreiber, Frankfurt am Main 2000, S. 187–204.

Ansoff, H. I.: Managing Surprise and Discontinuity – Strategic Response to Weak Signals, in: zfbf, 1976, S. 129 ff.

Arnold, U.: Beschaffungsinformation, in: *Wittmann, W. et al.* (Hrsg.): Handwörterbuch der Betriebswirtschaft, 5. Aufl., Stuttgart 1993, Sp. 325–338.

Arnold, U.: Beschaffungscontrolling, in: *Schulte, C.* (Hrsg.): Lexikon des Controlling, München-Wien 1996, S. 68–72.

Baetge, J./Jerschensky, A.: Frühwarnsysteme als Instrumente eines effizienten Risikomanagement und -Controlling, in: Controlling, 1999, S. 171–176.

Baum, H.-G./Coenenberg, A. G./Günther, T.: Strategisches Controlling, 2. neugestaltete Aufl., Stuttgart 1999.

Berens, W./Born, A./Hoffjan, A. (Hrsg.): Controlling international tätiger Unternehmen, Stuttgart 2000.

Berens, W./Karlowitsch, M./Mertes, M.: Die Balanced Scorecard als Controllinginstrument in Non-Profit-Organisationen, in: Controlling, 2000, S. 23–27.

Betriebswirtschaftlicher Ausschuß des Zentralverbandes der Elektrotechnischen Industrie e. V. (Hrsg.): ZVEI-Kennzahlensystem: Ein Instrument zur Unternehmenssteuerung, 4. Aufl., Frankfurt a. M. 1989.

Biel, A.: Controlling im Handel, in: Controller Magazin, 1984, S. 69–74.

Birker, K.: Kosten- und Leistungsrechnung, Berlin 1996.

Bissantz, N.: Aktive Managementinformation und Data Mining: Neuere Methoden und Ansätze, in: *Chamoni, P./Gluchowski, P.* (Hrsg.): Analytische Informationssysteme. Data Warehouse, On-Line Analytical Processing, Data Mining. 2., neubearbeitete Aufl., Berlin-Heidelberg u. a. 1999, S. 375–392.

Bitzer, M. R.: Zeitbasierte Wettbewerbsstrategien – Die Beschleunigung von Wertschöpfungsprozessen in der Unternehmung. Gießen 1992.

Bleicher, K.: Chancen für Europas Zukunft. Führung als internationaler Wettbewerbsfaktor, Wiesbaden 1989.

Bleicher, K.: Organisation, Strategien, Strukturen, Kulturen. 2. Aufl., Wiesbaden 1991.

Blohm, H./Lüder, K.: Investition. 8., aktualisierte und ergänzte Aufl., München 1995.

Botta, V. (Hrsg.): Rechnungswesen und Controlling: Bausteine des Rechnungswesens und ihre Verknüpfung, Herne-Berlin 1998.

Brockhoff, K.: Controlling in Forschung und Entwicklung der Unternehmen, in: zfbf, 1984, S. 608–618.

Buchner, R./Wolz, M.: Eignung graphischer Verfahren zur Darstellung betriebswirtschaftlicher Sachverhalte, in: zfbf, 1995, S. 633–658.

Bühner, R. (Hrsg.): Der Shareholder-Value-Report. Landsberg/Lech 1994.

Bühner, R.: Unternehmerische Führung mit Shareholder Value, in: *Bühner, R.* (Hrsg.): Der Shareholder-Value-Report. Landsberg/Lech 1994a, S. 9–75.

Bürgel, H.D.: Internationales Controlling von Forschung und Entwicklung bei Alcatel, in: Controlling, 1991, S. 130–135.

Bullinger, H.-J./Berres, A. (Hrsg.): E-Business-Handbuch für den Mittelstand, Berlin/Heidelberg 2000.

Bundesumweltministerium und Umweltbundesamt (Hrsg.): Handbuch Umweltcontrolling. 2. völlig überarbeitete und erweiterte Aufl., München 2001.

Camp, R.C.: Benchmarking: The Search For Industry Best practices That Lead To Superior Performance. Milwaukee 1989.

Chamoni, P./Gluchowski, P. (Hrsg.): Analytische Informationssysteme. Data Warehouse, On-Line Analytical Processing, Data Mining. 2., neubearbeitete Aufl., Berlin-Heidelberg u. a. 1999.

Chamoni, P./Gluchowski, P.: Analytische Informationssysteme – Einordnung und Überblick, in: *Chamoni, P./Gluchowski, P.* (Hrsg.): Analytische Informationssysteme. Data Warehouse, On-Line Analytical Processing, Data Mining. 2., neubearbeitete Aufl., Berlin/Heidelberg u. a. 1999a, S. 3–25.

Chamoni, P./Gluchowski, P.: Entwicklungslinien und Architekturkonzepte des On-Line Analytical Processing, in: *Chamoni, P./Gluchowski, P.* (Hrsg.): Analytische Informationssysteme. Data Warehouse, On-Line Analytical Processing, Data Mining. 2., neubearbeitete Aufl., Berlin-Heidelberg u. a. 1999b, S. 261–280.

Chmielewicz, K.: Rechnungswesen, in: *Grochla, E./ Wittmann, W.* (Hrsg.): HWB, 4. Aufl., Stuttgart 1974–76, Sp. 3343–3361.

Clemens, R./Icks, A./Menke, A.: Euro und Mittelstand. Neue Dimensionen auf internationalen Märkten, Wiesbaden 1998.

Coenenberg, A. G.: Kostenrechnung und Kostenanalyse, 3. überarbeitete und erweiterte Aufl., Landsberg/Lech 1997.

Coenenberg, A.G.: Kostenrechnung und Kostenanalyse – Aufgaben und Lösungen, Landsberg/Lech 1997.

Coenenberg, A.G./ Fischer, T.M.: Kostenrechnung und Controlling, in: *Schulte, C.* (Hrsg.): Lexikon des Controlling, München/Wien 1996, S. 456–460.

Däumler, K.-D./ Grabe, J.: Kostenrechnungs- und Controllinglexikon, 2., neubearbeitete und wesentlich erweiterte Aufl., Herne-Berlin 1997.

Deyle, A.: Verhaltensanforderungen an den Controller, Gauting bei München 1980.

Deyle, A.: Controller-Handbuch – Enzyklopädisches Lexikon für die Controller-Praxis, 4. Aufl., Gauting bei München 1996.

Diethelm, G.: Projektmanagement. Bd. 1: Grundlagen. Herne-Berlin 2000.

Dörner, D./Horváth, P./Kagermann, H. (Hrsg.): Praxis des Risikomanagements. Stuttgart 2000.

Dusch, M./Möller, M.: Praktische Anwendung der Balanced Scorecard, in: Controlling, 1997, S. 116–121.

Ebert, G./ Koinecke, J./ Peemöller, V.H./ Preißler, P.R. (Hrsg.): Controlling, 6., überarbeitete und erweiterte Aufl., Landsberg/Lech 1996.

Ehrlenspiel, K./Kiewert, A./Lindemann, U.: Kostengünstig entwickeln und konstruieren, 3. bearbeitete Aufl., Berlin – Heidelberg 2000.

Ehrmann, H.: Kompakt-Training Balanced Scorecard, Ludwigshafen 2000.

Einhellinger, F.: Das Risikomanagement in einem diversifizierten Konzern, am Beispiel der JENOPTIK-Gruppe, in: *Horváth, P.* (Hrsg.): Strategische Steuerung. Stuttgart 2000b, S. 297–318.

Emmerich, G.: Risikomanagement in Industrieunternehmen – gesetzliche Anforderungen und Umsetzung nach dem KonTraG, in: zfbf, 1999, S. 1075–1089.

Engelhard, J. (Hrsg.): Strategische Führung internationaler Unternehmen. Paradoxien, Strategien und Erfahrungen. Wiesbaden 1996.

Ernst, E.: Anforderungen an das Controlling beim Wandel vom nationalen zum internationalen Unternehmen, in: *Berens, W./Born, A./Hoffjan, A.* (Hrsg.): Controlling international tätiger Unternehmen, Stuttgart 2000, S. 123–141.

Eschenbach, R. (Hrsg.): Controlling, 2., überarbeitete und erweiterte Aufl., Stuttgart 1996.

Fischer, T. M. (Hrsg.): Kosten-Controlling. Neue Methoden und Inhalte, Stuttgart 2000.

Fischer, T. M.: Implementierung von Balanced Scorecards in Handelsunternehmen, in: Controlling, 2001, S. 5–13.

Franke, A./ Fürnrohr, M.: Risikomanagement von Projekten – ein Überblick, in: *Schelle, H./ Reschke, H./ Schnopp, R.* (Hrsg.): Projekte erfolgreich managen, Köln 1994, S. 19–26.

Franz, K.-P./Kajüter, P. (Hrsg.): Kostenmanagement, Stuttgart 1997.

Freidank, C.-C./Götze, U./Huch, B./Weber, J. (Hrsg.): Kostenmanagement, Berlin/Heidelberg 1997.

Fröhling, O.: Entgehende Kundendeckungsbeiträge quantitativ messen, in: Qualität und Zuverlässigkeit, 1994, S. 990–993.

Fröhling, O.: Strategisches Kostenmanagement: Paradigmenbeschwörung überdeckt Konzeptionsdefizite, in: *Dellmann, K./ Franz, K.-P.* (Hrsg.): Neuere Entwicklungen im Kostenmanagement, Bern u. a. 1994, S. 79–131.

Fröhling, O.: Controlling in der New Economy, in: krp, 2000a, S. 223–231.

Fröhling, O.: KonTraG und Controlling. München 2000b.

Gabriel, R./Chamoni, P./Gluchowski P.: Data Warehouse und OLAP – Analyseorientierte Informationssysteme für das Management, in: zfbf, 2000, S. 74–93.

Galli, A./Wagner, M.: Balanced Scorecard an der Schnittstelle Profit – Non-Profit?, in: Der Betrieb, 39/1999, S. 1965–1969.

Gardner, S.R.: Building the Data Warehouse. In: Communications of the ACM, 41. Jg., 1998, Nr. 9, S. 52–60.

Garzotto, A.: MASY – Ein Erfahrungsbericht zum Thema Data Warehouse, in: *Jung, R./Winter, R. (Hrsg.)*: Data Warehousing Strategie. Erfahrungen, Methode, Visionen. Berlin et al. 2000, S. 161–179.

Gleich, R./Brokemper, A.: Prozeßkostenmanagement mit Prozeß-Benchmarking: In vier Phasen zum Benchmarkingerfolg – dargestellt an einem Beispiel aus dem Maschinenbau, in: *Horváth, P.* (Hrsg.): Das neue Steuerungssystem des Controllers, Stuttgart 1997, S. 201–231.

Günther, E.: Ökologieorientiertes Controlling. München 1994.

Günther, T.: Direkte Produkt-Rentabilität, in: *Schulte, C.* (Hrsg.): Lexikon des Controlling, München/Wien 1996, S. 167–171.

Günther, T.: Unternehmenswertorientiertes Controlling, München 1997.

Haase, K.: Geschichte des Controlling, in: *Schulte, C.* (Hrsg.): Lexikon des Controlling, München-Wien 1996, S. 293–295.

Haberstock, L.: Kostenrechnung II – (Grenz-) Plankostenrechnung, 7. Aufl., Hamburg 1989.

Hahn, D.: Strategische Führung und strategisches Controlling, in: zfbf-Ergänzungsheft 3/1991, S. 121–146.

Hahn, D.: PuK. Controllingkonzepte. 5., überarbeitete und erweiterte Aufl., Wiesbaden 1996.

Hahn, D./Taylor, B. (Hrsg.): Strategische Unternehmungsplanung. Heidelberg 1999.

Harengel, J./Hess, T.: Entwicklung einer Balanced Scorecard. Untersucht am Beispiel des Retailgeschäfts einer Bank, in: krp, 4/1999, S. 239–245.

Heigl, A.: Controlling – Interne Revision, 2. Aufl., Stuttgart/New York 1989.

Heinl, M./Linner, C./Otto, L. (Hrsg.): EURO-Handbuch für Unternehmen. Neuwied-Kriftel-Berlin 1998.

Hermanns, A./Sauter, M. (Hrsg.): Management-Handbuch Electronic Commerce, München 1999.

Herter, R. N.: Unternehmenswertorientiertes Management. München 1994.

Hill, W./ Fehlbaum, R./ Ulrich, P.: Organisationslehre, 5. Aufl., Bern/ Stuttgart 1994.

Hinterhuber, H. H.: Strategische Unternehmensführung. Berlin/New York 1977.

Hoffjan, A./Karlowitsch, M./Rehbach, C.: Die Balanced Scorecard als Instrument der Erfolgsmessung in internationalen Joint Ventures, in: *Berens, W./Born, A./Hoffjan, A.* (Hrsg.): Controlling international tätiger Unternehmen, Stuttgart 2000, S. 227–258.

Hoffmann, W./ Niedermayr, R./ Risak, J.: Führungsergänzung durch Controlling, in: *Eschenbach, R.* (Hrsg.): Controlling. 2., überarbeitete und erweiterte Aufl., Stuttgart 1996, S. 3–48.

Hoitsch, H.-J.: Produktionscontrolling, in: *Schulte, C.* (Hrsg.): Lexikon des Controlling, München-Wien 1996, S. 68–72.

Holzbaur, U.D.: Management, Ludwigshafen (Rhein) 2001.

Hopfenbeck, W.: Allgemeine Betriebswirtschafts- und Managementlehre, 12. Aufl., Landsberg 1998.

Horak, C.: Controlling in Nonprofit-Organisationen, 2. Aufl., Wiesbaden 1995.

Horváth, P. (Hrsg.): Das neue Steuerungssystem des Controllers, Stuttgart 1997.

Horváth, P.: Controlling, 7. vollständig überarbeitete Aufl., München 1998.

Horváth, P. (Hrsg.): Controlling & Finance. Aufgaben, Kompetenzen und Tools effektiv koordinieren, Stuttgart 1999.

Horváth, P. (Hrsg.): Früherkennung in der Unternehmenssteuerung, Stuttgart 2000a.

Horváth, P. (Hrsg.): Strategische Steuerung, Stuttgart 2000b.

Horváth & Partner: Das Controllingkonzept. Der Weg zu einem wirkungsvollen Controllingsystem. 4., überarbeitete und erweiterte Aufl., München 2000a.

Horváth & Partner: Balanced Scorecard umsetzen, Stuttgart 2000b.

Horváth, P./ Urban, G.: Qualitätscontrolling, Stuttgart 1990, S. 65–113.

Horváth, P./Herter, R. N.: Benchmarking. Vergleich mit den Besten der Besten, in: Controlling, 1992, S. 4–11.

Huch, B./Behme, W./Ohlendorf, T.: Rechnungswesenorientiertes Controlling. 3., vollständig überarbeitete und erweiterte Aufl., Heidelberg 1997.

Hungenberg, H.: Lieferantencontrolling, in: *Schulte, C.* (Hrsg.): Lexikon des Controlling, München-Wien 1996, S. 497–501.

Inmon, W.H.: Building the Data Warehouse. New York et al. 1992.

Interessengemeinschaft Controlling (IGC): Controller-Leitbild, zitiert nach Editorial von *Horváth, P.*, in: Controlling, 1996, S. 203.

Jackson, J.H.: The Comptroller: His Functions and Organization, Cambridge/Mass. 1948, S. 8.

Jórasz, W.: Kosten- und Leistungsrechnung: Einführung mit Aufgaben und Lösungen, 2., überarbeitete Aufl., Stuttgart 2000.

Jung, R./Winter, R. (Hrsg.): Data Warehousing Strategie. Erfahrungen, Methode, Visionen. Berlin et al. 2000.

Jung, R./Winter, R.: Data Warehousing: Nutzungsaspekte, Referenzarchitektur und Vorgehensmodell, in: *Jung, R./Winter, R. (Hrsg.)*: Data Warehousing Strategie. Erfahrungen, Methode, Visionen. Berlin et al. 2000a, S. 3–20.

Kaplan, R. S. / Norton, D. P.: Balanced Scorecard. Strategien erfolgreich umsetzen, Stuttgart 1997.

Kilger, W.: Flexible Plankostenrechnung und Deckungsbeitragsrechnung, 9. Aufl., Wiesbaden 1988.

Kilger, W.: Flexible Plankostenrechnung und Deckungsbeitragsrechnung, 10. Aufl., Wiesbaden 1993.

Kirchner, H./Kirchner, W.: Erfolgreiche Kommunikation im Controlling, in: controller magazin, 4/1993, S. 182–189.

Knorren, N./Weber, J.: Implementierung Shareholder-Value. Vallendar 1997.

Koch, M./Voss, J.-P./Becker, R.: Strategische Herausforderungen des Auswärtigen Dienstes und Ansätze zu deren Bewältigung, in: *Horváth, P.* (Hrsg.): Strategische Steuerung, Stuttgart 2000b, S. 375–390.

Kolarik, F.-G.: Controlling im Bankbereich, in: *Eschenbach, R.* (Hrsg.): Controlling. 2., überarbeitete und erweiterte Aufl., Stuttgart 1996, S. 676–685.

Krause, H.-U.: Strategische Unternehmenssteuerung anhand von finanziellen Kenngrößen wie Shareholder Value, Kapital- und Umsatzrenditen, Erftstadt 1996.

Kreuz, W. et al.: Mit Benchmarking zur Weltspitze aufsteigen, 2. Aufl., Landsberg/Lech 1997.

Krüger, W.: Beteiligungscontrolling, in: *Schulte, C.* (Hrsg.): Lexikon des Controlling. München/Wien 1996, S. 74–79.

Krüger, W./Homp, C.: Kernkompetenz-Management. Wiesbaden 1997.

Krystek, U.: Controlling und Frühaufklärung, in: Controlling, 2/1990, S. 68–75.

Krystek, U./Müller, M.: Frühaufklärungssysteme. Spezielle Informationssysteme zur Erfüllung der Risikokontrollpflicht nach KonTraG, in: Controlling, 1999, S. 177–183.

Küpper, H.-U.: Controlling als Instrument der Unternehmensführung (Vortrag, gehalten bei »Betriebswirtschaftliche Tage zu Schwerin«), veröffentlicht: Betriebswirtschaftliche Tage zu Schwerin, 1992.

Küpper, H.-U.: Controlling: Konzeption, Aufgaben und Instrumente, Stuttgart 1995.

Küpper, H.-U.: Controlling. Konzeption, Aufgaben und Instrumente, 2. aktualisierte und ergänzte Aufl., Stuttgart 1997.

Küting, K.: Shareholder-Value, in: *Seicht, G.* (Hrsg): Jahrbuch für Controlling und Rechnungswesen. Wien 1998, S. 201–240.

Kusterer, F.: E-Controlling, in: Controlling, 2000, S. 217–221.

Lamla, J.: Prozessbenchmarking, München 1995.

Lasch, R./Trost, R.: Wettbewerbs-Benchmarking: Ein empfehlenswertes Management-Instrument?, in: ZfB, 1997, S. 689–712.

Leciejewski, K. D.: Risiken früh erkennen – den Wert des Unternehmens steigern, in: HARVARD BUSINESS manager, 4/1999, S. 63–72.

Leibfried, K. H. J./McNair, C. J.: Benchmarking, Freiburg im Breisgau 1993.

Lemnitzer, K.-H./Stein, L. (Hrsg.): EURO in der Unternehmenspraxis, Stuttgart 1998.

Letmathe, P.: Umweltbezogene Kostenrechnung, München 1998.

Lewis, T. G.: Steigerung des Unternehmenswertes. 2. Aufl., Landsberg/Lech 1995.

Lorson, P.: Konzerncontrolling, in: *Schulte, C.* (Hrsg.): Lexikon des Controlling. München-Wien 1996a, S. 435–439.

Lorson, P.: Erfolgsrechnung und -überwachung in globalen Konzernen, in: DB 1996b, S. 2505–2511.

Lube, M.-M.: Strategisches Controlling in international tätigen Unternehmen. Wiesbaden 1997.

Macharzina, K./Oesterle, M.-J. (Hrsg.): Handbuch Internationales Management, Wiesbaden 1997.

Markowitz, H.M.: Portfolio-Selection, in: Journal of Finance, 1952, S. 77–91.

Mayer, R.: Prozesskostenrechnung und Prozesskostenmanagement, in: *IFUA Horváth & Partner* (Hrsg.): Prozesskostenmanagement, München 1991, S. 73–100.

Mayer, E./ Liessmann, K./ Mertens, H.W.: Kostenrechnung: Grundwissen für den Controllerdienst. 6., verbesserte und erweiterte Aufl., Stuttgart 1996.

Meckl, R.: Controlling im internationalen Unternehmen, München 2000.

Meier, H.: Unternehmensführung: Aufgaben und Techniken des betrieblichen Managements, Herne/Berlin 1998.

Melliger, R.H.: Controlling im Vergleich zwischen Banken und Industrie, in: Controller Magazin, 1992, S. 282–285.

Mertens, P./Bissantz, N./Hagedorn, J.: Data Mining im Controlling, in: ZfB, 1997, S. 179–201.

Mertins, K./Siebert, G./Kempf, S. (Hrsg.): Benchmarking. Berlin 1995.

Meyersiek, D.: Unternehmenswert und Branchendynamik, in: BFuP, 1991, S. 233–240.

Möhlenbruch, D./ Meier, C.: Defizite im Handelscontrolling, in: Controlling, 1997, S. 318–325.

Möhlenbruch, D./ Meier, C.: Komponenten eines integrierten Controlling-Systems im Einzelhandel, in: Controlling, 1998, S. 64–70.

Müller-Merbach, H.: Symplex-Diagramme, in: *Schulte, C.* (Hrsg.): Lexikon des Controlling. München/Wien 1996, S. 732–735.

Nicklas, M.: Unternehmenswertorientiertes Controlling im internationalen Industriekonzern, Gießen 1998.

Niedermayr, R.: System, Kontext und Effizienz des Controlling in österreichischen Unternehmen. Konzeption, Bezugsrahmen und empirische Ergebnisse, Wien 1993.

Olfert, K.: Kostenrechnung. 11., überarbeitete und erweiterte Aufl., Ludwigshafen 1999.

Otte, W./Heinrich, R.: Der EURO im Rechnungswesen. Freiburg 1998.

Pausenberger, E.: Controlling internationaler Unternehmungen, in: *Engelhard, J.* (Hrsg): Strategische Führung internationaler Unternehmen. Paradoxien, Strategien und Erfahrungen. Wiesbaden 1996, S. 179–198.

Pausenberger, E./Roth, A.: Störfaktoren im internationalen Controlling, in: ZfbF, 1997, S. 580–596.

Peemöller, V.H.: Prüfung des Personalwesens, in: *Meyer, C.W. u. a.* (Hrsg.): Gedanken zur Unternehmensführung: Beiträge aus Theorie und Praxis, Berlin 1974, S. 157–169.

Peemöller, V.H.: Interne Revision und Controlling, in: *Schulte, C.* (Hrsg.): Lexikon des Controlling, München/Wien 1996, S. 372–377.

Peemöller, V. H.: Controlling. 3. Aufl., Herne/Berlin 1997.

Pfeiffer, W. u.a.: Technologie-Portfolio zum Management strategischer Zukunftsgeschäftsfelder. 6. Aufl., Göttingen 1991.

Pendse, N./Creeth, R.: The OLAP-Report: Succeeding with On-Line Analytical Processing, Vol. 1, Business Intelligence, o. O. 1995.

Perlitz, M.: Internationales Management. 3. Aufl., Stuttgart 1997.

Pfohl, H.-C./ Zettelmeyer, B.: Controlling, strategische Planung und strategisches Controlling. Darmstadt 1985.

Pfohl, H.-C./ Zettelmeyer, B.: Anforderungen an den Controller in der Literatur und in Stellenanzeigen, in: krp, 1986, S. 125–132.

Pieske, R.: Benchmarking in der Praxis – Erfolgreiches Lernen von führenden Unternehmen. Landsberg/Lech 1995.

Porter, M. E.: Competitive Strategy – Techniques for Analyzing Industries and Competitors, New York 1980.

Preißler, P.R.: Controlling. Lehrbuch und Intensivkurs, 6. Aufl., München-Wien 1995.

Preißler, P.R.: Controlling-Lexikon, München 1995.

Rappaport, A.: Shareholder Value. Wertsteigerung als Maßstab für die Unternehmensführung. Stuttgart 1994.

Rattay, G.: Projektplanung und -steuerung, in: *Eschenbach, R.* (Hrsg.): Controlling, 2., überarbeitete und erweiterte Aufl., Stuttgart 1996, S. 371–412.

Rebstock, M./Hildebrandt, K. (Hrsg.): E-Business für Manager, Bonn 1999

Reichmann, T.: Grundlagen einer systematischen Controlling- Konzeption mit Kennzahlen, in: zfbf, 1985, S. 887–898.

Reichmann, T.: Controlling mit Kennzahlen: Grundlagen einer systemgestützten Controlling-Konzeption, 4. Aufl., München 1995.

Reichmann, T.: Controlling mit Kennzahlen und Managementberichten, 5. überarbeitete und erweiterte Aufl., München 1997.

Reinschmidt, J.: Beschaffungs-Controlling mit Kennzahlensystemen, Bergisch Gladbach 1989.

Reiß, M.: Komplexitätsmanagement (I) + (II), in: WISU, 1993, S. 54–60 und S. 132–137.

Rieg, R.: Controlling und E-Business, in: Controlling, 2000, S. 403–407.

Sabisch, H./Tintelnot, C. (Hrsg): Benchmarking. Weg zu unternehmerischen Spitzenleistungen, Stuttgart 1997.

Scheer, A.-W. (Hrsg.): E-Business – Wer geht? Wer bleibt? Wer kommt? Heidelberg 2000.

Scheer, A.-W./Breitling, M.: Geschäftsprozesscontrolling im Zeitalter des E-Business, in: Controlling, 2000, S. 397–402.

Scheer, A.-W. / Hirschmann, P.: CIM-Controlling, in: *Schulte, C.* (Hrsg.): Lexikon des Controlling, München/Wien 1996, S. 117–122.

Scheider, S.: Controllingsysteme im Bundesministerium für Bildung und Forschung, in: *Horváth, P.* (Hrsg.): Strategische Steuerung, Stuttgart 2000b, S. 361–373.

Scherm, E.: Personalcontrolling, in: *Schulte, C.* (Hrsg.): Lexikon des Controlling, München/Wien 1996, S. 564–567

Schinzer, H.D./Bange, C.: Werkzeuge zum Aufbau analytischer Informationssysteme, in: *Chamoni, P./Gluchowski, P.* (Hrsg.): Analytische Informationssysteme. Data Warehouse, On-Line Analytical Processing, Data Mining. 2., neubearbeitete Aufl., Berlin-Heidelberg u. a. 1999, S. 45–74.

Schmelzer, H.J.: Entwicklungscontrolling: Ziele, Anforderungen, Komponenten, in: Controlling, 1993, S. 180–189.

Schmelzer, H.J.: Forschungs- und Entwicklungscontrolling, in: *Schulte, C.* (Hrsg.): Lexikon des Controlling, München/Wien 1996, S. 261–266.

Schmidt, A.: Kostenrechnung: Grundlagen der Vollkosten-, Deckungsbeitrags-, Plankosten- und Prozesskostenrechnung, Stuttgart u. a. 1996.

Scholz, H.-G.: Betriebliches Rechnungswesen: eine problemorientierte Einführung für Ingenieure, Köln u. a. 1998.

Schröder, R.: Projektfinanzierung, in: *Reschke, H./ Schelle, H./ Schnopp, R.*: Handbuch Projektmanagement – Band 1, Köln 1989.

Schüller, S.: Steuerung des Produktivitätsergebnisses, in: Die Bank, 1990 S. 264–272.

Schütte, R./Rotthowe, T./Holten, R. (Hrsg.): Data Warehouse Managementhandbuch. Berlin/Heidelberg 2001.

Schulte, C. (Hrsg.): Lexikon des Controlling. München-Wien 1996.

Schulz, S.: Komplexität in Unternehmen, in: Controlling, 1994, S. 130–139.

Schweitzer, M./Küpper, H.-U.: Systeme der Kosten- und Erlösrechnung, München 1998.

Seicht, G. (Hrsg): Jahrbuch für Controlling und Rechnungswesen. Wien 1998.

Seidel, E./Clausen, J./Seifert, E. (Hrsg.): Umweltkennzahlen, München 1998.

Seidenschwarz, W.: Ein Konzept für den zielgerichteten strategischen Wandel, in: *Horváth, P.* (Hrsg.): Controlling & Finance. Aufgaben, Kompetenzen und Tools effektiv koordinieren, Stuttgart 1999, S. 247–276.

Serfling, K.: Controlling, 2. Aufl., Stuttgart u. a. 1992.

Siegert, T.: Marktwertorientierte Unternehmenssteuerung, in: *Bühner, R.* (Hrsg.): Der Shareholder-Value-Report. Landsberg/Lech 1994, S. 107–126.

Skiera, B./Spann, M.: Werbeerfolgskontrolle im Internet, in: Controlling, 2000, S. 417–423.

Stalk, G. jr.: Zeit – die entscheidende Waffe im Wettbewerb, in: HARVARDmanager, 1/1989, S. 37–46.

Steinbuch, P.A./ Olfert, K.: Fertigungswirtschaft, 6., aktualisierte Aufl., Ludwigshafen (Rhein) 1985.

Süchting, J.: Finanzmanagement: Theorie und Politik der Unternehmensfinanzierung, 6., vollständig überarbeitete und erweiterte Aufl., Wiesbaden 1995.

Süchting, J./ Krumnow, J.: Bankencontrolling, in: Controlling, 1989, S. 220–226.

Thome, R./Schinzer, H. (Hrsg.): Electronic Commerce. Anwendungsbereiche und Potenziale der digitalen Geschäftsabwicklung, 2. völlig überarbeitete und erweiterte Aufl., München 2000.

Töpfer, A. (Hrsg.): Das Management der Werttreiber. Die Balanced Score Card für die Wertorientierte Unternehmenssteuerung, Frankfurt am Main 2000.

Töpfer, A.: Balanced Scorecard als ganzheitliches Managementkonzept, in: *Töpfer, A.* (Hrsg.): Das Management der Werttreiber, Frankfurt am Main 2000a, S. 69–106.

Ulrich, H.: Die Unternehmung als produktives soziales System – Grundlagen der allgemeinen Unternehmungslehre, 2. Aufl., Bern/Stuttgart 1970.

Vahs, D.: Controlling-Konzeptionen in deutschen Industrieunternehmungen – eine betriebswirtschaftlich-historische Untersuchung, Frankfurt a. M. u. a. 1990.

Vahs, D.: Organisation, 3., überarbeitete und erweiterte Aufl., Stuttgart 2001

Wagenhofer, A./Hrebicek, G. (Hrsg.): Wertorientiertes Management, Stuttgart 2000.

Watson, G. H.: Benchmarking – Vom Besten lernen. Landsberg/Lech 1993.

Weber, J.: Controlling im international tätigen Unternehmen, München 1991.

Weber, J.: Wandel der Controllingaufgaben, Stuttgart 1993.

Weber, J.: Einführung in das Controlling, 6. Aufl., Stuttgart 1995.

Weber, J.: Logistik-Controlling, in *Schulte, C.* (Hrsg.): Lexikon des Controlling, München; Wien 1996, S. 502–505.

Weber, J.: Einführung in das Controlling, 7. Aufl., Stuttgart 1998.

Weber, J.: Einführung in das Controlling, 8. aktualisierte und erweiterte Aufl., Stuttgart 1999.

Weber, J./ Hamprecht, M.: Controlling in Non-Profit-Organisationen, in: Controlling, 1995, S. 124–131.

Weber, J./ Kosmider, A.: Controlling-Entwicklung in der Bundesrepublik Deutschland im Spiegel von Stellenanzeigen, in: ZfB-Ergänzungsheft 3/91, S. 17–35.

Weber, J./Schäffer, U.: Balanced Scorecard, Vallendar 1998.

Weber, J./Schäffer, U./Bauer, M.: Controller & Manager im Team. Neue empirische Erkentnisse, Vallendar 2000.

Weber, J./Wertz, B.: Benchmarking Excellence. Vallendar 1999.

Weiber, R. (Hrsg.): Handbuch Electronic Business, Wiesbaden 2000.

Weihermann, A.: Ausprägungsformen von Global Sourcing, in: WISU, 1995, S. 418–421.

Weiß, E.: Technologie-Portfolio, in: *Schulte, C.* (Hrsg.): Lexikon des Controlling, München-Wien 1996, S. 766–772.

Welge, M. K./Al-Laham, A.: Planung. Prozesse-Strategien-Maßnahmen. Wiesbaden 1992.

Welge, M. K./Al-Laham, A./Kajüter, P. (Hrsg.): Praxis des Strategischen Managements, Wiesbaden 2000.

Welge, M. K./Holtbrügge, D.: Internationales Management, Landsberg/Lech 1998.

Witt, F.-J.: Controlling im Handel, in: *Schulte, C.* (Hrsg.): Lexikon des Controlling, München/Wien 1996, S. 308–313.

Wittmann, E.: Integriertes Risikocontrolling im Konzern, in: *Horváth, P.* (Hrsg.): Strategische Steuerung. Stuttgart 2000b, S. 285–295.

Wolfstetter, G.: Verfahren der Kostenrechnung, Köln u. a. 1998.

Wullenkord, A.: Kosten- und Erfolgscontrolling im Konzern, München 1995.

Wunder, T./Baur, M.: Die Balanced Scorecard unternehmensweit einführen. Der BSC Roll-out an einem Beispiel aus der Energiewirtschaft, in: Controlling, 2000, S. 549–556.

Zäpfel, G.: PPS-Controlling, in: *Schulte, C.* (Hrsg.): Lexikon des Controlling, München/Wien 1996, S. 585–588.

Zahn, E./Greschner, J.: Informationsmanagement, in: *Schulte, C.* (Hrsg.): Lexikon des Controlling, München/Wien 1996, S. 354–358.

Zangemeister, C.: Nutzwertanalyse in der Systemtechnik, 4. Aufl., München 1976.

Zelasny, G.: Wie aus Zahlen Bilder werden: Wirtschaftsdaten überzeugend präsentiert, Wiesbaden 1986.

Zerdick, A./Picot, A. u. a.: Die Internet-Ökonomie. Strategien für die digitale Wirtschaft. European Communication Council Report, Berlin/ Heidelberg 1999.

Ziegenbein, K.: Controlling, 4., überarbeitete Aufl., Ludwigshafen (Rhein), 1992.

Ziegenbein, K.: Kompakt-Training Controlling, Ludwigshafen (Rhein) 2001

Ziener, M: Controlling im multinationalen Unternehmen, Landsberg/ Lech 1985.

Zink, K.J./Schmidt, A.: Qualitätscontrolling, in: *Schulte, C.* (Hrsg.): Lexikon des Controlling, München-Wien 1996, S. 640–643.

Zünd, A.: Begriffsinhalte Controlling – Controller, in: *Haberland, G./ Preißler, P./Meyer, C.W.* (Hrsg.): Handbuch Revision, Controlling, Consulting, Landsberg/Lech, Loseblattsammlung, Stand Mai 1996, Teil Controlling A 1 (Begriffsinhalte).

ZVEI (Hrsg.): Unternehmenscontrolling, Frankfurt am Main 1993 – zitiert nach Horváth, P.: Controlling, 7. vollständig überarbeitete Aufl., München 1998, S. 371.

Stichwortverzeichnis